G. Kuntze

Erinnerungen der Kaiserin Katharina II.
Von ihr selbst verfasst

I0585101

SEVERUS

Kuntze, G.: Erinnerungen der Kaiserin Katharina II.
Hamburg, SEVERUS Verlag 2013

Der Text der vorliegenden Edition folgt der Ausgabe:
Kuntze G.: Erinnerungen der Kaiserin Katharina II.
Zweite Auflage. Stuttgart 1907

ISBN: 978-3-86347-392-1
Druck: SEVERUS Verlag, Hamburg, 2013
Lektorat: Elisa Lopatta

Der Text wurde aus Fraktur übertragen. Die Orthographie wurde behutsam modernisiert, grammatikalische Eigenheiten bleiben gewahrt. Die Interpunktion folgt der Druckvorlage.

Der SEVERUS Verlag ist ein Imprint der Diplomica Verlag GmbH.

Bibliografische Information der Deutschen Nationalbibliothek:
Die Deutsche Nationalbibliothek verzeichnet diese Publikation in der Deutschen Nationalbibliografie; detaillierte bibliografische Daten sind im Internet über http://dnb.d-nb.de abrufbar.

Grossfürstin Katharina
von Rotari (um 1758).

(Original im Herzogl. Anhalt. Schloss Zerbst.)

Erinnerungen

der Kaiserin Katharina II.

Von ihr selbst geschrieben

Nach Alexander von Herzens Ausgabe

neu herausgegeben von

G. Kuntze

Mit mehreren Portäts und einem Nachtrag

aus den

Erinnerungen der Fürstin Daschkoff

SEVERUS

Vorwort

Während rings in Europa Throne zu versinken drohten, erhob sich hoch im Norden an den Ufern der Newa einer zu ungeahnter Größe, zu unermeßlicher Pracht, und eine Frau, eine Deutsche, führte mit geschickter Hand die Staatszügel des mächtigen Zarenreichs. Stolz legte sich ihr der Purpur um die weißen Schultern, der seit Generationen durch Ströme von Blut gefärbt zu sein schien.

Mehr als ein Jahrhundert ist verflossen, seitdem sich das Grab Katharinas II., der »nordischen Semiramis«, geschlossen, doch weder Zeit noch Ereignisse haben das Interesse verwischen können, das ganz Europa an dieser bewunderungswürdigen, außergewöhnlichen Frau mit dem Doppelwesen von Mann und Weib genommen. Ja, mit der Zahl der Schriften über sie stieg auch die Bewunderung für ihre selbsterworbene Größe. Denn nichts hatte sie ererbt, sondern ganz aus eigener Kraft ist sie zu jener Höhe gelangt, von der sie vierunddreißig Jahre lang auf ihr Volk, ihre Russen, herabblickte.

Vor ihr, seit dem Zerreißen der Traditionen, seit der vollkommenen Trennung des Volkes vom Staate, dieses armen, halbwilden russischen Volkes, das sich ängstlich und scheu in seinen elenden Dörfern verbarg, seit der Reform Peters I., waren Staatsstreiche und Palastrevolutionen an der Tagesordnung gewesen, und nach ihrem Tode schien es, als sollte es wieder so werden. Welch seltsame Epoche! Abends vor dem Schlafengehen wußten die Einwohner von St. Petersburg nicht, unter wessen Regierung sie am nächsten Morgen erwachen würden. Allerdings kümmerte dies die Bevölkerung wenig, oder gar nicht; das Drama spielte sich nur in den engeren Hofkreisen ab, und allein die Staatsbeamten hatten bei einer solchen Thronumwälzung für ihr Wohl und Wehe zu hoffen, oder zu fürchten. Das Volk, der Pöbel, jauchzte, wenn es ihm befohlen wurde, dem neuen Herrscher zu und spie dem alten ins Gesicht, den es noch am vorhergehenden Tage »Väterchen« genannt, für den es in seinen Kirchen den Segen des Himmels erfleht hatte. Was war das russische Volk? Nichts als eine große, leicht lenkbare, in tiefster Unwissenheit verharrende Menschenmasse, die zum ersten Male im Jahre 1812 aus ihrer fast tierischen Niedrigkeit erwachte, um sich einem Feinde, der das Land zu verwüsten drohte, entgegenzuwerfen.

Seit dieser Zeit aber haben Ereignisse, Kultur und Intelligenz das russische Volk erstarken lassen und aufgeklärt. Der Moment, wo es mit energischem Willen auch noch die letzten Spuren einer harten, langen Knechtschaft abschütteln wird, ist nicht mehr fern. Das ganze große russische Reich ist in seinen Grundfesten erschüttert, es bedarf nur eines letzten kräftigen Stoßes, um es völlig zu stürzen. Dann wird auf seinen Trümmern ein neues erstehen, wo die Sonne der Freiheit dem russischen Volke zum ersten Male leuchtet.

Und während unsere Nachbarn diesen Kampf um ihre Freiheit kämpfen, wird es von nicht geringem Interesse sein, das Leben an einem russischen Kaiserhofe vor mehr als hundert Jahren zu verfolgen, das freilich in unserer Zeit einen wesentlich andern Aspekt hat.

Die Memoiren der Kaiserin Katharina II., eins der interessantesten Dokumente, die wir über die russische Geschichte besitzen, wurden ihrem Sohne, dem Kaiser Paul I., einige Stunden nach dem Tode seiner Mutter in einem versiegelten Kuvert überreicht. Dieses Kuvert enthielt auch einen Brief Alexis Orloffs, des Hauptbeteiligten an der Thronbesteigung Katharinas, in welchem er der neuen Kaiserin mit zynischen Worten, trunken vom Wein, die Ermordung ihres Gemahls, Peters III., meldete. Paul I. sprach zu keinem Menschen von dem Manuskript seiner Mutter, außer zu seinem intimen Freund, dem Fürsten Alexander Kurakin, der heimlicherweise eine Abschrift davon nahm. Später, zwanzig Jahre nach dem Tode Kaiser Pauls, verschafften sich auch Alexander Turgenjeff und Fürst Michael Woronzow Abschriften von dem Exemplar Kurakins. Unter der Regierung des Zaren Nikolaus indes wurden alle vorhandenen Abschriften polizeilich eingezogen, worunter sich auch eine von der Hand des berühmten russischen Dichters Puschkin befand. Das Original selbst ließ Nikolaus, nachdem er es gelesen, mit dem großen Staatssiegel versehen und in den kaiserlichen Archiven sorgfältig verwahren.

Alexander Herzen, der diese Memoiren herausgegeben, berichtet, daß er zum ersten Male von den Aufzeichnungen Katharinas durch den Lehrer Alexanders II., Konstantin Arsenjeff, erfahren habe, der

1840 die Erlaubnis erhalten hatte, viele geheime Dokumente aus der Zeit Katharinas II. zu lesen.

Als dann während des Krimkrieges die kaiserlichen Archive nach Moskau gebracht wurden, verlangte Alexander II. ebenfalls das Manuskript zu lesen, und seitdem kursierten wieder einige Abschriften in Rußland. Nach einer derselben hat Herzen, der berühmte russische Publizist und Freidenker, die Erinnerungen der Kaiserin Katharina veröffentlicht, über deren Echtheit kein Zweifel herrschen kann. Sollte aber dennoch ein solcher bestehen, so wird er bald verschwinden, wenn man nur einige Seiten darin gelesen hat. Das Werk trägt unverkennbar den Stempel der Wahrheit und ist voll von interessanten Einzelheiten aus dem Privat- und Eheleben Katharinas, die nur sie und niemand anders wissen konnte; sie läßt den Leser bis in die geheimsten Winkel ihres Schlafzimmers blicken.

Die Zeit hat der Frische dieser kaiserlichen Bekenntnisse nichts von ihrem Reize genommen, und die Welt der Abenteurer, Intriganten und Glücksritter eines Hofes, der äußerlich glänzend, im Innern faul war, kann nicht drastischer veranschaulicht werden.

Man sieht Katharina hier entstehen, man sieht, wie sie Stufe für Stufe auf dem steilen Wege zu einem glänzenden, mit fast orientalischer Pracht umgebenen Thron emporklimmt, um einst als Katharina die Große oben anzulangen.

Jung, unerfahren, von Haus aus einfach erzogen, kam die kleine Prinzessin Sophie von Anhalt-Zerbst 1744 auf Befehl der Kaiserin Elisabeth mit ihrer Mutter nach

Moskau. Wie ein armseliges Aschenbrödel, mit einem Dutzend Hemden, einigen dürftigen Kleidern und einer Aussteuer, der das Bettzeug fehlte, langte sie dort an. Des tieferen Grundes dieser Reise war sie sich noch nicht bewußt, und erst allmählich, durch die glänzenden Empfänge in den russischen Städten, begriff sie, warum sie hier war. Sie sollte einst als Gemahlin Peters III. die russische Kaiserkrone tragen! Und schon regte sich in der Fünfzehnjährigen das Herrscherfieber des Winterpalastes.

Ihr zwei Jahre älterer prinzlicher Bräutigam, ein blöder, kindischer Junge, der schon von seinem zehnten Jahre an dem Trunke ergeben ist, läßt sie vollkommen kalt, aber die Krone von Rußland nicht. Ehrgeizig trachtet sie nach ihrem Besitz und ist entschlossen, komme was da wolle, sich dieselbe nicht entgehen zu lassen. Mit feinem weiblichen Instinkt ist sie sich bald bewußt, daß sie, um ihren Platz zu behaupten, nicht die Zuneigung des Großfürsten, nicht das Wohlwollen der regierenden Kaiserin, wohl aber die Liebe und das Interesse des russischen Volkes gewinnen müsse. Dazu gehört aber vor allem die Kenntnis des Idioms der Russen und die Annahme des orthodoxen griechischen Glaubens.

Fast spielend lernt sie die russische Sprache und ist so eifrig dabei, daß sie sogar in den kalten Winternächten aufsteht, um die von ihrem Lehrer aufgegebenen Vokabeln auswendig zu lernen. Überhaupt hat sie in dieser Zeit einen bewunderungswürdigen Studiendrang. Sie verschlingt alle Bücher, ohne Wahl allerdings, gute und schlechte, wie sie ihr gerade unter die Hände kommen. Ihre Lage aber ist keineswegs glücklich. Auf der einen Seite ihre neidische, zänkische Mutter, die sie wie ein kleines Schulmädchen behandelt, sie ohrfeigt und ihr die Kleider, die man ihr geschenkt, wegnimmt, um sie für sich zu gebrauchen; auf der andern die Kaiserin Elisabeth, ein rohes, eifersüchtiges, ränkesüchtiges Weib, das jeden ihrer Schritte bewacht, jedes ihrer Worte anders auslegt und ihre Umgebung nach Belieben, ohne sie zu fragen, verabschiedet. Und zwischen diesen beiden wenig sympathischen Charakteren der fast idiotische, betrunkene Großfürst, ihr Gemahl, der ihr ohne Scham alle seine Liebesabenteuer erzählt.

Als Großfürstin und Gemahlin Peters war die Lage Katharinas in jeder Beziehung erniedrigend. Neben dem gemeinsamen Schlafzimmer, und nur durch eine Bretterwand getrennt, hält er einen stinkenden Hundestall und dressiert seine Meute; in seinem Wohnzimmer hängt er eine Ratte auf und bezeichnet dies als eine kriegsgesetzliche Handlung, denn die Ratte habe es gewagt, eine Schildwache aus Zunder, womit der Großfürst täglich spielte, aufzufressen. Als drastisches Exempel sollte die Rattenleiche drei Tage im Zimmer hängen bleiben. Ein anderesmal, als er wie gewöhnlich unmenschlich betrunken ins Schlafzimmer kommt, wo seine Frau schon im Bett liegt, stellt sich Katharina, als ob sie fest schliefe, weil sie es satt ist, fortwährend seine Maitressengeschichten mit anzuhören. Er schreit und tobt, aber sie hört nicht. Da weckt er sie mit Faustschlägen und geht dann fluchend weg. Und die arme junge Frau weint die ganze Nacht.

X

Peter spielte leidenschaftlich gern mit Puppen und anderm Tand und benutzte, da man ihm tagsüber aufpaßte, die Nächte dazu. Wohl oder übel mußte auch Katharina, die zu jener Zeit noch mit ihrem Gemahl das Bett teilte, sich an diesen kindischen Vergnügungen beteiligen. Und geduldig ließ sie alles über sich ergehen.

Aber es sollte noch schlimmer kommen! Man fängt an, sie systematisch zu verderben. Man macht ihr den Vorwurf, daß sie keine Kinder bekommt; und als es sich herausstellt, daß die Schuld nicht an ihr liegt, läßt man ihr durchblicken, eine Großfürstin habe, wenn es sich um das Wohl des Landes handele, nicht die Tugend als erstes in die Wagschale zu werfen. Man geht weiter! Ihre Oberhofmeisterin, die als sittenstreng bekannte Madame Tschoglokoff, läßt ihr die Wahl zwischen zwei Kammerherrn: Leon Narischkin und Sergius Soltikoff, weil sie gemerkt hat, daß Katharina besonders einen von ihnen – welchen weiß sie nicht bestimmt – nicht ungern sieht. Und als die Großfürstin auf die Frage ihrer Anstandsdame: »Wenn ich nicht irre, so ist es Narischkin?« lebhaft mit »Nein, nein« antwortet, da ruft diese zynisch aus: »Nun, so ist es eben der andere!« Und er war es! Katharina macht nun kein Hehl mehr aus ihrem Verhältnis zu dem schönen Sergius. Sie liebt ihn ja auch wirklich, liebt wohl zum ersten Male. Sie läßt sogar in ihren Erinnerungen durchblicken, daß Soltikoff der Vater ihres Sohnes Paul ist.[1]

---

[1] Diese Tatsache war schon zu ihren Lebzeiten, also lange vor Bekanntwerden Ihrer Erinnerungen in Hofkreisen bekannt.

Nachdem aber die Grenzen des Wohlanständigen einmal überschritten sind, wirft sie sich neuen Leidenschaften in die Arme. »Wenn man gefällt,« sagt sie mit einem fatalistischen Anflug in ihren Memoiren, »so ist der erste Teil der Verführung schon vollzogen, und der zweite kommt leicht dazu.« Sergius Soltikoff bekommt einen Nachfolger: Graf Poniatowski, der später von ihr zum König von Polen gemacht wird. Seine äußere Erscheinung, obwohl ebenfalls edel, konnte zwar nicht mit der glänzenden Schönheit Sergius' konkurrieren, aber er besaß mehr innern Gehalt, war ganz Weltmann und außerordentlich unterrichtet. Dieser Verbindung schreibt man die Geburt ihrer Tochter Anna zu. Und nun fliegt Katharina aus einem Arm in den andern, bis sie sich schließlich, nur ihrer maßlosen Sinnlichkeit folgend, ohne Wahl einem jeden, der ihr gerade gutdünkt, hingibt.

Aber merkwürdig, diese Frau, die so wenig ihre menschlichen Schwächen beherrschen konnte, die tiefer als die geringste ihrer Untertaninnen sank, wenn sie mit ihren Günstlingen wüste Gelage feierte, blieb in der Oeffentlichkeit immer die stolze, achtunggebietende Herrscherin, eine kluge, geistreiche Frau, die ihrem Lande, wie keine andere, eine Zukunft sicherte. Neben den Orgien, die sie zu feiern liebte, vergaß sie doch nie die Pflege ihres Geistes. Bis an ihr Lebensende hat sie unermüdlich gelernt. Dicke Bände hat sie durchgewälzt, mit den bedeutendsten Gelehrten, Dichtern, Schriftstellern und Philosophen ihrer Zeit ist sie in Beziehungen und Briefwechsel gestanden, Voltaire, Diderot und

Grimm waren ihre vertrauten Ratgeber. Sie hat Paläste gebaut, Schulen, Kirchen, öffentliche Anstalten errichtet, und das heutige Rußland verdankt viele seiner Gebäude und Einrichtungen allein ihr, der großen Katharina, der einstigen kleinen deutschen Prinzessin von Anhalt-Zerbst.

Leider brechen die Aufzeichnungen der Kaiserin gegen Ende des Jahres 1759, also zwei Jahre vor ihrer Thronbesteigung, plötzlich ab. Verschiedene Leute behaupten, es seien noch Notizen vorhanden gewesen, die zu einer Weiterbearbeitung und Fortsetzung des Manuskriptes gute Dienste hätten leisten können, aber Paul habe dieselben verbrannt. Wieviel daran Wahres ist, hat bis jetzt noch nicht ermittelt werden können, da jeder Beweis dafür fehlt. Um indes den Leser auch mit den späteren Ereignissen, die nach dem Tode Elisabeths das Land erschütterten, einigermaßen bekannt zu machen, haben wir uns entschlossen, Bruchstücke aus den Memoiren der Fürstin Daschkoff, der über die damaligen russischen Verhältnisse best unterrichteten Frau, am Schlusse des Werkes anzufügen. Ihre Berichte über das Leben am Hofe Katharinas und Peters, der freilich nur kurze Zeit den Titel eines Kaisers trug, sind nicht weniger interessant, als die Aufzeichnungen der Kaiserin selbst, denn sie lebte längere Zeit in engster Intimität mit Katharina.

Man wird sich zwar wundern, daß ihre Erzählung der Ereignisse, besonders was den Tod Peters, die Thronbesteigung Katharinas und den Charakter des Großfürsten betrifft, nicht immer mit den Berichten der Kaiserin von

Rußland übereinstimmen. Aber die Ursache davon ist nicht schwer zu erraten. Katharina leugnet direkt in einem Briefe an Poniatowski, was sie bei ihrer Thronbesteigung der Fürstin Daschkoff verdankte. Warum? Weil sie das ganze Verdienst an diesem Ereignis Alexis Orloff, ihrem Geliebten, zukommen lassen wollte. Die Fürstin Daschkoff hingegen hebt sich allzusehr empor, und ihre weibliche Eitelkeit reißt sie zu Behauptungen hin, die nicht ganz der Wahrheit entsprechen. Gewiß aber ist, daß sie großen Anteil an der Thronumwälzung des Jahres 1763 gehabt hat, wenn auch die Orloffs die Leiter des Ganzen waren. Über den Tod Peters sind heute so ziemlich alle Zweifel gehoben, und in dieser Beziehung kommt der Bericht der Fürstin Daschkoff der Wahrheit näher, als das, was Katharina in ihrem Brief an Poniatowski darüber schreibt.

Die *Mémoires de Catherine II., écrites par elle-même* sind mitunter in einem ziemlich ungelenken, abgerissenen Stil geschrieben, für den zum Teil die verschiedenen Abschreiber des Originalmanuskriptes verantwortlich sein mögen. Soweit es mir angebracht erschien, habe ich diese Stilhärten in der Übersetzung beibehalten.

G. Kuntze.

Motto

Nicht immer ist das Glück so blind, wie man es sich vorstellt. Es ist oft das Resultat wohlberechneter Maßnahmen, die, von der Allgemeinheit unbemerkt, den Ereignissen vorausgegangen sind. Besonders aber ist es das Ergebnis persönlicher Eigenschaften, des Charakters und der Handlungen.

Um dies etwas mehr verständlich zu machen, komme ich zu folgendem Schluß:

Eigenschaften und Charaktere sollen vorherrschen bis Handlungsweise in zweiter Linie kommen, Glück oder Unglück aber den Schluß bilden.

Zwei merkwürdige Beispiele davon sind:

Peter III.
Katharina II.

Erstes Kapitel

Peter III. und seine Eltern. – Sein Vormund, der Bischof Adolf Friedrich von Lübeck. – Seine Erzieherin Holstein. – Elisabeth I. bestimmt ihn zu ihrem Thronerben. – Meine erste Begegnung mit Peter III. – Seine Erziehung und seine Beschäftigungen in Rußland. – Meine Ankunft mit meiner Mutter in Moskau. – Der Vizekanzler Bestuscheff-Rjumin. – Geständnisse des Großfürsten gegen mich. – Meine Lehrer in Moskau. – Ich erkranke an einer Brustfellentzündung. – Unvernunft meiner Mutter. – Der Großfürst beachtet mich weniger als vorher. – Reise nach dem Kloster Troitza. – Der Marquis de La Chétardie. – Man isoliert uns. – Ich erhalte einen Hofstaat. – Der achtsitzige Wagen. – Zänkereien und Bosheiten zwischen meiner Mutter und dem Großfürsten.

Die Mutter Peters, eine Tochter Peters I., starb zwei Monate nach seiner Geburt an der Schwindsucht in der kleinen Stadt Kiel in Holstein; vielleicht aber war es auch der Kummer, sich dorthin versetzt zu sehen und so unglücklich verheiratet zu sein, der sie dahinraffte. Herzog Karl Friedrich von Holstein, der Neffe Karls XII., Königs von Schweden, und Vater Peters III., war ein schwacher, häßlicher, kleiner, kränklicher und armer Fürst. Er starb im Jahre 1739 und ließ seinen ungefähr elfjährigen Sohn unter der Vormundschaft seines Vetters Adolf Friedrich, des Bischofs von Lübeck, Herzogs von Holstein und späteren infolge des Friedens von Abo auf die Empfehlung der Kaiserin Elisabeth erwählten Königs von Schweden zurück. Die oberste Leitung der Erziehung Peters III. war den Händen des Oberhofmarschalls Brummer, eines geborenen Schweden, anvertraut. Unter dessen Befehlen standen der Oberkammer-

17

herr Berkholz und vier Kammerherren, von denen zwei – Adlerfeldt, der Verfasser einer Geschichte Karls XII., und Wachtmeister – Schweden, die beiden andern – Wolf und Madfeld – Holsteiner waren. Man erzog den Prinzen für den schwedischen Thron an einem, für das Land, in welchem er sich befand, zu großen Hofe, der in verschiedene Parteien gespalten war. Diese haßten sich gegenseitig bitter. Eine jede von ihnen suchte sich des Geistes des jungen Prinzen, den sie bilden sollten, zu bemächtigen und folglich auch ihm die Abneigung gegen die ihnen entgegenstehenden Persönlichkeiten einzuflößen. Der Prinz haßte Brummer im tiefsten Innern seines Herzens und liebte keinen in seiner Umgebung, weil alle ihm unbequem waren.

Seit seinem zehnten Jahre schon zeigte Peter III. eine starke Neigung zum Trunk. Man zwang ihn von frühester Jugend an bei den meisten Festlichkeiten und Vorstellungen bei Hofe gegenwärtig zu sein und verlor ihn weder Tag noch Nacht aus dem Auge. Die einzigen, die er während seiner Kindheit und der ersten Jahre seines Aufenthaltes in Rußland liebte, waren zwei alte Kammerdiener: der Livländer Kramer und der Schwede Rumberg. Letzterer, ein ungebildeter und roher Mensch, der unter Karl XII. Dragoner gewesen war, war ihm der angenehmste. Brummer und folglich auch Berkholz, der alles nur mit den Augen des ersteren ansah, waren natürlich dem prinzlichen Vormund und Regenten ergeben, während alle andern mit diesem und mehr noch mit seiner Umgebung unzufrieden waren.

Als die Kaiserin Elisabeth im Jahre 1741 den russischen Thron bestiegen hatte, schickte sie den Kammerherrn Korf nach Holstein, um ihren Neffen Peter zu holen, den der Prinzregent sofort in Begleitung des Oberhofmarschalls Brummer, der Kammerherren Berkholz und Decken abreisen ließ. Die Freude der Kaiserin bei seiner Ankunft war groß. Bald darauf begab sie sich zu ihrer Krönung nach Moskau, fest entschlossen, den Prinzen zu ihrem Thronerben zu erklären; vorher aber mußte er zur griechisch-katholischen Religion übertreten. Die Feinde des Oberhofmarschalls Brummer, namentlich der Großkammerherr Graf Bestuscheff und Graf Nikita Iwanowitsch Panin, der lange Zeit russischer Gesandter in Schweden gewesen war, behaupteten, überzeugende Beweise in Händen zu haben, daß Brummer, seitdem er die Kaiserin entschlossen sah, ihren Neffen zu ihrem Nachfolger zu erklären, sich ebenso sehr bemühte, Geist und Herz seines Zöglings zu verderben, als er früher bestrebt gewesen war, ihn der schwedischen Krone würdig zu machen. Ich selbst aber habe stets an dieser Abscheulichkeit gezweifelt und geglaubt, daß die Erziehung Peters III. ein Widerstreit unglücklicher Verhältnisse gewesen sind. Im folgenden werde ich erzählen, was ich gesehen und gehört, und schon daraus wird sich vieles bisher Unverständliche aufklären.

Ich sah Peter III. zum ersten Male im Jahre 1739, als er elf Jahre alt war, in Eutin bei seinem Vormund, dem Fürstbischof von Lübeck, einige Monate nach dem Tode seines Vaters, des Herzogs Karl Friedrich. Der Fürstbischof hatte seine ganze Familie bei sich versammelt, um seinen Zögling einzuführen. Meine Großmutter, die Mutter des Fürstbischofs, und meine Mutter, die Schwester desselben, waren zu diesem Zwecke mit mir, die ich damals zehn Jahre zählte, nach Hamburg gekommen. Auch Prinz August und Prinzessin Anna, die Geschwister des prinzlichen Vormundes und Regenten von Holstein, waren anwesend. Bei dieser Gelegenheit hörte ich im Familienkreise davon sprechen, daß der junge Herzog zum Trunke neige und ihn seine Umgebung nur mit Mühe verhindern könne, sich bei Tische zu betrinken. Er sei starrköpfig und jähzornig, liebe seine Umgebung und besonders Brummer sehr wenig; im übrigen aber fehle es ihm nicht an Lebhaftigkeit, obgleich er ein kränkliches und ungesundes Aussehen habe. Und in der Tat, er war sehr blaß, außerordentlich mager und von schwächlicher Konstitution. Diesem Kinde wünschte seine Umgebung das Ansehen eines fertigen Menschen zu geben, zu welchem Zwecke man ihn unaufhörlich belästigte und ihn unter einem Drucke hielt, der ihm jene Falschheit einpflanzen mußte, die seitdem den Kern seines Charakters bildete.

Bald nach seiner Ankunft in Rußland folgte dem holsteinischen Hofe eine schwedische Gesandtschaft, um sich von der Kaiserin ihren Neffen zur Nachfolge auf den schwedischen Thron auszubitten. Aber Elisabeth, die schon, wie oben bemerkt, ihre Absichten durch die Friedenspräliminarien von Abo erklärt hatte, antwortete dem schwedischen Landtage, sie habe ihren

Neffen zum Erben des russischen Thrones ernannt und halte sich strikt an die Präliminarien von Abo, welche . für Schweden den Prinzregenten von Holstein zum Kronerben bestimmten.

Peter III. wurde also zum Erben Elisabeths und Großfürsten von Rußland erklärt, nachdem er sein Glaubensbekenntnis, dem Ritus der griechischen Religion gemäß, abgelegt hatte. Zum Lehrer erhielt er den nachmaligen Erzbischof von Pleskow, Simon Theodorski. Der Prinz war im strengsten und intolerantesten lutherischen Ritus getauft und erzogen worden. Da er schon von Kindheit an stets jedem Unterricht abgeneigt war, habe ich von seiner Umgebung sagen hören, daß man in Kiel die größte Mühe gehabt, ihn an Sonn- und Festtagen in die Kirche zu führen, sowie ihn die Pflichten der Andachtsübungen erfüllen zu lassen. Auch bei Simon Theodorski soll er sich durch Mangel an religiösem Gefühl ausgezeichnet haben. Besonders aber war Seine kaiserliche Hoheit darauf bedacht, über jeden Punkt zu streiten, und oft wurde seine Umgebung herbeigerufen, um den heftigen Zänkereien ein Ende zu machen, oder sie zu mildern. Endlich, nach vielen Verdrießlichkeiten, unterwarf er sich dem Willen seiner Tante, obgleich er, sei es nun aus Vorurteil, Gewohnheit oder Widerspruchsgeist, oft merken ließ, daß es ihm lieber wäre, nach Schweden zu gehen, als in Rußland zu bleiben. Er behielt Brummer, Berkholz und seine holsteinische Umgebung bis zu seiner Verheiratung bei sich. Nur der Form halber hatte man ihm noch einige andere Lehrer beigegeben: Isaak Wessedowski für die russische Sprache, der indes zuerst sehr selten und später gar nicht mehr kam, ferner Professor Stehlein, der ihn Mathematik und Geschichte lehren sollte, im Grunde aber mit ihm spielte und ihm als Hanswurst diente. Der fleißigste Lehrer war der Balletmeister Laudé, der ihn das Tanzen lehrte.

In seinen inneren Gemächern beschäftigte sich der Großfürst anfangs mit nichts anderem, als ein paar Bediente, die ihm als Kammerdiener beigegeben waren, exerzieren zu lassen. Er gab ihnen Grad und Rang und degradierte sie nach Belieben. Es war die reinste Kinderei. Überhaupt war er sehr kindisch, obgleich er schon sechzehn Jahre zählte.

Am 9. Februar des Jahres 1744, als der russische Hof in Moskau war, kam ich mit meiner Mutter dort an. Der russische Hof war damals in zwei große Parteien gespalten. An der Spitze der einen, die sich aus ihrem Verfall zu erheben begann, stand der Vizekanzler Graf Bestuscheff-Rjumin. Er wurde weit mehr gefürchtet als geliebt, war ein äußerst intriganter und argwöhnischer Mensch, fest und unerschrocken in seinen Grundsätzen, ziemlich tyrannisch, ein unversöhnlicher Feind, aber Freund seiner Freunde, die er nur verließ, wenn sie selbst ihm den Rücken kehrten; übrigens schwierig im Umgang und oft kleinlich. Er stand an der Spitze der auswärtigen Angelegenheiten. Da er die Umgebung der Kaiserin zu bekämpfen hatte, war er vor der Reise nach Moskau ein wenig im Nachteile, begann sich aber bald zu erheben. Er hielt es mit den Höfen von Wien, Sachsen und England, und meine und meiner Mutter Ankunft war ihm daher nicht angenehm, denn sie war das geheime Werk der ihm feindlich gesinnten Partei. Obgleich die Feinde des Grafen Bestuscheff sehr zahlreich waren, so zitterten doch alle vor ihm. Er hatte vor ihnen den Vorteil seiner Stellung und seines Charakters voraus, der ihn weit über die Politiker der Vorzimmer erhob.

Die Bestuscheff entgegengesetzte Partei stand auf seiten Frankreichs, seines Schützlings Schweden und des Königs von Preußen. Der Marquis de La Chétardie war ihre Seele, und die von Holstein gekommenen Hofleute waren ihre Matadore. Sie hatten Lestocq, einer der Hauptbeteiligten an der Revolution, welcher die Kaiserin Elisabeth auf den russischen Thron gebracht hatte, für sich gewonnen, und dieser war einer der ersten Vertrauten der Kaiserin. Seit dem Tode der Kaiserin Katharina I. war er Elisabeths Leibarzt gewesen, hatte der Mutter sowie der Tochter große Dienste geleistet, und es fehlte ihm weder an Geist, noch Schlauheit und Intrige, aber er war schlecht und von finsterem und bösem Charakter. Alle jene Fremden unterstützten diese Partei und drängten besonders den Grafen Michael Woronzow vor, der ebenfalls an der Revolution teilgenommen und Elisabeth in der Nacht, als sie den Thron bestieg, begleitet hatte. Sie hatte ihm die Nichte der Kaiserin Katharina I., Gräfin Anna Karlowna Skawronski, zur Frau gegeben, welche in der Nähe der Kaiserin Elisabeth erzogen und ihr sehr ergeben war. Auch Graf Alexander Rumianzoff, der Vater des Marschalls, stand auf seiten dieser Partei. Er hatte den Frieden von Abo mit Schweden unterzeichnet, einen Frieden, bei dem Bestuscheff wenig zu Rate gezogen worden war. Außerdem zählten sie den Generalprokurator Trubetzkoi, sowie die ganze Familie dieses Namens und folglich auch den Prinzen von Hessen-Homburg, der eine Prinzessin Trubetzkoi geheiratet hatte, zu ihren Anhängern. Obgleich damals sehr angesehen, war der Prinz von Hessen-Homburg eigentlich nichts durch sich selbst; sein ganzes Ansehen verdankte er nur der zahlreichen Familie seiner Frau, deren Vater und Mutter damals noch lebten, und von denen besonders die Mutter großen Einfluß auf den russischen Thron hatte.

Die übrige Umgebung der Kaiserin bestand damals aus der Familie Schuwaloff. Diese hielt in jeder Beziehung dem Oberjägermeister Razumowski das Gleichgewicht, der für den Augenblick der erklärte Günstling war.

Graf Bestuscheff wußte von ihnen Nutzen zu ziehen, aber seine Hauptstütze war der Baron Tscherkassoff, Kabinettssekretär der Kaiserin, der schon im Kabinett Peters I. gedient hatte. Er war ein roher und starrköpfiger Mensch, der Ordnung und Gerechtigkeit wollte und alles im gewohnten Gange zu halten wünschte. Der Rest des Hofes stellte sich auf die eine oder die andere Seite, je nach seinen persönlichen Interessen und Ansichten.

Wie es schien, freute sich der Großfürst über die Ankunft meiner Mutter und über die meinige sehr. Während der ersten Tage bewies er mir, der fast Fünfzehnjährigen, viele Aufmerksamkeiten. Aber während dieses kurzen Zeitraumes sah und begriff ich nur zu gut, daß er sich aus der Nation, über die er zu herrschen bestimmt war, sehr wenig machte, an seinem lutherischen Glauben festhielt, seine Umgebung nicht liebte und sehr kindisch war. Ich schwieg meist und hörte ihm zu, was mir sofort sein Vertrauen gewann. Dabei erinnere ich mich, daß er mir unter anderem auch sagte, was ihm am meisten an mir gefalle, sei, daß ich seine Cousine wäre und er mit mir als seiner Verwandten rückhaltslos sprechen könne. Darauf erzählte er mir, daß er in eine der Ehrendamen der Kaiserin verliebt sei, die nach dem Unglück ihrer Mutter, einer Madame Lapukin, welche nach Sibirien verdammt worden war, den Hof hätte verlassen müssen. Er habe sehr gewünscht, sie zu heiraten, sei aber jetzt fest entschlossen, sich mit mir zu vermählen, weil es seine Tante befehle. Errötend hörte ich diese verwandtschaftlichen Mitteilungen an und dankte ihm für sein vorzeitiges Vertrauen; aber im Grunde meines Herzens betrachtete ich mit Erstaunen seine Unvorsichtigkeit und den Mangel an Urteil über viele Verhältnisse.

Zehn Tage nach meiner Ankunft in Moskau, es war an einem Sonnabend, begab sich die Kaiserin ins Kloster Troitza, während der Großfürst bei uns in Moskau blieb. Man hatte mir schon drei Lehrer gegeben: Simon Theodorski, um mich in der griechischen Religion zu unterrichten, Basil Abaduroff für die russische Sprache und den Ballettmeister Laudé für den Tanz. Um schnellere Fortschritte in der russischen Sprache zu machen, stand ich des Nachts auf und lernte, während alles schlief, die mir von Abaduroff gegebenen Hefte auswendig. Da mein Zimmer warm war und ich keine Erfahrungen hinsichtlich des Klimas hatte, unterließ ich es, mir Schuhe und Strümpfe anzuziehen und studierte so wie ich aus dem Bett kam. In der Folge wurde ich nach vierzehn Tagen von einer Brustfellentzündung befallen, die mich hinwegzuraffen drohte. Sie begann am Dienstage nach der Abreise der Kaiserin mit einem Schüttelfroste, als ich mich eben angekleidet hatte, um mit meiner Mutter beim Großfürsten zu Mittag zu speisen. Nur mit Mühe erhielt ich von meiner Mutter die Erlaubnis, mich zu Bett zu legen. Als sie vom Diner zurückkehrte, fand sie mich fast besinnungslos, fieberhaft heiß und mit einem unerträglichen Schmerz in der Seite. Sie glaubte, ich würde die Pocken bekommen, schickte nach Aerzten und forderte, daß sie mich demgemäß behandelten. Die Aerzte behaupteten, man müsse mir zur Ader lassen, sie aber verweigerte ihre Zustimmung, weil man, wie sie sagte, durch Aderlaß ihren Bruder in Rußland an den Pocken habe sterben lassen, und sie wolle nicht, daß mir dasselbe geschähe. Die Aerzte und die Umgebung des Großfürsten, welche die Pocken nicht gehabt hatten, schickten nun einen genauen Bericht über den Stand der Dinge an die Kaiserin, während ich im Bette lag, umgeben von meiner Mutter und den Aerzten, die miteinander stritten, bewußtlos, im hitzigsten Fieber und mit einem Schmerz in der Seite, der mir furchtbare Leiden verursachte und Seufzer entriß, wofür meine Mutter mich schalt und von mir verlangte, daß ich meine Leiden geduldig ertrage.

Endlich am Sonnabend Abend um sieben Uhr, also am fünften Tage meiner Krankheit, kam die Kaiserin aus dem Kloster Troitza zurück. Sowie sie ihren Wagen verlassen hatte, begab sie sich in mein Zimmer, wo sie mich ohne Besinnung fand. Mit ihr kamen der Graf Lestocq und ein Wundarzt, und nachdem sie den Rat der Aerzte gehört, setzte sie sich selbst auf den Rand meines Bettes und befahl, mir sofort zur Ader zu lassen. In dem Augenblick, wo dies geschah, kam ich wieder zu mir und sah mich, als ich die Augen öffnete, in den Armen der Kaiserin, welche mich stützte. Siebenundzwanzig Tage schwebte ich zwischen Leben und Tod, während man mir sechzehnmal zur Ader ließ, und bisweilen viermal an einem Tage. Meine Mutter durfte kaum noch mein Zimmer betreten. Sie widersetzte sich fortwährend gegen diese häufigen Aderlässe und behauptete öffentlich, man wolle mich umbringen. Schließlich aber begann sie sich doch zu überzeugen, daß ich die Pocken nicht bekommen würde. Die Kaiserin hatte die Gräfin Rumianzoff und mehrere andere Damen zu mir geschickt, und es schien, als ob man dem Urteile meiner Mutter mißtraue. Endlich öffnete sich der innerliche Abszeß an meiner rechten Seite durch die Bemühungen des portugiesischen Arztes Sanches. Ich brach ihn aus, und von diesem Augenblick an kehrte mein Bewußtsein vollkommen zurück. Sofort aber bemerkte ich, daß das Benehmen meiner Mutter während meiner Krankheit ihr die Mißbilligung aller zugezogen hatte. Als sie mich sehr krank sah, wollte sie einen lutherischen Pastor zu mir rufen lassen, und man sagte mir später, daß man einen Augenblick, wo ich bei Bewußtsein war, benutzte, mir diesen Vorschlag zu machen, daß ich jedoch antwortete: »Wozu? schickt lieber nach Simon Theodorski; mit diesem will ich gerne sprechen.« Man holte ihn, und er sprach mit mir in Gegenwart der Anwesenden auf eine Weise, die jedermann befriedigte. Dies machte einen sehr guten Eindruck auf die Kaiserin und den ganzen Hof.

Aber noch ein anderer kleinerer Umstand schadete meiner Mutter sehr. Um Ostern ließ sie mir eines Morgens durch eine Kammerfrau sagen, ich möchte ihr einen blauen, silberdurchwirkten Stoff abtreten, den mir mein Onkel bei meiner Abreise nach Rußland geschenkt hatte, weil ich großen Gefallen daran fand. Ich ließ ihr erwidern, es stehe ganz bei ihr, ihn zu nehmen, obgleich ich ihn sehr liebe, weil ihn mir mein Onkel, als er gesehen, daß er mir gefalle, geschenkt habe. Da nun die Personen meiner Umgebung merkten, daß ich meinen Stoff nur ungern hergab, und bedachten, wie lange ich zwischen Leben und Tod geschwebt, und seit wie wenigen Tagen ich mich erst etwas besser fühlte, besprachen sie unter einander die Unklugheit meiner Mutter, einem sterbenden Kinde das geringste Vergnügen zu mißgönnen, während sie, statt diesen Stoff an sich zu reißen, ihn lieber gar nicht hätte erwähnen sollen. Man erzählte den Vorgang der Kaiserin, die mir auf der Stelle mehrere reiche und prächtige Stoffe schickte, unter andern auch einen blauen silberdurchwirkten. Meiner Mutter jedoch schadete dies bei ihr ungemein, und man beschuldigte sie, weder Zärtlichkeit noch Schonung für mich zu empfinden, während meiner Krankheit hatte ich mich daran gewöhnt, die Augen geschlossen zu halten, so daß man glaubte, ich schliefe; dann sprachen die Gräfin Rumianzoff und die andern Damen unter sich, was sie auf dem Herzen hatten, wodurch ich viele Dinge erfuhr.

Als es mir ein wenig besser ging, brachte der Großfürst den Abend im Zimmer meiner Mutter zu, welches auch das meinige war. Er und alle andern schienen das größte Interesse an meinem Zustande zu nehmen, und die Kaiserin hatte sogar oft Tränen in den Augen. Endlich, am 21. April 1744, meinem fünfzehnten Geburtstage, war ich imstande, zum ersten Male nach dieser schrecklichen Krankheit in Gesellschaft zu erscheinen.

Ich glaube, man war über meinen Anblick nicht sehr erbaut. Ich war mager wie ein Skelett geworden, war gewachsen, aber mein Gesicht und meine Züge hatten sich verlängert, die Haare fielen mir aus und ich war totenbleich. Ich selbst fand mich zum Erschrecken häßlich und konnte meine Züge kaum wiedererkennen. Die Kaiserin schickte mir auch deshalb einen Schminktopf und befahl mir, etwas Rot aufzulegen.

Mit dem Beginne des Frühlings und des schönen Wetters hörte die uns vom Großfürsten bewiesene Teilnahme auf. Er zog es vor, spazieren zu gehen oder in der Umgebung von Moskau zu schießen. Zuweilen jedoch aß er mit uns zu Mittag oder zu Abend und setzte dann seine kindischen Geständnisse gegen mich fort, während seine Umgebung sich mit meiner Mutter unterhielt. Diese empfing sehr viel Besuch und es fanden bei ihr häufig Unterredungen statt, welche den nicht daran Beteiligten äußerst mißfielen. Besonders war dies bei dem Grafen Bestuscheff der Fall, dessen Feinde sich bei uns versammelten, unter andern auch der Marquis de La Chétardie, der damals zwar noch keine offizielle Stellung im Staate einnahm, aber schon seine Beglaubigungsschreiben als Gesandter des französischen Hofes in der Tasche hatte.

Im Mai begab sich die Kaiserin wieder ins Kloster Troitza, wohin der Großfürst, ich und meine Mutter ihr folgten. Schon seit einiger Zeit begann die Kaiserin meine Mutter mit großer Kälte zu behandeln, und die Ursache davon sollten wir bald im Kloster Troitza erfahren. Eines Nachmittags, als der Großfürst in unserem Zimmer war, trat die Kaiserin plötzlich ein und forderte meine Mutter auf, ihr in das anstoßende Gemach zu folgen. Graf Lestocq begleitete sie beide, während der Großfürst und ich uns unterdessen ans Fenster setzten. Die Unterredung dauerte sehr lange. Endlich sahen wir den Grafen Lestocq heraustreten, der im Vorübergehen sich dem Großfürsten und mir näherte, und als er uns lachen sah, sagte: »Diese große Heiterkeit wird bald ein Ende haben.« Und dann, gegen mich gewandt, fuhr er fort: »Sie haben weiter nichts zu tun, als Ihr Gepäck in Ordnung zu bringen, denn Sie werden sofort nach Hause zurückkehren.« Als der Großfürst wissen wollte, weshalb, antwortete Lestocq: »Das werden Sie später erfahren.« Dann ging er hinaus, um seinen mir unbekannten Auftrag auszurichten, uns, den Großfürsten und mich, unsern Gedanken über das eben Gehörte überlassend. Die Bemerkungen des Großfürsten waren in Worten, die meinigen in Gedanken. Er sagte: »Aber wenn

Ihre Mutter Fehler begangen hat, so haben Sie doch nicht auch welche begangen,« worauf ich ihm erwiderte: »Meine Pflicht ist, meiner Mutter zu folgen und zu tun, was sie mir befiehlt.« Übrigens sah ich deutlich, daß er mich ohne großes Bedauern verlassen haben würde, was mich betraf, so war er mir bei seiner Sinnesart ziemlich gleichgültig, aber die Krone von Rußland war es mir nicht. – Endlich öffnete sich die Tür des Schlafzimmers, und die Kaiserin trat mit hochrotem Gesicht und erzürnter Miene heraus. Meine Mutter folgte ihr mit geröteten und tränenerfüllten Augen. Als wir uns beeilten, von der ziemlich hohen Fensterbank, auf die wir uns gesetzt hatten, hinabzuspringen, mußte die Kaiserin lächeln, küßte uns beide und ging. Nachdem sie sich entfernt hatte, erfuhren wir allmählich, um was es sich handelte.

Der Marquis de La Chétardie, der früher – oder besser gesagt, bei seiner ersten Gesandtschaftsreise nach Rußland – die Gunst und das Vertrauen der Kaiserin in hohem Maße besessen hatte, sah sich bei seiner zweiten Reise in seinen Hoffnungen getäuscht. In seinen Reden zwar mäßigte er sich, seine Briefe aber waren voll der bittersten Galle. Man hatte sie geöffnet und entziffert, in ihnen die Einzelheiten seiner Unterhaltungen mit meiner Mutter und vielen andern Personen über die Zeitverhältnisse und zwar in einem der Kaiserin ungünstigen Sinne entdeckt, und es war der Befehl erteilt worden, den Marquis de La Chétardie, der so wenig Diplomatie gezeigt, des Landes zu verweisen. Man nahm ihm den St. Andreasorden und das Porträt der Kaiserin, ließ ihm indes alle sonstigen Kostbarkeiten, die er einst von ihr zum Geschenk erhalten. Ich weiß indes nicht, ob es meiner Mutter gelang, sich vor der Kaiserin zu rechtfertigen, aber aus unserer Abreise wurde nichts. Meine Mutter jedoch wurde stets mit großer Zurückhaltung und Kälte behandelt. Es ist mir unbekannt, was zwischen ihr und de La Chétardie vorgefallen war, aber ich erinnere mich, daß er sich eines Tages an mich wandte und mich beglückwünschte, mein Haar mit Bändern geschmückt zu haben. Darauf erwiderte ich ihm: »Um der Kaiserin zu gefallen, würde ich mich auf jede mögliche Art frisieren, die sie liebt.« Als er dies hörte, wandte er sich ab, entfernte sich nach einer andern Seite und sprach nicht wieder mit mir.

Mit dem Großfürsten nach Moskau zurückgekehrt, isolierte man meine Mutter und mich noch mehr als zuvor, wir erhielten weniger Besuch, und ich wurde zur Ablegung meines Glaubensbekenntnisses vorbereitet. Für diese Zeremonie setzte man den 28. Juni, und den darauffolgenden, den Peterstag, für meine Verlobung mit dem Großfürsten fest. Ich erinnere mich, daß der Marschall Brummer während dieser Zeit wiederholt Klagen über seinen Zögling bei mir vorbrachte, und mich dazu verwenden wollte, seinen Großfürsten zu bessern oder anzufeuern. Aber ich sagte ihm, das sei mir unmöglich, denn dadurch würde ich ihm ebenso verhaßt werden, wie es seine Umgebung schon wäre.

Damals schloß meine Mutter sich eng an den Prinzen und die Prinzessin von Hessen an, mehr aber noch an den Bruder der letzteren, den Kammerherrn von Retzki.

Diese Freundschaft aber mißfiel der Gräfin Rumianzoff, dem Marschall Brummer, kurz, jedermann. Während sie mit ihren Freunden in ihrem Zimmer war, beschäftigten der Großfürst und ich uns damit, im Vorzimmer, in welchem uns niemand störte, umherzulärmen, denn an jugendlich-kindlicher Lebhaftigkeit fehlte es uns beiden nicht.

Im Juli feierte die Kaiserin das Fest des mit Schweden geschlossenen Friedens, bei welcher Gelegenheit für mich, als verlobte Großfürstin von Rußland, ein Hofstaat eingerichtet wurde. Gleich nach diesem Feste ließ uns die Kaiserin nach Kiew abreisen. Sie selbst folgte uns einige Tage später, wir reisten in kleinen Tagereisen; meine Mutter und ich, die Gräfin Rumianzoff und eine Ehrendame meiner Mutter in einem, der Großfürst, Brummer, Berkholz und Decken in einem andern Wagen. Eines Nachmittags wollte der Großfürst, der sich in Gesellschaft seiner Erzieher langweilte, mit meiner Mutter und mir fahren. Sowie er aber in unserm Wagen saß, weigerte er sich, ihn wieder zu verlassen. Hierauf war meine Mutter, die es langweilte, Tag für Tag mit mir und ihm zu fahren, darauf bedacht, die Gesellschaft zu vergrößern. Sie teilte ihre Absicht den jungen Herren unseres Gefolges mit, unter denen sich auch Fürst Galitzin – der nachmalige Marschall dieses Namens – und Graf Zacharias Czernitscheff befanden. Man nahm einen der Reisewagen, welche unsere Betten trugen, stellte rings herum Bänke hinein, und Tags darauf bestiegen wir ihn, der Großfürst, meine Mutter, ich, Fürst Galitzin, Graf Czernitscheff und ein bis zwei der jüngsten Herren unseres Gefolges. Auf diese Weise legte die Gesellschaft in unserm Wagen den Rest der Reise sehr vergnügt zurück. Aber alle, die nicht mit uns fuhren, empörten sich dagegen, und besonders mißfiel dies dem Oberhofmarschall Brummer, dem Oberkammerherrn Berkholz, der Gräfin Rumianzoff, der Ehrendame meiner Mutter, aufs höchste, weil sie nicht mit dabei waren. Und während wir unterwegs lachten, langweilten und ärgerten sie sich.

So kamen wir nach drei Wochen in Koselsk an, wo wir weitere drei Wochen auf die Kaiserin warteten, deren Reise unterwegs durch verschiedene Zwischenfälle verzögert worden war. Wir erfuhren in Koselsk, daß sie unterwegs mehrere Personen ihres Gefolges verbannt habe und in sehr übler Laune sei. Endlich, Mitte August, kam sie in Koselsk an, und wir blieben dort mit ihr bis Ende August. Hier spielte man vom Morgen bis zum Abend in einem großen Saale inmitten des Hauses Pharo, und zwar sehr hoch. Übrigens wohnten wir sehr eng. Meine Mutter und ich schliefen in demselben Zimmer, die Gräfin Rumianzoff und die Ehrendame meiner Mutter im Vorzimmer, und ebenso alle andern. Eines Tages kam der Großfürst in das Zimmer meiner Mutter, als sie eben mit Schreiben beschäftigt war. Neben ihr stand ihr Geldkasten geöffnet, und er wollte aus Neugier darin herumsuchen. Meine Mutter jedoch sagte ihm, er solle ihn nicht anrühren, und er entfernte sich auch wirklich, um im Zimmer umherzuspringen. Als er aber, um mich zum Lachen zu bringen, bald nach dieser, bald nach jener Seite sprang, blieb er an dem Deckel des offenen Geldkastens hängen und warf ihn um. Nun wurde meine Mutter böse, und es entspann sich zwischen ihnen ein heftiger Wortwechsel. Meine Mutter beschuldigte ihn, den Geldkasten absichtlich umgestoßen zu haben, er wiederum beklagte sich über ihre Ungerechtigkeit, und beide wandten sich an mich, um mein Zeugnis anzurufen. Da ich die Gemütsart meiner Mutter kannte, fürchtete ich Ohrfeigen zu bekommen, wenn ich nicht ihrer Meinung wäre; ebensowenig aber wollte ich lügen, als dem Großfürsten mißfallen, und befand mich also zwischen zwei Feuern. Dennoch sagte ich meiner Mutter, ich glaubte nicht, daß Absichtlichkeit bei dem Großfürsten vorgelegen habe, sondern sein Rock wäre beim Springen an dem Deckel des Kastens hängen geblieben, der auf einem schmalen Tabourett stand. Nun wandte sich meine Mutter gegen mich, denn wenn sie erzürnt war, mußte sie irgend jemand haben, an dem sie ihre Wut auslassen konnte. Ich schwieg und fing an zu weinen. Als der Großfürst sah, wie der ganze Zorn meiner Mutter mich traf, weil ich ein Zeugnis zu seinen Gunsten abgegeben, und daß ich weinte, klagte er meine Mutter der Ungerechtigkeit an und antwortete wütend auf ihre Zornesausbrüche. Sie ihrerseits sagte ihm, er sei ein schlecht erzogener kleiner Junge; kurz, man kann einen Zank kaum weiter treiben, ohne handgreiflich zu werden, was sie schließlich aber doch nicht taten. Seitdem war der Großfürst meiner Mutter gram, und nie vergaß er ihr diesen Streit. Meine Mutter ließ es gleichfalls an Bitterkeit ihm gegenüber nicht fehlen,

und ihre Art, mit einander zu verkehren, zog fortwährend Unannehmlichkeiten, Mißtrauen und ge-
reizte Stimmung nach sich. Selbst in meiner Gegenwart wußten sie dies nicht zu verbergen. Vergebens
bemühte ich mich, sie zu besänftigen, was mir indes
nur in ganz seltenen Augenblicken gelang, und dann
auch nur auf kurze Zeit. Immer hatten sie Sarkasmen
gegen einander zur Hand. Meine Lage wurde
dadurch von Tag zu Tag peinlicher; der einen suchte
ich zu gehorchen, dem andern zu gefallen. Wirklich
öffnete mir der Großfürst damals sein Herz mehr als
allen andern, denn er sah, daß meine Mutter häufig
gegen mich losfuhr, wenn sie mit ihm nicht anbin-
den konnte. Natürlich schadete mir das in seinen
Augen nicht, weil er sich meiner dadurch versichert
hielt.

Zweites Kapitel

Einzug in Kiew und Rückkehr nach Moskau. – Festlichkei-
ten. – Meine Schulden. – Meine finanzielle Lage – Die
Feinde meiner Mutter. – Der Großfürst erkrankt an den
Masern. – Reise nach Petersburg. – Geburtstagsfeier der
Kaiserin in Twer. – Der Großfürst bekommt die Pocken. –
Fürst Galitzin und Zacharias Czernitscheff. – Wir reisen
miteinander nach Petersburg weiter. – Meine Beschäftigun-
gen. – Graf Gyllenburg. – Schilderung meines eigenen Ichs.
– Der Großfürst kehrt nach seiner Genesung nach Petersburg
zurück. – Feier des siebzehnten Geburtstages Peters. – Die
Kaiserin lobt meine Aussprache des Russischen. – Verdruß
meiner Mutter. – Prinz August von Holstein, ihr Bruder. –
Man gibt mir russische Kammerfrauen.

Am 29. August zogen wir endlich in Kiew ein. wir blieben zehn Tage dort und kehrten darauf nach Moskau, ganz und gar in derselben Weise wie wir gekommen waren, zurück.

In Moskau verging dann der ganze Herbst mit Theater, Ballett und Hofmaskeraden. Trotz aller Feste aber bemerkte man, daß die Kaiserin häufig verstimmt war. Eines Tages, als meine Mutter und ich mit dem Großfürsten in einer der kaiserlichen gegenüberliegenden Loge im Theater saßen, bemerkte ich, daß die Kaiserin sehr heftig und aufgebracht mit dem Grafen Lestocq sprach. Als sie zu Ende geredet, verließ Lestocq sie, kam in unsere Loge, näherte sich mir und sagte: »Haben Sie gesehen, wie die Kaiserin mit mir gesprochen hat?« Ich antwortete bejahend. »Nun,« fuhr er fort, »sie ist sehr böse auf Sie.« – »Auf mich? und weshalb?« erwiderte ich. »Weil Sie viel Schulden gemacht haben. Als sie Prinzessin gewesen, habe sie ebenfalls keine andere Einnahme gehabt und noch dazu für ein ganzes Haus sorgen müssen, doch sie habe sich gehütet, Schulden zu machen, weil sie gewußt, daß niemand dieselben für sie bezahlen werde.« Er sagte dies alles in einem ärgerlichen, trockenen Ton, wahrscheinlich, damit die Kaiserin aus ihrer Loge sehen sollte, wie er sich seines Auftrages entledigte. Die Tränen traten mir in die Augen, aber ich schwieg. Nachdem er ausgeredet, entfernte er sich. Der Großfürst, der neben mir saß und den größten Teil unserer Unterhaltung gehört hatte, fragte mich nach dem, was er nicht verstanden und gab mir dann mehr durch Mienen als durch Worte zu verstehen, daß er der Meinung seiner Frau Tante sei und es ganz recht finde, daß man mich gescholten habe. Dies entsprach durchaus seiner Art und Weise: er glaubte sich der Kaiserin angenehm zu machen, indem er auf ihre Ansichten einging, wenn sie jemand zürnte. Als meine Mutter hörte, um was es sich handele, erklärte sie, man habe ja alle möglichen Mittel angewandt, mich ihrer Autorität zu entziehen und mich in den Stand gesetzt, ohne ihren Rat zu handeln, so daß sie ihre Hände in Unschuld wasche. So nahmen sie beide gegen mich Partei.

Ich selbst wünschte nichts mehr, als meine Angelegenheiten sofort in Ordnung zu bringen und forderte am nächsten Tag meine Rechnungen. Aus diesen ersah ich, daß sich meine Ausgaben auf 17 000 Rubel beliefen. Vor der Abreise von Moskau nach Kiew hatte die Kaiserin mir 15 000 Rubel und eine große Kiste mit sehr einfachen Kleidungsstoffen gegeben, obgleich ich mich reich kleiden sollte. So betrug denn am Ende meine ganze Schuld 2000 Rubel, was mir keine unmäßige Summe schien. Übrigens hatten mich verschiedene Umstände in Unkosten gestürzt.

Erstens war ich mit einer sehr unvollständigen Ausstattung nach Rußland gekommen. Wenn ich drei oder vier Kleider hatte, so war dies das höchste, und das an einem Hofe, wo man den Anzug täglich dreimal wechselt. Meine ganze Wäsche bestand aus einem Dutzend Hemden, und die Bettücher gebrauchte ich von meiner Mutter.

Zweitens hatte man mir gesagt, daß man in Rußland gern Geschenke empfinge, daß man sich durch Großmut Freunde erwerbe und sich gern gesehen mache.

Drittens hatte man mir die verschwenderischste Frau in ganz Rußland beigegeben, die Gräfin Rumianzoff, die immer von Kaufleuten umringt war und mir täglich eine Menge Sachen zeigte, die sie mich aufforderte, zu kaufen, und die ich häufig nur nahm, um sie ihr zu schenken, weil sie großes Verlangen danach hatte.

Dazu kostete mich der Großfürst viel, weil er ungeheuer gierig nach Geschenken war.

Auch die Verstimmung meiner Mutter war leicht gehoben, sobald man sie mit etwas erfreute, was ihr gefiel, und da sie sich damals häufig besonders gegen mich übelgelaunt zeigte, vernachlässigte ich nicht, dies von mir entdeckte Mittel in Anwendung zu bringen. Die Mißstimmung meiner Mutter rührte meist daher, daß sie bei der Kaiserin in vollkommener Ungnade stand und diese sie oft kränkte und demütigte. Außerdem sah sie nicht ohne Mißfallen, daß ich vor ihr den Vortritt hatte, was ich, so oft es möglich war, vermied; aber bei öffentlichen Gelegenheiten ließ sich nichts daran ändern. Überhaupt hatte ich mir zur Regel gemacht, ihr die größte Achtung und Ergebenheit zu beweisen, doch half mir dies wenig. Bei jeder Veranlassung entschlüpften ihr Ausdrücke der Bitterkeit, welche ihre Lage nicht besserten und die Menschen nicht zu ihren Gunsten einnahmen.

Unter den Personen, die meiner Mutter schadeten, war besonders die Gräfin Rumianzoff, die durch Hin- und Herreden und Klatschereien am meisten dazu beitrug, sie bei der Kaiserin in ein schlechtes Licht zu setzen. Jener achtsitzige Wagen auf der Reise nach Kiew spielte dabei eine große Rolle. Alle Alten waren davon ausgeschlossen, alle Jungen zugelassen worden. Der Himmel weiß, welche Bedeutung man diesem in Wirklichkeit so unschuldigen Vergnügen beigemessen hatte. Das wahrscheinlichste aber ist, daß alle diejenigen, die durch ihren Rang eigentlich hätten zugelassen werden sollen, sich darüber ärgerten, daß man ihnen andere, die unterhaltender waren als sie, vorzog. Im Grunde aber rührte die Sache daher, daß man Betzki und die Trubetzkois, in die meine Mutter großes Vertrauen setzte, nicht an der Reise nach Kiew hatte teilnehmen lassen. Hieran waren Brummer und die Gräfin Rumianzoff sicher schuld, und der achtsitzige Wagen, in den man sie nicht mit Platz nehmen ließ, war eine Art Rache von meiner Mutter.

Im November bekam der Großfürst in Moskau die Masern. Da ich dieselben noch nicht gehabt, wandte man Vorsichtsmaßregeln an, um mich vor Ansteckung zu bewahren. Die Umgebung des Prinzen kam nicht mehr zu uns, und alle Vergnügungen hörten mit einem Male auf. Sobald er aber genesen, reisten wir zu Anfang des Winters von Moskau nach Petersburg; meine Mutter und ich in einem, der Großfürst und Brummer in einem anderen Schlitten. Wir feierten den 18. Dezember, den Geburtstag der Kaiserin, in Twer und setzten Tags darauf unsere Reise fort. Als wir die Hälfte des Wegs zurückgelegt hatten und in dem Flecken Chotilowo angekommen waren, fühlte sich der Großfürst, als er des Abends in meinem Zimmer war, plötzlich unwohl. Man brachte ihn in das seinige und legte ihn zu Bett. Während der Nacht litt er an heftigem Fieber. Den folgenden

Morgen begaben wir uns, meine Mutter und ich, in sein Zimmer, um ihn zu besuchen. Allein kaum hatte ich die Türschwelle überschritten, als Graf Brummer mir entgegenkam und mir empfahl, nicht weiter zu gehen. Natürlich wollte ich die Ursache wissen, und er sagte mir, daß Pockenflecken beim Großfürsten zum Vorschein gekommen wären. Da ich die Pocken nicht gehabt hatte, führte mich meine Mutter schnell hinweg, und es wurde beschlossen, daß sie und ich noch an demselben Tag nach Petersburg abreisen sollten, während der Großfürst und seine Umgebung in Chotilowo zurückblieben. Auch die Gräfin Rumianzoff und die Ehrendame meiner Mutter blieben dort, um, wie man sagte, den Kranken zu pflegen. Man hatte sofort einen Kurier an die Kaiserin abgeschickt, die vor uns abgereist und schon in Petersburg angekommen war. Kurz vor Nowgorod trafen wir sie. Sie hatte, als man ihr die Nachricht übermittelte, daß die Pocken bei dem Großfürsten ausgebrochen seien, Petersburg sogleich verlassen, um sich zu ihm nach Chotilowo zu begeben, und hielt sich dort solange auf, als die Krankheit währte. Sowie die Kaiserin uns sah, ließ sie, obgleich es mitten in der Nacht war, ihren und unsern Schlitten halten und fragte, wie sich der Großfürst befinde. Meine Mutter sagte ihr alles, was sie wußte, worauf die Kaiserin dem Kutscher weiter zu fahren befahl und auch wir unsere Fahrt nach Nowgorod fortsetzten, wo wir gegen Morgen eintrafen.

Es war Sonntag und ich ging zur Messe. Dann dinierten wir. Als wir eben wieder abfahren wollten, kamen der Kammerherr Fürst Galitzin und der Kammerkavalier

Zacharias Czernitscheff von Moskau an, die im Begriff waren, nach Petersburg zu reisen. Meine Mutter war gegen den Fürsten Galitzin sehr erzürnt, daß er mit dem Grafen Czernitscheff reiste, weil dieser ich weiß nicht welche Lüge gesagt haben sollte. Sie behauptete, man müsse ihn fliehen wie einen gefährlichen Menschen, der nach Belieben Geschichten erdichte. Sie schmollte also mit beiden. Da man sich indes bei diesem Schmollen zum Sterben langweilte, und man außerdem nicht viel Auswahl hatte, da sie ferner viel unterrichteter waren und angenehmer plauderten als die andern, so stimmte ich nicht mit meiner Mutter überein, was mir ihrerseits mehrere bittere Bemerkungen zuzog.

Endlich kamen wir in Petersburg an und wurden in einem der zum Hofe gehörenden Häuser einquartiert. Da aber das Schloß, worin die Kaiserin wohnte, nicht geräumig genug war, um auch den Großfürsten darin unterzubringen, bewohnte er ein zwischen dem Palaste und dem unsrigen liegendes Haus. Meine Zimmer befanden sich im linken, die meiner Mutter im rechten Flügel des Schlosses. Sowie meine Mutter diese Anordnung bemerkte, ärgerte sie sich darüber, erstens, weil es ihr schien, als seien meine Zimmer besser gelegen als die ihren, zweitens, weil die ihrigen von den meinigen durch einen gemeinsamen Saal getrennt waren. In Wahrheit hatte jede von uns vier Zimmer, zwei nach vorn und zwei nach dem Hofe. Sie waren ganz gleich und ohne Unterschied mit blauen und roten Möbeln ausgestattet. Was aber am meisten dazu beitrug, meine Mutter aufzubringen, war, daß mir die Gräfin Rumianzoff in Moskau den Plan des Hauses auf Befehl der Kaiserin gezeigt, mir verboten, davon zu sprechen und mich zu Rate gezogen hatte, wie man uns einlogieren sollte. Da die Zimmer aber ganz gleich waren, konnte von einer Wahl nicht die Rede sein. Ich sagte dies der Gräfin, die mir bemerkte, daß es der Kaiserin angenehmer sei, wenn ich für mich wohnte, statt, wie in Moskau, mit meiner Mutter die Wohnung zu teilen. Diese Einrichtung gefiel auch mir bei weitem besser, weil ich mich in den Zimmern meiner Mutter sehr unbehaglich fühlte und ihre Gesellschaft buchstäblich niemand zusagte. Meine Mutter mußte wohl ahnen, daß man mir jenen Plan vorgelegt, und sprach davon, worauf ich ihr ganz einfach erzählte, was vorgefallen. Sie schalt mich, daß ich ihr die Sache verheimlicht hätte, doch ich erwiderte, man habe mir verboten, davon zu reden, worin sie indes keinen Grund zum Schweigen sehen wollte. Überhaupt bemerkte ich, wie sie von Tag zu Tag gereizter gegen mich wurde und ziemlich mit allen in gespanntem Verhältnis lebte, so daß sie weder mehr zum Diner noch zum Souper erschien, sondern sich in ihrem Zimmer servieren ließ. Nichtsdestoweniger besuchte ich sie drei- bis viermal am Tage; den Rest meiner Zeit benutzte ich, die russische Sprache zu erlernen, Klavier zu spielen und Bücher zu lesen, die ich mir selbst gekauft. So war ich denn mit fünfzehn Jahren für mein Alter einsam und fleißig genug.

Gegen Ende unseres Aufenthaltes in Moskau kam eine schwedische Gesandtschaft, an deren Spitze der Senator Cederkreutz stand. Kurz darauf traf auch Graf

Gyllenburg ein, um der Kaiserin von der Vermählung des Kronprinzen von Schweden, des Bruders meiner Mutter, mit einer schwedischen Prinzessin Anzeige zu machen. Wir kannten Graf Gyllenburg und viele andere Schweden seit der Abreise des Kronprinzen nach Schweden. Er war ein sehr geistreicher Mann, nicht mehr jung, auf den meine Mutter große Stücke hielt. Ich meinerseits war ihm einigermaßen verpflichtet, denn als er in Hamburg bemerkte, daß meine Mutter wenig oder gar nichts von mir halte, sagte er ihr, sie habe unrecht, ich sei entschieden ein über mein Alter entwickeltes Kind. In Petersburg angelangt, kam er sofort zu uns und sagte mir aufs neue, ich habe eine sehr philosophische Geistesrichtung und fragte mich dann, wie es in dem Strudel meines gegenwärtigen Lebens mit meiner Philosophie stehe. Als ich ihm erzählte, womit ich mich in meinem Zimmer beschäftigte, bemerkte er, eine fünfzehnjährige Philosophin könne sich nicht selbst kennen, und ich sei von so vielen Klippen umgeben, daß er sehr fürchte, ich werde scheitern, wenn nicht mein Geist sich über alles erhebe. Es sei notwendig, ihn durch die beste Lektüre zu nähren, und zu diesem Zweck empfahl er mir, »Plutarchs Lebensbeschreibungen berühmter Männer«, das »Leben Ciceros« und die »Ursachen der Größe der Römer und des Verfalls des römischen Reichs« von Montesquieu zu lesen. Sofort ließ ich mir diese Bücher besorgen, die damals in Petersburg nur mit Mühe aufzutreiben waren. Ihm aber versprach ich eine Schilderung meiner selbst, so wie ich mich kenne, damit er sehen möge, ob ich mich richtig beurteile oder nicht.

In der Tat entwarf ich ein Bild von mir in einem Aufsatz unter dem Titel: »Porträt der fünfzehnjährigen Philosophin« – und schickte es ihm. Viele Jahre später, 1758, habe ich dieses »Porträt« wieder gefunden und war erstaunt über die tiefe Selbstkenntnis, welche es enthielt. Unglücklicherweise habe ich es in jenem Jahre mit allen andern Papieren verbrannt, da ich fürchtete, auch nur ein einziges in meinem Zimmer zu behalten, wegen der unglücklichen Affäre mit Bestuscheff.

Graf Gyllenburg gab mir einige Tage später mein Schriftstück zurück. Ob er eine Abschrift davon genommen hat, weiß ich nicht. Er begleitete es mit einem Dutzend Seiten voller Bemerkungen, worin er versuchte, die Seelengröße und Festigkeit ebenso sehr wie die andern Eigenschaften des Herzens und des Geistes in mir zu befestigen. Immer von neuem las ich durch, was er geschrieben, vertiefte mich darein und nahm mir vor, seinen Ratschlägen zu folgen. Ich versprach es mir selbst, und wenn ich mir etwas selbst versprochen, so habe ich es, so viel ich weiß, immer gehalten. Darauf gab ich dem Grafen Gyllenburg sein Schriftstück zurück, wie er mich gebeten hatte, und ich gestehe, daß es sehr dazu beigetragen hat, meinen Geist und meine Seele zu bilden und zu stählen.

Anfang Februar kam die Kaiserin mit dem Großfürsten von Chotilowo zurück. Sobald man uns von ihrer Ankunft benachrichtigte, gingen wir ihr entgegen und trafen sie im großen Saale zwischen vier und fünf Uhr abends, in der Dämmerung. Trotzdem erschrak ich fast, als ich den Großfürsten sah, der bedeutend gewachsen, dessen Gesicht aber fast unkenntlich geworden war. Seine Züge waren grob, das ganze Gesicht noch angeschwollen, und es war unzweifelhaft, daß man ihm die Spuren seiner Krankheit immer ansehen würde. Da man ihm die Haare abgeschnitten hatte, trug er eine ungeheure Perücke, welche ihn noch mehr entstellte. Er kam auf mich zu und fragte mich, ob es mir nicht schwer werde, ihn wiederzuerkennen. Verwirrt stammelte ich einen Glückwunsch zu seiner Genesung, aber er war in der Tat abscheulich häßlich geworden.

Am 9. Februar 1745 war gerade ein Jahr seit meiner Ankunft am russischen Hofe verflossen. Am 10. feierte die Kaiserin den Geburtstag des Großfürsten, der in sein siebzehntes Jahr eintrat. Sie dinierte mit mir allein auf dem Throne, da der Großfürst noch nicht öffentlich erschien. Man beeilte sich nämlich nicht, ihn gerade in diesem Zustande, in den er durch die Pocken versetzt war, zu zeigen. Während des Diners war die Kaiserin sehr gnädig gegen mich. Sie sagte mir, daß die russischen Briefe, welche ich ihr nach Chotilowo geschrieben, ihr viel Freude gemacht hätten; sie wisse, daß ich mich sehr bemühe, die Landessprache zu erlernen. In Wirklichkeit waren sie von Abaduroff abgefaßt, von mir aber eigenhändig abgeschrieben. Dabei sprach sie immer Russisch mit mir und wollte, daß auch ich ihr in dieser Sprache antwortete, was ich denn auch tat. Sie lobte meine gute Aussprache und gab mir zu verstehen, daß ich seit meiner Krankheit in Moskau hübscher geworden sei; kurz, während des ganzen Diners war sie nur darauf bedacht, mir ihre Güte und Zuneigung zu beweisen. Sehr heiter und glücklich kam ich in mein Zimmer zurück, und jedermann beglückwünschte mich. Die Kaiserin ließ mein Porträt, welches der Maler Caravaque angefangen hatte, holen und behielt es bei sich in ihrem Zimmer; es ist dasselbe, welches der Bildhauer Falconnet mit nach Frankreich genommen hat; es war sprechend ähnlich.

Um in die Messe oder zur Kaiserin zu gehen, mußten meine Mutter und ich die Gemächer des Großfürsten durchschreiten, die neben den meinigen lagen, wir sahen ihn daher sehr oft. Manchmal brachte er auch des Abends einige Augenblicke bei mir zu, aber ohne besondere Lust; im Gegenteil, er war immer sehr vergnügt, wenn er einen Vorwand fand, um sich zu entschuldigen und in seinem Zimmer bleiben konnte, umgeben von seinem gewöhnlichen Spielzeug, wovon ich bereits gesprochen.

Kurz nach der Ankunft der Kaiserin und des Großfürsten in Petersburg hatte meine Mutter einen großen Verdruß, den sie nicht verbergen konnte. Der Sachverhalt ist folgender:

Prinz August, der Bruder meiner Mutter, hatte ihr nach Kiew geschrieben, daß er gern nach Rußland kommen möchte. Meine Mutter aber wußte, daß diese Reise nur den Zweck hatte, bei der Majorennität des Großfürsten, welche man vor der Zeit proklamieren wollte, die Verwaltung Holsteins zu erhalten, das heißt, man wünschte die Vormundschaft aus den Händen des ältesten Bruders zu nehmen, der Kronprinz von Schweden geworden war, und die Regierung Holsteins dem Prinzen August, dem jüngeren Bruder meiner Mutter, unter dem Namen eines volljährigen Großherzogs zu übertragen.

Diese Intrige war von der dem Kronprinzen von Schweden feindlichen, mit den Dänen verbundenen Partei, angesponnen, weil es die Dänen dem Kronprinzen nicht verzeihen konnten, daß er in Schweden den Sieg über den Kronprinzen von Dänemark, den die Dalekarlier zum schwedischen Thronfolger wählen wollten, davongetragen hatte. Meine Mutter antwortete ihrem Bruder, dem Prinzen August, von Koselsk aus einfach: statt sich zu Intrigen herzugeben, die ihn verführten, gegen seinen Bruder zu handeln, würde er besser tun, im holländischen Dienste, wo er sich befand, seine Pflicht zu tun und ehrenvoll zu sterben, als gegen seinen Bruder zu kabalieren und sich mit den Feinden seiner Schwester in Rußland zu verbinden. Damit meinte meine Mutter den Grafen Bestuscheff, welcher diese ganze Intrige im Gange hielt, um Brummer und allen andern Freunden des schwedischen Kronprinzen, des Vormundes des Großfürsten für Holstein, zu schaden. Dieser Brief wurde geöffnet und vom Grafen Bestuscheff und von der Kaiserin gelesen, welch letztere durchaus nicht mit meiner Mutter zufrieden und gegen den schwedischen Kronprinzen sehr erbittert war, weil er unter dem Einfluß seiner Gemahlin, einer Schwester des Königs von Preußen, sich zu den Ansichten der französischen Partei, welche denen Rußlands vollkommen entgegen war, hatte fortreißen lassen. Man warf ihm seine Undankbarkeit vor und beschuldigte meine Mutter des Mangels an Zärtlichkeit gegen ihren jüngeren Bruder, weil sie ihm geschrieben, er solle sich töten lassen, ein Ausdruck, den man hart und unmenschlich fand, während meine Mutter sich ihren Freunden gegenüber rühmte, einen festen und treffenden Ton angewendet zu haben. Das Resultat war, daß Graf Bestuscheff, ohne Rücksicht auf die Stimmung meiner Mutter, oder vielmehr, um sie zu verletzen und die ganze holsteinisch-schwedische Partei zu ärgern, für den Prinzen August von Holstein, ohne Wissen meiner Mutter, die Erlaubnis erlangte, nach Petersburg zu kommen. Als meine Mutter erfuhr, daß er unterwegs sei, war sie sehr verstimmt und aufgebracht und empfing ihn mit großer Kälte. Er jedoch, von Bestuscheff angetrieben, ließ sich nicht beirren. Man überredete auch die Kaiserin, ihn freundlich zu empfangen, was wirklich äußerlich in hohem Maße geschah; doch dauerte dies nur kurze Zeit und konnte auch nicht lange währen, da der Prinz August eine ganz unbedeutende Persönlichkeit war. Schon sein Aeußeres nahm nicht zu seinen Gunsten ein. Er war sehr klein und besaß eine schlechte Haltung, hatte dazu wenig Geist bei großem Jähzorn und wurde von den Personen seiner Umgebung geleitet, die ebenfalls alles Nullen waren. Und da es doch einmal gesagt sein muß: es war die Dummheit ihres Bruders, die meine Mutter ärgerte; mit einem Worte, seine Ankunft brachte sie fast zur Verzweiflung.

Indem Graf Bestuscheff sich vollkommen des Prinzen durch seine Umgebung bemächtigte, schlug er mehrere Fliegen mit einer Klappe. Es konnte ihm nicht entgehen, daß der Großfürst Brummer ebenso sehr haßte, wie er selbst. Auch Prinz August liebte ihn nicht, weil er dem Kronprinzen von Schweden unter dem Vorwande der Verwandtschaft und als Holsteiner ergeben war. Der Prinz schloß bald mit dem Großfürsten Freundschaft, indem er ihm beständig von Holstein erzählte und ihn von seiner künftigen Volljährigkeit unterhielt, bis er ihn endlich so weit brachte, in seine Tante und den Grafen Bestuscheff zu dringen, eine Beschleunigung seiner Mündigkeitserklärung zu bewirken. Hierzu aber war die Erlaubnis des römischen Kaisers nötig. Dies war zu jener Zeit Karl VII. aus dem Hause Bayern, der indes inzwischen starb, so daß sich die Angelegenheit bis zur Wahl Franz I. verzögerte.

Da Prinz August von meiner Mutter sehr kalt empfangen worden war und ihr selbst wenig Achtung bezeigte, verminderte er auch bei dem Großfürsten das geringe Maß von Respekt, das dieser bis dahin noch für meine Mutter bewahrt hatte. Anderseits unterhielten sowohl Prinz August als auch der alte Kammerdiener, der Günstling des Großfürsten, die offenbar meinen künftigen Einfluß fürchteten, den Großfürsten häufig über die Art und Weise, wie er seine Gemahlin behandeln müsse. Der frühere schwedische Dragoner Romberg sagte ihm, daß die seinige kaum vor ihm zu atmen, noch sich in seine Angelegenheiten zu mischen wage, und wenn sie nur den Mund öffne, er ihr zu schweigen befehle; er sei der Herr im Hause, denn für einen Mann wäre es schmachvoll, sich wie ein Einfaltspinsel von seiner Frau lenken zu lassen.

Doch der Großfürst seinerseits war diskret wie ein Kanonenschuß und hatte, wenn Herz und Geist ihm von einer Sache voll waren, nichts Eiligeres zu tun, als es denen zu erzählen, mit denen er zu sprechen gewöhnt war, ohne zu bedenken, wem er es sagte. So erzählte mir Seine kaiserliche Hoheit auch diese Gespräche ganz offen bei der ersten Gelegenheit wieder. Er nahm immer von vornherein treuherzig an, daß jedermann seiner Ansicht und nichts natürlicher sei, als dies. Ich wiederum scheute mich nicht, offen hierüber mit allen zu reden, konnte aber doch nicht umhin, über das Los, das mich erwartete, sehr ernste Gedanken zu hegen. Ich beschloß also, das Vertrauen des Großfürsten so viel als möglich zu bewahren, damit er mich wenigstens als eine ihm ergebene Person betrachte, der er ohne Scheu alles sagen konnte. Dies gelang mir denn auch lange Zeit. Übrigens behandelte ich jedermann so gut ich irgend konnte und studierte aufs genaueste, wie ich die Freundschaft derer gewinnen oder doch wenigstens ihre Feindschaft mindern konnte, von denen ich die geringste üble Stimmung gegen mich argwöhnte. Ich bewies keinerlei Neigung für eine oder die andere Person, mischte mich in nichts, zeigte stets eine heitere Miene, große Zuvorkommenheit, Aufmerksamkeit und Höflichkeit gegen alle. Und da ich von Natur aus heiter war, sah ich mit Vergnügen, wie ich von Tag zu Tag die Zuneigung des Publikums gewann, das mich als ein interessantes Kind betrachtete, dem es nicht an Geist fehle. Meiner Mutter bewies ich die größte Achtung, der Kaiserin unbedingten Gehorsam, dem Großfürsten viel Rücksicht und suchte mit unermüdlichem Eifer die Zuneigung des Volkes zu gewinnen.

Schon in Moskau hatte mir die Kaiserin Elisabeth Damen und Herren beigegeben, die meinen Hof bildeten. Bald nach meiner Ankunft in Petersburg gab sie mir russische Kammerfrauen, um, wie sie sagte, mir das Erlernen der russischen Sprache zu erleichtern. Dies war mir sehr angenehm, da es nur junge Mädchen waren, von denen die älteste ungefähr zwanzig Jahre zählte. Alle waren sehr lustig, so daß ich seitdem von meinem Erwachen bis zum Schlafengehen nichts anderes tat, als singen, tanzen und scherzen. Abends nach dem Souper ließ ich meine drei Damen, die beiden Fürstinnen Gagarin und Fräulein Kucheleff in mein Schlafzimmer kommen, wo wir Blindekuh und alle Art kindlicher Spiele spielten. Aber alle diese Mädchen hatten eine tödliche Furcht vor der Gräfin Rumianzoff. Da diese jedoch vom Morgen bis zum Abend im Vorzimmer oder in ihren Gemächern Karten spielte und nur notgedrungen von ihrem Sessel aufstand, kam sie höchst selten zu uns herein.

Inmitten unserer Vergnügungen fiel es mir einst ein, die Aufsicht über alle meine Sachen unter meine Kammerfrauen zu verteilen. Meine Kasse, meine Ausgaben und meine Wäsche überließ ich der Sorge des Fräulein Schenk, dem Kammermädchen, welches ich aus

Deutschland mitgebracht hatte. Sie war eine alte Jungfer, einfältig und mürrisch, der unsere Heiterkeit aufs
höchste mißfiel. Außerdem war sie auf alle ihre jungen
Gefährtinnen, welche ihre Funktionen und meine Zuneigung teilen sollten, eifersüchtig. Meine Juwelen
übergab ich der Aufsicht Fräulein Jukoffs, die, weil sie
am meisten Geist besaß und heiterer und offener als die
andern war, meine besondere Gunst zu gewinnen wußte.
Meinem Kammerdiener Timotheus Nevreinoff vertraute
ich meine Kleider an; meine Spitzen dem Fräulein Bal-
koff, welche bald darauf den Dichter Sumarokoff heiratete. Meine Bänder erhielt Fräulein Skorochodoff, die
ältere, die später an Aristarchus Kachkin vermählt wurde. Nur deren jüngere Schwester Anna erhielt kein Amt,
weil sie erst dreizehn oder vierzehn Jahre alt war.

Am Tage nach dieser schönen Einteilung, wo ich
meine Zentralgewalt in meinem Zimmer ausgeübt hatte,
ohne eine Seele um Rat zu fragen, war abends Theater.
Um dorthin zu gehen, mußte man durch die Gemächer
meiner Mutter. Man hatte nämlich in einer Reitbahn, die
zur Zeit der Kaiserin Anna dem Herzog von Kurland
gehörte, dessen Gemächer ich bewohnte, eine kleine
Bühne errichtet, und die Kaiserin, der Großfürst, sowie
der ganze Hof waren anwesend. Nach dem Theater, als
die Kaiserin in ihre Gemächer zurückgekehrt war, kam
die Gräfin Rumianzoff zu mir und sagte, daß die Kaiserin die von mir angeordnete Verteilung der Bedienung
meiner Damen mißbillige und sie Befehl habe, die
Schlüssel zu meinen Juwelen aus den Händen Fräulein
Jukoffs an Fräulein Schenk zurückzugeben, was sie

auch in meiner Gegenwart tat. Hierauf entfernte sie sich und ließ uns, Fräulein Jukoff und mich, mit langen Gesichtern, Fräulein Schenk hingegen triumphierend über das Vertrauen der Kaiserin zurück. Bald nahm sie mir gegenüber eine anmaßende Miene an, die sie noch einfältiger, noch unliebenswürdiger machte, als sie schon war.

Drittes Kapitel

Merkwürdiger Zwischenfall mit dem Großfürsten. – Schlechtes Befinden meiner Mutter. – Tod Karls XII. – Ich lerne reiten. – Wir beziehen den Sommerpalast. – Verletzte Eigenliebe. – Übersiedelung nach Peterhof. – Man fängt an, von meiner Hochzeit zu sprechen. – Kindische Spielereien des Großfürsten. – Ein nächtlicher Spaziergang mit meiner Umgebung im Schloßpark. – Wie man ihn auslegt. – Falsche Anschuldigungen meiner Mutter gegen mich. – Die Kaiserin bestimmt den Tag meiner Vermählung. – Meine Hochzeit und deren Feierlichkeiten. – Abreise meiner Mutter. – Verabschiedung Fräulein Jukoffs. – Man verheiratet und verbannt sie. – Im Winterpalast. – Rücktritt der Kammerherren Berkholz und Brummer. – Maskenbälle. – Der Großfürst vertraut mir aufs neue seine Liebesabenteuer an.

In der ersten Woche der großen Fasten hatte ich eine merkwürdige Szene mit dem Großfürsten. Eines Morgens, als ich mich mit meinen Damen, die alle sehr fromm waren, in meinem Zimmer befand, um die Frühmesse zu hören, die im Vorzimmer gesungen wurde, schickte mir der Großfürst seinen Zwerg, um mich zu fragen, wie ich mich befände, und mir anzukündigen, daß er wegen der großen Fasten an diesem Tage nicht zu mir kommen könne. Der Zwerg kam gerade in dem Augenblicke, als wir im Anhören der Gebete waren und genau die Fastenvorschriften nach unserm Ritus erfüllten. Ich sandte dem Großfürsten die gebräuchliche Begrüßung zurück, und der Zwerg entfernte sich. Als er in das Zimmer seines Herrn trat, begann er, sei es nun, weil er wirklich von dem, was er gesehen, erbaut war, oder weil er dadurch seinen Herrn, der nichts weniger als fromm war, zu gleichen Übungen bringen wollte, oder auch aus Unbesonnenheit, die in meinen Gemächern herrschende Frömmigkeit laut zu preisen, und versetzte dadurch den Großfürsten in schlechte Laune gegen mich. Als wir uns wiedersahen, schmollte er mit mir, und auf meine Frage, was ihn dazu veranlasse, schalt er mich wegen der übermäßigen Frömmigkeit, der ich mich seiner Meinung nach hingäbe. Ich erwiderte ihm, daß ich damit nur eine Pflicht erfülle, der alle sich unterzögen, und von der man sich nicht ohne Skandal freimachen könne; aber er war anderer Meinung. Dieser Streit endete wie die meisten Streite enden, nämlich damit, daß jeder auf seiner Ansicht beharrte. Da indes Seine kaiserliche Hoheit während der Messe mit niemand außer mir sprechen konnte, hörte er allmählich auf, mit mir zu schmollen.

Zwei Tage nachher hatte ich eine andere Aufregung. Am Morgen, während man die Frühmesse bei mir sang, trat Fräulein Schenk plötzlich ganz bestürzt in mein Zimmer und benachrichtigte mich, daß meine Mutter sich sehr schlecht befinde und in Ohnmacht gefallen sei. Sofort eilte ich zu ihr, die ich auf einer Matratze an der Erde liegend, aber nicht bewußtlos fand. Als ich mir die Freiheit nahm, sie zu fragen, was ihr fehle, erwiderte sie, sie habe einen Aderlaß vornehmen lassen wollen, aber der Wundarzt sei so ungeschickt gewesen, viermal vergeblich an beiden Händen und Füßen anzusetzen, und so sei sie ohnmächtig geworden. Ich wußte übrigens, daß sie den Aderlaß fürchtete, kannte indes ihren Zweck dabei ebenso wenig als ich wußte, daß sie überhaupt eines Aderlasses bedurfte. Dennoch warf sie mir vor, an ihrem Zustand wenig teilzunehmen und machte darauf ihrem Aerger durch viele unangenehme und bittere Aeußerungen Luft. Ich entschuldigte mich so gut ich konnte und gestand meine Unwissenheit ein. Da ich aber bemerkte, daß sie sehr verstimmt war, schwieg ich, versuchte meine Tränen zurückzuhalten und entfernte mich erst, als sie es mir mit bitteren Worten befahl. Weinend kehrte ich in mein Zimmer zurück, wo mich meine Kammerfrauen nach der Ursache meiner Tränen fragten. Ich sagte es ihnen ganz einfach. Meine Mutter besuchte ich mehrmals des Tages, blieb aber nur so lange dort, als ich glaubte, ihr nicht lästig zu fallen, denn das war ein Hauptpunkt bei ihr, an den ich mich vollkommen gewöhnt hatte. Und in meinem ganzen Leben habe ich nichts mehr vermieden, als jemand zur Last zu fallen, so daß ich mich immer sofort zurückzog, wenn in meinem Geiste der Argwohn entstand, ich könne unbequem werden und Langeweile erregen. Aber ich weiß auch aus Erfahrung, daß nicht alle demselben Grundsatz huldigen, denn meine eigene Geduld ist oft hart von Personen auf die Probe gestellt worden, die sich nicht zu entfernen wußten, bevor sie lästig fielen oder langweilig wurden.

Während der Fastenzeit erlebte auch meine Mutter einen wahrhaften Schmerz. In einem Augenblick, wo sie es am wenigsten erwartete, erhielt sie die Nachricht, daß meine jüngste Schwester Elisabeth im Alter von ungefähr vier Jahren plötzlich gestorben sei. Darüber war sie sehr traurig, und auch ich beweinte sie.

Einige Tage darauf sah ich eines schönen Morgens die Kaiserin in mein Zimmer treten. Sie ließ meine Mutter rufen und ging mit ihr in mein Ankleidezimmer, wo sie eine lange Unterredung miteinander hatten. Dann kehrten sie in mein Schlafzimmer zurück, meine Mutter mit geröteten, tränenerfüllten Augen. Aus der Fortsetzung des Gesprächs vernahm ich, daß es sich um den Tod Kaiser Karls XII. aus dem Hause Bayern handelte, den man der Kaiserin soeben mitgeteilt hatte. Elisabeth war damals noch ohne Allianz und schwankte zwischen der des Königs von Preußen und der des österreichischen Hauses – jede von beiden hatte ihre Parteigänger. Die Kaiserin hatte dieselben Beschwerden gegen Oesterreich wie gegen Frankreich geführt. Mit letzterem war der König von Preußen verbunden, und Marquis Botta, der Gesandte des Wiener Hofes, mußte wegen übler Nachrede über die Kaiserin Rußland verlassen, was man seinerzeit als eine Verschwörung darzustellen suchte. Aus ähnlichen Ursachen war auch der Marquis de La Chétardie fortgeschickt worden. Ich kenne den Zweck dieser Unterredung zwar nicht, aber meine Mutter schien große Hoffnungen daraus zu schöpfen, denn sie sah sehr befriedigt darauf zurück. Sie neigte sich damals durchaus nicht auf die Seite Oesterreichs. Was mich betrifft, so war ich bei all diesen Dingen ein sehr passiver, sehr diskreter und fast gleichgültiger Zuschauer.

Nach Ostern, als der Frühling eingekehrt war, erklärte ich der Gräfin Rumianzoff mein Verlangen, reiten zu lernen, und sie verschaffte mir von der Kaiserin die Erlaubnis dazu. Beim Wechsel der Jahreszeit aber begann ich wieder Brustschmerzen zu fühlen; überhaupt war ich nach der Brustfellentzündung sehr matt geblieben. Die Aerzte rieten mir daher, jeden Morgen heiße Milch und Selterwasser zu trinken. Im Hause der Rumianzoff, in der Kaserne des Regiments Ismailofski, nahm ich meine erste Reitstunde. Ich hatte zwar schon öfters in Moskau auf einem Pferde gesessen, aber sehr schlecht.

Im Mai bezog die Kaiserin mit dem Großfürsten den Sommerpalast. Meiner Mutter und mir wies man ein steinernes Gebäude an, welches damals an der Fontanka lag, nahe beim Hause Peters I. Meine Mutter bewohnte darin den einen Flügel und ich den andern. Hier hörten alle Aufmerksamkeiten des Großfürsten für mich auf. Er ließ mir ganz einfach durch seinen Bedienten sagen, daß er zu weit von mir entfernt wohne, um mich oft besuchen zu können, und nur zu gut fühlte ich, wie wenig ihm daran lag, aber auch wie wenig Zuneigung ich selbst für ihn empfand. Meine Eigenliebe und Eitelkeit seufzten wohl im stillen, doch ich war zu stolz, um mich zu beklagen, denn ich würde es als eine Erniedrigung betrachtet haben, wenn man mir Freundschaft bewiesen, die ich hätte für Mitleid nehmen müssen. Wenn ich aber allein war, vergoß ich viele Tränen, trocknete sie dann ganz heimlich und begann mit meinen Damen zu scherzen. Auch meine Mutter behandelte mich sehr kalt und förmlich, obgleich ich nie unterließ, mehrere Male am Tage zu ihr zu gehen. Im Grunde fühlte ich eine große Einsamkeit in mir, aber ich hütete mich, davon zu sprechen. Eines Tages indes bemerkte Fräulein Jukoff meine Tränen und fragte mich nach der Ursache. Ohne ihr die wahren Gründe mitzuteilen, gab ich ihr eine ausweichende Antwort. Mehr als je bemühte ich mich, die Zuneigung aller zu gewinnen; groß und klein, niemand wurde von mir vernachlässigt. Ich machte es mir zur Pflicht, zu denken, daß ich Aller einmal bedürfen könnte, und wollte daher alles tun, mir Wohlwollen zu erwerben, was mir in der Tat auch gelang. Nach einem Aufenthalt von wenigen Tagen im Sommerpalast, wo man von den Vorbereitungen zu meiner Hochzeit zu sprechen anfing, siedelte der Hof nach Peterhof über. Hier wohnten wir näher beisammen, als in der Stadt.

Die Kaiserin und der Großfürst bewohnten den oberen Teil des Hauses, welches Peter I. gebaut hatte, meine Mutter und ich hatten die unteren Gemächer des Großfürsten inne. Wir dinierten jeden Tag mit ihm unter einem Zelte auf der offenen, an seine Wohnung stoßenden Galerie, des Abends aber speiste er bei uns. Die Kaiserin war sehr oft abwesend, indem sie bald dieses, bald jenes ihrer Landhäuser besuchte. Wir gingen viel spazieren, unternahmen fleißig Spazierritte und Wagenfahrten. Damals wurde es mir erst recht klar, daß die ganze Umgebung des Großfürsten, und besonders seine Lehrer, alle Achtung und Autorität bei ihm verloren hatten. Die militärischen Spiele, die er früher nur heimlich ausübte, führte er jetzt gewissermaßen in ihrem Beisein aus. Graf Brummer und sein erster Lehrer sahen ihn fast nur noch bei öffentlichen Gelegenheiten. Die ganze übrige Zeit brachte er buchstäblich in der Gesellschaft von Kammerdienern zu, mit für sein Alter unerhörten Kindereien, denn er spielte mit Puppen.

Meine Mutter benutzte die häufige Abwesenheit der Kaiserin dazu, in den umliegenden Landhäusern, besonders aber beim Prinzen und der Prinzessin von Hessen-Homburg, zu soupieren. Eines Abends, als sie eben dorthin geritten war, reizte mich das schöne Wetter, mein Zimmer, welches mit dem Garten in gleicher Höhe lag, und aus dem eine Tür hinausführte, zu verlassen. Ich schlug meinen Kammerfrauen und meinen drei Ehrendamen vor, einen Spaziergang im Garten zu machen. Und es kostete keine Mühe, sie zu überreden. Wir waren unserer acht, mein Kammerdiener der neunte, außerdem folgten uns zwei Bediente. Auf die unschuldigste Weise von der Welt spazierten wir bis Mitternacht umher. Nach der Rückkehr meiner Mutter jedoch hatte Fräulein

Schenk, die uns nicht hatte begleiten wollen und über unsern Spaziergang brummte, nichts eiligeres zu tun, als derselben zu melden, daß ich trotz ihrer Vorstellungen hinausgegangen sei. Meine Mutter ging zu Bett, und als ich mit meiner Begleitung zurückkam, sagte mir Fräulein Schenk mit triumphierender Miene, meine Mutter habe zweimal fragen lassen, ob ich wieder da sei, weil sie mit mir sprechen wolle, da es aber so spät sei und sie müde geworden, mich zu erwarten, sei sie zu Bett gegangen. Ich eilte sofort zu ihr, fand indes die Tür verschlossen. Ich sagte darauf Fräulein Schenk, daß sie mich doch hätte rufen lassen können, sie aber behauptete, nicht gewußt zu haben, wo wir uns befanden. Dies alles hatte weiter keinen andern Zweck, als mich in Zänkereien zu verwickeln und mich auszuschelten. Das merkte ich nur zu gut und ging aufgeregt schlafen. Am folgenden Morgen, gleich nachdem ich aufgestanden war, ging ich zu meiner Mutter, die noch im Bett lag. Ich näherte mich ihr, um ihr die Hand zu küssen, doch zürnend zog sie dieselbe zurück und schalt mich schrecklich aus, daß ich gewagt, am Abend ohne ihre Erlaubnis spazieren zu gehen. Als ich erwiderte, sie sei nicht zu Hause gewesen, erklärte sie, es sei überhaupt eine unpassende Zeit, und tausend andere Dinge, scheinbar um mir die Lust zu nächtlichen Spaziergängen zu nehmen. Sicherlich war unser Spaziergang eine Unvorsichtigkeit gewesen, doch die unschuldigste Sache von der Welt. Was mich am meisten betrübte, war die Beschuldigung, wir seien in den Gemächern des Großfürsten gewesen. Ich erklärte dies für eine abscheuliche Verleumdung, worüber sie vor Zorn fast außer sich geriet. Es half mir nichts, daß ich auf die Knie fiel, ihren Unwillen zu beschwichtigen, denn das alles, sagte sie, sei nur Komödie, und jagte mich aus dem Zimmer.

Weinend kehrte ich in meine Gemächer zurück. Zur Essenszeit ging ich indes mit meiner Mutter, die immer noch sehr aufgebracht war, zum Großfürsten hinauf. Er fragte mich, was mir fehle, da meine Augen vom Weinen noch ganz rot wären. Ich erzählte ihm einfach, was geschehen, und diesmal ergriff er meine Partei und klagte meine Mutter der Laune und Heftigkeit an. Ich bat ihn jedoch, nicht mit ihr davon zu reden, und er folgte meinem Rat, so daß ihr Zorn allmählich vorüberging, aber sie behandelte mich fortwährend mit großer Kälte. Ende Juli kehrten wir von Peterhof in die Stadt zurück, wo alles sich auf die Hochzeitsfeier vorbereitete.

Endlich wurde der 21. August von der Kaiserin Elisabeth für diese Zeremonie festgesetzt. Je näher der Tag kam, desto tiefer wurde mein Trübsinn. Mein Herz sagte mir kein großes Glück voraus: nur der Ehrgeiz hielt mich aufrecht. Im Grunde meines Herzens fühlte ich ein geheimes Etwas, welches mich nie einen Augenblick zweifeln ließ, daß ich früher oder später souveräne Kaiserin von Rußland in eigener Machtvollkommenheit werden würde.

Die Hochzeit ging mit viel Glanz und Pomp vor sich. Abends fand ich in meinem Zimmer Madame Kruse, die

Schwester der ersten Kammerfrau der Kaiserin, welche diese mir als erste Kammerfrau beigegeben hatte. Schon am nächsten Tage aber merkte ich, daß diese Frau alle meine Mädchen in Furcht hielt, denn als ich mich einer von ihnen näherte, um mit ihr zu reden, sagte sie ängstlich zu mir: »Um Gottes willen, kommen Sie mir nicht zu nahe, man hat uns verboten, halblaut mit Ihnen zu sprechen.« Anderseits bekümmerte sich mein lieber Gemahl durchaus nicht um mich, sondern war fortwährend mit dem Einexerzieren seiner Diener beschäftigt, die er in seinem Zimmer einübte, wobei er zwanzigmal in einem Tage die Uniform wechselte. Da ich mit niemand sprechen konnte, gähnte ich, langweilte mich, oder war bei öffentlichen Festlichkeiten zugegen. Am dritten Tag nach meiner Hochzeit, der ein Ruhetag sein sollte, ließ mir die Gräfin Rumianzoff sagen, daß die Kaiserin sie ihrer Stellung bei mir enthoben habe, und sie deshalb in ihr Haus zu ihrem Gemahl und ihren Kindern zurückkehre. Ich bedauerte diese Nachricht nicht allzusehr, denn unser Verhältnis war stets ein gespanntes gewesen.

Die Hochzeitsfeierlichkeiten dauerten zehn Tage. Dann bezogen wir, der Großfürst und ich, den Sommerpalast, wo die Kaiserin wohnte. Schon begann man von der Abreise meiner Mutter zu sprechen, die ich seit meiner Verheiratung seltener sah. Sie war übrigens seit dieser Zeit weit freundlicher gegen mich. Gegen Ende September reiste sie ab. Der Großfürst und ich begleiteten sie bis Krasnoie-Selo. Ihre Abreise betrübte mich aufrichtig, und ich weinte viel. Nachdem sie fort war, kehrten wir in die Stadt zurück. Bei meiner Ankunft im Schloß fragte ich nach Fräulein Jukoff, und man sagte mir, sie sei zu ihrer Mutter gegangen, welche krank geworden wäre. Am nächsten Tag dieselbe Frage meinerseits, die gleiche Antwort von meinen Frauen. Gegen Mittag zog die Kaiserin mit großem Pomp aus dem Sommerpalast in den Winterpalast, und wir folgten ihr in ihre Gemächer. In ihrem Paradeschlafzimmer angelangt, blieb sie stehen und begann nach einigen gleichgültigen Bemerkungen von der Abreise meiner Mutter zu sprechen, indem sie mich freundlich aufforderte, meinen Schmerz darüber zu bezwingen. Aber ich glaubte aus den Wolken zu fallen, als sie mir in Gegenwart von etwa dreißig Personen sagte, daß sie auf Bitten meiner Mutter Fräulein Jukoff entlassen habe, weil meine Mutter fürchtete, ich möchte eine zu große Zuneigung zu einem Mädchen fassen, welches dieselbe so wenig verdiene. Hierauf begann sie mit auffallender Lebhaftigkeit von der armen Jukoff zu sprechen.

Natürlich war ich durchaus nicht von dieser Szene erbaut, noch von den Gründen Ihrer Majestät, sondern tief betrübt über das Unglück des Fräulein Jukoff, die einzig und allein deshalb vom Hofe entfernt wurde, weil sie mir durch ihr geselliges Wesen besser zusagte, als meine andern Frauen. Und warum, fragte ich mich, hat man sie mir denn erst gegeben, wenn sie ihrer Stellung nicht würdig war? Meine Mutter konnte sie nicht kennen, konnte nicht einmal mit ihr sprechen, da sie nicht russisch verstand und die Jukoff keine andere Sprache kannte; folglich mußte sie sich nur an das alberne Gerede der Schenk halten, die kaum gesunden Menschenverstand halte. Dies Mädchen leidet für mich, dachte ich, deshalb darf ich es nicht in ihrem Unglück verlassen, dessen Ursache nur meine Zuneigung zu ihm war. Ich bin indes niemals imstande gewesen, zu entdecken, ob meine Mutter die Kaiserin wirklich gebeten hatte, jene Dame von mir zu entfernen. Wenn sie es dennoch getan, so muß meine Mutter den Weg der Milde dem der Heftigkeit vorgezogen haben, denn niemals hat sie über diesen Gegenstand ein Wort mit mir gesprochen. Übrigens hätte ein Wort von ihr genügt, mich wenigstens auf eine im Grunde sehr unschuldige Zuneigung aufmerksam zu machen. Anderseits hätte auch die Kaiserin in einer etwas weniger schroffen Weise eingreifen können. Das Mädchen war jung; es hätte nur an ihr gelegen, eine passende Partie für sie zu finden, was sehr leicht gewesen wäre; aber statt dessen geschah, was ich erzählt habe.

Nachdem die Kaiserin uns verabschiedet hatte, gingen wir, der Großfürst und ich, in unsere Gemächer. Auf dem Wege dahin merkte ich, daß Elisabeth ihren Herrn Neffen von dem Vorgefallenen in Kenntnis gesetzt hatte. Ich gab ihm aber trotzdem meine Einwürfe dagegen zu verstehen und ließ ihn fühlen, daß das Mädchen unglücklich sei, einzig und allein, weil man argwöhnte, ich empfinde für sie eine besondere Vorliebe. Auch sagte ich ihm, daß ich, da sie aus Liebe zu mir litt, es für meine Pflicht hielt, sie nicht zu verlassen, so weit dies von mir abhinge. Ich schickte ihr deshalb sofort durch meinen Kammerdiener etwas Geld, doch er kam mit der Nachricht zurück, daß sie schon mit ihrer Mutter und Schwester nach Moskau abgereist sei. Darauf befahl ich, ihr das Geld durch ihren Bruder, einem Gardesergeanten, zukommen zu lassen, aber auch er hatte Befehl erhalten, sich mit seiner Frau zu entfernen, und war in einem Landregimente als Offizier angestellt worden. Noch heute ist es mir unmöglich, einen annehmbaren Grund für das alles zu entdecken, und mir scheint es fast, daß man ohne Veranlassung, allein aus Kaprice, ohne einen Schimmer von Vernunft, ja selbst ohne allen Vorwand Unrecht tat. Doch blieb es dabei nicht! Durch meinen Kammerdiener und andere Leute suchte ich eine passende Partie für Fräulein Jukoff zu finden. Man schlug mir einen Gardeunterleutnant aus adeliger Familie mit ziemlich viel Vermögen vor. Er reiste nach Moskau, um sich mit ihr, wenn sie ihm gefiele, zu vermählen, heiratete sie auch und wurde Leutnant in einem Landregimente. Sobald die Kaiserin aber davon hörte, verbannte sie beide nach Astrachan. Für eine solch hartnäckige Verfolgung Gründe zu finden, ist schwer.

Im Winterpalast bewohnten wir die Gemächer, welche wir schon früher innegehabt hatten. Die des Großfürsten waren von den meinigen durch eine mächtige Treppe getrennt, die auch zu den Zimmern der Kaiserin führte. Um zu ihm oder zu mir zu gelangen, mußte man den Vorplatz dieser Treppe überschreiten, was zumal im Winter nicht eben bequem war. Dennoch machten wir diesen Weg jeden Tag ein paarmal. Abends ging ich zum Spiel mit dem Kammerherrn Berkholz in sein Vorzimmer, während der Großfürst im andern Zimmer mit seinen Kavalieren herumtollte. Mein Billardspiel wurde jedoch bald durch den Rücktritt der Herren Brummer und Berkholz, welche die Kaiserin Ende des Winters 1746 aus dem Dienste des Großfürsten entließ, unterbrochen. Der Winter ging dahin mit Maskenbällen in den vornehmsten Häusern der Stadt, die damals alle sehr klein waren, woran aber der Hof und alle Honoratioren regelmäßig teilnahmen.

Den letzten dieser Bälle gab der Oberpolizeimeister Tatistscheff in einem der Kaiserin gehörenden Hause, das den Namen Smolloy Dworetz führte. Der mittlere Teil dieses ganz aus Holz gebauten Hauses war durch eine Feuersbrunst zerstört worden und nur die aus je zwei Etagen bestehenden Flügel waren stehen geblieben. In dem einen tanzte und in dem andern soupierte man. Um aber zum Souper zu gehen, mußte man den beschneiten Hof durchschreiten, noch dazu im kältesten Monat, im Januar. Nach der Tafel galt es, denselben Weg wieder zurückzulegen. Als wir von diesem Balle nach Hause kamen, legte sich der Großfürst sofort zu Bett, aber am folgenden Morgen erwachte er mit den heftigsten Kopfschmerzen, die ihn verhinderten, aufzustehen. Ich ließ sofort die Aerzte rufen, welche erklärten, es sei ein hitziges Fieber. Gegen Abend brachte man ihn dann in mein Audienzzimmer, wo man ihn, nachdem ihm zur Ader gelassen worden, auf ein besonders dazu aufgeschlagenes Lager legte. Er befand sich sehr schlecht, und man ließ ihn wiederholt zur Ader.

Die Kaiserin kam mehrmals des Tages zu ihm und bewies mir große Teilnahme, als sie mich weinen sah. Eines Abends, als ich eben die Abendgebete in einem kleinen Betstuhl nahe bei meinem Toilettenzimmer las, trat Madame Ismailoff, die in großer Gunst bei der Kaiserin stand, ein. Sie sagte, die Kaiserin, die mich wegen der Krankheit des Großfürsten betrübt wisse, habe sie geschickt, um mir zu sagen, ich solle Zuversicht zu Gott haben, mich nicht grämen und überzeugt sein, daß sie mich nie verlassen werde. Darauf fragte sie mich, was ich lese. Ich erwiderte: »Die Abendgebete«. Sie erklärte, ich würde mir die Augen verderben, wenn ich bei Licht so kleine Buchstaben läse, worauf ich sie bat, Ihrer kaiserlichen Majestät für ihre Freundlichkeit zu danken. Wir trennten uns aufs herzlichste, sie um ihre Botschaft zu berichten, ich, um mich schlafen zu legen. Am folgenden Morgen schickte mir die Kaiserin ein Gebetbuch mit großen Buchstaben, um, wie sie sagte, meine Augen zu schonen.

Obwohl das Zimmer des Großfürsten an das meinige stieß, betrat ich es nur, wenn ich nicht überflüssig zu sein glaubte, denn ich bemerkte, daß ihm nicht viel an meiner Anwesenheit lag. Ihm war die Gesellschaft seiner Umgebung lieber, die mir durchaus nicht gefiel. Außerdem war ich nicht gewöhnt, allein unter Männern zu verkehren. Inzwischen kam die Fastenzeit heran und ich unterzog mich während der ersten Wochen den religiösen Übungen, umsomehr, da ich gerade damals besonders zu dergleichen aufgelegt war. Ich sah deutlich, daß der Großfürst mich nicht liebte. Vierzehn Tage nach meiner Hochzeit hatte er mir von neuem anvertraut, daß er in Fräulein Carr, eine Ehrendame Ihrer Majestät, die später einen Fürsten Galitzin, den Stallmeister der Kaiserin, heiratete, verliebt sei. Dem Grafen Devierre, seinem Kammerherrn, hatte er gesagt, diese Dame sei gar nicht mit mir zu vergleichen. Und als Devierre das Gegenteil behauptete, hatte er sich mit ihm erzürnt. Diese Szene war gewissermaßen in meiner Gegenwart vor sich gegangen, und ich mußte nun ihr Schmollen mit ansehen. In der Tat sagte ich mir, daß ich mit dem Menschen sehr unglücklich werden müsse, wenn ich mich Gefühlen der Zärtlichkeit für ihn hingebe, die er so schlecht erwidere, und daß ich ohne Nutzen für irgend jemand vor Eifersucht sterben könne. So versuchte ich denn, meine Eigenliebe zu bezwingen und nicht auf einen solchen Mann eifersüchtig zu sein; aber dafür gab es nur ein Mittel: ihn nicht lieben. Wenn er hätte geliebt sein wollen, so wäre dies nicht schwer für mich gewesen; ich war von Natur geneigt, meine Pflichten zu erfüllen, aber ich hätte einen Gemahl haben müssen, der gesunden Menschenverstand besaß, und den hatte Peter nicht.

Viertes Kapitel

Mein Verhalten während der Fasten. – Das Marionettentheater des Großfürsten. – Eine interessante Entdeckung. – Zorn der Kaiserin Elisabeth gegen ihren Neffen. – Meine Leute finden Mittel, meine Ehrendame, Madame Kruse, betrunken zu machen. – Ernennung des Fürsten Repnin zum Begleiter des Großfürsten. – Repnins Charakter. – Madame Cschoglokoff wird zu meiner Oberhofmeisterin ernannt. – Die drei Czernitscheffs. – Reise nach Reval. – Abreise von dort nach Katharinental. – Allianzvertrag zwischen Rußland und Österreich. – Flottenmanöver. – Rückkehr nach Petersburg.

Während der ersten Woche der großen Fasten aß ich kein Fleisch. Die Kaiserin ließ mir am Sonnabend sagen, ich möchte ihr den Gefallen tun, auch noch die zweite Woche zu fasten, worauf ich Ihrer Majestät antworten ließ, ich bitte sie, mir zu erlauben, daß ich die ganze Fastenzeit innehielte. Sievers, der Hofmarschall der Kaiserin und Schwiegersohn der Madame Kruse, welcher diese Worte überbrachte, sagte mir nachher, die Kaiserin habe sich wahrhaft über diese Bitte gefreut und gewähre sie mir gern. Als der Großfürst erfuhr, daß ich fortfuhr zu fasten, schalt er mich, ich aber erwiderte ihm, ich könne nicht anders. Als er sich besser befand, spielte er noch lange Zeit den Kranken, um sein Zimmer nicht verlassen zu müssen, wo es ihm besser gefiel, als in Gesellschaft des Hofes. Erst in der letzten Fastenwoche, in der er seine religiösen Übungen verrichten mußte, verließ er es.

Nach Ostern ließ er in seinem Zimmer ein Marionettentheater einrichten und lud dazu alle, auch die Damen

Grossfürstin Katharina
von Anna Rosina Liscewska (?) (um 1747)

(Original im Herzogl. Anhalt. Schloss Zerbst)

ein. Diese Vorstellungen waren das Einfältigste, was man sich denken kann. Das Zimmer, worin sich dasselbe befand, besaß eine geheime Tür, welche in ein anderes zu den Gemächern der Kaiserin führendes Zimmer ging, wo ein Tisch stand, den man mittels einer Vorrichtung senken und heben konnte, um ohne Bedienung speisen zu können. Als der Großfürst eines Tages in seinem Zimmer war, um sein sogenanntes Schauspiel vorzubereiten, hörte er im anstoßenden Gemach sprechen, und da er eine etwas unbedachte Lebhaftigkeit besaß, nahm er einen Bohrer und begann damit Löcher in die geheime Tür zu bohren, so daß er alles, was drinnen vorging, namentlich das dort stattfindende Diner der Kaiserin, beobachten konnte. Der Oberjägermeister Graf Razumowski in pelzverbrämtem Schlafrocke – er hatte gerade an jenem Tage Arznei genommen – sowie ein Dutzend der intimsten Vertrauten der Kaiserin dinierten hier mit ihr. Aber der Großfürst, nicht zufrieden, für sich allein die Frucht seiner geschickten Arbeit zu genießen, rief seine ganze Umgebung herbei, um auch sie des Vergnügens teilhaftig zu machen. Nachdem er und die andern ihre Augen an diesem indiskreten Vergnügen gesättigt hatten, lud er auch Madame Kruse, mich und meine Damen ein, zu ihm zu kommen, um etwas zu sehen, was wir noch nie gesehen hätten; er verriet uns aber nicht, was es sei, scheinbar um uns eine angenehme Überraschung zu bereiten. Da ich mich gerade nicht sehr beeilte, dauerte es ihm in seinem Eifer zu lange und er ging mit Madame Kruse und meinen Frauen immer voraus. Als ich ankam, standen sie schon vor jener Tür, wohin er Bänke, Stühle, Schemel u.s.w. gesetzt hatte, wie er sagte, zur Bequemlichkeit der Zuschauer. Natürlich fragte ich, was dies bedeute, und er erklärte es mir. Ich war über seine Verwegenheit sehr erschrocken und aufgebracht und sagte ihm, daß ich nichts sehen, noch irgend einen Anteil an diesem ärgerlichen Vorgang haben wolle. Unzweifelhaft würde das unangenehme Folgen von seiten seiner Tante für ihn nach sich ziehen, wenn diese es erführe, und höchstwahrscheinlich werde sie es erfahren, weil er wenigstens zwanzig Personen in sein Geheimnis eingeweiht hätte. Alle, die sich hatten bereden lassen, durch die Löcher zu sehen, zogen sich nun zurück, da sie bemerkten, daß ich mich weigerte, dasselbe zu tun. Selbst der Großfürst fing an, seine Tat zu bereuen, und kehrte zu der Arbeit an seinem Marionettentheater zurück, während ich mich in mein Zimmer begab.

Bis Sonntag hörten wir von nichts reden, aber an diesem Tage geschah es, daß ich, ich weiß nicht weshalb, etwas später als gewöhnlich zur Messe kam. In mein Zimmer zurückgekehrt, wollte ich eben mein Hofkleid ablegen, als ich die Kaiserin mit sehr aufgebrachtem und hochrotem Gesichte eintreten sah. Da sie nicht zur Messe in der Kapelle gewesen war, sondern dem Gottesdienst in ihrer kleinen Privatkapelle beigewohnt hatte, ging ich ihr wie gewöhnlich entgegen, um ihr, da ich sie an diesem Tage noch nicht gesehen, die Hand zu küssen. Sie umarmte mich, befahl dann, den Großfürsten zu rufen und schalt mich unterdessen, daß ich zu spät zur Messe käme und der Toilette den Vorzug vor dem lieben Gott gäbe. Sie fügte hinzu, daß sie zur Zeit der Kaiserin Anna, obgleich sie nicht am Hofe gewohnt, sondern in einem vom Hofe ziemlich entfernten Hause, nie ihre Pflichten versäumt habe und deshalb oft bei Licht aufgestanden sei. Dann ließ sie meinen Kammerfriseur rufen und sagte ihm, wenn er mich künftig so langsam frisiere, werde sie ihn fortschicken. Nachdem sie mit diesem fertig war, trat der Großfürst, der sich in seinem Zimmer umkleidete, im Schlafrock, die Nachtmütze in der Hand sehr vergnügt und rasch ein. Er beeilte sich, der Kaiserin die Hand zu küssen, diese küßte ihn und fragte, wie er sich habe unterstehen können, zu tun, was er getan. Sie sei in das Zimmer gekommen, wo der Tisch mit der mechanischen Vorrichtung stände, habe dort die geheime Tür ganz durchlöchert gefunden und alle Löcher gerade auf den Platz gerichtet, wo sie gewöhnlich sitze. Durch ein solches Verhalten verletze er offenbar die nötige Rücksicht gegen sie, und sie könne ihn fortan nur noch als einen Undankbaren betrachten. Ihr eigener Vater, Peter I., habe auch einen undankbaren Sohn gehabt, den er durch Enterbung gestraft, und zur Zeit der Kaiserin Anna habe sie selbst dieser stets die Achtung bewiesen, welche man einem gekrönten und von Gott gesalbten Haupt schuldig sei. Jene habe keinen Spaß verstanden, und die, welche es an Respekt fehlen ließen, auf die Festung geschickt. Er sei nichts als ein dummer Junge, den sie erst Lebensart lehren müsse. Bei diesen Worten fing er an ärgerlich zu werden und stammelte einige Worte, aber sie befahl ihm, zu schweigen und wurde so heftig, daß sie in ihrem Zorne kein Maß mehr kannte, was gewöhnlich geschah, wenn sie ärgerlich war, und sagte ihm mit ebensoviel Verachtung als Wut die größten Beleidigungen ins Gesicht.

Wir waren beide ganz bestürzt und betäubt, und obgleich der ganze Auftritt nicht mich direkt betraf, so traten mir doch die Tränen in die Augen. Sie bemerkte das und sagte: »Meine Worte sind nicht an Sie gerichtet; ich weiß, daß Sie an dem, was er getan, keinen Anteil genommen, daß Sie weder durch die Türe gesehen, noch haben hindurchsehen wollen.« Diese gerechte Bemerkung beruhigte sie ein wenig, und sie schwieg – es war auch in der Tat schwer, dem, was sie gesagt, noch etwas hinzuzufügen – dann grüßte sie und entfernte sich, hochrot und mit funkelnden Augen. Der Großfürst begab sich in sein Zimmer, ich legte mein Kleid schweigend ab und sann über das Geschehene nach. Als ich ausgekleidet war, kam der Großfürst zurück und sagte in halb traurigem, halb satirischem Ton: »Sie war wie eine Furie, sie wußte nicht, was sie sagte.« Ich erwiderte: »Sie war aufs höchste erzürnt.« Und wir wiederholten uns ihre Worte, worauf wir allein in meinem Zimmer dinierten. Nachdem der Großfürst mich verlassen hatte, trat Madame Kruse ein und sagte: »Man muß gestehen, daß die Kaiserin heute wahrhaft als Mutter gehandelt hat.« Da ich aber sah, daß sie mich durchaus zum Reden zu bringen wünschte, schwieg ich erst recht. Sie fuhr fort: »Eine Mutter wird böse, schilt ihre Kinder, und dann ist die Sache abgetan. Sie hätten beide zu ihr sagen sollen: Winowatj Matjuschka (Um Verzeihung, Mutter), und Sie würden sie entwaffnet haben.« Ich antwortete, der Zorn Ihrer Majestät habe mich verwirrt und betäubt; alles, was ich in diesem Augenblick habe tun können, sei gewesen, zuzuhören und zu schweigen. Sie verließ mich, offenbar, um ihren Bericht abzustatten. Mir aber blieb das »ich bitte Sie um Verzeihung, Mutter« als Mittel, den Zorn der Kaiserin zu entwaffnen, im Gedächtnis zurück, und später habe ich, wie man sehen wird, mich seiner bei passender Gelegenheit mit Erfolg bedient.

Kurz ehe die Kaiserin den Grafen Brummer und den Oberkammerherrn Berkholz ihres Dienstes beim Großfürsten enthob, fand ich den ersteren, als ich eines Morgens mein Zimmer früher als gewöhnlich verließ, allein in meinem Vorzimmer. Er ergriff die Gelegenheit, mit mir zu reden und mich zu bitten und zu beschwören, jeden Tag regelmäßig in das Ankleidezimmer der Kaiserin zu gehen, wozu meine Mutter bei ihrer Abreise mir die Erlaubnis verschafft hatte. Ich hatte bis dahin von diesem Vorrecht sehr wenig Gebrauch gemacht, weil mich das aufs höchste langweilte. Ein- bis zweimal war ich hingegangen, hatte die Frauen der Kaiserin dort gefunden und war, als sich diese nach und nach zurückzogen, mit der Kaiserin allein geblieben. Dies erzählte ich ihm, aber er meinte, das tue nichts zur Sache, ich müßte unbedingt fortfahren. Offen gestanden begriff ich diese Beharrlichkeit des Hofmannes nicht. Ihm konnte es wohl für seine Pläne dienen, aber mir nützte es nichts, im Toilettezimmer der Kaiserin zu kratzfüßeln und ihr obendrein noch lästig zu fallen. Ich erklärte daher dem Grafen Brummer meinen Widerwillen, aber er tat alles, mich zu überreden, doch ohne Erfolg. Es gefiel mir in meinem Zimmer besser, besonders wenn Madame Kruse nicht da war. Während des Winters entdeckte ich nämlich bei ihr eine besondere Neigung zum Trunk, und da sie bald nachher ihre Tochter an den Hofmarschall Sievers verheiratete, ging sie entweder aus, oder meine Leute fanden Mittel, sie betrunken zu machen. Dann verfiel sie in tiefen Schlaf, und mein Zimmer war von dem mürrischen Argus befreit.

Nachdem Graf Brummer und der Oberkammerherr Berkholz ihrer Dienste beim Großfürsten enthoben waren, ernannte die Kaiserin den General Fürsten Basil Repnin zum Begleiter des Großfürsten. Eine bessere Wahl hätte die Kaiserin gewiß nicht treffen können, denn Fürst Repnin war nicht nur ein Mann von Ehre und Rechtschaffenheit, sondern auch ein Mensch mit viel Geist und Galanterie, voller Reinheit und Biederkeit des Charakters. Ich besonders konnte das Benehmen des Fürsten nur loben. Den Rücktritt Brummers bedauerte ich nicht allzusehr: er langweilte mich durch seine ewigen Gespräche über Politik. Er lebte nur in Intrigen, während der offene, militärische Charakter Fürst Repnins mir Vertrauen einflößte. Der Großfürst wiederum war froh, seiner bisherigen Lehrmeister, die er haßte, entledigt zu sein. Dennoch jagte ihm ihre Entfernung noch einen großen Schrecken ein, weil er nämlich dadurch den Intrigen des Grafen Bestuscheff preisgegeben wurde, welcher die Triebfeder aller unter dem bequemen Vorwande der Mündigkeit Seiner kaiserlichen Hoheit im Herzogtum Holstein vorgenommenen Veränderungen war. Prinz August, mein Onkel, befand sich noch immer in Petersburg und wartete hier auf die Verwaltung des Erblandes des Großfürsten.

Im Mai bezogen wir den Sommerpalast. Gegen Ende desselben Monats gab mir die Kaiserin Madame Tschoglokoff, eine ihrer Ehrendamen und Verwandten, als Oberhofmeisterin. Dies traf mich wie ein wahrer Donnerschlag, denn jene Dame war dem Grafen Bestuscheff sehr ergeben, äußerst einfach, dazu boshaft, launenhaft und selbstsüchtig. Ihr Gatte, Kammerherr der Kaiserin, war damals mit irgendwelchem Auftrag nach Wien geschickt worden. Als sie ihren Dienst bei mir antrat, weinte ich den ganzen Tag so heftig, daß mir am folgenden Tag zur Ader gelassen werden mußte. Am Morgen kam die Kaiserin in mein Zimmer und sagte, als sie meine rotgeweinten Augen sah, nur diejenigen jungen Frauen, welche ihre Männer nicht lieben, pflegten zu weinen. Meine Mutter jedoch habe ihr versichert, ich empfinde keinen Widerwillen, den Großfürsten zu heiraten, sonst würde sie mich nicht dazu gedrängt haben; da ich aber einmal verheiratet sei, solle ich aufhören zu weinen. Glücklicherweise erinnerte ich mich der Vorschriften, die mir Madame Kruse gegeben, und erwiderte: Winowatj Matjuschka, worauf die Kaiserin sich zufrieden gab. Inzwischen kam der Großfürst, den sie diesmal sehr freundlich empfing, dann entfernte sie sich. Man ließ mir zur Ader, was ich augenblicklich sehr bedurfte, legte mich in mein Bett, und dann weinte ich den ganzen Tag. Am andern Tag nahm der Großfürst mich beiseite, und ich bemerkte an seinen Aeußerungen, daß man ihm zu verstehen gegeben hatte, Madame Tschoglokoff sei mir beigegeben worden, weil ich ihn nicht liebe. Aber ich begreife nicht, wie man glauben konnte, meine Zärtlichkeit für ihn werde sich erhöhen, wenn man mir jene Frau beiordnete. Das sagte ich ihm auch ganz offen. Als Argus über mich zu wachen, war eine andere Sache. Dazu hätte man indes nicht eine so dumme Person wählen müssen, und sicherlich genügte es auch für ein solches Amt nicht, schlecht und böswillig zu sein. Man hielt Madame Tschoglokoff nämlich für äußerst tugendhaft, weil sie ihren Mann damals bis zur Anbetung liebte. Sie hatte ihn aus Liebe geheiratet, und mit diesem schönen Beispiel, das man mir vor Augen führte, dachte man mich vielleicht zu bewegen, dasselbe zu tun. Wir werden sehen, mit welchem Erfolg. Aller Wahrscheinlichkeit nach war dies der einzige Grund, der diese Aenderung in meiner Umgebung beschleunigte; ich sage beschleunigte, denn ich glaube, daß Graf Bestuscheff von Anfang an beabsichtigte, uns mit seinen Kreaturen zu umgeben. Er hätte gern mit der Umgebung der Kaiserin dasselbe getan, aber dies war nicht so leicht.

Bei meiner Ankunft in Moskau hatte der Großfürst in seinen Gemächern drei Bediente mit Namen Czernitscheff, alle drei Söhne von Grenadieren aus der Leibgarde der Kaiserin. Diese besaßen Leutnantsrang zur Belohnung dafür, daß sie der Kaiserin auf den Thron verholfen hatten. Der ältere war ein Vetter der beiden jüngeren Brüder Czernitscheff, und der Großfürst liebte sie alle drei sehr. Sie waren äußerst vertraut mit ihm und zu jedem Dienst gern bereit. Alle drei waren groß und wohlgebaut, besonders der älteste. Dieses jungen Mannes bediente sich der Großfürst zu allen seinen Aufträgen und schickte ihn täglich mehrere Male zu mir. Ihm vertraute er sich auch an, wenn er keine Lust hatte, zu mir zu kommen, um sein Herz auszuschütten.

Czernitscheff war ein sehr intimer Freund meines Kammerdieners Nevreinoff, und durch diesen erfuhr ich denn oft manches, was mir sonst unbekannt geblieben wäre. Dazu waren mir beide von ganzem Herzen ergeben, so daß ich über viele Dinge Aufklärung von ihnen gewann, die ich auf andere Weise mir nicht ohne Mühe hätte verschaffen können. Ich weiß nicht, in welcher Beziehung der ältere Czernitscheff dem Großfürsten eines Tages gesagt hatte:» Wasch Schenich, sie ist nicht meine Verlobte, sondern die Ihre.« Dieser Einfall machte dem Großfürsten viel Spaß; er erzählte ihn mir, und seitdem gefiel es Seiner kaiserlichen Hoheit, mich jewo newiesta, seine Verlobte, und Andreas Czernitscheff, wenn er mit mir von ihm sprach, Wasch Schenich, Ihren Verlobten zu nennen. Um aber endlich mit diesem Scherz ein Ende zu machen, schlug Andreas Czernitscheff Seiner kaiserlichen Hoheit vor, mich nach unserer Verheiratung Matjuschka, seine Mutter, zu nennen, und ich nannte ihn Sünock moi, meinen Sohn. Von dieser Zeit an war zwischen dem Großfürsten und mir fortwährend die Rede von diesem Sohn, den er wie seinen Augapfel liebte, und dem auch ich sehr zugetan war.

Doch mit der Zeit wurden meine Leute mißtrauisch; die einen aus Eifersucht, die andern aus Furcht vor den Folgen, welche für sie und uns daraus entstehen konnten. Eines Tages, als bei Hofe ein Maskenball stattfand, kehrte ich in mein Zimmer zurück, um meine Kleider zu wechseln. Plötzlich trat mein Kammerdiener Nevreinoff zu mir heran und flüsterte mir zu, er sowohl als alle meine Untergebenen seien in großer Angst vor der Gefahr, in welche sie mich über kurz oder lang stürzen sähen. Und als ich ihn fragte, was für eine Gefahr er meine, erwiderte er: »Sie sprechen von nichts und beschäftigen sich mit nichts, als mit Andreas Czernitscheff.« »Nun,« sagte ich in der Unschuld meines Herzens, »was ist denn Schlimmes dabei? Er ist mein Sohn; der Großfürst liebt ihn ebenso sehr als ich, und er ist uns ergeben und treu.« – »Ja,« antwortete er, »das ist wahr, der Großfürst kann tun, was ihm gefällt, aber Sie haben nicht dasselbe Recht. Was Sie Güte und Zuneigung nennen, weil dieser Mensch Ihnen treu dient, das nennen Ihre Leute Liebe.« Als er das Wort ausgesprochen, was mir nie in den Sinn gekommen war, trafen mich sowohl das verwegene Urteil als die Lage, in der ich mich, ohne es zu ahnen, befand, wie der Blitz. Nevreinoff sagte mir dann noch, daß er seinem Freunde Andreas Czernitscheff geraten habe, sich für krank auszugeben, um diesem Geschwätz ein Ende zu machen. Jener folgte dem Rate Nevreinoffs, und seine angebliche Krankheit zog sich bis zum April hinaus. Der Großfürst beschäftigte sich mit dieser Krankheit sehr viel und sprach oft mit mir darüber, ohne von dem Vorgefallenen das geringste zu ahnen. Erst als wir den Sommerpalast bezogen hatten, erschien Czernitscheff wieder, und ich konnte ihn nicht ohne Verwirrung ansehen. Inzwischen hatte es die Kaiserin für gut befunden, eine neue Anordnung mit den Hofbeamten zu treffen. Sie hatten jetzt alle abwechselnd Dienst in den inneren Gemächern, folglich auch Andreas Czernitscheff. Nachmittags gab der Großfürst oft Konzerte, wobei er selbst die Violine spielte. Während eines dieser Konzerte, in dem ich mich schrecklich langweilte, zog ich mich in mein Zimmer zurück, das nach dem großen Saal des Sommerpalastes führte, dessen Decke damals gemalt wurde, und der infolgedessen ganz voll Geräte stand. Die Kaiserin war abwesend, Madame Kruse war zu ihrer Tochter, Madame Sievers, gegangen, und so fand ich keine Menschenseele in meinem Zimmer. Aus Langeweile öffnete ich die Tür des Saales und erblickte am andern Ende Andreas Czernitscheff. Ich gab ihm ein Zeichen, sich mir zu nähern, worauf er mit großer Besorgnis bis zur Tür kam. Als ich ihn fragte, ob die Kaiserin bald zurückkehren werde, erwiderte er: »Ich kann nicht mit Ihnen reden, man macht im Saale zu viel Lärm, lassen Sie mich in Ihr Zimmer eintreten.« Allein ich antwortete ihm: »Das werde ich nicht tun.« So stand er außerhalb und ich innerhalb der Tür, die ich halbgeöffnet hielt, während ich mit ihm sprach. Unwillkürlich sah ich nach der entgegengesetzten Seite und erblickte hinter mir an der andern Tür meines Toilettezimmers den Kammerherrn Grafen Devierre, der mir sagte: »Der Großfürst schickt nach Ihnen, Madame.«

Ich schloß die Tür und kehrte mit dem Grafen Devierre in das Zimmer zurück, wo der Großfürst sein
Konzert gab. Später indes erfuhr ich, daß Graf Devierre, sowie noch viele andere Personen unserer
Umgebung eine Art von beauftragten Berichterstat-
tern spielten. Am folgenden Tage, es war Sonntags,
nach der Messe erfuhren der Großfürst und ich, daß
die drei Czernitscheffs als Leutnants in die bei
Orenburg liegenden Regimenter versetzt seien, und
am Nachmittag desselben Tages wurde mir Madame
Tschoglokoff beigegeben.

Kurz darauf erhielten wir den Befehl, uns zur Begleitung der Kaiserin auf ihrer Reise nach Reval
vorzubereiten. Gleichzeitig meldete mir Madame
Tschoglokoff von seiten Ihrer Majestät, daß sie mich
in Zukunft meiner Besuche in ihrem Ankleidezimmer enthebe. Wenn ich ihr etwas zu sagen habe, so
solle ich dies durch niemand anders tun, als durch
sie, Madame Tschoglokoff. Im Grunde meines Herzens war ich sehr froh über diesen Befehl, der mich
davon befreite, vor den Frauen der Kaiserin zu
kratzfüßeln; übrigens ging ich sehr selten hin und
sah Ihre Majestät fast nie. Seit meinem ersten Besuch hatte sie sich mir höchstens drei- oder viermal
gezeigt. Gewöhnlich verließen dann auch allmählich
die Frauen der Kaiserin das Zimmer, so daß ich
ebenfalls, um nicht allein zu sein, nie lange dort
blieb.

Im Juni reiste die Kaiserin nach Reval, und wir
begleiteten sie. Der Großfürst und ich fuhren in ei-

nem viersitzigen Wagen zusammen mit dem Prinzen August und Madame Tschoglokoff. Unsere Art zu reisen war weder bequem noch angenehm. Die Post- oder Stationshäuser wurden von der Kaiserin in Anspruch genommen, während man uns Zelte zur Verfügung stellte, oder uns in die Bureaus einquartierte. Ich erinnere mich, daß ich mich eines Tages auf dieser Reise bei dem Ofen ankleiden mußte, wo man eben Brot gebacken hatte, und daß ein anderesmal in dem Zelte, wo mein Bett sich befand, das Wasser einen halben Fuß hoch stand, als ich eintrat. Da außerdem die Kaiserin keine bestimmte Zeit, weder für die Abreise, noch für die Ankunft, noch für die Mahlzeiten und die Ruhestunden festsetzte, waren wir alle, Herren sowie Diener, außerordentlich abgespannt.

Endlich, nach zehn oder zwölf Tagen, langten wir auf einem Gute des Grafen Steinbock, vierzig Werst von Reval, an, von wo indes die Kaiserin mit feierlichem Gepränge wieder abfuhr, weil sie noch am Abend in Katharinental eintreffen wollte. Aber aus irgendwelchem mir unbekannten Grunde verlängerte sich die Reise bis halb zwei Uhr morgens.

Während der ganzen Fahrt von Petersburg nach Reval langweilte und verstimmte Madame Tschoglokoff unsere Gesellschaft. Was man auch sagen mochte, stets erwiderte sie: »Solch eine Unterhaltung würde Ihrer Majestät mißfallen;« oder: »So etwas würde die Kaiserin nicht billigen.« Und doch waren es oft die unschuldigsten und gleichgültigsten Dinge, die sie auf diese

Weise rügte. Was mich betraf, so faßte ich meinen Entschluß: ich schlief während der ganzen Reise.

Gleich am nächsten Tage nach unserer Ankunft in Katharinental begann der gewöhnliche Gang des Hoflebens, das heißt es wurde vom Morgen bis zum Abend und bis tief in die Nacht hinein ziemlich hoch im Vorzimmer der Kaiserin gespielt. Madame Tschoglokoff liebte das Spiel sehr und forderte mich auf, ebenfalls Pharo zu spielen. Hier waren gewöhnlich alle Günstlinge der Kaiserin versammelt, wenn sie sich nicht im Zimmer Ihrer Majestät, oder vielmehr in ihrem Zelte befanden. Sie hatte nämlich ein sehr großes und prächtiges Zelt neben ihren Gemächern aufschlagen lassen, die sich zu ebener Erde befanden und sehr klein waren, wie Peter I. sie gewöhnlich baute. Denn er hatte dies Landhaus errichtet und den Garten angelegt.

Der Fürst und die Fürstin Repnin, die an der Reise ebenfalls teilnahmen und von dem anmaßenden, unverständigen Wesen Madame Tschoglokoffs während der ganzen Reise unterrichtet waren, forderten mich auf, der Gräfin Schuwaloff und Madame Ismailoff, den beiden vertrautesten Damen der Kaiserin, davon Mitteilung zu machen. Diese liebten Madame Tschoglokoff nicht und wußten bereits, was vorgefallen war. Die kleine Gräfin Schuwaloff, welche die Indiskretion selber war, wartete aber gar nicht erst, bis ich ihr davon sprach, sondern begann, als sie beim Spiel an meiner Seite saß, selbst mit mir davon zu reden, wobei sie durch ihren scherzhaften Ton das Benehmen der Tschoglokoff so ins Lächerliche zog, daß diese bald zum Gegenstande allgemeinen Spottes wurde. Ja, sie tat noch mehr, sie erzählte der Kaiserin, was sich ereignet hatte. Augenscheinlich wurde Madame Tschoglokoff ein Verweis erteilt, denn sie milderte ihren Ton gegen mich zusehends. Und in der Tat bedurfte ich dessen sehr nötig, denn ich fing an, eine große Neigung zur Melancholie zu spüren. Ich fühlte mich schrecklich einsam. Der Großfürst faßte in Reval eine vorübergehende Neigung zu einer Dame Namens Cédéraparre und verfehlte natürlich nicht, seiner Gewohnheit gemäß, mich sofort ins Vertrauen zu ziehen.

Da ich häufig an Brustschmerzen litt und in Katharinental Blut ausgeworfen hatte, ließ man mir zur Ader. Am Nachmittag trat Madame Tschoglokoff in mein Zimmer und fand mich mit verweinten Augen. Mit bedeutend freundlicherem Ausdruck fragte sie mich, was mir fehle, und schlug mir seitens der Kaiserin vor, einen Spaziergang in den Garten zu machen, um, wie sie sagte, meine Hypochondrie zu zerstreuen. Außerdem händigte sie mir von Ihrer Majestät 3000 Rubel zum Pharospiel ein, denn die Damen hatten gemerkt, daß es mir an Geld fehle, und es der Kaiserin gesagt. Ich bat sie, Ihrer kaiserlichen Majestät für ihre Güte zu danken und ging mit Madame Tschoglokoff im Garten spazieren, um frische Luft zu schöpfen. Der Großfürst war an diesem Tage mit dem Oberjägermeister Razumowski auf der Jagd.

Einige Tage nach unserer Ankunft in Katharinental traf der Großkanzler Graf Bestuscheff ein in Begleitung des kaiserlichen Gesandten Baron Preyslein.

Aus den Glückwünschen, welche er uns darbrachte, konnten wir ersehen, daß sich die beiden kaiserlichen Höfe durch einen Allianzvertrag vereinigt hatten. Hierauf begab sich die Kaiserin zum Flottenmanöver, doch mit Ausnahme des Pulverdampfes sahen wir nichts. Der Tag war ausnehmend heiß und es herrschte vollkommene Windstille. Nach der Rückkehr von diesem Manöver fand in den auf der Terrasse aufgeschlagenen Zelten der Kaiserin ein Ball statt. Das Souper wurde unter freiem Himmel um ein Bassin serviert, wo Fontainen springen sollten; aber kaum hatte sich die Kaiserin zu Tisch gesetzt, als ein Platzregen die ganze Gesellschaft durchnäßte. Alles flüchtete dann so gut es ging in die Häuser und Zelte, und so endete das schöne Fest.

Einige Tage darauf begab sich die Kaiserin nach Roguervick. Auch hier manövrierte die Flotte, und wir sahen wieder nichts als Dampf. Bei dieser Reise verletzten wir uns alle die Füße auf eigentümliche Weise. Der Boden dieser Gegend ist vollkommen felsig und von einer dicken Schicht kleiner Kieselsteine bedeckt, in welche, wenn man längere Zeit auf derselben Stelle steht, die Füße einsinken und von den Kieseln bedeckt werden. Da wir dort unsere Zelte aufgeschlagen hatten, waren wir genötigt, mehrere Tage hindurch auf diesem Boden zu gehen, wovon mir meine Füße noch vier Monate nachher weh taten. Die Galeerensklaven, welche an dem Hafendamme arbeiteten, brachten uns wohl Holzschuhe, aber auch diese hielten nicht länger als acht bis zehn Tage.

Der kaiserlich österreichische Gesandte war ebenfalls Ihrer Majestät nach diesem Hafen gefolgt und dinierte und soupierte mit ihr auf dem Wege zwischen Roguervick und Reval.

Bei der Rückkehr nach Katharinental hatte Madame Tschoglokoff das Vergnügen, ihren Gemahl zu treffen, der von seiner Sendung nach Wien zurückgekehrt war. Obgleich sich auf dem Wege nach Riga, wohin sich die Kaiserin begeben wollte, schon viele Hofequipagen befanden, die der Kaiserin entgegen kamen, änderte sie plötzlich, nachdem sie in Roguervick gewesen, ihren Plan. Man zerbrach sich den Kopf über die Ursache dieser Aenderung, aber erst viele Jahre später sollte sich dieselbe aufklären. Als Herr Tschoglokoff nämlich durch Riga gekommen war, hatte ihm ein lutherischer Pastor, der entweder ein Narr oder ein Fanatiker war, einen Brief mit einer Denkschrift überreicht, worin er die Kaiserin beschwor, die Reise nicht zu unternehmen, weil sie sich auf derselben der größten Gefahr aussetzen würde, denn die Feinde des Reichs hätten Leute gedungen, sie dort zu töten, und dergleichen Geschwätz mehr. Der Empfang dieser Schrift verdarb Ihrer Majestät die ganze Lust, weiter zu reisen, und, obgleich es sich herausstellte, daß der Geistliche ein Irrsinniger war, fand die Reise nicht statt.

So kehrten wir in kleinen Tagereisen von Reval nach Petersburg zurück. Ich bekam auf dieser Reise eine heftige Halskrankheit, die mich mehrere Tage ans Bett fesselte. Hierauf begaben wir uns nach Peterhof und machten von dort alle acht Tage Ausflüge nach Oranienbaum.

Fünftes Kapitel

Befehl der Kaiserin, das Abendmahl zu nehmen. – Die Kompagnie des Großfürsten in Oranienbaum. – Langweiliges Leben in Oranienbaum. – Ich tröste mich mit meinen Büchern. – Amüsanter Winter in Petersburg. – Reise nach Tischwin. – Der kaiserliche Favorit Razumowski. – Tschoglokoff. – Tod der Fürstin Gagarin. – Im Sommerpalast. – Verschiedene Verabschiedungen. – Reise nach Gostilitza. – Tod meines Vaters. – Man verbietet mir, ihn länger als acht Tage zu beweinen. – Intrige Bestuscheffs. – Die Meute des Großfürsten. – Er spielt mit Puppen und anderem Spielzeug. – Man verbietet uns, mit unserer Umgebung halblaut zu sprechen. – Der Hundestall neben unserm Schlafzimmer. – Maskenbälle in meinen Gemächern. – Ungnade Repnins. – Die Kaiserin macht mir Vorwürfe. – Ich bekomme die Masern.

Zu Anfang August ließ die Kaiserin dem Großfürsten und mir sagen, daß wir zum Abendmahl gehen sollten. Wir entsprachen beide ihren Wünschen und begannen sogleich die Frühmette und Vesper bei uns singen zu lassen, sowie täglich in die Messe zu gehen. Am Freitag, als es sich darum handelte, die Beichte abzulegen, klärte sich denn auch die Ursache zu diesem Befehl auf. Simon Theodorski, der Bischof von Pleskow, fragte uns nämlich beide, natürlich jeden besonders, was zwischen den Czernitscheffs und uns vorgegangen sei. Aber da absolut nichts vorgefallen war und er sah, daß wir ihm offen und unschuldig erklärten, auch nicht ein Schatten von dem, was man gewagt habe, anzunehmen, sei begründet, ward er ein wenig verlegen. Und es entschlüpften ihm gegen mich die Worte: »Aber woher kommt es, daß die Kaiserin vom Gegenteil überzeugt ist?« worauf ich ihm antwortete, ich wisse es nicht. Ich glaube sicher, daß unser Beichtvater unsere Geständnisse dem Beichtvater der Kaiserin mitteilte und dieser sie Ihrer Majestät übermittelte, was nicht zu unserem Nachteile geschah. Wir nahmen das Abendmahl am Sonnabend und gingen am Sonntag auf acht Tage nach Oranienbaum, während Elisabeth einen Ausflug nach Zarskoje Selo machte.

Sobald wir in Oranienbaum angekommen waren, bildete der Großfürst aus seinem ganzen Gefolge eine Kompagnie. Die Kammerherren, Kammerkavaliere, Hofchargen, die Adjutanten des Fürsten Repnin, ja sogar dessen Sohn, die Hofbedienten, Jäger, Gärtner, alle, alle mußten sie das Gewehr über die Schulter nehmen. Seine kaiserliche Hoheit exerzierte sie täglich und ließ sie auf die Wache ziehen; der Korridor des Hauses diente ihnen als Wachtstube, wo sie den Tag verbrachten. Zu den Mahlzeiten gingen die Kavaliere hinauf, und abends kamen sie in den Saal, um so, wie sie waren, in Gamaschen, gestiefelt und gespornt, zu tanzen, von Damen waren nur ich, Madame Tschoglokoff, die Fürstin Repnin, meine drei Ehrendamen und meine Kammerfrauen da; folglich waren diese Bälle stets sehr spärlich und schlecht arrangiert, zumal da die Männer von dem fortwährenden Exerzieren, einer Beschäftigung, die dem Geschmack der Hofleute durchaus nicht zusagte, ermüdet und schlechter Laune waren. Nach dem Ball durften sie dann in ihrem Zimmer zu Bett gehen. Im allgemeinen waren ich sowie alle andern des langweiligen Lebens in Oranienbaum, wo wir fünf oder sechs Frauen von früh bis abends allein waren, während die Männer ihrerseits wider Willen exerzierten, herzlich satt. Ich nahm deshalb meine Zuflucht zu den Büchern, die ich mir mitgebracht hatte. Seit meiner Heirat beschäftigte ich mich fast ausschließlich mit Lektüre. Das erste Buch, welches ich nach meiner Vermählung las, war ein Roman, betitelt »Tiran le Blanc«, und ein ganzes Jahr lang las ich nichts als Romane. Diese begannen mich aber bald zu langweilen. Zufällig kamen mir die Briefe von Madame de Sévigné in die Hände, eine Lektüre, die mich sehr amüsierte. Nachdem ich sie förmlich verschlungen hatte, las ich die Werke Voltaires, doch nach diesen suchte ich meine Bücher mit größerer Wahl aus.

Wir kehrten nach Peterhof zurück, und nach zwei oder drei Hin- und Rückreisen zwischen Peterhof und Oranienbaum, wobei es stets bei denselben Zerstreuungen blieb, bezogen wir den Sommerpalast in Petersburg.

Ende des Herbstes siedelte die Kaiserin in den Winterpalast über. Sie bewohnte dort die Gemächer, welche wir den Winter vorher benutzt hatten, während wir in die vor unserer Verheiratung vom Großfürsten bewohnten einquartiert wurden. Diese Gemächer gefielen uns sehr gut und waren in der Tat außerordentlich bequem; sie waren einst von der Kaiserin Anna benutzt worden.

Jeden Abend versammelte sich hier unser ganzer Hof, man spielte allerhand unterhaltende Gesellschaftsspiele, oder es fanden Konzerte statt. Zweimal wöchentlich war im großen Theater, das damals der Kasaner Kirche gegenüberstand, Vorstellung. Mit einem Wort, dieser Winter war einer der heitersten und angenehmsten, die ich je verlebt habe. Wir taten wirklich den ganzen Tag nichts als lachen und fröhlich sein.

Ungefähr gegen Mitte des Winters befahl uns die Kaiserin, ihr nach Tischwin, wohin sie sich begab, zu folgen. Diese Reise hatte einen religiösen Zweck, doch gerade, als wir in den Schlitten steigen wollten, erfuhren wir, daß sie aufgeschoben sei. Man flüsterte uns zu, der Oberjägermeister Graf Razumowski sei von der Gicht befallen, und Ihre Majestät wolle nicht ohne ihn reisen. Erst zwei oder drei Wochen später gingen wir nach Tischwin. Die Reise dauerte einschließlich unserer Rückkehr nur fünf Tage. Als wir durch Ribatschia Slobodk kamen und an dem Hause vorbeifuhren, wo sich die Czernitscheffs befanden, suchte ich sie hinter den Fenstern zu erspähen, sah aber nichts. Von Fürst Repnin, der an dieser Reise nicht teilnahm, wurde gesagt, er leide an Blasenstein. Sein Amt vertrat der Gemahl der Tschoglokoff, was allen nicht gerade sehr angenehm war. Er war ein anmaßender, brutaler, dummer Mensch, vor dem alle die größte Furcht hatten, selbst seine eigene Frau. Beide waren aber auch wirklich böswillige Menschen. Dennoch gab es, wie wir später sehen werden, Mittel, nicht allein jene Argusse einzuschläfern, sondern sie sogar zu gewinnen. Damals indes bemühte man sich noch, diese Mittel zu entdecken. Eins der sichersten war, Pharo mit ihnen zu spielen, denn beide waren sehr interessierte Spieler. Diese Schwäche wurden wir zuerst an ihnen gewahr, während wir die andern leider erst viel später entdeckten.

Im Laufe des Winters starb die Ehrendame Fürstin Gagarin an einem hitzigen Fieber, eben als sie im Begriff war, sich mit dem Kammerherrn Fürsten Galitzin, welcher später ihre jüngere Schwester heiratete, zu vermählen. Ich bedauerte ihren Verlust sehr und besuchte sie oft während ihrer Krankheit, trotz der Einwände Madame Tschoglokoffs. Die Kaiserin ließ an ihrer Stelle ihre ältere Schwester aus Moskau kommen, die sich später mit dem Grafen Matjuschkin vermählte.

Im Frühjahr siedelten wir in den Sommerpalast über, und von dort ging es aufs Land. Fürst Repnin erhielt angeblich wegen zerrütteter Gesundheit die Erlaubnis, sich auf seine Besitzung zurückzuziehen, und Tschoglokoff führte *ad interim* die Geschäfte des Fürsten Repnin bei uns. Das erste, was er tat, war die Verabschiedung unseres Kammerherrn Grafen Devierre, der als Brigadier, und des Kammerkavaliers Villebois, der als Oberst in die Armee versetzt wurde. Beides geschah auf Veranlassung Tschoglokoffs, der sie mit Mißfallen betrachtete, weil der Großfürst und ich ihnen Wohlwollen bewiesen. Eine ähnliche Verabschiedung hatte schon im Jahre 1745 auf die Bitte meiner Mutter den Grafen Zacharias Czernitscheff betroffen, und stets sah man solche Verabschiedungen als Zeichen der Ungnade bei Hofe an, so daß sie für die betreffenden Personen sehr empfindlich waren. Die eben erwähnte war dem Großfürsten und mir besonders unangenehm. Ein anderer Kunstgriff der Tschoglokoffs, die den Großfürsten und mich vollkommen isolieren wollten, war, daß dem Prinzen August, nachdem er alles erhalten, was er wünschte, von der Kaiserin der Befehl erteilt wurde, sich zu entfernen. Sie folgten darin den Weisungen des Grafen Bestuscheff, dem alle ohne Ausnahme verdächtig waren.

Da ich während dieses Sommers nichts Besseres zu tun hatte und die Langeweile bei uns groß wurde, war meine Hauptleidenschaft das Reiten. Den Rest meiner Zeit benutzte ich, alles zu lesen, was mir in die Hände fiel. Was den Großfürsten betraf, so wählte er sich, da man ihm die Leute, die er am meisten liebte, genommen, unter den Hofbedienten neue Günstlinge aus.

In dieser Zeit benachrichtigte mich mein Kammerdiener Nevreinoff eines Morgens, als er mich frisierte, er habe durch einen eigentümlichen Zufall entdeckt, daß Andreas Czernitscheff und seine Brüder in Ribatschia in einem Lusthause der Kaiserin, welches sie von ihrer Mutter geerbt, gefangen säßen. Er hätte es auf folgende Weise erfahren. Während des Karnevals hatte er mit seiner Frau, seiner Schwägerin und seinen beiden Schwägern eine Schlittenfahrt gemacht. Der Gatte der Schwägerin war Magistratssekretär in Petersburg und hatte eine Schwester, welche an einen Untersekretär der geheimen Kanzlei verheiratet war. Sie machten einen Ausflug nach Ribatschia und kehrten bei dem Verwalter dieses Gutes der Kaiserin ein. Da sie sich über den Tag, auf welchen das Osterfest fallen würde, stritten, sagte der Hauswirt, er könne diesen Streit schnell schlichten, denn er brauche nur die Gefangenen um ein Buch zu bitten, welches Swiatzy hieße, und in dem alle Feste und der Kalender für mehrere Jahre aufgeführt seien. Nach einigen Augenblicken brachte man das Buch. Der Schwager Nevreinoffs ergriff es, schlug es auf und das erste, was er darin fand, war der Name Andreas Czernitscheffs und das Datum des Tages, an welchem der Großfürst ihm das Buch geschenkt hatte. Hierauf suchte er nach dem Osterfeste. Der Streit war beendet, das Buch wurde wieder abgegeben und sie kehrten nach Petersburg zurück, wo der Schwager Nevreinoffs ihm einige Tage später diese Entdeckung anvertraute. Er bat mich inständig, nicht mit dem Großfürsten davon zu sprechen, weil man auf seine Verschwiegenheit durchaus nicht bauen könne; ich versprach es und hielt Wort.

Um die Mitte der Fastenzeit begaben wir uns mit der Kaiserin nach Gostilitza zur Feier des Namensfestes des Oberjägermeisters Razumowski. Man tanzte, war sehr vergnügt und kehrte dann in die Stadt zurück.

Einige Tage nachher meldete man mir das Hinscheiden meines Vaters, eine Nachricht, die mich aufs tiefste betrübte. Acht Tage lang ließ man mich meinen Schmerz ausweinen, doch am Ende dieser acht Tage erklärte mir Madame Tschoglokoff, es sei nun des Weinens genug. Die Kaiserin befehle mir, aufzuhören, da mein Vater kein König gewesen sei. Ich erwiderte, ein König sei er freilich nicht gewesen, worauf sie antwortete, es schicke sich nicht für eine Großfürstin, länger um einen Vater zu weinen, der kein regierender König gewesen sei. Endlich befahl man mir, am nächsten Sonntag auszugehen und nur sechs Wochen Trauer zu tragen.

Als ich zum ersten Male wieder mein Zimmer verließ, fand ich den Grafen Santi, den Oberzeremonienmeister der Kaiserin, im Vorzimmer Ihrer Majestät. Ich richtete einige gleichgültige Worte an ihn und ging weiter. Ein paar Tage später erschien Madame Tschoglokoff, um mir zu sagen, Ihre Majestät habe vom Grafen Bestuscheff, dem Santi es schriftlich gegeben, erfahren, daß ich zu Santi gesagt habe, ich fände es sehr sonderbar, daß mir die Gesandten beim Tode meines Vaters keine Beileidsbesuche abgestattet hätten. Eine solche Bemerkung gegen Santi finde Ihre Majestät sehr unangebracht; ich sei ungemein stolz, müsse mich doch erinnern, daß mein Vater kein König gewesen sei, und daß ich aus diesem Grunde Beileidsbezeigungen seitens der fremden Gesandten weder verlangen könne noch dürfe. Ich fiel wie aus den Wolken, als ich Madame Tschoglokoff so sprechen hörte, und erwiderte, wenn Graf Santi gesagt oder geschrieben, daß ich ein einziges dem erwähnten auch nur ähnliches Wort über diesen Gegenstand mit ihm gesprochen, so sei er ein absichtlicher Lügner. Nichts von alledem sei mir jemals in den Sinn gekommen, folglich könne ich auch weder an ihn, noch an sonst jemand solche Worte gerichtet haben. Dies war die vollkommenste Wahrheit, denn ich hatte es mir zur strengsten Pflicht gemacht, in keinem Falle irgend welche Ansprüche zu erheben, mich in allen Dingen dem Willen Ihrer kaiserlichen Majestät unterzuordnen und zu tun, was man mir befahl. Augenscheinlich war Madame Tschoglokoff durch die Offenheit, mit welcher ich antwortete, von der Wahrheit überzeugt, denn sie erwiderte, sie werde nicht verfehlen, der Kaiserin zu berichten, daß ich Graf Santi Lügen strafe. In der Tat begab sie sich sofort zu Ihrer Majestät und kam zurück, um mir zu sagen, daß die Kaiserin sehr böse auf Santi sei, weil er sich einer solchen Lüge schuldig gemacht, und sie habe befohlen, ihm einen Verweis zu geben. Einige Tage später schickte Graf Santi verschiedene Personen zu mir, unter andern auch den Kammerherrn Grafen Nikita Panin und den Vizekanzler Woronzow, um mir zu sagen, daß Bestuscheff ihn zu dieser Lüge gezwungen und es ihm sehr schmerzlich sei, deshalb in Ungnade bei mir gefallen zu sein. Ich antwortete ihnen, ein Lügner sei ein Lügner, was er auch für Gründe haben möge, zu lügen; aber aus Besorgnis, er könne mich wieder einmal in seine Lügen verwickeln, werde ich nicht mehr mit ihm sprechen. Meine Ansicht indes war folgende. Santi war ein Italiener; er intrigierte gern und war erfüllt von seinem Amt als Oberzeremonienmeister. Ich hatte mich mit ihm stets so unterhalten, wie ich es mit jedem andern auch tat. Vielleicht aber hatte er gedacht, daß Beileidsbezeigungen für den Tod meines Vaters seitens des diplomatischen Korps zulässig seien, und bei seiner Art, zu denken, scheint es, daß er mir dadurch einen Gefallen zu erweisen glaubte. Er ging also zum Großkanzler

Grafen Bestuscheff, seinem Vorgesetzten, und berichtete ihm, ich sei zum ersten Male ausgegangen, und wie es ihm schiene, wäre ich sehr betrübt gewesen; vielleicht hätte die Unterlassung von Beileidsbezeigungen dazu beigetragen, meine traurige Stimmung zu erhöhen. Bestuscheff, der immer zänkisch und geneigt war, mich zu demütigen, ließ sofort aufschreiben, was Santi ihm in bezug auf mich gesagt oder angedeutet hatte und ließ ihn das Protokoll unterzeichnen. Santi, der seinen Vorgesetzten wie das Feuer, vor allem aber den Verlust seiner Stellung fürchtete, zögerte nicht, lieber diese Lüge zu unterschreiben, als seine Existenz zu opfern. Der Großkanzler schickte nun den Bericht an die Kaiserin, die über meine Anmaßung sehr erzürnt war und Madame Tschoglokoff zu mir schickte, wie ich soeben erzählt habe. Nachdem sie aber meine auf strikte Wahrheit beruhende Antwort gehört, hatte die ganze Intrige weiter keine Folge als einen Nasenstüber für den Herrn Oberzeremonienmeister.

Der Großfürst schaffte sich auf dem Lande eine Meute an und begann die Hunde selbst zu dressieren. War er müde, sie zu quälen, dann fing er an, auf der Geige herum zu kratzen. Er kannte nicht eine einzige Note, besaß indes gutes Gehör und glaubte, die Schönheit der Musik bestände in der Stärke und Heftigkeit, mit welcher er die Töne aus seinem Instrument hervorlockte. Seine Zuhörer würden sich manchmal gern die Ohren verstopft haben, wenn sie es gewagt hätten, denn er quälte sie fürchterlich.

Nach unserer Rückkehr in den Sommerpalast bewies Madame Kruse, die nie aufgehört hatte, ihre Argusrolle zu spielen, sich insofern freundlicher gegen uns, als sie sich sehr oft dazu hergab, die Tschoglokoffs zu hintergehen, welche allen sehr zuwider waren. Ja, sie tat mehr, sie verschaffte dem Großfürsten sogar Spielzeug, Puppen und andere Kindereien, die er bis zur Narrheit liebte. Tagsüber verbarg man dieselben in oder unter meinem Bett. Nach dem Abendessen legte sich der Großfürst gewöhnlich zuerst nieder, und wenn wir beide im Bett waren, verschloß Madame Kruse die Tür, und der Großfürst spielte bis ein oder zwei Uhr nachts. Wohl oder übel mußte auch ich an diesen herrlichen Vergnügungen teilnehmen, ebenso Madame Kruse. Manchmal lachte ich darüber, aber oft war es mir unangenehm und zuwider. Bisweilen war das ganze Bett von Puppen und Spielsachen, die ziemlich schwer waren, bedeckt und angefüllt. Ich weiß nicht, ob Madame Tschoglokoff diesen nächtlichen Vergnügungen auf die Spur gekommen war, aber eines Abends gegen Mitternacht klopfte sie plötzlich an die Tür unseres Schlafzimmers. Man öffnete nicht sogleich, weil der Großfürst, Madame Kruse und ich nichts Eiligeres zu tun hatten, als das Bett von den Spielsachen zu säubern und sie zu verbergen, wobei uns die Bettdecke, unter die wir alles stopften, gute Dienste leistete. Dann erst öffnete man. Sie beklagte sich bitter, wie lange wir sie hätten warten lassen und erklärte, die Kaiserin würde sehr unwillig sein, wenn sie erführe, daß wir zu so später Stunde noch nicht schliefen. Darauf zog sie sich brummend zurück, ohne eine weitere Entdeckung gemacht zu haben. Nachdem sie sich entfernt, setzte der Großfürst seine Spielerei fort, bis ihm die Lust zum Schlafe kam.

Bei Eintritt des Herbstes bezogen wir wieder die Gemächer, die wir zuerst nach unserer Verheiratung im Winterpalast bewohnt hatten. Hier ließ Ihre Majestät durch Herrn Tschoglokoff aufs strengste verbieten, daß jemand des Großfürsten und meine Zimmer ohne die ausdrückliche Erlaubnis des Herrn und der Madame Tschoglokoff betrete. Gleichzeitig erging ein Befehl an die Damen und Herren unseres Hofes, sich im Vorzimmer aufzuhalten und die Schwelle unserer Gemächer nicht zu überschreiten; ferner nur laut mit uns und den Domestiken zu sprechen, andernfalls sie verabschiedet würden. Auf diese Weise auf das Alleinsein mit einander beschränkt, murrten wir beide und teilten uns gegenseitig unsere Gedanken über diese Art von Gefangenschaft mit, die keiner von uns verdient hatte. Um sich aber während des Winters ein wenig Unterhaltung zu schaffen, ließ sich der Großfürst acht oder zehn Jagdhunde vom Lande kommen, die er hinter einem Holzverschlag verbarg, welcher den Alkoven meines Schlafzimmers von einer großen hinter unsern Gemächern liegenden Vorhalle trennte. Da nun der Alkoven nur eine dünne Bretterwand hatte, drang der Geruch des Hundestalles herein, und in diesem Gestank schliefen wir. Beklagte ich mich darüber, so erwiderte er, es sei unmöglich, etwas daran zu ändern, und da der Hundestall so geheim wie möglich gehalten werden mußte, ertrug ich geduldig diese Unannehmlichkeit und bewahrte das Geheimnis Seiner kaiserlichen Hoheit.

Weil es während des Karnevals diesmal absolut keine Festlichkeiten bei Hofe gab, fiel es dem Großfürsten ein, in meinem Zimmer Maskenbälle zu veranstalten. Seine Diener, sowie die meinigen und meine Frauen mußten Maskenkostüme anziehen und in meinem Schlafzimmer tanzen, was meist bis tief in die Nacht hinein währte. Was mich betraf, so legte ich mich meist unter dem Vorwande von Kopfweh oder Müdigkeit auf ein Sofa, jedoch immer im Maskenkostüm, und langweilte mich zum Sterben über die Einfältigkeit dieser Maskeraden, die ihm unendliches Vergnügen bereiteten. Übrigens entfernte man bei Beginn der Fastenzeit noch weitere vier Personen von ihm, unter diesen auch drei Pagen, die er allen übrigen vorzog. Jene häufigen Verabschiedungen waren ihm äußerst unangenehm; trotzdem aber tat er nichts, sie zu verhindern, oder vielmehr, er beschwerte sich auf so linkische Weise, daß er das Übel nur vermehrte.

Während dieses Winters erfuhren wir, daß Fürst Repnin, krank wie er war, das Truppenkorps kommandieren sollte, das man zur Unterstützung der Kaiserin Maria Theresia nach Böhmen zu schicken beabsichtigte. Dies war ein Zeichen völliger Ungnade für den Fürsten. Er ging und kehrte nicht wieder zurück, sondern starb aus Kummer in Böhmen. Die Fürstin Gagarin, meine Ehrendame, war die erste, die mir, trotz aller Verbote, uns auch nur das geringste von dem, was in der Stadt oder am Hofe vorging, zu melden, diese Nachricht überbrachte. Daraus kann man ersehen, was es mit ähnlichen Verboten auf sich hat: sie werden nie in ihrer ganzen Strenge ausgeführt, weil zu viele Leute ein Interesse haben, sie zu übertreten. Übrigens bemühte sich unsere ganze Umgebung, selbst die nächsten Verwandten der Tschoglokoffs, die Strenge des politischen Gefängnisses zu mildern, worin man sie und uns einsperren wollte. Sogar der Bruder Madame Tschoglokoffs, Graf Hendrikoff, ließ mir oft die nützlichsten und notwendigsten Ratschläge zugehen, oder andere bedienten sich seiner, sie mir zu übermitteln, wozu er stets mit der Offenheit eines tüchtigen, ehrenhaften Mannes bereit war. Auch moquierte er sich über die Dummheit und Roheit seiner Schwester und seines Schwagers. Alle fühlten sich daher in seiner Gesellschaft wohl, ohne ihm im geringsten zu mißtrauen, weil er nie jemand bloßstellte, noch gegen jemand fehlte. Er war ein rechtschaffener, wenn auch etwas beschränkter Mensch, schlecht erzogen, sehr unwissend, aber fest und ohne Böswilligkeit.

Während dieser Fasten begab ich mich eines Mittags in das Zimmer, wo die Kavaliere und Damen sich aufhielten – die Tschoglokoffs waren noch nicht anwesend. Und während ich bald mit diesem, bald mit jenem sprach, kam ich auch zu der Tür, wo der Kammerherr Ouzin stand. Dieser äußerte sich halblaut über das langweilige Leben, das wir führten, und bemerkte, daß man uns noch obendrein bei der Kaiserin in ein schlechtes Licht setze. Wenige Tage vorher habe nämlich Ihre

Majestät bei Tafel gesagt, daß ich mich mit Schulden überlade, und alles, was ich tue, habe einen Anstrich von Dummheit. Dennoch bilde ich mir ein, ich besäße viel Geist, allein außer mir selbst denke niemand so vorteilhaft von mir, und niemand ließe sich von mir täuschen. Meine unzweifelhafte Dummheit sei allen bekannt, weshalb man weniger auf das achten müsse, was der Großfürst tue, als auf mich. Und traurig fügte er hinzu, er habe Befehl von der Kaiserin, mir das alles wiederzusagen, bat mich jedoch, nicht zu tun, als ob ich das wisse. Ich antwortete ihm, was meine Dummheit angehe, so könne mir die Schuld nicht zugeschrieben werden, da jeder sei, wie ihn Gott geschaffen. Daß ich aber Schulden habe, sei durchaus nicht zu verwundern, weil meine Mutter mir bei einer Einnahme von 30000 Rubel noch 6000 Rubel Schulden, die ich für sie bezahlen mußte, hinterlassen hatte. Außerdem habe mich die Gräfin Rumianzoff zu tausenderlei Ausgaben genötigt, welche sie als unvermeidlich angesehen, und Madame Tschoglokoff allein habe mich in diesem Jahre 17000 Rubel gekostet; denn er kenne ja selbst das Teufelsspiel, welches wir täglich gezwungen waren, mit ihnen zu spielen. Diese Antwort könne er getrost denen geben, die ihn beauftragt; übrigens sei ich sehr böse, zu hören, daß man mich bei Ihrer Majestät in ein schlechtes Licht setze, da ich es doch nie an Respekt, an Gehorsam und Untertänigkeit gegen sie habe fehlen lassen, wovon man sich um so mehr überzeugen könne, je mehr man mich beobachte. Ich versprach ihm, sein Geheimnis, wie er mich gebeten, zu bewahren, und tat es. Ob er meine Aufträge ausgerichtet, weiß ich nicht, aber ich glaube es, obgleich ich nie wieder etwas davon hörte und mich hütete, ein so wenig angenehmes Gespräch zu erneuern.

In der letzten Woche der Fasten bekam ich die Masern. Ich konnte zu Ostern nicht öffentlich erscheinen und nahm daher auch das Abendmahl am Sonnabend in meinem Zimmer. Während dieser Krankheit verließ mich Madame Tschoglokoff, obgleich sie hochschwanger war, kaum einen Augenblick und tat was sie konnte, um mich zu unterhalten. Außer ihr war noch eine kleine kalmückische Dienerin bei mir, die mir sehr angenehm war.

Sechstes Kapitel

Reise nach dem Gute des Favoriten. – Einsturz des Hauses, das wir bewohnen. – Rückkehr nach dem Sommerpalast. – Ankunft des Malteser Ritters Sakromoso. – Er steckt mir heimlich Briefe von meiner Mutter zu. – Ich antworte ihr auf demselben Wege. – Übersiedelung nach Peterhof. – Interessantes Verhältnis Tschoglokoffs zu Fräulein Kocheleff. – Ihre Verbannung. – Madame Tschoglokoffs Wut gegen ihren untreuen Gatten. – Die Kaiserin verzeiht ihm. – Mein Leben in Oranienbaum. – Rückkehr nach der Stadt. – Man verabschiedet Madame Kruse und gibt mir Madame Wladislawa. – Madame La Tour l'Annois. – Hochzeit des Grafen Lestocq. – Graf Czernitscheff schreibt mir heimlich.

Nach Ostern bezogen wir wieder den Sommerpalast und von dort begaben wir uns Ende Mai zum Himmelfahrtsfeste in den Palast des Grafen Razumowski nach Gostilitza. Am 23. desselben Monats beschied die Kaiserin den Gesandten des kaiserlichen Hofes, Baron von Breitlack, der nach Wien gesandt wurde, dorthin, und er brachte den Abend beim Souper mit der Kaiserin zu. Dieses Souper verlängerte sich bis tief in die Nacht, so daß wir erst nach Sonnenaufgang in das von uns bewohnte Haus zurückkehrten. Dasselbe war aus Holz und lag auf einer kleinen Anhöhe, nahe bei der Rutschbahn. Seine Lage hatte uns sehr gefallen, als wir im Winter zum Namensfeste des Oberjägermeisters in Gostilitza gewesen waren, und nun hatte man uns die Aufmerksamkeit erwiesen, uns hier einzuquartieren. Es bestand aus zwei Etagen, die durch eine äußere Treppe miteinander verbunden waren. Die obere bestand aus einem Saal und drei kleinen Zimmern, von denen wir das eine als Schlafzimmer benutzten. In dem andern hatte der Großfürst sein Ankleidezimmer, und das dritte bewohnte Madame Kruse. Unten logierten die Tschoglokoffs, meine Ehrendamen und meine Kammerfrauen. Nach der Rückkehr von jenem Souper begaben sich alle zu Bett. Gegen sechs Uhr morgens kam ein Gardeunteroffizier namens Levascheff von Oranienbaum, um mit Tschoglokoff über die dortigen Bauten zu sprechen. Da indes alles noch schlief, setzte er sich zur Schildwache, um zu warten. Plötzlich vernahm er ein eigentümliches Krachen, was ihm verdächtig vorkam. Da die Schildwache sagte, dies Krachen habe sich schon mehrmals wiederholt, seit sie auf Posten sei, sprang Levascheff auf und eilte nach der Außenseite des Hauses, wo er bemerkte, daß sich an der Basis des Hauses große Quadersteine loslösten. Schnell weckte er Tschoglokoff und meldete ihm, daß das Fundament des Hauses einzustürzen drohe und man versuchen müsse, die Bewohner herauszubringen. Tschoglokoff warf eilig seinen Schlafrock über und eilte hinauf, wo er, da er die Glastüren verschlossen fand, die Riegel erbrechen ließ. So gelangte er in das Kabinett, wo wir schliefen, weckte uns, indem er den Vorhang aufzog und forderte uns auf, uns so schnell als möglich anzukleiden und zu fliehen, weil die Grundmauern des Hauses einzubrechen drohten. Der Großfürst sprang aus dem Bett, ergriff seinen Schlafrock und eilte davon. Ich sagte Tschoglokoff, ich würde ihm sogleich folgen, und er ging. Schnell kleidete ich mich an, wobei ich mich erinnerte, daß ja Madame Kruse im andern Kabinett sorglos schlafe. Ich ging hinein, um sie zu wecken. Da sie aber in tiefem Schlummer lag, gelang mir es nur mit großer Mühe, und ebenso schwierig war es, ihr begreiflich zu machen, daß sie das Haus verlassen müsse. Ich half ihr noch beim Anziehen, und als sie fertig war, überschritten wir die Schwelle der Tür und traten in den Saal. Aber im selben Augenblick erfolgte der allgemeine Einsturz, begleitet von einem entsetzlichen Getöse, als wenn man ein Schiff vom Stapel ließe. Madame Kruse und ich fielen zu Boden. In diesem Moment kam Levascheff durch die Treppentür, die uns gegenüberlag; er hob mich auf und trug mich aus dem Zimmer. Zufällig fiel mein Blick auf die Rutschbahn, die sich ungefähr in der Höhe der zweiten Etage befunden hatte; sie war nicht mehr da, sondern wenigstens fünfzehn Fuß weiter unten. Als Levascheff mit mir bei der Treppe anlangte, auf der er hinauf gekommen, war auch diese eingestürzt. Inzwischen aber waren mehrere Personen auf die Trümmer gestiegen, und Levascheff überlieferte mich nun dem nächsten, dieser wieder einem andern, so daß ich von Hand zu Hand endlich bis zum Fuße der Treppe in die Vorhalle kam. Von dort trug man mich auf eine Wiese, wo ich den Großfürsten im Schlafrocke fand. Sobald ich das Haus verlassen, begann ich mein Augenmerk auf das zu richten, was dort vorging. Mehrere Personen sah ich, über und über mit Blut bedeckt, herauskommen, andere wieder mußten hinausgetragen werden. Unter den am schwersten Verwundeten befand sich auch die Fürstin Gagarin, meine Ehrendame. Sie hatte sich wie die andern retten wollen, aber als sie durch ein Zimmer kam, das an das ihrige stieß, stürzte der Ofen ein und schleuderte sie auf ein Bett; mehrere Ziegelsteine fielen ihr auf den Kopf und brachten ihr sowie einem Mädchen, das sich ebenfalls retten wollte, schwere Verletzungen bei. In derselben Etage befand sich eine kleine Küche, in der mehrere Domestiken schliefen, wovon drei durch das Zusammenstürzen eines Herdes getötet wurden. Doch dies war nichts im Vergleich mit dem, was sich zwischen der Grundmauer und dem ersten Stock ereignete. Sechzehn bei der Rutschbahn angestellte Arbeiter, welche dort schliefen, wurden durch den Einsturz zerschmettert. Die

Ursache des ganzen Unglücks war, daß man das Haus im Herbste in Eile gebaut und ihm als Grundmauern nur vier Reihen Kalksteine gegeben hatte. In der ersten Etage ließ der Architekt zwölf Balken in Pfeilerform in der Vorhalle aufstellen und sagte, da er in die Ukraine verreisen mußte, dem Verwalter des Gutes Gostilitza, er solle auf keinen Fall erlauben, daß man bis zu seiner Rückkehr die zwölf Balken anrühre. Als indes der Verwalter von unserm beabsichtigten Aufenthalt in dem Hause hörte, hatte er, da die Balken die Vorhalle entstellten, nichts eiligeres zu tun, als sie herausnehmen zu lassen. Beim Eintreten des Tauwetters senkte sich dann das Ganze auf die vier Reihen Kalksteine, die an den Seiten heraustraten, während das Haus selbst einer Anhöhe zuglitt, die es aufhielt. Ich kam glücklicherweise mit einigen blauen Flecken und einem großen Schrecken davon. Alle aber hatten von diesem Ereignis eine so schreckliche Angst bewahrt, daß uns noch vier Monate lang jede etwas laut schließende Tür erzittern ließ. Als an jenem Tage der erste Schreck vorüber war, ließ uns die Kaiserin, die ein anderes Haus bewohnte, zu sich kommen, und da sie wünschte, die Gefahr geringer erscheinen zu lassen als sie in Wirklichkeit war, suchten sie alle als unbedeutend, einige sogar als nicht vorhanden hinzustellen. Mein Schreck mißfiel ihr besonders, und sie schalt mich deshalb. Der Oberjägermeister weinte aus lauter Verzweiflung und sprach davon, sich erschießen zu wollen. Man verhinderte ihn dann zum Scheine daran, denn in Wahrheit beabsichtigte er nichts

dergleichen. Am nächsten Tag kehrten wir nach Petersburg, und einige Wochen später in den Sommerpalast
zurück.

Ich erinnere mich nicht genau, aber ich glaube um
diese Zeit war es, daß der Chevalier Sakromoso in Rußland eintraf. Es war lange her, seit ein Malteser Ritter
Rußland besucht hatte, überhaupt sah man damals sehr
wenig Fremde in Petersburg. Seine Ankunft war daher
eine Art Ereignis. Man empfing ihn aufs beste und zeigte ihm alle Sehenswürdigkeiten von Petersburg und
Kronstadt. Ein berühmter Marineoffizier wurde ihm als
Begleiter gegeben; es war der damalige Kapitän und
spätere Admiral Polianski. Sakromoso wurde auch uns
vorgestellt, und als er mir die Hand küßte, ließ er ein
kleines Billett in meine Hand gleiten und flüsterte:
»Von Ihrer Frau Mutter.« Ich war zu Tode erschrocken
über seine Verwegenheit und starb fast vor Angst, jemand könnte es bemerkt haben, besonders die Tschoglokoffs, die ganz in meiner Nähe standen. Ich nahm
indes den Zettel und schob ihn in meinen rechten Hand-
schuh, ohne daß es jemand bemerkte. In meinem Zimmer angelangt, fand ich in einem zusammengerollten
Papier, auf dem mir Sakromoso mitteilte, daß er die
Antwort durch einen italienischen Musiker erwarte, der
beim Konzert des Großfürsten mitwirkte, wirklich einen
Brief meiner Mutter. Sie war über mein unfreiwilliges
Schweigen sehr beunruhigt, fragte mich nach der Ursache desselben und wollte wissen, in welcher Lage ich
mich befinde. Ich antwortete ihr sofort und benachrichtigte sie, daß man mir verboten habe, an sie oder

irgend jemand zu schreiben, unter dem Vorwande, daß es für eine russische Großfürstin nicht passend sei, andere Briefe zu schreiben, als die im Ministerium der auswärtigen Angelegenheiten abgefaßten, denen ich nur meine Unterschrift beifügen dürfte, ohne jemals vorher zu befehlen, was man schreiben sollte, weil das Ministerium besser als ich wisse, was passend sei. Ferner teilte ich ihr mit, daß man Herrn Olsufieff fast ein Verbrechen daraus gemacht habe, daß ich ihm einige Zeilen zugehen ließ, mit der Bitte, sie in einen Brief an meine Mutter einzulegen. Dann unterrichtete ich sie noch von mehreren andern Dingen, nach denen sie fragte, rollte mein Billett genau so zusammen wie das, welches ich erhalten, und erwartete unruhig und ungeduldig den Augenblick, mich seiner entledigen zu können. Während des ersten Konzerts, das beim Großfürsten stattfand, ging ich einmal ganz unauffällig durchs Orchester und blieb hinter dem Stuhle des Violinsolisten stehen, den man mir bezeichnet hatte. Als er mich gewahr wurde, tat er, als wolle er sein Taschentuch aus seiner Rocktasche nehmen und öffnete so dieselbe weit genug, daß ich ohne Aufsehen meinen Zettel hineingleiten lassen konnte. Darauf entfernte ich mich nach einer andern Seite, und niemand faßte den geringsten Verdacht. Sakromoso steckte mir während seines Aufenthaltes noch zwei bis drei solcher zusammengerollter Papierchen zu, die denselben Gegenstand betrafen, und meine Antworten gelangten auf die gleiche Weise an ihn. Niemals hat jemand etwas davon erfahren.

Aus dem Sommerpalast zogen wir nach Peterhof, welcher damals umgebaut wurde. Man quartierte uns daher in den alten Bau Peters I. ein, der zu jener Zeit noch existierte. Aus Langeweile spielte hier der Großfürst jeden Nachmittag mit mir l'Hombre. Wenn ich gewann, wurde er ärgerlich, und verlor ich, so wollte er sofort bezahlt sein. Obgleich ich keinen Pfennig hatte, fing er an, mit mir Hazard zu spielen, und ich erinnere mich, daß uns eines Tages seine Nachtmütze als Marke für 10000 Rubel diente. Wenn er indes verlor, wurde er am Ende des Spieles wütend und konnte mehrere Tage hindurch schmollen. Solches Spiel sagte mir natürlich in keiner Weise zu.

Während des Aufenthaltes in Peterhof sahen wir von unsern Fenstern aus, welche nach dem Garten aufs Meer hinauslagen, daß die beiden Tschoglokoffs fortwährend zwischen dem höhergelegenen Schloß und dem von der Kaiserin bewohnten, am Ufer des Meeres gelegenen Monplaisir, unterwegs waren. Uns sowie Madame Kruse verlangte es sehr, die Ursache dieses häufigen Gehens und Kommens zu erfahren. Madame Kruse begab sich daher zu ihrer Schwester, die erste Kammerfrau bei der Kaiserin war. Ganz strahlend kam sie zurück, denn sie hatte erfahren, daß all dies Gebaren nur daher rühre, daß die Kaiserin von einem zärtlichen Verhältnis Tschoglokoffs mit einer meiner Ehrendamen, Fräulein Kocheleff, Kunde erhalten und in Erfahrung gebracht hatte, daß diese guter Hoffnung sei. Die Kaiserin hatte Madame Tschoglokoff zu sich gerufen und gesagt, ihr Gemahl betrüge sie, während sie ihn bis zur

Narrheit liebe, ja so verblendet gewesen sei, das Fräulein, die Geliebte ihres Gatten, gewissermaßen bei sich wohnen zu lassen. Wenn sie sich von ihrem Manne trennen wollte, würde sie einen Schritt tun, der Ihrer Majestät nicht mißfalle, die überhaupt die Vermählung Madame Tschoglokoffs mit ihrem Gatten nicht gern gesehen hatte. Ja, sie erklärte ihr geradezu, sie wolle nicht, daß ihr Mann bei uns bleibe, sie werde ihn verabschieden und den Dienst ihr allein überlassen. Im ersten Augenblick leugnete Madame Tschoglokoff der Kaiserin gegenüber die Leidenschaft ihres Mannes und erklärte dieselbe für eine Verleumdung. Doch Ihre Majestät hatte während der Zeit, in welcher sie mit der Tschoglokoff sprach, das Fräulein befragen lassen. Die Kocheleff gestand alles ein, was Madame Tschoglokoff gegen ihren Gatten auf äußerste aufbrachte. Sie kehrte nach Hause zurück, wo sie ihrem Manne die bittersten Vorwürfe machte. Er aber fiel vor ihr auf die Knie, bat sie um Verzeihung und verschwendete seinen ganzen Einfluß auf sie, um sie zu besänftigen. Um der Kinder willen, deren sie sehr viele hatten, wurde denn auch das gute Einverständnis zwischen den Ehegatten wieder hergestellt, aber es war seitdem nicht mehr aufrichtig. Getrennt durch die Liebe, verbanden sie sich jetzt aus Interesse. Die Gattin verzieh dem Gatten, ging zur Kaiserin und sagte, daß sie ihrem Manne alles vergeben habe und bei ihm aus Liebe zu ihren Kindern bleiben wolle. Auf den Knien bat sie Ihre Majestät, ihn nicht schimpflich vom Hofe zu verabschieden, denn dies werde sie entehren und ihr Unglück noch vergrößern.

Kurz, sie benahm sich bei dieser Gelegenheit so gut, mit so viel Festigkeit und Großmut, und ihr Schmerz war außerdem so aufrichtig, daß sie den Zorn der Kaiserin entwaffnete. Sie führte sogar ihren Gemahl vor Ihre kaiserliche Majestät, sagte ihm vor ihr noch einmal offen und ungeschminkt die Wahrheit, warf sich dann mit ihm vor der Kaiserin auf die Knie und bat dieselbe, ihrem Gatten um ihret- und ihrer sechs Kinder willen, deren Vater er ja sei, zu verzeihen. Alle diese Szenen dauerten ungefähr fünf bis sechs Tage, während welcher wir fast stündlich erfuhren, was vorgefallen war, weil man uns inzwischen weniger auflauerte, und weil alle auf die Verabschiedung der Tschoglokoffs hofften. Aber der Ausgang entsprach der Erwartung nicht, die man sich gemacht hatte, denn die Tschoglokoffs blieben, allerdings weniger glorreich als bisher, und nur Fräulein Kocheleff wurde zu ihrem Onkel, dem Ober-hofmarschall Chepeleff, geschickt. Man wählte dazu den Tag, wo wir nach Oranienbaum gehen sollten, und während wir nach der einen Seite abreisten, entließ man das Fräulein nach der andern.

In Oranienbaum wohnten wir dieses Jahr in der Stadt zur Rechten und Linken des kleinen Hauptgebäudes. Das Abenteuer in Gostilitza hatte so großen Schrecken verursacht, daß man erst in allen Häusern des Hofes die Decken und Fußböden untersuchen ließ, worauf die, welche es bedurften, ausgebessert wurden.

Mein Leben in Oranienbaum war folgender Art. Um drei Uhr morgens stand ich auf, kleidete mich selbst von Kopf bis Fuß in Männerkleider, während mich ein in meinen Diensten stehender alter Jäger schon mit den Flinten erwartete. Ein Fischerboot lag am Ufer des Meeres bereit. Wir durchschritten den Garten zu Fuß, die Flinte auf der Schulter, und bestiegen, er, ich, ein Hund, sowie der Fischer, der uns fuhr, das Boot. Dann schoß ich Enten im Schilf, welches das Meer auf beiden Seiten des Kanals von Oranienbaum, der zwei Werst weit in die See hinausläuft, begrenzt. Oft fuhren wir auch über diesen Kanal hinaus, so daß wir bisweilen bei stürmischem Wetter mit unserm Boot aufs offene Meer getrieben wurden. Der Großfürst folgte uns ein bis zwei Stunden später, weil er immer ein Frühstück und Gott weiß was sonst noch nötig hatte. Wenn er uns erreichte, schossen wir gemeinsam, wenn nicht, jagte jeder für sich. Um zehn Uhr, manchmal auch später, kehrte ich zurück und kleidete mich zum Diner um. Nach dem Diner ruhte man ein wenig, und abends machte der Großfürst Musik oder wir unternahmen einen Spaziergang. Nachdem ich ungefähr acht Tage auf diese Weise gelebt hatte, fühlte ich mich doch sehr angegriffen und begann an Kopfweh zu leiden. Ich mußte einsehen, daß mir Ruhe und Diät nötig waren, und aß daher vierundzwanzig Stunden lang nichts, trank nur frisches Wasser, schlief zwei Nächte so viel ich konnte, worauf ich dieselbe Lebensweise von neuem begann und mich dabei sehr wohl befand. Ich erinnere mich, daß ich damals Brantomes Memoiren las, die mich sehr amüsierten; vorher hatte ich das Leben Heinrichs IV. von Perifix gelesen.

Zu Anfang des Herbstes kehrten wir in die Stadt zurück und erfuhren, daß wir den Winter in Moskau zubringen würden. Madame Kruse meldete mir bei dieser
Gelegenheit, daß ich meine Wäsche ergänzen müsse.
Ich beschäftigte mich also mit den einzelnen Stücken,
während Madame Kruse mich damit zu unterhalten
suchte, daß sie die Leinwand in meinem Zimmer zu-
schneiden ließ, um, wie sie sagte, mir zu zeigen, wie
viel Hemden aus einem Stück gemacht werden könnten.
Dieser Unterricht oder Zeitvertreib mißfiel aber offenbar Madame Tschoglokoff, die seit der Entdeckung der
Untreue ihres Gemahls in noch schlechterer Stimmung
war als vorher. Ich weiß nicht, was sie der Kaiserin
sagte, aber eines Nachmittags meldete sie nur, daß Ihre
Majestät Madame Kruse des Dienstes bei mir enthebe,
die sich zu ihrem Schwiegersohn, dem Kammerherrn
Sievers, zurückziehen werde. Tags darauf brachte sie
mir Madame Wladislawa, die ihre Stelle bei mir ein-
nehmen sollte. Sie war eine Frau von hoher, vornehmer
Gestalt, deren geistvoller Gesichtsausdruck mir sogleich
gefiel. Ich befragte sogleich mein Orakel Timotheus
Nevreinoff über diese Wahl, der mir erzählte, diese
Dame, die ich nie vorher gesehen, sei die Schwiegermutter des Staatsrates Pugowischnikoff, ersten Sekretärs
des Grafen Bestuscheff. Es fehle ihr weder an Geist
noch an Heiterkeit, aber sie gelte für sehr verschlagen,
und ich müsse sehen, wie sie sich benehmen werde und
ihr vor allem kein zu großes Vertrauen entgegenbringen.
Sie hieß Praskowia Nikitischna. Sie debütierte vortrefflich, war gesellig, sprach gern und geistreich, kannte

alle Anekdoten der Vergangenheit und Gegenwart aufs gründlichste, war in die Geschichte von vier bis fünf Generationen aller Familien eingeweiht, hatte die Genealogie der Väter, Mütter, Großmütter und der väterlichen und mütterlichen Ahnen der ganzen Welt frisch und fertig in ihrem Gedächtnis. Und in der Tat hat mich niemand besser als sie über das unterrichtet, was seit hundert Jahren in Rußland vorgegangen war. Geist und Benehmen dieser Frau sagten mir ungemein zu, und wenn ich mich langweilte, ließ ich sie plaudern, wozu sie stets bereit war. Bald auch entdeckte ich, daß sie die Worte und Handlungen der Tschoglokoffs sehr oft mißbilligte; da sie indes öfters in die Gemächer Ihrer Majestät ging, ohne daß man im geringsten wußte weshalb, hütete man sich bis zu einem gewissen Punkte vor ihr, weil man nicht sicher war, wie die unschuldigsten Worte oder Handlungen ausgelegt werden konnten.

Aus dem Sommerpalast zogen wir in den Winterpalast. Hier wurde uns Madame La Tour l'Annois vorgestellt, die in ihrer frühesten Jugend im Dienste der Kaiserin gestanden und die Fürstin Anna Petrowna, die älteste Tochter Peters I. begleitet hatte, als diese beim Regierungsantritt Peters II. Rußland mit ihrem Gemahl, dem Herzog von Holstein, verließ. Nach dem Tode der Fürstin war Madame L'Annois nach Frankreich zurückgekehrt und gegenwärtig nach Rußland gekommen, um sich hier dauernd niederzulassen, oder auch um sich wieder zu entfernen, nachdem sie von Ihrer Majestät einige Gnadenbezeigungen erhalten. Madame L'Annois hoffte, sie werde wegen ihrer alten Bekanntschaft die

Gunst und das Vertrauen der Kaiserin erlangen, aber sie täuschte sich sehr, denn alle ließen es sich angelegen sein, solches zu verhindern. Schon während der ersten Tage ihres Aufenthaltes sah ich das Resultat voraus, und zwar auf folgende Weise. Eines Abends, als man im Zimmer der Kaiserin beim Spiele saß, kam und ging Ihre Majestät von einem Zimmer ins andere, ohne sich, wie das ihre Gewohnheit war, an irgend einem Platze niederzulassen. Madame L'Annois, die ihr augenscheinlich den Hof zu machen hoffte, folgte ihr auf Schritt und Tritt. Als die Tschoglokoff das sah, flüsterte sie mir zu: »Sehen Sie doch, wie diese Frau die Kaiserin verfolgt, aber das wird nicht lange dauern, man wird ihr schnell genug abgewöhnen, hinter Ihrer Majestät herzulaufen.« Ich ließ mir dies gesagt sein, und in der Tat begann man sie zu entfernen und schickte sie bald darauf, reich beschenkt, nach Frankreich zurück.

Im Laufe des Winters fand die Hochzeit Graf Lestocqs mit Fräulein Mengden, einer Ehrendame der Kaiserin, statt. Ihre Majestät war mit dem ganzen Hofe zugegen und erwies den Neuvermählten die Ehre, sie zu besuchen. Man hätte meinen sollen, daß sie in der höchsten Gunst bei ihr standen, jedoch ein oder zwei Monate später wendete sich das Glück. Als wir eines Abends im Zimmer der Kaiserin spielten, bemerkte ich den Grafen und näherte mich ihm, um einige Worte an ihn zu richten. Allein er sagte mit gedämpfter Stimme zu mir: »Kommen Sie mir nicht zu nahe; ich bin eine verdächtige Person.« Da ich glaubte, er scherze, fragte ich ihn, was er damit sagen wolle, aber er antwortete:

116

»Ich wiederhole Ihnen im vollen Ernst, sich mir nicht zu nähern, weil ich eine verdächtige Person bin, die man meiden muß.« Als ich dann bemerkte, daß seine Züge verändert und sein Gesicht gerötet war, hielt ich ihn für betrunken und wandte mich weg. Dies geschah am Freitag, und am Sonntag sagte mir Timotheus Nevreinoff, als er mich frisierte: »Wissen Sie schon, daß Graf Lestocq und seine Frau diese Nacht verhaftet und als Landesverräter auf die Festung gebracht worden sind?« – Niemand wußte weshalb, nur erfuhr man, daß General Stefan Apraxin und Alexander Schuwaloff zu Kommissaren für diese Angelegenheit ernannt seien.

Die Abreise des Hofes nach Moskau wurde auf den 16. Dezember festgesetzt. Man hatte die Czernitscheffs in ein Haus der Kaiserin innerhalb der Festung gebracht, welches Smolnoi Dwor hieß. Der ältere machte mitunter seine Wächter betrunken und besuchte dann seine Freunde in der Stadt. Eines Tages brachte mir eins meiner Garderobemädchen, eine Finnländerin, die mit einem Hofbedienten und Verwandten Nevreinoffs verlobt war, einen Brief von Andreas Czernitscheff, worin er mich um verschiedenes bat. Das Mädchen hatte ihn bei ihrem Zukünftigen gesehen, wo sie den Abend gemeinsam verlebt hatten. Da ich diesen Brief nicht verbrennen wollte, um mich zu erinnern, um was er mich bat, wußte ich nicht, wo ich ihn lassen sollte. Lange Zeit war mir sogar die Korrespondenz meiner Mutter verboten, so daß ich nicht einmal Schreibzeug besaß und mir nun durch das Mädchen eine silberne Feder und Tinte verschaffen mußte. Tagsüber hatte ich den Brief in meiner

Tasche, wenn ich mich auskleidete, steckte ich ihn unter das Strumpfband in meinen Strumpf und nahm ihn, ehe ich zu Bett ging, von dort weg, um ihn in meinem Hemdärmel zu verbergen. Schließlich antwortete ich, schickte ihm das Gewünschte auf demselben Wege, auf welchem sein Brief an mich gelangt war, und benutzte einen günstigen Augenblick, um diesen Brief, der mir so viel Unruhe verursachte, zu verbrennen.

Siebtes Kapitel

Aufenthalt in Moskau. – Man verabschiedet wieder eine Person meiner Umgebung. – Krankheit der Kaiserin Elisabeth. – Der Beichtvater verweigert Tschoglokoff das Abendmahl. – Lektüre. – Die Nähe der Gemächer des Großfürsten wird unerträglich. – Er dressiert und quält seine Hunde. – Mein Kammerdiener bringt mir heimlich einen Brief von Czernitscheff. – Reise nach Perowa. – Aufenthalt in Rajowa. – Graf Razumowski macht mir den Hof. – Der Ball im Kloster Troitza. – Wutausbrüche der Kaiserin. – Diner in Tatninskoje, wobei sich der Großfürst unsinnig betrinkt. – Iwan Schuwaloff wird zum Kammerherrn ernannt. – Ich werde krank, muß aber trotzdem der Hochzeit Alexander Narischkins beiwohnen.

Mitte Dezember reisten wir nach Moskau. Der Großfürst und ich fuhren in einem großen Schlitten, dessen vorderen Teil die Kavaliere einnahmen. Im Laufe des Tages setzte sich indes der Großfürst in einen Stadtschlitten zu Herrn Tschoglokoff, während ich in dem großen Schlitten, den wir nie schlossen, blieb und mich mit den vor mir sitzenden Herren unterhielt. Dabei erinnere ich mich, daß der Kammerherr Fürst Alexander Juriowitsch Trubetzkoi mir während dieser Fahrt erzählte, Graf Lestocq habe sich in den ersten elf Tagen seiner Haft auf der Festung durch Hunger töten wollen, doch man habe ihn gezwungen, Nahrung zu sich zu nehmen. Er war angeklagt, vom König von Preußen 1000 Rubel für die Betreibung der preußischen Interessen empfangen und einen gewissen Oettinger, der gegen ihn hätte aussagen können, vergiftet zu haben. Er wurde gefoltert und nach Sibirien verbannt.

Während dieser Reise eilte die Kaiserin uns nach Twer voraus, und da die für uns bestimmten Pferde und Lebensmittel für ihr Gefolge genommen wurden, blieben wir vierundzwanzig Stunden ohne Nahrung und ohne Pferde in Twer. Uns hungerte sehr. Gegen Abend endlich brachte uns Tschoglokoff einen gebackenen Stör, der uns ein Leckerbissen schien. Dann fuhren wir in der Nacht weiter und kamen zwei oder drei Tage vor Weihnachten in Moskau an. Die erste Neuigkeit, welche wir dort erfuhren, war, daß unser Kammerherr Fürst Alexander Michael Galitzin im Augenblick unserer Abreise von Petersburg Befehl erhalten hatte, sich als russischer Gesandter mit 4000 Rubel Gehalt nach Hamburg zu begeben. In ihm erblickte man wieder einen Exilierten mehr, und seine Schwägerin, die Fürstin Gagarin, weinte viel über sein Mißgeschick; überhaupt wurde er von uns allen bedauert.

In Moskau bewohnten wir dieselben Gemächer, welche ich 1744 mit meiner Mutter eingenommen hatte. Um in die große Hofkirche zu gehen, mußte man das ganze Haus im Wagen umfahren. Am Weihnachtstage gingen wir zur Zeit der Messe hinab, den

Wagen zu besteigen, und waren schon bei einer Kälte von 29 Grad auf dem Perron vor der Treppe, als uns die Kaiserin melden ließ, sie dispensiere uns wegen der großen Kälte vom Besuche der heutigen Messe. Die Kälte war aber auch in der Tat schrecklich. Während der ersten Zeit unseres Aufenthaltes in Moskau mußte ich das Zimmer hüten wegen eines frieselartigen Ausschlags, der auf meinem Gesicht zum Vorschein gekommen war. Ich ängstigte mich halbtod, die Flecke zeitlebens zu behalten, und ließ den Doktor Boerhave rufen, der mir beruhigende und zur Vertreibung der Flecke geeignete Mittel verordnete. Als aber schließlich alles nichts half, sagte er eines Tages: »Jetzt werde ich Ihnen etwas geben, was sicher wirkt.« Dabei zog er ein kleines Fläschchen mit Falkschem Oel aus der Tasche und empfahl mir, einige Tropfen davon in eine Tasse zu tun und hiermit von Zeit zu Zeit mein Gesicht einzureiben, etwa alle acht Stunden. Wirklich reinigte das Oel mein Gesicht vollkommen, und nach etwa zehn Tagen konnte ich wieder öffentlich erscheinen.

Kurz nach unserer Ankunft in Moskau meldete mir Madame Wladislawa, die Kaiserin habe befohlen, mein finnisches Garderobemädchen so schnell als möglich zu verheiraten. Der einzige Grund, weshalb man wahrscheinlich diese Heirat beschleunigte, konnte offenbar nur darin liegen, daß ich für das Mädchen, das sehr lustig war und mich bald auf diese, bald auf jene Art erheiterte, indem sie alle, besonders aber Madame Tschoglokoff, sehr komisch nachahmte, eine entschiedene Vorliebe besaß. Man verheiratete sie also und sprach nicht weiter von ihr.

Inmitten des Karnevals, während dessen es durchaus keine Belustigungen gab, wurde die Kaiserin von einer heftigen Kolik befallen, welche bald einen ernsten Charakter anzunehmen schien. Madame Wladislawa und Timotheus Nevreinoff flüsterten es mir ins Ohr, baten mich aber gleichzeitig inständig, niemand zu sagen, daß sie es mir erzählt hätten. Ohne sie daher zu nennen, benachrichtigte ich den Großfürsten davon, der dadurch in eine gehobene Stimmung versetzt wurde. Eines Morgens teilte mir Nevreinoff mit, der Kanzler Bestuscheff und General Apraxin hätten die Nacht im Zimmer der Tschoglokoffs zugebracht, woraus man schloß, daß die Kaiserin sehr krank sein müsse. Tschoglokoff und seine Frau waren mürrischer als je, kamen zu uns, dinierten und soupierten mit uns, ließen indes nie ein Wort über diese Krankheit fallen. Wir sprachen nicht mehr darüber, wagten aber ebenso wenig, fragen zu lassen, wie Ihre Majestät sich befände, weil man uns sofort gefragt haben würde: »Wie, woher, von wem wißt ihr, daß sie krank ist?« Und die, welche genannt, ja nur beargwöhnt worden wären, würden sicherlich verabschiedet oder verbannt, ja selbst vor die geheime Kanzlei, die Staatsinquisition, geschickt worden sein, die man mehr als das Feuer fürchtete. Als sich Ihre Majestät endlich nach zehn Tagen etwas besser fühlte, wurde am Hofe die Hochzeit einer ihrer Ehrendamen gefeiert. Bei Tafel saß ich neben der Favoritin der Kaiserin, der Gräfin Schuwaloff. Sie erzählte mir, Ihre Majestät sei von der schrecklichen Krankheit noch so schwach, daß sie die Verlobte nur im Bette sitzend mit ihren Diamanten hätte schmücken können – eine Ehre, welche Elisabeth allen ihren Ehrendamen erwies. Deshalb, fuhr die Gräfin fort, sei sie auch nicht bei der Hochzeitsfeier erschienen. Da Madame Schuwaloff die erste war, die mit mir von dieser Krankheit sprach, bezeigte ich ihr den Schmerz, welchen der Zustand der Kaiserin mir verursacht, und den Anteil, den ich daran genommen habe. Sie erwiderte, Ihre Majestät werde mit Genugtuung hören, wie ich in dieser Beziehung dachte. Zwei Tage später kam Madame Tschoglokoff des Morgens in mein Zimmer und sagte mir in Gegenwart von Madame Wladislawa, die Kaiserin sei sehr aufgebracht gegen den Großfürsten und mich wegen des geringen Interesses, das wir an ihrer Krankheit genommen. Wir wären sogar so weit gegangen, daß wir nicht ein einzigesmal hätten fragen lassen, wie sie sich befinde. Ich erwiderte Madame Tschoglokoff, in dieser Hinsicht könne ich mich nur an sie selbst halten, denn weder sie noch ihr Gemahl hätten uns auch nur ein Wort von dieser Krankheit gesagt. Da wir nichts davon gewußt, hätten wir auch den Anteil, den wir daran nehmen, nicht bezeigen können. Sie antwortete entrüstet: »Wie können Sie sagen, daß Sie nichts davon gewußt haben? Gräfin Schuwaloff hat Ihrer Majestät gesagt, daß sie bei der Tafel mit ihr von der Krankheit gesprochen haben.« »Das ist allerdings wahr,« erwiderte ich, »aber nur, weil sie mir sagte, Ihre Majestät sei noch zu schwach, um auszugehen, und bei dieser Gelegenheit habe ich sie nach den Einzelheiten der Krankheit gefragt.« Darauf entfernte sich Madame Tschoglokoff verdrießlich, und Madame Wladislawa meinte, es sei sehr merkwürdig, Streit mit einem Menschen anzufangen über eine Sache, von der er nichts wüßte. Da übrigens die Tschoglokoffs allein das Recht hätten, davon zu sprechen, so sei es doch ihre Schuld, daß sie kein Wort darüber erwähnt, und nicht die unsrige, wenn wir aus Unwissenheit gefehlt hätten. Kurze Zeit nachher fand ich Gelegenheit, der Kaiserin während einer Vorstellung bei Hofe zu sagen, daß weder Tschoglokoff noch seine Frau uns von ihrer Krankheit benachrichtigt hätten und wir aus diesem Grunde nicht imstande gewesen wären, ihr unsere Teilnahme zu beweisen. Sie nahm meine Worte sehr freundschaftlich auf, und fast schien es mir, als wenn der Einfluß jener Menschen im Abnehmen begriffen sei.

In der ersten Woche der Fasten wollte Tschoglokoff zum Abendmahle gehen. Er beichtete, aber der Beichtvater der Kaiserin verbot ihm, das Abendmahl zu nehmen. Der ganze Hof behauptete, dies geschehe nur auf Befehl Ihrer kaiserlichen Majestät, wegen seines Abenteuers mit Fräulein Kocheleff. Übrigens schien Tschoglokoff während des größten Teiles unseres Aufenthaltes in Moskau sehr intim mit dem Kanzler Grafen Bestuscheff und dem General Stephan Apraxin zu sein, der jenem mit Leib und Seele ergeben war. Er befand sich fortwährend in ihrer Gesellschaft, und wenn man ihn reden hörte, hätte man meinen können, er sei Graf Bestuscheffs geheimer Rat. In Wahrheit aber konnte er dies nicht sein, weil Bestuscheff zu viel Geist besaß, als daß er sich von einem so anmaßenden Narren wie Tschoglokoff hätte raten lassen. Etwa um die Mitte unseres Aufenthaltes in Moskau indes hörte diese große Vertraulichkeit aus irgend welchem mir unbekannten Grunde plötzlich auf, und Tschoglokoff wurde der geschworene Feind derer, mit denen er kurz zuvor in intimstem Verkehr gestanden hatte.

Kurz nach meiner Ankunft in Moskau fing ich aus Langeweile an, die Geschichte Deutschlands vom Pater Barre, Kanonikus von St. Geneviève, in neun Quartbänden zu lesen. Alle acht Tage beendigte ich einen Band, worauf ich Platos Werke begann. Meine Zimmer waren nach der Straße zu gelegen, während das Hintergebäude, dessen Fenster auf einen kleinen Hof führten, vom Großfürsten bewohnt wurde. Wenn ich in meinem Zimmer las, kam gewöhnlich ein Kammermädchen herein und stand so lange es ihr gefiel im Zimmer, dann nahm eine andere ihren Platz ein, wenn sie es für passend fand. Da dies mir aber nur unbequem war, und ich überdies durch die Nähe der Gemächer des Großfürsten und von dem, was dort vorging, viel zu leiden hatte, ließ ich Madame Wladislawa meine Unzufriedenheit merken. Sie selbst litt in der Tat ebensoviel darunter als ich, denn sie bewohnte am Ende meiner Gemächer ein kleines Kabinett. Sie verstand sich denn auch bereitwilligst dazu, die Kammermädchen von jener Art von Etikette zu entbinden. Was wir aber sonst im Laufe des Tages zu erdulden hatten, war schrecklich. Der Großfürst dressierte mit seltener Beharrlichkeit unter lautem Peitschenknallen eine Meute Hunde, die er, indem er nach

Jägerart schrie, in seinen beiden Zimmern – denn er hatte nicht mehr – hin- und herhetzte. Wenn dann einige der Tiere müde wurden, oder aus der Reihe liefen, wurden sie aufs strengste gezüchtigt, worauf sie natürlich noch lauter lärmten. War er schließlich dieser für die Ohren wie für die Ruhe seiner Nachbarn unerträglichen Unterhaltung satt, so nahm er seine Geige zur Hand und kratzte, während er im Zimmer auf- und abging, mißtönig und mit wilder Heftigkeit darauf herum. Dann begann er von neuem die Hunde zu dressieren und zu martern, was mir wahrhaft grausam erschien. Eines Tages, als ich solch ein armes Tier laut und anhaltend winseln hörte, öffnete ich die Tür meines Schlafzimmers, wo ich mich eben befand, und welches an das Zimmer stieß, wo die Sache vor sich ging. Ich sah, wie er einen Hund am Halsbande in der Luft hielt, indes einer seiner Burschen, ein Kalmücke, das arme Tier – es war ein kleiner englischer Charlot – beim Schwanze gefaßt hatte, während der Großfürst mit einem dicken Peitschenstocke so derb er konnte darauf losschlug. Ich suchte für das gequälte Tier Fürbitte einzulegen, erreichte aber nichts als eine Verdoppelung der Schläge. Da ich diesen widerwärtigen Anblick nicht ertragen konnte, kehrte ich mit Tränen in den Augen in mein Zimmer zurück. Tränen und Bitten aber versetzten den Großfürsten erst recht in Zorn, statt ihn zum Mitleid zu bewegen. Mitleid war für seinen Geist überhaupt ein peinliches, ja unerträgliches Gefühl.

Ungefähr um dieselbe Zeit überbrachte mir mein Kammerdiener Timotheus Nevreinoff einen Brief von seinem alten Kameraden Andreas Czernitscheff, dem man endlich seine Freiheit wiedergegeben hatte. Als er sich zu seinem Regiment, in welches er als Leutnant versetzt war, begab, führte ihn sein Weg in die Nähe von Moskau, wo er die Gelegenheit benutzte, mir einige Worte zu schicken. Ich machte es mit diesem Briefe genau so wie mit dem vorhergehenden, sandte ihm alles, worum er mich bat, und erwähnte kein Wort davon, weder gegen den Großfürsten, noch gegen irgend jemand.

Im Frühling ließ uns die Kaiserin nach Perowa kommen, wo wir mit ihr einige Tage beim Grafen Razumowski zubrachten. Fast täglich gingen der Großfürst und Tschoglokoff mit dem Hausherrn auf die Jagd, während ich in meinem Zimmer saß und etwas las, oder Madame Tschoglokoff kam, wenn sie nicht spielte, aus Langeweile zu mir, um mir Gesellschaft zu leisten. Sie beklagte sich bitter über Razumowski und die fortwährenden Jagden ihres Gemahls, der ein leidenschaftlicher Nimrod geworden war, seitdem er in Moskau einen sehr schönen englischen Jagdhund zum Geschenk erhalten hatte. Von anderer Seite indes erfuhr ich, daß ihr Mann allen Jägern zum Gelächter diene, weil er sich einbildete und man ihm glauben machte, seine Circe – so hieß sein Hund – fange alle Hasen, die man auftrieb. Überhaupt war Tschoglokoff sehr zu dem Glauben geneigt, daß alles, was ihm gehörte, von seltener Schönheit und Vortrefflichkeit sei. Seine Frau, seine Kinder, seine Diener, sein Haus, seine Tafel, seine Pferde, seine Hunde, kurz alles – obgleich es sehr mittelmäßig war – nahm an seiner Selbstliebe teil und besaß, da es ihm gehörte, in seinen Augen unvergleichlichen Wert.

In Perowa bekam ich eines Tages so heftiges Kopfweh, wie ich mich nicht erinnere, je in meinem Leben gehabt zu haben. Der übermäßige Schmerz brachte ein heftiges Übelbefinden mit Erbrechen hervor, und jeder Schritt, den ich tat, vermehrte meine Leiden. Fast vierundzwanzig Stunden währte dieser entsetzliche Zustand, endlich schlief ich ein. Am folgenden Tag empfand ich nur noch eine große Mattigkeit. Während dieses Anfalls sorgte Madame Tschoglokoff aufs beste für mich. Auch alle diejenigen, die mich mit unverkennbarer Böswilligkeit umgaben, faßten in kurzer Zeit unwillkürlich ein wohlwollendes Interesse für mich und handelten, wenn sie nicht gescholten oder von neuem aufgestachelt wurden, gegen die Absichten derer, die sie angestellt. Oft ließen sie sich sogar von der Neigung, die sie zu mir hinzog, oder besser, von dem Interesse, das ich ihnen einflößte, fortreißen. Sie fanden mich nie zänkisch oder mürrisch, sondern immer bereit, das geringste Entgegenkommen von ihrer Seite zu erwidern. Hierbei kam mir besonders mein heiteres Temperament zu statten, denn alle diese Argusse amüsierten sich oft über meine drolligen Bemerkungen, und wider ihren Willen verschwand allmählich der Ernst von ihrer Stirn.

In Perowa hatte Ihre Majestät einen neuen Kolikanfall. Sie ließ sich sofort nach Moskau bringen, und wir fuhren im Schritt zu dem nur vier Werst entfernten Schloß. Jener Anfall hatte übrigens keine weiteren Folgen, so daß Ihre Majestät kurz darauf eine Wallfahrt nach dem Kloster Troitza unternehmen konnte. Da sie die sechzig Werst zu Fuß zurücklegen wollte, begab sie sich in das Haus von Pokrowskoje. Auch uns hieß man den Weg nach Troitza einschlagen, jedoch blieben wir in Rajowa, einem sehr kleinen, elf Werst von Moskau gelegenen Landhause Madame Tschoglokoffs. Die Räumlichkeiten desselben bestanden in einem kleinen Saal in der Mitte und zwei sehr kleinen Zimmern auf beiden Seiten. Unser ganzes Gefolge wurde in Zelten untergebracht, welche man rings um das Haus herum aufschlug. Davon benutzte auch der Großfürst eins, während ich eins der kleinen Zimmer bewohnte. Madame Wladislawa hatte das zweite inne, und die Tschoglokoffs hielten sich in den andern auf. Das Diner wurde gemeinsam im Saale eingenommen. Die Kaiserin machte drei bis vier Werst zu Fuß und ruhte dann einige Tage aus, so daß diese Reise fast den ganzen Sommer in Anspruch nahm, während welcher Zeit wir jeden Nachmittag auf die Jagd gingen.

Als Ihre Majestät bis Taininskoje – das auf der Seite der großen Straße von Troitza Rajowa fast gegenüber liegt – gekommen war, fiel es dem Hermann Grafen Razumowski, dem jüngeren Bruder des Günstlings, plötzlich ein, uns von seinem Landhause Pokrowskoje aus, welches an der Straße nach Petersburg an der andern Seite von Moskau lag, täglich in Rajowa zu besuchen. Er war sehr heiteren Temperaments und ungefähr im gleichen Alter wie wir. Wir mochten ihn sehr gern und auch die Tschoglokoffs empfingen ihn, als Bruder des Günstlings der Kaiserin, bereitwilligst in ihrem

Hause. Seine Besuche dauerten den ganzen Sommer hindurch, und stets sahen wir seiner Ankunft mit vielem Vergnügen entgegen. Er dinierte und soupierte gewöhnlich mit uns, und kehrte dann nach dem Abendessen auf sein Gut zurück, machte also täglich vierzig bis fünfzig Werst. Ungefähr zwanzig Jahre später kam es mir einmal in den Sinn, ihn zu fragen, was ihn eigentlich zu jener Zeit veranlaßt habe, die Langeweile und Oede unseres Aufenthaltes in Rajowa mit uns zu teilen, während doch sein eigenes Haus täglich von der besten Gesellschaft Moskaus strotzte. Ohne sich lange zu bedenken, erwiderte er: »Die Liebe.« – »Aber ums Himmels willen,« fragte ich, »in welche Person unseres Kreises konnten Sie denn damals verliebt sein?« – »In wen!« rief er, »in Sie!« Bei diesem Geständnis brach ich in ein lautes Gelächter aus, denn nie würde mir etwas Derartiges in den Sinn gekommen sein. Dazu war er schon damals seit mehreren Jahren mit einer reichen Erbin des Hauses Narischkin verheiratet, welche die Kaiserin ihm allerdings etwas gegen seinen Willen zur Frau gegeben, mit der er indes glücklich zu leben schien; auch war es bekannt, daß die schönsten Frauen des Hofes und der ganzen Stadt sich um ihn rissen. Er war aber auch in der Tat ein schöner Mensch mit originellem Geist und äußerst liebenswürdigem Benehmen. An Verstand übertraf er bei weitem seinen Bruder, der ihm anderseits an Schönheit gleichkam, ihn an Edelmut und Wohlwollen aber übertraf. Diese beiden Brüder stammten aus der beliebtesten Günstlingsfamilie, welche mir je vorgekommen ist.

Um Sankt Peter ließ uns die Kaiserin zu sich nach Bratowchina kommen. Da ich den ganzen Frühling und einen Teil des Sommers auf der Jagd oder doch wenigstens in freier Luft gewesen war – denn das Haus in Rajowa war so klein, daß wir den größten Teil des Tages im nahegelegenen Walde zubrachten – kam ich in Bratowchina sehr rot und sonnenverbrannt an. Als die Kaiserin mich sah, schalt sie über meine Röte und sagte, sie werde mir zur Entfernung des Sonnenbrandes ein Wasser schicken. Wirklich sandte sie mir sofort eine Flasche mit einer Mischung von Zitronensaft, Eiweiß und Franzbranntwein und befahl meinen Kammerfrauen, mich täglich damit einzureiben. Nach einigen Tagen verschwand die Röte von meinem Gesicht, und seitdem habe ich dies Mittel öfter gebraucht und es andern für ähnliche Fälle mitgeteilt.

Wir verbrachten den Peterstag im Kloster Troitza. Da es am Nachmittag dieses Tages nichts gab, was den Großfürsten zerstreuen konnte, kam er auf den Einfall, in seinen Zimmern einen Ball zu veranstalten, an welchem jedoch nur er, zwei seiner Kammerdiener und zwei Frauen meiner Begleitung, von denen die eine eine hohe Fünfzigerin war, teilnahmen.

Von Troitza begab sich Ihre Majestät nach Taininskoje, wir indes kehrten nach Rajowa zurück und setzten dort unser früheres Leben fort. Hier blieben wir bis Mitte August, um welche Zeit die Kaiserin eine Reise nach Sophino, einem sechzig bis siebzig Werst von Moskau gelegenen Orte, unternahm. Wir übernachteten in Sophino und begaben uns am nächsten Tag in das

Zelt der Kaiserin, wo wir sie damit beschäftigt fanden, den Verwalter des Gutes auszuschelten. Sie war nämlich gekommen, um auf die Jagd zu gehen und hatte keine Hasen vorgefunden. Der arme Mensch war ganz bleich und zitterte vor Angst, während sie ihn mit Schmähreden aller Art überhäufte; sie schien in der Tat außer sich vor Wut zu sein. Als sie uns zum Handkuß kommen sah, umarmte sie uns wie gewöhnlich und setzte dann ihr Schelten fort. In ihrem Zorn schleuderte sie ihre Pfeile nach allen Seiten. Sie sprang von einem aufs andere, und ihre Zungenfertigkeit war großartig. Unter anderm bemerkte sie auch, sie verstehe sich vollkommen auf die Verwaltung von Gütern, die Regierung der Kaiserin Anna habe sie genügend darüber belehrt. Als sie wenig gehabt, fuhr sie fort, habe sie sich gehütet, viel auszugeben, denn sie hätte sich gefürchtet, sich durch Schulden ins Verderben zu stürzen; wäre sie aber mit Schulden gestorben, so würde sie niemand bezahlt haben, ihre Seele würde zur Hölle gefahren sein, was sie nicht wolle. So trage sie auch jetzt, wo sie es nicht nötig habe, zu Hause sehr einfache Kleider, oben aus weißem Taffet, unten aus schwarzem Tuch; auf diese Weise spare sie viel, aber noch mehr hüte sie sich, auf dem Lande oder gar auf der Reise kostbare Stoffe zu tragen. Das sollte auf mich gehen, denn ich trug ein mit Silber gesticktes lila Seidenkleid – und ließ es mir gesagt sein. Diese Vorlesung – denn eine solche war es, da niemand, wenn sie vor Zorn glühte, ein Wort sprach – dauerte wenigstens dreiviertel Stunden. Endlich brachte ein Hofnarr namens Aksakoff die Kaiserin zum Schluß. Er trat mit einem kleinen Stachelschwein herein, welches er ihr in seinem Hute darreichte. Sie näherte sich ihm, um es zu betrachten, stieß aber, sowie sie es gesehen, einen lauten Schrei aus, erklärte, es gleiche einer Maus und entfloh spornstreichs in ihr Zelt, denn sie hatte die größte Furcht vor Mäusen. Wir sahen sie darauf nicht mehr und sie dinierte allein. Am Nachmittag ging sie auf die Jagd, nahm den Großfürsten mit und befahl mir, mit Madame Tschoglokoff nach Moskau zurückzukehren. Da die Jagd aber wegen des starken Windes von kurzer Dauer gewesen war, folgte uns der Großfürst schon in einigen Stunden.

Eines Sonntags, als wir schon wieder nach Rajowa zurückgekehrt waren, ließ uns die Kaiserin nach Taininskoje kommen, wo wir die Ehre hatten, an der Tafel Ihrer Majestät zu speisen. Sie saß allein am Ende der sehr langen und schmalen Tafel, der Großfürst zu ihrer Rechten, ich ihm gegenüber zu ihrer Linken; neben dem Großfürsten der Marschall Buturlin, an meiner linken Seite die Gräfin Schuwaloff. Bei dieser Gelegenheit betrank sich der Großfürst unter dem Beistande Buturlins, der ebenfalls kein Verächter des Trunkes war, auf eine Weise, die jegliches Maß überschritt, so daß er nicht mehr wußte, was er sagte noch tat, abgerissene Worte stammelte, kurz so peinlich auffiel, daß mir die Tränen in die Augen traten, mir, die ich damals, so viel in meinen Kräften stand, alles Verwerfliche an ihm zu verhüllen und zu verbergen suchte. Die Kaiserin nahm mein schmerzliches Empfinden gut auf und erhob sich früher von der Tafel als gewöhnlich.

Am Nachmittag hatte Seine kaiserliche Hoheit mit Graf Razumowski auf die Jagd gehen sollen, blieb jedoch in Taininskoje, während ich nach Rajowa zurückkehrte. Unterwegs aber befiel mich plötzlich ein heftiges Zahnweh. Das Wetter begann kalt und feucht zu werden, und in Rajowa gab es nichts als das nackte Oberdach. Doch der Bruder Madame Tschoglokoffs, Graf Hendrikoff, welcher diensttuender Kammerherr bei mir war, machte seiner Schwester den Vorschlag, mich augenblicklich zu kurieren. Sie sprach mit mir darüber und ich willigte ein, sein Mittel zu versuchen, an dem nichts zu sein schien, das im Gegenteil viel mehr den Anschein völliger Charlatanerie hatte. Er begab sich also in das andere Zimmer und brachte eine ganz kleine Papierrolle, die er mich aufforderte, mit dem kranken Zahn zu kauen. Kaum aber hatte ich das getan, als meine Zahnschmerzen so heftig wurden, daß ich mich zu Bett legen mußte. Ein hitziges Fieber ergriff mich, ich begann zu phantasieren, und Madame Tschoglokoff, über meinen Zustand aufs höchste erschrocken, schalt ihren Bruder, dessen Mittel sie die Schuld gab. Sie verließ mein Bett die ganze Nacht nicht, ließ der Kaiserin sagen, ihr Haus in Rajowa sei durchaus kein geeigneter Aufenthalt für jemand, der so krank sei wie ich, und brachte es so weit, daß man mich am folgenden Tage, krank wie ich war, nach Moskau schaffte. Dort lag ich zwölf Tage lang im Bett, aber die Zahnschmerzen kehrten jeden Nachmittag zur selben Stunde wieder.

Anfang September begab sich Elisabeth in das Kloster Woskressenski und ließ uns den Befehl erteilen, ihr an ihrem Namenstage zu folgen. An diesem Tage machte sie Iwan Iwanowitsch Schuwaloff zum Kammerherrn. Es war dies ein großes Ereignis bei Hofe, und alle flüsterten sich zu, er sei ihr neuer Günstling. Ich freute mich besonders seines Avancements, weil ich ihn, als er noch Page war, als einen Menschen, dessen Streben viel versprach, erkannt hatte, denn stets fand man ihn mit einem Buche in der Hand.

Von diesem Ausfluge zurückgekehrt, erkrankte ich an einem von heftigem Fieber begleiteten Halsweh. Die Kaiserin besuchte mich während dieser Krankheit. Kaum aber begann ich mich zu erholen, als Ihre Majestät mir durch Madame Tschoglokoff befehlen ließ, bei der Hochzeit der Nichte der Gräfin Rumianzoff zugegen zu sein und die Braut zu schmücken. Sie verheiratete sich mit Alexander Narischkin, der später Oberschenk wurde. Da Madame Tschoglokoff sah, daß ich kaum genesen war, tat ihr dieser Befehl leid, und auch mir konnte er nicht sehr willkommen sein, denn ich wurde dadurch gewahr, daß man sich um meine Gesundheit, ja um mein Leben wenig bekümmerte. In diesem Sinne sprach ich dann auch mit Madame Wladislawa, die von einem so rücksichtslosen und ohne Schonung gegebenen Befehle ebenfalls wenig erbaut war. Dennoch raffte ich alle meine Kräfte zusammen, und am festgesetzten Tage brachte man die Verlobte in mein Zimmer. Ich schmückte sie mit meinen Diamanten, worauf sie in die Hofkirche zur Trauung ging, während ich mich mit Madame Tschoglokoff und meinem Hofe in das Haus der Narischkins begeben mußte. Da wir aber damals in

Moskau den Palast am Ende der deutschen Sloboda bewohnten, mußte man, um zu den Narischkins zu gelangen, ganz Moskau durchfahren, d.h. eine Strecke von wenigstens sieben Werst zurücklegen. Es war im Oktober gegen neun Uhr abends. Es fror Stein und Bein und das Glatteis war so schlimm, daß man sich nur Schritt für Schritt vorwärts bewegen konnte. Mindestens drei Stunden war ich auf dem Hinwege unterwegs und ebenso viel auf dem Rückwege. Es gab keinen Menschen, kein Pferd in meinem Gefolge, die nicht mehrere Male hinfielen. Als wir endlich bis zur Kasanschen Kirche in der Nähe des Tores Troitzkaja gekommen waren, stießen wir auf ein neues Hindernis. Hier fand zu dieser Stunde die Trauung der Schwester Iwan Iwanowitsch Schuwaloffs statt, welche von der Kaiserin selbst geschmückt worden war, und eine Masse von Karossen drängte sich folglich am Tore. Jeden Augenblick mußten wir stillstehen, worauf das Hinfallen von neuem anfing, da kein einziges Pferd für das Glatteis beschlagen war. Endlich langten wir, nicht gerade in der besten Stimmung, an. Wir mußten sehr lange auf die Neuvermählten warten, denen es ungefähr ebenso ging wie uns. Der Großfürst begleitete den Bräutigam, dann mußte noch die Kaiserin erwartet werden. Endlich setzte man sich zu Tisch. Nach dem Souper fanden einige Festtänze im Vorzimmer statt, worauf uns befohlen wurde, die Neuvermählten in ihre Gemächer zu geleiten. Hierbei mußte man verschiedene sehr kalte Korridore passieren, mehrere Treppen steigen, die nicht weniger kalt waren, dann durch lange, in Eile von feuchtem Bretterwerk errichtete Galerien gehen, an deren Wänden das Wasser überall herunterlief. Endlich in den Gemächern angelangt, setzte man sich an eine Tafel, auf welcher der Nachtisch serviert wurde. Aber nur einen Augenblick hielt man sich hier auf, um die Gesundheit der Vermählten auszubringen, führte dann die Braut ins Schlafgemach und entfernte sich, um nach Hause zurückzukehren. Am folgenden Abend mußten wir wieder zu ihnen. Und wer hätte es geglaubt? Dieses unruhige Treiben, statt meiner Gesundheit zu schaden, verhinderte meine Genesung durchaus nicht, denn Tags darauf befand ich mich besser als vorher.

Achtes Kapitel

Schlimme Geschichte, in die der Großfürst verwickelt ist. – Eine Verhaftung. – Rückkehr nach Petersburg. – Gefährliche Operation. – Tschoglokoff arrangiert einige Spielgesellschaften. – Die Prinzessin von Kurland. – Der Großfürst bringt ihr viel mehr Aufmerksamkeit entgegen. – Die beiden Schwestern Woronzow. – Der Großfürst weigert sich, ein Bad zu nehmen. – Feier des Namensfestes des Favoriten der Kaiserin. – Aufenthalt in Zarskoje Selo. – Der Großfürst macht der Prinzessin von Kurland öffentlich den Hof. – Unglaubliche Roheit des Großfürsten gegen mich. – Fataler Peitschenhieb. – Frische Austern aus Holstein.

Zu Anfang des Winters bemerkte ich im Wesen des Großfürsten eine große Unruhe. Ich wußte nicht, was dies zu bedeuten hatte. Er dressierte seine Hunde nicht mehr, kam zwanzigmal am Tage in mein Zimmer, hatte ein verstörtes Aussehen, war träumerisch und zerstreut, kaufte sich deutsche Bücher: aber was für Bücher! Ein

Teil bestand aus lutherischen Gebetbüchern, der andere aus Geschichten und Prozessen von Straßenräubern, die man gehängt oder gerädert hatte. Beides las er abwechselnd, wenn er nicht mit der Violine beschäftigt war. Da er aber gewöhnlich das, was er auf dem Herzen hatte, nicht lange bei sich behielt und mit niemand außer mir darüber sprechen konnte, wartete ich geduldig seine Geständnisse ab.

Eines Tages entdeckte er mir denn auch endlich, was ihn quälte, und diesmal fand ich, daß es eine bei weitem ernstere Angelegenheit war, als ich vorausgesetzt hatte. Fast während des ganzen Sommers, wenigstens während des Aufenthaltes in Rajowa, hatte ich den Großfürsten sozusagen nur bei Tisch und im Bett gesehen. Er legte sich meist nieder, nachdem ich schon eingeschlafen, und stand auf, ehe ich erwacht war; die übrige Zeit verbrachte er auf der Jagd oder mit Zurüstungen für dieselbe. Tschoglokoff hatte nämlich unter dem Vorwande, den Großfürsten zu amüsieren, vom Oberjägermeister zwei Meuten erhalten, eine von russischen, die andere von französischen und deutschen Jagdhunden. Zur letzteren gehörten ein französischer Vorreiter und ein kurländischer und deutscher Bursche. Da Tschoglokoff sich der Leitung der russischen Meute bemächtigt hatte, nahm der Großfürst die fremde auf sich, um welche sich Tschoglokoff nicht im geringsten kümmerte. Beide beschäftigten sich nun mit den kleinsten Details des ihnen zugefallenen Teils, infolgedessen der Großfürst beständig ins Hundehaus ging, oder die Jäger zu ihm kamen, um ihn von dem Zustand der Meute, ihren

Fähigkeiten und Bedürfnissen zu unterhalten. Kurz, um es gerade heraus zu sagen, er ließ sich mit diesen Leuten ein, frühstückte und trank mit ihnen auf der Jagd und war immer in ihrer Mitte. Zu jener Zeit stand das Regiment Butirski in Moskau, in dem sich auch ein Leutnant Nakoff Baturin befand, ein Spieler und anerkannter Taugenichts, der bis über den Kopf in Schulden steckte, übrigens aber ein sehr entschlossener Mensch war. Ich weiß nicht auf welche Weise oder durch welchen Zufall dieser Mensch mit den Jägern der französischen Meute des Großfürsten bekannt wurde, aber ich glaube, sie waren zusammen in oder bei dem Dorfe Mutistscha oder Alexejewski einquartiert gewesen. Soviel jedoch ist gewiß, daß die Jäger dem Großfürsten einst mitteilten, in dem Regiment Butirski sei ein Leutnant, der große Ergebenheit gegen Seine kaiserliche Hoheit an den Tag lege und erklärt habe, das ganze Regiment denke wie er. Der Großfürst hörte diesen Bericht mit Wohlgefallen an und verlangte von den Jägern Einzelheiten über das Regiment zu erfahren. Man berichtete ihm viel Übles von den Oberbefehlshabern, viel Gutes indes von den Subalternen. Endlich ließ Baturin – immer durch die Jäger – den Großfürsten um eine Audienz auf der Jagd bitten, worauf der Großfürst anfangs zwar nicht einging, später aber doch dareinwilligte. Als er nun eines Tages jagte, erwartete ihn Baturin verabredetermaßen an einer verborgenen Stelle. Sowie er den Großfürsten erblickte, stürzte er ihm zu Füßen und schwor, er erkenne keinen andern Herrn als ihn an und werde alles tun, was er ihm befehle. Der Großfürst sagte

mir, daß er, als er diesen Eid vernommen, tödlich erschrocken wäre, seinem Pferde die Sporen gegeben und
jenen auf den Knien im Walde liegen gelassen habe,
und die Jäger, welche ihm voran ritten, hätten nicht
gehört, was Baturin gesprochen. Eine andere Berührung, behauptete er, habe mit diesem Menschen nicht
stattgefunden, ja er habe sogar seinen Jägern geraten,
sich zu hüten, daß sie Baturin nicht ins Unglück stürze.
Seine gegenwärtige Besorgnis galt hauptsächlich der
Tatsache, daß, einer Mitteilung der Jäger zufolge, Baturin verhaftet und nach Preobraschenskoje gebracht worden war, wo sich die geheime Kanzlei befand, welche
die Staatsverbrechen untersuchte. Seine kaiserliche
Hoheit zitterte nun nicht allein für die Jäger, sondern
fürchtete, selbst kompromittiert zu werden. Was die
ersteren betraf, so erfüllten sich seine Befürchtungen
nur zu bald, denn nach einigen Tagen erfuhr er, daß sie
verhaftet und ebenfalls nach Preobraschenskoje gebracht worden seien. Ich suchte seine Angst ein wenig
zu mindern und stellte ihm vor, daß, wenn er wirklich
keine andere als die erwähnte Unterredung gehabt, es
mir höchstens als eine Unklugheit seinerseits erscheine,
sich mit schlechter Gesellschaft abgegeben zu haben.
Ob er mir indes wirklich die volle Wahrheit gesagt,
weiß ich nicht, doch habe ich Grund, zu glauben, daß er
die etwa stattgefundenen Unterredungen als zu unwich-
tig schilderte, denn er sprach mit mir über diese Angelegenheiten nur in abgebrochenen Sätzen und gleichsam
wider Willen. Es konnte aber vielleicht auch seine
übermäßige Furcht sein, welche eine solche Wirkung

auf ihn hervorbrachte. Bald darauf teilte er mir mit, mehrere der Jäger seien wieder in Freiheit gesetzt worden, jedoch mit dem Befehl, über die Grenze gebracht zu werden, und hätten ihm sagen lassen, sein Name sei nicht genannt, worüber er vor Freude außer sich war. Er beruhigte sich nun vollkommen und man berührte die Sache nicht weiter. Was Baturin betrifft, so wurde er schuldig befunden. Ich habe weder etwas von seinem Prozeß gelesen, noch gesehen, nur brachte ich in Erfahrung, daß er nichts weniger beabsichtigte, als die Kaiserin zu töten, den Palast anzuzünden und während der dadurch hervorgerufenen Panik und allgemeinen Verwirrung den Großfürsten auf den Thron zu setzen. Er wurde, nachdem man ihn gefoltert hatte, verurteilt, den Rest seiner Tage in der Festung Schlüsselburg zu verbringen. Während meiner Regierung versuchte er zu entkommen, worauf er nach Kamtschatka verbannt wurde. Von dort entfloh er mit Benjowski und fand seinen Tod, als er unterwegs die Insel Formosa im Stillen Ozean plünderte.

Am 15. Dezember begaben wir uns von Moskau nach Petersburg. Wir reisten Tag und Nacht im offenen Schlitten, sodaß ich auf der Hälfte des Wegs wieder von heftigen Zahnschmerzen geplagt wurde. Trotzdem gab der Großfürst nicht zu, den Schlitten zu schließen. Nur widerwillig erlaubte er mir, den Vorhang ein wenig zuzuziehen, um mich wenigstens vor dem feuchtkalten Winde, der uns entgegenwehte, zu schützen. Endlich erreichten wir Zarskoje Selo, wo die Kaiserin, die wie gewöhnlich uns vorauseilte, schon eingetroffen war.

Gleich nachdem ich ausgestiegen, zog ich mich in die für mich bestimmten Gemächer zurück, schickte nach dem Arzt Ihrer Majestät, Boerhave – dem Neffen des berühmten Mediziners – und bat ihn, mir den Zahn, der mich seit vier oder fünf Monaten quälte, ausziehen zu lassen. Nur mit Mühe konnte ich seine Einwilligung dazu erlangen, da er mich aber fest entschlossen sah, ließ er endlich meinen Chirurgen Gyon holen. Ich setzte mich auf die Erde, Boerhave auf die eine, Tschoglokoff auf die andere Seite, und Gyon zog mir den Zahn. Aber kaum hatte er angesetzt, als mir aus dem Munde Ströme von Blut stürzten; meine Augen tränten und in der Nase lief mir das Wasser zusammen, so daß Boerhave entrüstet ausrief: »Der Tölpel!« und sich den Zahn geben ließ. – »Das war es, was ich befürchtete, und weshalb ich nicht wollte, daß er ausgezogen würde!« rief er von neuem. Gyon hatte ein Stück Kinnbacke mit ausgerissen. Während dieses Vorfalls war die Kaiserin an die Türe meines Zimmers gekommen, und man sagte mir später, daß sie bis zu Tränen gerührt gewesen sei. Man brachte mich zu Bett, und mehr als vier Wochen war ich leidend, auch in der Stadt, wohin wir, trotz meines Zustandes, am nächsten Morgen im offenen Schlitten aufbrachen. Da die fünf Finger Gyons in blauen und gelben Flecken auf meiner Wange sichtbar waren, verließ ich mein Zimmer nicht vor Mitte Januar 1750.

Am Neujahrstage, als ich mich frisieren lassen wollte, sah ich, daß der Friseurgehilfe, ein Kalmücke, den ich hatte erziehen lassen, auffallend rot im Gesicht war, während seine Augen sonderbar glänzten. Ich fragte ihn, was ihm fehle, worauf er mir erwiderte, er leide an heftigem Kopfweh und Fieberhitze. Sofort schickte ich ihn mit der Weisung weg, sich zu Bett zu legen, weil er in der Tat seine Aufgabe nicht mehr erfüllen konnte. Er entfernte sich, und am Abend meldete man mir, daß die Pocken bei ihm ausgebrochen seien. Mich ergriff natürlich sofort eine schreckliche Angst, ebenfalls die furchtbare Krankheit zu bekommen, allein ich wurde verschont, obgleich er mein Haar gekämmt hatte.

Die Kaiserin blieb während des größten Teils des Karnevals in Zarskoje Selo. Petersburg war wie ausgestorben; die meisten, die sich dort aufhielten, fesselte nur die Pflicht, niemand blieb aus Neigung. Denn wenn der Hof von Moskau nach Petersburg zurückkehrte, beeilten sich alle Hofleute, um ein Jahr, um sechs Monate, oder wenigstens um einige Wochen Urlaub nachzusuchen, nur um noch ein wenig in Moskau bleiben zu können. Beamte, Senatoren taten dasselbe, und wenn sie fürchteten, keine Erlaubnis zu erhalten, dann gab es Krankheiten, erdichtete oder wirkliche, von Männern, Frauen, Vätern, Brüdern, Müttern, Schwestern, Kindern, oder Prozesse, oder sonstige notwendig zu ordnende Angelegenheiten. Kurz, sechs Monate und zuweilen mehr vergingen, ehe Hof und Stadt wieder wurden, was sie vor der Abreise des Hofes gewesen waren. Während seiner Abwesenheit wuchs das Gras in den Straßen von Petersburg, weil fast kein einziger Wagen darüber hinfuhr. Bei diesem Stande der Dinge konnte man also nicht auf viele Gesellschaft hoffen, besonders wir nicht, weil man uns nur wenig auszugehen gestattete. Während dieser Zeit sann Tschoglokoff darauf, wie er uns am besten unterhalten könnte. Oder besser, da er selbst und seine Frau nicht wußten, was vor Langeweile anfangen, lud er den Großfürsten und mich ein, alle Nachmittage in den Gemächern, welche er am Hofe bewohnte, und die aus vier oder fünf ziemlich kleinen Zimmern bestanden, mit ihnen zu spielen. Außer uns waren noch die Hofkavaliere und Hofdamen, sowie die Prinzessin von Kurland, die Tochter Herzogs Ernst Johann Biron, des ehemaligen Favoriten der Kaiserin Anna, anwesend. Die Kaiserin Elisabeth hatte den Herzog aus Sibirien zurückgerufen, wohin er unter der Regentschaft der Prinzessin Anna verbannt worden war, und nun lebte er mit seiner Frau, seinen Söhnen und seiner Tochter in Jaroslaw. Diese Tochter war weder schön, noch hübsch, noch wohlgebaut, sie war im Gegenteil bucklig und klein. Aber sie hatte schöne Augen, viel Geist und außerordentliche Anlagen zur Intrige. Ihre Eltern liebten sie nicht, und sie behauptete, daß sie sie fortwährend mißhandelten. Eines schönen Tages lief sie denn auch aus dem elterlichen Hause fort und entfloh zu der Gemahlin des Woiwoden von Jaroslaw, Madame Puschkin. Diese, hocherfreut, sich bei Hofe wichtig machen zu können, brachte sie nach Moskau. Sie wandte sich an Madame Schuwaloff, und die Flucht der Prinzessin von Kurland aus ihrem väterlichen Hause wurde als eine Folge der schlechten Behandlung von seiten ihrer Eltern hingestellt, weil sie das Verlangen geäußert, zur griechischen Religion überzutreten. Wirklich war das erste, was sie bei Hofe tat, die Ablegung

ihres Glaubensbekenntnisses, wobei die Kaiserin Tauf-
pate war. Darauf wies man der Prinzessin eine Wohnung bei den Ehrendamen an. Tschoglokoff bemühte
sich eifrig, ihr Aufmerksamkeiten zu erweisen, weil ihr
älterer Bruder sein Glück begründet hatte, indem er ihn
aus dem Kadettenkorps, wo Tschoglokoff erzogen wurde, in die Garde zu Pferd versetzte und ihn als Ordon-
nanz behielt. Anfangs benahm sich die Prinzessin von
Kurland, die auf diese Weise mit uns in Berührung kam
und jeden Tag mehrere Stunden mit dem Großfürsten,
Tschoglokoff und mir Trisett spielte, mit der größten
Zurückhaltung. Sie hatte ein sehr einnehmendes Wesen
und ihr Geist ließ ihr unangenehmes Aeußere vergessen,
besonders wenn sie saß. Für jeden hatte sie einige Worte
übrig, die ihm gefallen mußten; alle betrachteten sie als
eine interessante Waise, übrigens aber als eine Person
ohne Einfluß. In den Augen des Großfürsten aber besaß
sie ein anderes, nicht weniger großes Verdienst: sie war
eine fremde Prinzessin, und mehr noch, eine Deutsche;
folglich sprach er nur Deutsch mit ihr, was ihr in seinen
Augen besonderen Reiz verlieh. Kurz, er erwies ihr
soviel Aufmerksamkeiten, als er dessen fähig war.
Wenn sie in ihren Zimmern dinierte, schickte er ihr
kostbare Weine und verschiedene Lieblingsgerichte von
seinem Tisch, und erfand er eine neue Grenadiermütze
oder ein Bandelier, dann schickte er ihr auch diese, um
sie ihr zu zeigen. Die Prinzessin von Kurland, die damals ungefähr vier- bis fünfundzwanzig Jahre alt sein
mochte, war übrigens nicht die einzige Eroberung, welche der Hof in Moskau gemacht hatte. Auch die beiden

Gräfinnen Woronzow, die Nichten des Vizekanzlers und Töchter des Grafen Roman Woronzow, seines jüngeren Bruders, hatte die Kaiserin herangezogen. Die ältere, Marie, zählte damals vierzehn Jahre und war unter die Ehrendamen der Kaiserin aufgenommen worden, die jüngere, Elisabeth, war erst elf Jahre alt; man gab sie mir. Es war ein sehr häßliches Kind, mit olivenfarbigem Teint, dazu im höchsten Grade unreinlich.

Gegen Ende des Karnevals kehrte Ihre Majestät in die Stadt zurück. In der ersten Fastenwoche hatten wir unsere religiösen Übungen angefangen und Mittwoch abend sollte ich im Hause der Madame Tschoglokoff ein Bad nehmen. Am Abend vorher aber kam die letztere in mein Zimmer, wo sich auch der Großfürst befand, und meldete ihm den Befehl Ihrer Majestät, gleichfalls ein Bad zu nehmen. Doch die Bäder und andere russische Gewohnheiten und Landessitten waren dem Großfürsten nicht allein unangenehm, sondern er haßte sie tödlich. So erklärte er denn auch rund heraus, er werde es nicht tun. Sie, die ebenfalls hartnäckig war und in ihren Aeußerungen nicht die geringste Zurückhaltung kannte, erwiderte, das heiße, Ihrer kaiserlichen Majestät ungehorsam sein. Er jedoch behauptete, man dürfe ihm nicht befehlen, was seiner Natur widerstrebe, denn er wisse, daß, da er noch niemals ein Bad genommen, es ihm schaden werde; er wolle nicht sterben, das Leben sei ja das teuerste aller Güter, und die Kaiserin werde ihn nicht dazu zwingen. Madame Tschoglokoff antwortete, Ihre Majestät werde schon seinen Ungehorsam zu strafen wissen. Hierüber wurde er wütend und sagte heftig: »Ich werde abwarten, was sie tun wird, ich bin kein Kind mehr.« Nun fing die Tschoglokoff an zu drohen, die Kaiserin werde ihn auf die Festung schicken, worauf er bitterlich zu weinen begann. Sie sagten sich dann beide noch die beleidigendsten Grobheiten, welche je die Wut eingeben konnte, denn es fehlte ihnen wirklich an gesundem Menschenverstand. Endlich entfernte sich die Tschoglokoff, indem sie erklärte, sie werde diese Auseinandersetzung Ihrer kaiserlichen Majestät wörtlich wiederholen. Ich weiß nicht, ob dies geschah, aber sie kam wieder und begann über ein ganz anderes Thema zu sprechen. Unter anderm sagte sie, die Kaiserin sei sehr böse, daß wir keine Kinder hätten, und wolle wissen, an wem von uns beiden die Schuld liege; mir werde sie eine Hebamme und ihm einen Arzt schicken. Daran schlossen sich noch viele andere beleidigende Bemerkungen, die weder Zweck noch Ziel hatten, bis sie damit schloß, daß die Kaiserin uns unserer religiösen Übungen für diese Woche enthebe, weil der Großfürst erklärt habe, das Bad schade seiner Gesundheit. Ich muß indes bemerken, daß ich während jener beiden Auseinandersetzungen den Mund nicht auftat, erstens, weil sie beide mit solcher Heftigkeit sprachen, daß ich nicht zu Worte kommen konnte, und zweitens, weil ich sah, daß auf der einen sowohl als auf der andern Seite der größte Mangel an Vernunft herrschte. Wie die Kaiserin darüber urteilte, ist mir unbekannt, aber gewiß ist, daß weder von dem einen, noch von dem andern der erwähnten Gegenstände weiter die Rede war.

Um Mittfasten begab sich die Kaiserin nach Gostilitza zum Grafen Razumowski, um sein Namensfest dort
zu feiern, während sie uns mit ihren Ehrendamen und
unserm gewöhnlichen Gefolge nach Zarskoje Selo
schickte. Das Wetter war ungewöhnlich mild, ja fast
warm, so daß schon am 17. März der Schnee von den
Wegen verschwunden und Staub an seine Stelle getreten
war. In Zarskoje Selo angekommen, gingen der Großfürst und Tschoglokoff auf die Jagd. Ich und meine
Ehrendamen bewegten uns so viel als möglich im
Freien, sowohl zu Fuß als zu Wagen, und am Abend
wurden dann verschiedene kleine Spiele gespielt. Hier
zeigte der Großfürst, besonders wenn er betrunken war
– und er war es jeden Tag – eine entschiedene Neigung
für die Prinzessin von Kurland. Er wich nicht von ihrer
Seite, sprach nur mit ihr, kurz, die Intrige entwickelte
sich offen vor meinen Augen und aller Welt, was meine
Eitelkeit und Eigenliebe aufs höchste beleidigte, wenn
ich bedachte, daß diese kleine Mißgestalt mir vorgezogen wurde. Eines Abends, als ich von Tische aufstand,
sagte Madame Wladislawa zu mir, alle seien über die
Bevorzugung der Buckligen entrüstet, worauf ich erwiderte: »Was tun?« Dabei traten mir aber auch schon die
Tränen in die Augen und ich entfernte mich schnell, um
schlafen zu gehen. Kaum war ich eingeschlafen, als der
Großfürst kam. Da er betrunken war und nicht wußte,
was er tat, weckte er mich, um mich von den ausgezeichneten Eigenschaften seiner Schönen zu unterhalten. Um ihn wenigstens zum Schweigen zu bringen,
stellte ich mich, als ob ich fest schliefe. Er aber sprach

nur noch lauter, um mich zu wecken, und als er sah, daß ich kein Zeichen des Wachseins gab, versetzte er mir zwei oder drei heftige Püffe mit der Faust in die Seite und schimpfte über meinen tiefen Schlaf. Dann wandte er sich um und schlief ein. Ich weinte die ganze Nacht über den Vorgang an sich, die Faustschläge, die er mir gegeben, überhaupt über meine in jeder Beziehung ebenso unangenehme als traurige Lage. Am folgenden Morgen schien er sich seines Benehmens ein wenig zu schämen, wenigstens sprach er nicht davon, und ich tat, als hätte ich nichts gemerkt. Zwei Tage später kehrten wir in die Stadt zurück, begannen in der letzten Fastenwoche unsere religiösen Übungen von neuem, aber es war nicht mehr die Rede davon, daß der Großfürst ein Bad nehmen sollte.

Dafür begegnete ihm in dieser Woche etwas anderes, was ihm einige Verlegenheit bereitete. Er hatte sich nämlich in seinem Zimmer, wo er sich den ganzen Tag über auf die eine oder andere Weise umhertrieb, eines Nachmittags damit beschäftigt, mit einer großen Kutscherpeitsche, die er sich extra dazu hatte machen lassen, zu knallen, schlug damit rechts und links um sich und trieb seine Kammerdiener, die seinen Schlägen zu entgehen suchten, von einer Ecke zur andern. Wie es nun kam, daß er sich selbst einen heftigen Schlag auf die Backe gab, ist mir nicht bekannt, kurz, die Schramme ging über die ganze linke Seite seines Gesichtes und war bis aufs Blut sichtbar. Da er befürchtete, er werde Ostern nicht ausgehen können, und die Kaiserin werde ihm wegen seiner blutigen Wange wiederum die religiösen Übungen untersagen, war er in großer Verlegenheit. Wenn sie außerdem die Ursache erführe, konnten ihm seine Übungen mit der Peitsche einen unangenehmen Verweis zuziehen. In seiner bedrängten Lage hatte er daher nichts Eiligeres zu tun, als mich um Rat zu fragen, was er in ähnlichen Fällen nie unterließ. Ich sah ihn also mit der blutigen Backe eintreten und rief, als ich die Schramme bemerkte: »Mein Gott! was ist Ihnen begegnet?« Er erzählte mir dann, was vorgefallen war. Nachdem ich einen Augenblick überlegt, sagte ich: »Vielleicht gelingt es mir, Ihnen zu helfen. Zuerst gehen Sie in Ihr Zimmer und richten alles so ein, daß man Ihre Wange so wenig wie möglich sieht. Wenn ich das Nötige habe, will ich zu Ihnen kommen, und ich hoffe, daß niemand etwas bemerken wird.« Er entfernte sich, und ich schickte nach einer Salbe, die mir mein Arzt Gyon vor einigen Jahren einmal verschrieben hatte, als ich mir bei einem Fall im Garten von Peterhof die Backe verletzte. Diese Salbe enthielt eine Mischung von Bleiweiß, und nachdem ich die verletzte Stelle damit bedeckt, ging ich nach wie vor aus, ohne daß irgend jemand die Verletzung bemerkte. Man brachte mir also die Salbe, ich begab mich zum Großfürsten und legte sie so geschickt auf, daß er selbst, als er sich im Spiegel betrachtete, nichts davon sah. Am darauffolgenden Donnerstag gingen wir mit der Kaiserin in der großen Hofkirche zum Abendmahl und kehrten nach der Kommunion auf unsere Plätze zurück. Als Tschoglokoff, der sich uns näherte, um uns irgend etwas mitzuteilen, den Großfürsten, der mit seiner Wange gerade im Licht saß, anblickte, sagte er: »Wischen Sie sich doch Ihre Wange ab, Sie haben Pomade darauf.« Schnell aber wandte ich mich wie scherzend zum Großfürsten und rief: »Aber ich, Ihre Frau, verbiete es Ihnen, sie abzuwischen.« Darauf sagte der Großfürst zu Tschoglokoff: »Da sehen Sie, wie uns die Frauen behandeln; wir wagen nicht einmal uns abzuwischen, wenn sie es nicht wollen.« Tschoglokoff lachte und sagte: »Allerdings, eine echte Frauenlaune.« Dabei blieb es, und der Großfürst wußte mir in doppelter Beziehung Dank, erstens für die Salbe, die ihm von Nutzen war, und zweitens für meine Geistesgegenwart, die selbst bei Tschoglokoff nicht den geringsten Argwohn zurückließ.

Da ich die Osternacht durchwachen mußte, ging ich am Sonnabend vorher schon um fünf Uhr nachmittags zu Bett, um bis zu der Stunde zu schlafen, wo ich mich anzukleiden hatte. Kaum aber befand ich mich im Bett, als der Großfürst eilig hereinstürzte und mich aufforderte, unverzüglich aufzustehen, um Austern zu essen, die ganz frisch aus Holstein für ihn angekommen waren. Es war nämlich für ihn ein doppeltes Fest, wenn Austern ankamen, denn er aß sie nicht nur sehr gern, sondern sie kamen noch dazu aus seinem Vaterlande Holstein, für welches er eine besondere Vorliebe hatte, das er freilich deshalb nicht besser regierte, wo er im Gegenteil die scheußlichsten Dinge geschehen ließ, wie wir später sehen werden. Nicht aufzustehen würde ihn also sehr beleidigt und mich einem sehr heftigen Zank ausgesetzt haben. So erhob ich mich denn und begab mich in sein Zimmer, obgleich ich von den Andachtsübungen der

heiligen Woche erschöpft war. In seinem Zimmer angelangt, fand ich die Austern serviert, aß ein Dutzend und
erhielt dann die Erlaubnis, mich wieder niederlegen zu
dürfen, während er blieb, um sein Austernmahl zu vollenden. Auch dadurch, daß ich nicht zu viel aß, erwies
ich ihm einen Gefallen, denn um so mehr blieben für
ihn übrig, da er im Austernessen unersättlich war. Um
Mitternacht stand ich auf und kleidete mich an, um zur
Frühmette und Ostermesse zu gehen, konnte aber wegen
eines starken Kolikanfalls den Gottesdienst nicht bis zu
Ende hören. In meinem ganzen Leben erinnere ich mich
nicht, solche Schmerzen gehabt zu haben. Ich kehrte mit
der Prinzessin Gagarin allein in mein Zimmer zurück,
denn alle meine übrigen Leute waren in der Kirche. Sie
half mir beim Auskleiden, legte mich zu Bett und
schickte nach den Aerzten. Man gab mir Arznei und ich
brachte die beiden ersten Festtage im Bett zu.

Neuntes Kapitel

Graf Bernis, Graf Lynar und General Arnheim. – Verabschiedung
meines treuen Kammerdieners Nevreinoff. – Frau von Arnheim.
– Angenehme Gesellschaft bei Madame Tschoglokoff. – Meine
Art zu reiten. – Ein neuer Anbeter. – Die beiden Soltikoffs. –
Verlobung der Prinzessin von Kurland mit dem älteren Soltikoff.
– Maskenbälle bei Hofe. – Theatervorstellungen des Fürsten
Nussupoff. – Der Kadett Beketoff, ein zukünftiger Günstling der
Kaiserin. – Mein Pudel Iwan Iwanowitsch. – Der Triumph der
Einfachheit.

Ungefähr um dieselbe Zeit – ein wenig früher – kamen
Graf Bernis als Gesandter des Wiener Hofes, Graf Ly-

nar als dänischer Gesandter und General Arnheim als sächsischer Gesandter nach Rußland. Der letztere brachte seine Gemahlin, eine geborene Holm, mit. Graf Bernis, ein Piemontese, mochte damals einige fünfzig Jahre zählen, war geistvoll, liebenswürdig, heiter und klug, dabei von einem Wesen, daß die jungen Leute seine Gesellschaft der ihrer Altersgenossen vorzogen. Er wurde überhaupt allgemein geachtet und geliebt, und unzählige Male habe ich gesagt und wiederholt, daß, wenn dieser oder ein ihm ähnlicher Mensch dem Großfürsten beigegeben worden wäre, die besten Resultate daraus hätten erfolgen müssen. Das beweist schon die Tatsache, daß der Großfürst ebenso wie ich eine besondere Zuneigung und Achtung für Graf Bernis empfanden. Er erklärte selbst, in der Nähe eines solchen Menschen würde man sich schämen, Dummheiten zu begehen – eine vortreffliche Bemerkung, die ich nie vergessen werde. Graf Bernis hatte den Malteser Ritter Grafen Hamilton als Gesandtschaftssekretär bei sich. Als ich mich eines Tages bei dem letzteren nach dem Befinden des Gesandten erkundigte, da dieser unpäßlich war, fiel es mir ein, Hamilton zu sagen, daß ich eine sehr hohe Meinung vom Grafen Bathyani hege, den die Kaiserin Maria Theresia damals zum Erzieher ihrer beiden ältesten Söhne, der Erzherzöge Joseph und Karl, ernannt hatte, weil er in diesem Amte dem Grafen Bernis vorgezogen worden wäre. Und im Jahre 1780, als ich in Mohilew meine erste Zusammenkunft mit Kaiser Joseph II. hatte, erwähnte Seine Majestät, daß er von dieser Bemerkung wisse. Ich erwiderte, er wisse es wahrscheinlich vom Grafen Hamilton, der nach seiner Rückkehr aus Rußland ihm beigegeben wurde, und er bestätigte es. Er meinte, Graf Bernis, den er leider nicht gekannt, habe den Ruf hinterlassen, daß er zu jenem Amte geeigneter gewesen sei, als sein ehemaliger Erzieher.

Graf Lynar, der Gesandte des Königs von Dänemark, war nach Rußland gekommen, um wegen des Austausches von Holstein, welches dem Großfürsten gehörte, gegen die Grafschaft Oldenburg zu unterhandeln. Er war ein Mann, der, wie man sagte, mit großen Kenntnissen große Geschicklichkeit verband. Sein Aeußeres war das eines vollkommenen Gecken. Er war groß und wohlgebaut, rötlich blond, mit einem frauenhaft weißen Teint. Man sagte, er sei so sehr um seine Schönheit besorgt, daß er nie anders schlafe, als nachdem er sich Gesicht und Hände mit einer Salbe eingerieben, Handschuhe angezogen und eine Nachtmaske aufgesetzt habe. Er rühmte sich, achtzehn Kinder zu haben, und behauptete, die Ammen derselben immer in den Stand gesetzt zu haben, es zu werden. Graf Lynar, weiß wie er war, trug noch obendrein den weißen Orden von Dänemark und kleidete sich nur in äußerst helle Farben, wie z.B. himmelblau, gelb, lila, laxfarben u.s.w., obwohl man damals nur sehr selten so grelle Farben bei Männern sah. Der Großkanzler Graf Bestuscheff und seine Frau behandelten Graf Lynar wie ein Kind des Hauses und er wurde dort sehr gefeiert; doch auch dies rettete sein Ansehen nicht vor der Lächerlichkeit. Auch der Umstand, daß man sich erinnerte, wie sein Bruder mehr als freundlich von der Prinzessin Anna empfangen worden war, deren Regentschaft nur Mißbilligung gefunden hatte, sprach gegen ihn. Gleich nach seiner Ankunft hatte er also nichts Eiligeres zu tun, als seine Unterhandlungen hinsichtlich des Austausches von Holstein gegen die Grafschaft Oldenburg anzuknüpfen. Bestuscheff ließ sogleich Pechlin, den Minister des Großfürsten für Holstein zu sich rufen und teilte ihm mit, weshalb Graf Lynar gekommen sei. Pechlin berichtete darüber an den Großfürsten, der sein holsteinsches Land leidenschaftlich liebte, das man aber seit unserm Aufenthalt in Moskau der Kaiserin als zahlungsunfähig geschildert hatte. Er hatte die Kaiserin mehrmals um Geld gebeten, und sie hatte ihm auch etwas zugehen lassen, doch nie war dies Geld nach Holstein gelangt, sondern die schlimmsten Schulden Seiner kaiserlichen Hoheit in Rußland waren davon bezahlt worden. Pechlin schilderte nun die pekuniäre Lage Holsteins als verzweifelt, was ihm umso leichter wurde, als ihm der Großfürst die Verwaltung ganz und gar überließ und sich selbst wenig oder gar nicht darum kümmerte, so daß Pechlin ihm einmal, die Geduld verlierend, mit bedeutungsvollem Tone sagte: »Monseigneur, es hängt von dem Herrscher ab, ob er sich mit den Angelegenheiten seines Landes abgeben will oder nicht; wenn er sich nicht damit abgibt, dann regiert das Land sich selbst, aber es regiert sich schlecht.« Pechlin war ein kleiner, sehr dicker Mensch, der eine ungeheure Perücke trug, dem es aber weder an Kenntnissen, noch an Geschicklichkeit fehlte. Sein breiter, untersetzter Körper wurde von einem gebildeten, freidenkenden Geiste bewohnt, doch warf man ihm vor, daß er zu rücksichtslos in der Wahl seiner Mittel sei. Er war einer der intimsten Vertrauten des Großkanzlers Grafen Bestuschoff, der ihn sehr hoch schätzte. Pechlin stellte nun dem Großfürsten vor, daß hören allein noch lange nicht unterhandeln sei, unterhandeln aber wäre weit entfernt von annehmen, und es stehe bei ihm, die Unterhandlungen abzubrechen, wenn er es für passend halte. Schließlich brachte man ihn doch so weit, daß er Pechlin autorisierte, die Vorschläge des dänischen Ministers anzuhören, womit die Unterhandlung eröffnet war. Im Grunde aber war sie dem Großfürsten peinlich, denn er sprach sich gegen mich darüber aus. Ich, die ich in der alten Bitterkeit des Hauses Holstein gegen Dänemark groß geworden war, der man gepredigt hatte, Graf Bestuscheff hege nur Pläne, die dem Großfürsten und mir schädlich seien, hörte von dieser Unterhandlung natürlich nur mit großer Ungeduld und Unruhe reden und suchte, so viel ich imstande war, den Großfürsten davon abzubringen. Übrigens erwähnte niemand außer ihm die Sache gegen mich, und ihm selbst empfahl man die größte Verschwiegenheit, besonders den Damen gegenüber. Diese Bemerkung bezog sich, glaube ich, auf niemand anders als auf mich. Indes man täuschte sich, denn Seine kaiserliche Hoheit hatte nichts Eiligeres zu tun, als mich davon zu benachrichtigen. Je weiter die Unterhandlung vorschritt, desto mehr war man bemüht, sie dem Großfürsten in einem günstigen und gefälligen Lichte darzustellen. Und oft sah ich ihn entzückt darüber, was er einst erhalten würde, dann aber hatte er wieder Gewissensbisse über das, was er aufgab. Sah man ihn schwanken, so verschob man die Beratungen auf eine andere Zeit und begann sie erst wieder, nachdem man eine neue Lockspeise entdeckt, welche ihm die Sache vorteilhafter erscheinen ließ.

Zu Frühlingsanfang siedelten wir in den Sommerpalast in das kleine von Peter I. gebaute Haus über, dessen Zimmer zu ebener Erde lagen. Der Steindamm und die Fontankabrücke existierten zu jener Zeit noch nicht. In diesem Hause erlebte ich eins der größten Kümmernisse, die mir während der ganzen Regierung der Kaiserin Elisabeth begegnet sind. Eines Morgens verriet man mir nämlich, die Kaiserin habe meinen alten Kammerdiener Timotheus Nevreinoff verabschiedet. Als Vorwand dieser Entlassung bediente man sich eines Streites, den er in einem Garderobezimmer mit einem Menschen gehabt, welcher uns gewöhnlich den Kaffee präsentierte. Bei diesem Zanke hatte sie der Großfürst überrascht und einen Teil der Beleidigungen, die sie sich gegenseitig an den Kopf warfen, mit angehört. Nevreinoffs Gegner hatte sich dann bei Tschoglokoff beschwert und behauptet, jener habe ihm, ohne Rücksicht auf die Anwesenheit des Großfürsten, die gröbsten Gemeinheiten gesagt. Tschoglokoff berichtete es natürlich sofort der Kaiserin, welche befahl, beide vom Hofe zu entfernen. Nevreinoff wurde nach Kasan verwiesen, wo man ihn später zum Polizeimeister machte. Der Kern der ganzen Sache aber war, daß sowohl Nevreinoff als der Lakai, besonders jedoch der erstere, uns sehr ergeben waren; man suchte daher nur nach einem Vorwand, ihn von mir zu entfernen. Er hatte alles, was ich besaß, unter seinen Händen, und nun befahl die Kaiserin, daß ein Mensch, der sein Gehilfe gewesen, und in den ich nicht das geringste Vertrauen setzte, seinen Platz einnehme.

Nach einem kurzen Aufenthalte im Hause Peters I. kehrten wir in den aus Holz gebauten Sommerpalast zurück, wo man neue Gemächer für uns eingerichtet hatte, deren eine Seite auf die Fontanka – damals noch ein schlammiger Morast – die andere auf einen elenden engen Hof gelegen war. Am Pfingstsonntag ließ mir die Kaiserin sagen, ich möchte die Gemahlin des sächsischen Gesandten, Frau von Arnheim, einladen, mit mir auszureiten. Sie war eine große, sehr wohlgebaute Dame von etwa fünf- bis sechsundzwanzig Jahren, etwas mager und nichts weniger als hübsch von Gesicht, das ganz mit Pockennarben bedeckt war. Da sie es indes verstand, sich zurecht zu machen, erschien sie von weitem gesehen mit einem gewissen Eklat und von zarter Hautfarbe. Frau von Arnheim kam um fünf Uhr nachmittags zu mir, von Kopf bis Fuß als Mann gekleidet, in einem Frack aus rotem Tuch mit goldenen Tressen und einer Weste von schwerem, grünem Stoff mit dem gleichen Besatz. Sie wußte nicht, wo mit ihrem Hut und ihren Händen zu bleiben und kam uns ziemlich linkisch vor. Da es mir bekannt war, daß die Kaiserin es nicht gern sah, wenn ich als Mann ritt, hatte ich mir einen

englischen Damensattel machen lassen und ein englisches Reitkleid angezogen von sehr reichem, hellblau-
em, silberdurchwirktem Stoff mit Kristallknöpfen, welche aufs täuschendste Diamanten glichen; mein schwar-
zes Barett war mit einem Diamantband umschlungen.
Als ich hinunterging, um mein Pferd zu besteigen, kam
Ihre Majestät in unsere Gemächer, um uns fortreiten zu
sehen. Da ich damals sehr behend und an diese Übung
gewöhnt war, sprang ich auf mein Pferd, sobald ich ihm
nahe kam, und ließ meinen Rock, der vorn offen war, zu
beiden Seiten des Pferdes hinabwallen. Wie die Kaiserin
mich mit so viel Gewandtheit und Schneidigkeit auf-
springen sah, brach sie in einen Ruf des Erstaunens aus
und rief, es sei unmöglich, besser als ich auf dem Pferde
zu sitzen. Sie fragte darauf, was für einen Sattel ich
habe, und als sie hörte, es sei ein Damensattel, erklärte
sie: »Man könnte schwören, daß sie auf einem Herren-
sattel sitzt.« Als nun die Reihe an Frau von Arnheim
kam, glänzte sie durchaus nicht mit ihrer Gewandtheit
vor den Augen Ihrer Majestät. Sie hatte sich ihr eigenes
Pferd kommen lassen, eine elende schwarze Mähre,
groß und plump, so daß alle behaupteten, es sei eines
der Deichselpferde ihres Wagens. Um es zu besteigen,
bedurfte sie einer kleinen Leiter, und dies geschah auf
eine sehr umständliche Weise, ja schließlich noch mit
Hilfe mehrerer Personen. Als sie endlich auf ihrer Mähre saß, begann diese einen Trab, der die Dame, welche
weder fest im Sattel noch in den Steigbügeln saß und
sich mit der Hand am Sattel festhielt, heftig schüttelte.
Da ich sie glücklich im Sattel wußte, ritt ich voraus und

wer konnte, folgte mir. Bald erreichte ich den Großfürsten, der immer vorausgeritten war, während Frau von Arnheim auf ihrer Mähre weit hinter uns zurückblieb. Später erzählte man mir, die Kaiserin habe laut gelacht und sei von der Reitkunst Frau von Arnheims sehr wenig erbaut gewesen. Ich glaube, Madame Tschoglokoff hat dann noch die Dame, die bald ihren Hut, bald die Steigbügel verlor, in einiger Entfernung vom Schlosse in ihren Wagen aufgenommen; wenigstens kam sie so in Katharinenhof an. Aber das Abenteuer war damit noch nicht zu Ende! Es hatte an diesem Tage bis drei Uhr nachmittags stark geregnet, so daß die offene Vorhalle des Hauses in Katharinenhof mit Wasserpfützen bedeckt war. Nachdem ich vom Pferde gestiegen und eine Weile im Saale des Hauses, wo viele Leute versammelt waren, zugebracht hatte, kam mir der Gedanke, über den Vorplatz in das Zimmer zu gehen, wo meine Damen sich aufhielten. Frau von Arnheim wollte mir folgen, konnte dies aber, da ich sehr schnell ging, nur, indem sie lief, wobei sie in eine der Pfützen trat, ausglitt und der Länge lang hinfiel – was die größte Heiterkeit bei der Menge der Zuschauer, die sich in der Vorhalle aufhielten, erregte. Sie erhob sich etwas verwirrt und schob die Schuld auf die neuen Stiefel, die sie an diesem Tag trug. Wir kehrten zu Wagen von unserm Spazierritt zurück, und sie unterhielt uns unterwegs von der Vortrefflichkeit ihres Pferdes, während wir uns fast die Lippen blutig bissen, um nicht in lautes Lachen auszubrechen. Kurz, mehrere Tage lang gab sie dem Hofe und der ganzen Stadt genügend Stoff zum Lachen. Meine Frauen behaupteten, sie sei gefallen, weil sie mich habe nachahmen wollen, ohne meine Behendigkeit zu besitzen, und selbst Madame Tschoglokoff, die sonst nicht zur Heiterkeit geneigt war, lachte noch lange Zeit nachher bis zu Tränen, wenn man sie daran erinnerte.

Aus dem Sommerpalast begaben wir uns nach Peterhof, wo wir dieses Jahr in Monplaisir wohnten, wir brachten regelmäßig einen Teil des Nachmittags bei Madame Tschoglokoff zu und unterhielten uns recht gut, da sich stets viele Leute dort einfanden. Von Monplaisir ging es nach Oranienbaum, wo wir jeden Tag, den Gott werden ließ, auf der Jagd verbrachten und bisweilen dreizehn Stunden an einem Tage auf dem Pferde saßen. Der Sommer war jedoch sehr regnerisch, und ich erinnere mich, daß ich manchesmal ganz durchnäßt nach Hause zurückkehrte. Ich trug nur Reitkleider aus Seidenkamelott, die, wenn sie dem Regen ausgesetzt waren, platzten, während die Sonne ihre Farben verdarb: folglich mußte ich unaufhörlich neue haben. Als ich daher eines Tages meinem Schneider begegnete, und er sah, wie ich ganz durchnäßt vom Pferde stieg, sagte er: »Nun wundere ich mich nicht mehr, daß ich Ihnen kaum genug Kleider machen kann.« Während dieser Zeit erfand ich auch Sättel für mich, auf denen ich sitzen konnte wie ich wollte. Sie waren mit dem englischen Haken versehen, man konnte aber auch das eine Bein überschlagen, um als Mann zu reiten. Außerdem teilte sich der Haken und ein zweiter Steigbügel senkte oder hob sich nach Belieben, wie ich es eben für passend hielt. Fragte man die Stallmeister, auf welche Art ich reite, so sagten sie dem Wunsche der Kaiserin gemäß: »Im Damensattel.« Niemals schlug ich das Bein über, wenn ich nicht genau wußte, nicht verraten zu werden; und da ich mich meiner Erfindung nicht rühmte und man mir gerne meine Vergnügungen gönnte, hatte ich niemals Unannehmlichkeiten davon. Den Großfürsten kümmerte es sehr wenig, wie ich ritt. Die Stallmeister ihrerseits fanden es weniger gefährlich für mich, wie ein Mann zu sitzen, besonders da ich fortwährend auf die Jagd ging, als auf englischen Sätteln, die sie haßten, weil sie stets einen Unfall befürchten mußten, dessen Schuld nachher ihnen beigemessen worden wäre. Im Grunde hatte ich nicht das geringste Interesse für die Jagd, aber ich ritt leidenschaftlich gern; je wilder die Bewegung, desto angenehmer war sie mir, so daß ich, wenn mein Pferd fortlief, ihm nacheilte und es zurückbrachte. Ich hatte aber auch während dieser Zeit immer ein Buch in der Tasche, und so oft ich einen freien Augenblick fand, benutzte ich ihn, um zu lesen.

Während der Jagden bemerkte ich, daß Tschoglokoff weit freundlicher wurde, besonders gegen mich. Dies ließ mich fürchten, daß er die Absicht habe, mir den Hof zu machen, was mir in keiner Beziehung angenehm war. Zunächst war sein Aeußeres nichts weniger als einnehmend: er war blond und geckenhaft, sehr stark und ebenso schwerfällig an Geist, als an Körper. Alle haßten ihn wie eine Kröte, und er war in der Tat nichts weniger als liebenswürdig. Die Eifersucht, Schlechtigkeit und Böswilligkeit seiner Frau waren ebenfalls Dinge, vor denen man sich hüten mußte, besonders ich, die keine andere Stütze hatte als mich selbst und mein Verdienst – wenn ich überhaupt ein solches besaß. Ich vermied und vereitelte daher die Nachstellungen Tschoglokoffs auf eine, wie mir scheint, sehr geschickte Weise, ohne daß er sich je wegen Mangel an Höflichkeit meinerseits hätte beschweren können. Seine Frau bemerkte dies und wußte mir Dank dafür. Später schloß sie dann große Freundschaft mit mir, zum Teil aus den eben angegebenen Gründen.

An unserem Hofe befanden sich damals zwei Kammerherren Soltikoff, die Söhne des Generaladjutanten Wasili Theodorowitsch Soltikoff, dessen Gemahlin Maria Alexejewna, geborene Galitzin und Mutter jener jungen Herren, bei der Kaiserin in hohem Ansehen stand wegen der ausgezeichneten Dienste, welche sie ihr bei ihrer Thronbesteigung geleistet, und der seltenen Treue und Ergebenheit, die sie ihr bewiesen. Der jüngere ihrer Söhne namens Sergius war seit kurzem mit einer Ehrendame der Kaiserin, Matrena Paulowna Balk, verheiratet. Sein älterer Bruder hieß Peter. Derselbe war ein Einfaltspinsel im vollsten Sinne des Wortes und hatte die stumpfsinnigste Physiognomie, die ich je gesehen: große Glotzaugen, eine Stumpfnase und einen immer halbgeöffneten Mund. Dazu war er die größte Klatschschwester und in dieser Eigenschaft den Tschoglokoffs äußerst willkommen, denen Madame Wladislawa auf Grund ihrer alten Bekanntschaft mit der Mutter dieses Blödsinnigen den Gedanken eingab, ihn mit der Prinzessin von Kurland zu vermählen. Gewiß ist, daß er anfing, ihr den Hof zu machen, ihr seine Hand anbot, ihr Jawort erhielt und seine Eltern die Bewilligung der Kaiserin nachsuchten. Das alles erfuhr der Großfürst erst bei unserer Rückkehr in die Stadt, als bereits die ganze Sache arrangiert war. Er war sehr ärgerlich darüber, schmollte mit der Prinzessin von Kurland, der es indes gelang, ich weiß nicht durch welche Entschuldigung, sich seine Zuneigung, obgleich er ihre Heirat mißbilligte, zu erhalten und lange Zeit einen gewissen Einfluß auf ihn auszuüben. Was mich betraf, so war ich über diese Heirat sehr erfreut und ließ für den zukünftigen Ehemann einen prächtigen Frack sticken. Diese Art Heiraten fanden indes damals bei Hofe erst nach der Zustimmung der Kaiserin, meist nachdem einige Jahre des Wartens verstrichen waren, statt, weil Ihre Majestät selbst den Tag der Trauung festsetzte, ihn oft lange Zeit vergaß, und wenn man sie daran erinnerte, von einem Termin zum andern verschob. So war es auch in diesem Falle. Im Herbst kehrten wir also in die Stadt zurück, und ich hatte die Genugtuung, die Prinzessin von Kurland und Soltikoff Ihrer kaiserlichen Majestät für die Erlaubnis zu ihrer Vermählung danken zu sehen. Übrigens war die Familie Soltikoff eine der ältesten und edelsten des Reichs. Sie war sogar durch die Mutter der Kaiserin Anna, eine Soltikoff, – aber aus einer andern Linie – mit dem kaiserlichen Hause verwandt, während Biron, durch die Gunst der Kaiserin Anna zum Herzog erhoben, nichts als der Sohn eines armen kurländischen Pächters gewesen war. Dieser Pächter hieß eigentlich Biren, aber die

Gunst, in der sein Sohn am russischen Hofe stand, bewirkte, daß die französische Familie Biron ihn in ihren Schoß aufnahm, wozu der Kardinal Fleury viel beitrug, der, weil er den russischen Hof zu gewinnen wünschte, die Pläne und Eitelkeit Birons, des Herzogs von Kurland, begünstigte.

Nach unserer Rückkehr in die Stadt teilte man uns mit, daß außer den schon bestimmten zwei Tagen der Woche, an denen französisches Theater war, zwei andere Tage für Maskenbälle festgesetzt seien. Dazu fügte noch der Großfürst einen für seine Konzerte, die in seinen Zimmern abgehalten wurden, und am Sonntag war gewöhnlich Cour. Einer der Maskenballtage war nur für den Hof und für diejenigen, welche die Kaiserin besonders dazu einlud, bestimmt, während der andere für alle Standespersonen bis zum Oberstenrange und für alle die, welche als Offiziere in der Garde dienten, reserviert war; zuweilen wurden auch der ganze Adel und die angesehensten Kaufleute zugelassen. Die Hofbälle überschritten nie die Zahl von 160–200, die sogenannten öffentlichen aber zählten meistens 800 Personen. Im Jahre 1744 gefiel es der Kaiserin Elisabeth einmal, bei den Hofmaskenbällen alle Männer in Frauenkleidern und alle Frauen in Männerkleidern ohne Gesichtsmaske erscheinen zu lassen. Die Männer in große Reifröcke und Frauenüberwürfe gehüllt und wie die Damen bei Hoffesten frisiert, während die Damen so, wie die Herren an solchen Tagen zu erscheinen pflegen, gekleidet waren. Den Herren waren diese Tage der Metamorphose nicht eben angenehm; die meisten waren vielmehr in der schlechtesten Stimmung, weil sie fühlten, wie häßlich sie ihr Anzug machte. Die Frauen wiederum sahen aus wie magere kleine Jungen oder wurden – besonders die älteren – durch ihre dicken und kurzen Beine nicht gerade verschönert. Nur die Kaiserin selbst erschien wirklich schön und vollkommen als Mann. Da sie groß und etwas stark war, stand ihr die männliche Kleidung vortrefflich. Sie besaß das schönste Bein, das ich je an einem Menschen gesehen und einen vollkommen proportionierten Fuß. Sie tanzte mit vollendeter Kunst und hatte in allem was sie tat eine eigenartige Grazie, gleichviel ob sie als Frau oder als Mann gekleidet war. Man hätte nie die Augen von ihr lassen mögen und wandte sie um so ungerner ab, da man keinen Gegenstand fand, der sie ersetzte. Eines Tages sah ich sie auf einem dieser Bälle Menuett tanzen. Als sie fertig war, kam sie auf mich zu, wobei ich mir die Freiheit nahm, ihr zu sagen, es wäre ein wahres Glück für die Frauen, daß sie kein Mann sei, und schon ein so von ihr gemaltes Bild würde allen den Kopf verdrehen. Sie nahm meine Bemerkung sehr wohl auf und erwiderte auf die anmutigste Weise in demselben Ton, wäre sie ein Mann, so würde sie niemand als mir den Apfel reichen. Ich verbeugte mich, um ihr auf ein so unerwartetes Kompliment die Hand zu küssen, aber sie kam mir zuvor und küßte mich, worauf die ganze Gesellschaft ausfindig zu machen suchte, was zwischen uns vorgefallen sei. Ich machte denn auch gegen Tschoglokoff kein Geheimnis daraus, der es zwei oder drei

Personen zuflüsterte, und nach etwa einer Viertelstunde wußten es alle Anwesenden.

Während des letzten Aufenthaltes in Moskau hatte Fürst Yussupoff, der Senator und Chef des Kadettenkorps, das Oberkommando der Stadt Petersburg gehabt, wo er während der Abwesenheit des Hofes zurückgeblieben war. Er hatte, teils zu seiner eigenen Unterhaltung, teils zum Vergnügen der Hauptpersonen seiner Umgebung, von den Kadetten abwechselnd die besten russischen Dramen Sumarokoffs und die französischen von Voltaire – die letzteren indes verstümmelt – aufführen lassen, und bei ihrer Rückkehr von Moskau befahl die Kaiserin, daß die Sumarokoffschen Stücke auch bei Hofe aufgeführt werden sollten. Sie fand an diesen Vorstellungen großen Gefallen und man glaubte zu bemerken, daß sie dieselben mit mehr Interesse verfolge, als man erwartet hatte. Das Theater, welches zuerst in einem Saale des Schlosses aufgebaut war, wurde bald ins Innere ihrer Gemächer verlegt; es gefiel ihr, die Schauspieler zu kostümieren, ihnen prächtige Kleider machen zu lassen und sie ganz mit ihren Juwelen zu bedecken. Vor allem bemerkte man, daß der erste Liebhaber, ein schöner junger Mensch von achtzehn bis neunzehn Jahren, wie sich von selbst verstand, am meisten geschmückt wurde; auch außerhalb des Theaters sah man an ihm Diamantschnallen, Ringe, Uhren, Spitzen und sehr feine Wäsche. Bald darauf trat er aus dem Kadettenkorps aus, und der frühere Günstling der Kaiserin, Oberjägermeister Razumowski nahm ihn sofort zu seinem Adjutanten, was ihm Kapitänsrang verlieh. Nun ergingen sich die Hofleute in Schlüssen auf ihre weise und bildeten sich ein, da Graf Razumowski den Kadetten Beketoff zu seinem Adjutanten gemacht, könne dies keinen andern Grund haben, als dem Kammerherrn Schuwaloff die Wage zu halten. Man wußte nämlich, daß letzterer mit der Familie Razumowski nicht gerade auf bestem Fuße stand, und schloß daraus, daß dieser junge Mensch anfange, große Gunst bei der Kaiserin zu genießen. Außerdem erfuhr man, daß Graf Razumowski seinen neuen Adjutanten einem seiner Ordonnanzoffiziere, Iwan Persiliowitsch Yelagin, attachiert habe, der mit einer früheren Kammerfrau der Kaiserin verheiratet war. Niemand anders als sie hatte Sorge getragen, den jungen Menschen mit der obenerwähnten Wäsche, den Spitzen zu versehen, und da sie nichts weniger als reich war, begriff man leicht, daß das Geld für einen solchen Aufwand nicht aus ihrer eigenen Tasche fließe. Keiner aber wurde durch die wachsende Gunst des jungen Mannes mehr in Unruhe versetzt, als meine Ehrendame, die Fürstin Gagarin. Sie war nicht mehr jung und sah sich nach einer ihrer Neigung entsprechenden Partie um. Sie besaß etwas Vermögen, war allerdings nicht hübsch, hatte aber viel Geist und praktische Gewandtheit. Schon zum zweiten Male begegnete es ihr, daß sie ihre Absichten auf dieselbe Person richtete, welche nachher die Gunst der Kaiserin gewann. Der erste war Schuwaloff, der zweite eben dieser Beketoff, von dem ich soeben gesprochen.

Mit der Fürstin Gagarin waren eine Menge junger und hübscher Frauen befreundet, die obendrein eine sehr zahlreiche Verwandtschaft besaßen. Letztere klagte Schuwaloff an, er sei die geheime Veranlassung, daß Ihre Majestät die Fürstin Gagarin unablässig wegen ihrer Toilette tadeln ließ und ihr sowie vielen andern jungen Damen verbot, bald diesen, bald jenen Flitter zu tragen. Hierdurch erbittert, sagten alle jungen Damen und auch die Gagarin Schuwaloff alles Schlechte nach und fingen an, ihn zu verabscheuen, obwohl sie ihm früher sehr gewogen gewesen waren. Er seinerseits glaubte sie zu versöhnen, indem er ihnen den Hof machte und Schmeichelreden sagte, was sie als neue Beleidigung auffaßten. Überall wurde er abgewiesen und schlecht empfangen, und alle jungen Damen flohen ihn wie die Pest.

Damals schenkte mir der Großfürst einen kleinen englischen Pudel, den ich mir sehr gewünscht hatte. In meinem Zimmer gab es einen Ofenheizer namens Iwan Uschakoff, und irgend jemand fiel es ein, meinen Pudel nach diesem Menschen Iwan Iwanowitsch zu nennen. Den ganzen Winter hindurch amüsierte uns das Tier auf die angenehmste Weise, und als ich ihn den Sommer darauf nach Oranienbaum mitnahm, taten alle Damen des Hofes nichts, als Kopfputze und Anzüge für meinen Pudel nähen, um den sie sich in der Tat fast rissen. Zuletzt faßte Madame Soltikoff, die Gemahlin meines Kammerherrn, eine solche Zuneigung zu ihm, daß er sich hauptsächlich an sie anschloß, und als sie fortging, weder der Pudel sie, noch sie den Hund verlassen wollte. Sie bat mich so lange, ihn doch bei ihr zu lassen, bis ich ihn ihr schenkte. Darauf nahm sie ihn unter den Arm und begab sich geradewegs nach dem Landhause ihrer Schwiegermutter, welche damals krank war. Als diese sie mit dem Hunde ankommen und tausend Possen treiben sah, wollte sie wissen, wie er hieß, und konnte, als sie seinen Namen erfuhr, nicht umhin, im Beisein mehrerer Personen vom Hofe, die sie von Peterhof aus besucht hatten, ihr Erstaunen darüber auszudrücken. Jene kehrten an den Hof zurück und nach drei oder vier Tagen waren Hof und Stadt von der Neuigkeit voll, daß alle jungen Damen, die Feindinnen Schuwaloffs, einen weißen Pudel besaßen, den sie zum Spott gegen den Günstling der Kaiserin Iwan Iwanowitsch getauft hatten und nur helle Farben tragen ließen, mit denen jener sich zu schmücken liebe. Ja, die Sache ging so weit, daß die Kaiserin den Eltern der jungen Damen sagen ließ, sie finde es impertinent, sich so etwas zu erlauben. Sofort erhielt der weiße Pudel einen andern Namen, wurde aber nach wie vor gefeiert und blieb im Soltikoffschen Hause, von seinen Herren geliebt bis an seinen Tod, trotz des gegen ihn gerichteten kaiserlichen Unwillens. Das Ganze war eine Verleumdung; denn nur dieser eine Hund hatte den Namen bekommen, und man hatte nicht an Schuwaloff gedacht, als man ihn so nannte. Was übrigens Madame Tschoglokoff betrifft, die die Schuwaloffs nicht liebte, so tat sie, als gehe sie der Name des Hundes nichts an, obgleich sie ihn fortwährend hörte und ihm selbst manche kleine Pastete gegeben hatte, wenn sie seine Späße amüsierten.

In den letzten Monaten dieses Winters während der zahlreichen Maskeraden und Hofbälle kamen auch meine früheren Kammerherren Alexander Villebois und Zacharias Czernitscheff, die als Obersten in die Armee versetzt worden waren, wieder zum Vorschein. Da sie mir sehr ergeben waren, war ich hocherfreut, sie wiederzusehen, und empfing sie in entsprechender Weise. Sie ihrerseits vernachlässigten nichts und ließen keine Gelegenheit vorübergehen, mir Beweise ihrer aufrichtigen Anhänglichkeit zu geben. Damals liebte ich den Tanz über alles und wechselte bei den öffentlichen Bällen gewöhnlich dreimal meine Toilette. Meine Kleidung war stets sehr gewählt, und wenn mein Maskenkostüm allgemein Beifall fand, so erschien ich gerade deshalb nie wieder darin, weil ich mir sagte, daß ein Anzug, wenn er einmal großen Effekt gemacht, zum zweiten Male nur einen geringen erzielen werde. Bei den Hofbällen indes, wo das Publikum nicht zugegen war, kleidete ich mich so einfach wie möglich, was die Kaiserin, die es nicht gern sah, wenn man in einem kostbaren Kostüm erschien, sehr gut aufnahm. So oft jedoch die Damen Befehl hatten, in Männerkleidern zu erscheinen, kam ich in prächtigem, ganz in Gold besticktem Anzug, oder in Toiletten vom feinsten Geschmack, und immer ging dies ohne Kritik durch, ja es gefiel sogar der Kaiserin, obgleich ich nicht sagen kann, aus welchem Grunde. Sicher aber hatte die Koketterie damals am Hofe einen so hohen Grad erreicht, daß es nur noch die Frage war, wer es am besten verstehe, die Feinheiten des Anzugs in größter Vollendung zu entfalten. So erinnere ich mich, daß es mir bei einer dieser öffentlichen Maskeraden, als alle sich die kostbarsten neuen Toiletten machen ließen, so daß ich daran zweifelte, die übrigen Damen zu übertreffen, einfiel, ein einfaches Mieder aus weißem Tuch – ich hatte damals eine sehr schlanke Taille – und einen kurzen Reifrock von demselben Stoff anzuziehen. Mein Haar, das sehr lang, sehr voll und schön war, ließ ich nach hinten herunterfallen und mit einer weißen Schleife zusammenhalten, steckte eine aufs natürlichste nachgeahmte künstliche Rose mit Knospen und Blättern hinein, eine andere befestigte ich an meinem Mieder. Um den Hals band ich eine Krause von weißem Tüll, steckte ein Paar Manschetten über, band eine Schürze von demselben Tüll um und begab mich so auf den Ball. Sowie ich eintrat, bemerkte ich sofort, daß aller Augen auf mich gerichtet waren. Ohne mich aufzuhalten, ging ich durch die Galerie in die dahinter liegenden Gemächer, wo ich der Kaiserin begegnete, die zu mir sagte: »Nein, welche Einfachheit! Wie, nicht ein einziges Schönheitspflästerchen?« Ich lachte und erwiderte: »Nur um etwas leichter gekleidet zu sein, habe ich es unterlassen, eins aufzukleben.« Da zog sie ihre Büchse mit den Schönheitspflästerchen aus der Tasche, nahm eins von mittlerer Größe heraus und legte es mir aufs Gesicht. Nachdem ich sie verlassen, kehrte ich schnell in die Galerie zurück, wo ich meinen intimsten Vertrauten das Schönheitspflästerchen zeigte. Dasselbe tat ich auch bei den Günstlingen der Kaiserin, und da ich sehr vergnügt war, tanzte ich mehr als gewöhnlich. In meinem ganzen Leben erinnere ich mich nicht, mehr Schmeicheleien gehört zu haben, als auf diesem Ball. Man sagte, ich sei schön wie der Tag und von eigentümlichem Reiz. Wenn ich indes die Wahrheit sagen soll, so habe ich mich selbst nie für schön gehalten; aber ich gefiel, und darin lag, glaube ich, meine Stärke. Sehr befriedigt über meine von mir selbst erfundene Einfachheit, während alle andern Toiletten von seltenem Reichtum waren, kehrte ich nach Hause zurück.

Unter derartigen Vergnügungen ging das Jahr 1750 zu Ende. Frau von Arnheim tanzte besser, als sie ritt. Dabei erinnere ich mich, daß es sich einmal darum handelte, zu wissen, welche von uns beiden zuerst müde werden würde, und es fand sich, daß sie es war; auf einen Sessel sitzend bekannte sie, sie könne nicht mehr, während ich noch lange weiter tanzte.

Zehntes Kapitel

Unterredung des Großfürsten mit Graf Bernis über die holsteinschen Angelegenheiten. – Man erlaubt auch mir, meine Meinung darüber zu äußern. – Die kleinen Sänger der Kaiserin. – Man verdächtigt Beketoff der Homosexualität. – Leon Narischkin wird unser Kammerherr. – Folgenschwerer Befehl der Kaiserin. – Wir richten uns unsere Gemächer auf unsere eigenen Rosten ein. – Madame Tschoglokoff wird meine Freundin. – Kindische Einfälle des Großfürsten. – Heimlicher Briefwechsel zwischen mir und Zacharias Czernitscheff.

Anfangs des Jahres 1751 kam der Großfürst, der ebenso wie ich zu dem Grafen Bernis, dem Gesandten des Wiener Hofes eine große Zuneigung gefaßt hatte, auf den Gedanken, mit ihm über die holsteinschen Angelegenheiten, die Schulden, mit denen das Land belastet, und über die Unterhandlung mit Dänemark, die mit seiner Erlaubnis begonnen worden war, zu sprechen. Eines Tages forderte er auch mich auf, mit Bernis darüber zu reden, worauf ich ihm antwortete, daß, wenn er es befehle, ich es nicht unterlassen werde. Ich näherte mich denn auch auf dem ersten Maskenball dem Grafen Bernis, als er an einer Balustrade stand, um den Tanzenden zuzusehen, und sagte ihm, der Großfürst habe mir befohlen, mit ihm über die Angelegenheit Holsteins zu sprechen. Bernis hörte mich mit großem Interesse und viel Aufmerksamkeit an. Offen und ehrlich gestand ich ihm, daß, da ich jung sei und niemand habe, der mir rate, da ich mich außerdem vielleicht schlecht auf Politik verstehe und keinerlei Erfahrung besitze, meine Ideen und Ansichten ganz mir gehörten. Wohl entbehrten sie der Kenntnis vieler Tatsachen, doch zunächst scheine es mir, daß die Lage Holsteins nicht so verzweifelt sei, als man sie darzustellen versuche. Was den Austausch beträfe, so sähe ich sehr wohl ein, daß derselbe von großem Nutzen sowohl für Rußland als auch für die Person des Großfürsten selbst sein könne. Als Erbe des Thrones aber müsse ihm das Interesse des Reiches teurer sein; und wenn es für dieses Interesse notwendig sei, Holstein abzutreten, um den fortwährenden Streitigkeiten mit Dänemark ein Ende zu machen, so würde es sich in bezug auf Holstein nur um den günstigsten Moment handeln, wann der Großfürst seine Zustimmung gäbe. Mir scheine es aber, daß dieser Augenblick noch nicht gekommen sei, weder für das Interesse noch für den persönlichen Ruhm des Großfürsten.

Es könne jedoch eine Zeit kommen, wo die Umstände diesen Akt weit bedeutsamer und ruhmvoller für ihn, und für Rußland vielleicht vorteilhafter gestalteten; augenblicklich indes habe das Ganze ein offenbares Gepräge der Intrige, deren Gelingen auf den Großfürsten einen Schein von Schwäche werfen müsse, von dem er sich vielleicht nie in der öffentlichen Meinung wieder rehabilitieren könne. Es seien sozusagen erst wenige Tage, seit er die Regierung des Landes in Händen habe; er liebe dieses Land leidenschaftlich, und trotzdem wäre man schon dahin gelangt, ihn, ohne daß er selbst eigentlich wisse, warum, zum Austausch mit Oldenburg zu überreden, das ihm ganz unbekannt und viel weiter von Rußland entfernt sei, während der Hafen von Kiel in den Händen des Großfürsten für die russische Schiffahrt wichtig werden könne. Graf Bernis ging auf alle meine Einwände ein und sagte zuletzt: »Als Gesandter habe ich keine Instruktionen über diesen Gegenstand, aber als Graf Bernis glaube ich, daß Sie recht haben.« Später teilte mir dann der Großfürst mit, der Gesandte habe ihm bemerkt: »Alles, was ich Ihnen über diese Sache sagen kann, ist, daß ich glaube, daß Ihre Gemahlin recht hat und Sie gut tun würden, ihren Rat anzunehmen.« Infolgedessen war der Großfürst sehr gegen die Unterhandlungen abgekühlt; man bemerkte dies und fing an, seltener mit ihm davon zu sprechen.

Nach dem Osterfeste bezogen wir wie gewöhnlich den Sommerpalast von Peterhof, wo indes unser Aufenthalt von Jahr zu Jahr kürzer wurde. In diesem Jahre ereignete sich dort ein besonderer Vorfall, welcher den

Hofleuten viel Stoff zum Schwatzen gab. Er entsprang aus den Intrigen der beiden Herren Schuwaloff. Oberst Beketoff, von dem ich bereits gesprochen, und der zur Zeit seiner Begünstigung vor Langeweile nicht wußte, was er tun sollte, kam nämlich auf den Einfall, die kleinen Sänger der Kaiserin bei sich singen zu lassen. Wegen der Schönheit ihrer Stimmen faßte er zu mehreren eine große Zuneigung, und da er selbst und sein Freund Yelagin Verse machten, dichteten sie Lieder, welche die Knaben sangen. Diese Beziehungen Beketoffs zu den Knaben legte man indes auf die schändlichste Weise aus, weil man wußte, daß die Kaiserin nichts mehr verabscheute, als Laster dieser Art. Beketoff ging in der Unschuld seines Herzens mit den Kindern im Garten spazieren, was man ihm als Verbrechen anrechnete. Kurz darauf begab sich die Kaiserin auf einige Tage nach Zarskoje Selo und kehrte dann nach Peterhof zurück, während Beketoff, angeblich wegen Krankheit, in Zarskoje Selo zurückgelassen wurde. In der Tat blieb er einige Zeit mit Nelagin dort, erkrankte an einem gefährlichen Fieber, an dem er zu sterben drohte, und träumte in seinen Phantasien nur von der Kaiserin, mit der er sich aufs ernsthafteste beschäftigte. Endlich erholte er sich, blieb aber in Ungnade und entfernte sich vom Hofe. Hierauf wurde er in die Armee versetzt, wo er indes keinen Erfolg hatte, denn er war für das Kriegshandwerk ein zu verweichlichter Mensch.

Um dieselbe Zeit begaben wir uns nach Oranienbaum, wo jeden Tag Jagden stattfanden, und zu Anfang des Herbstes, im September, kehrten wir wieder in die

Stadt zurück. Damals ernannte die Kaiserin Leon Narischkin zum Kammerkavalier an unserm Hofe. Er war soeben mit seiner Mutter, seinem Bruder, dessen Frau und seinen drei Schwestern aus Moskau eingetroffen. Narischkin war einer der sonderbarsten Menschen, die ich je gekannt, und nie habe ich mehr über jemand gelacht, als über ihn. Er war der geborene Hanswurst, und wäre er nicht durch seine Geburt gewesen was er war, so hätte er sich durch seine wirklich komischen Talente ernähren und reich werden können. Es fehlte ihm dabei durchaus nicht an Geist; er hatte von allem reden hören und alles nahm in seinem Kopfe eine eigentümliche Gestalt an. Er war imstande, über irgend eine Kunst oder Wissenschaft Vorlesungen zu halten, gebrauchte technische Ausdrücke und sprach eine Viertelstunde, oder noch länger – und zuletzt verstand weder er selbst noch irgend ein anderer etwas von den zusammengeflickten Worten, die seinem Munde entströmten, bis endlich alle in lautes Lachen ausbrachen. Von der Geschichte sagte er z. B., er liebe die Geschichte nicht, in der Geschichten vorkämen, und eine gute Geschichte müsse frei sein von Geschichten, die Geschichte werde sonst zum Phöbus. Auch über Politik sprach er unnachahmlich, und wenn er davon anfing, konnte auch der Ernsthafteste nicht widerstehen. Auch behauptete er, daß gut geschriebene Lustspiele meistens langweilig seien.

Kaum war er bei Hofe angestellt, als die Kaiserin seiner älteren Schwester befahl, sich mit einem gewissen Siniawin zu vermählen, der aus diesem Grunde uns als Kammerkavalier beigegeben wurde. Dieser Befehl traf das junge Mädchen wie der Blitz, denn sie heiratete diesen Menschen nur mit dem größten Widerwillen. Auch das Publikum nahm jene Heirat schlecht auf, deren ganze Schuld Schuwaloff trug, der Günstling der Kaiserin, der vor seiner Begünstigung eine zärtliche Neigung für das Fräulein gehabt. Man behauptete, sie werde zu einer so schlechten Partie gezwungen, damit er sie aus dem Gesicht verliere. Es war dies eine wahrhaft tyrannische Tat; kurz, sie heiratete ihn, wurde schwindsüchtig und starb.

Ende September bezogen wir den Winterpalast. Der Hof litt damals so großen Mangel an Möbeln, daß dieselben Spiegel, Betten, Stühle, Tische und Kommoden, die wir im Winterpalast gebrauchten, uns in den Sommerpalast und von dort nach Petersburg, ja selbst nach Moskau folgten. Während des Transports wurde natürlich eine große Anzahl zerstoßen und zerbrochen, aber trotzdem gab man sie uns, so daß es fast unmöglich war, sie zu benutzen. Da man jedoch eines besonderen Befehls der Kaiserin bedurfte, um andere zu erhalten, und die Kaiserin meist schwer zugänglich oder völlig unzugänglich war, so entschloß ich mich, nach und nach Kommoden und die unentbehrlichsten Möbel sowohl für den Winter- als für den Sommerpalast von meinem eigenen Gelde zu kaufen, wenn ich dann von einem Schloß ins andere übersiedelte, fand ich alles was ich brauchte ohne Mühe und ohne die Nachteile des Transportes vor. Dies gefiel auch dem Großfürsten, und er tat für sein Zimmer dasselbe. In Oranienbaum, das dem

Großfürsten gehörte, richteten wir sogar alles auf unsere Kosten ein. Um aber jeden Streit und jede Schwierigkeit zu vermeiden – denn Seine kaiserliche Hoheit, obschon sehr verschwenderisch in der Befriedigung seiner eigenen Launen, war dies durchaus nicht in allem, was mich betraf, und im allgemeinen nichts weniger als freigebig – möblierte ich mein Zimmer ganz und gar auf meine eigenen Kosten aus, was ihn ausnehmend befriedigte.

Im Laufe des Sommers faßte Madame Tschoglokoff eine so große und wahrhafte Zuneigung zu mir, daß sie nach unserer Rückkehr in die Stadt nicht ohne mich leben mochte und sich langweilte, wenn ich nicht in ihrer Nähe war. Der Grund dieser Zuneigung lag darin, daß ich die Aufmerksamkeiten ihres Herrn Gemahls nicht im geringsten erwiderte, was mir in den Augen seiner Frau ein ganz besonderes Verdienst verschaffte. Sie empfing damals wenig Gesellschaft, immerhin aber mehr als ich, die ich meist allein mit Lesen beschäftigt war, d.h., wenn der Großfürst nicht hereinkam, um mit großen Schritten im Zimmer auf und ab zu gehen und mit mir von Dingen zu reden, die wohl ihn interessierten, für mich aber nicht das geringste Interesse hatten. Sein Auf- und Abgehen dauerte gewöhnlich ein bis zwei Stunden und wiederholte sich mehrmals am Tage, während ich an seiner Seite bleiben, ihm aufmerksam zuhören und antworten mußte, bis meine Kräfte erschöpft waren. Und seine Bemerkungen hatten meist weder Hand noch Fuß, häufig waren sie weiter nichts als kindische Einfälle. So erinnere ich mich, daß er während eines ganzen Winters mit dem Plane beschäftigt war,

178

bei Oranienbaum ein Lusthaus in Form eines Kapuzinerklosters bauen zu lassen, in welchem er, ich, sowie sein ganzer Hof Kapuzinerkutten tragen sollten. Er fand diese Art von Anzug reizend und bequem. Jeder sollte einen Esel haben, und sollte abwechselnd diesen Esel austreiben, um Wasser und Lebensmittel in das sogenannte Kloster zu schaffen. Dabei schüttelte er sich vor Lachen über die herrlichen, amüsanten Wirkungen, welche seine Erfindung hervorbringen würde. Dann forderte er mich auf, eine Bleistiftskizze dieses schönen Werkes zu entwerfen, und jeden Tag mußte ich etwas hinzufügen oder verändern. So entschlossen ich nun auch war, gefällig und geduldig gegen ihn zu sein, so gestehe ich doch offen, daß ich oft vor Langeweile bei seinen Besuchen, Promenaden und Unterhaltungen beinahe umkam, denn diese waren von einer Abgeschmacktheit, wie ich nie etwas Aehnliches erlebt habe, wenn er fort war, schien mir das langweiligste Buch die köstlichste Unterhaltung.

Mit dem Herbste begannen auch die Hofbälle und öffentlichen Bälle, die Auswahl der Toiletten und Maskenanzüge wieder bei Hofe. Graf Zacharias Czernitscheff kehrte nach Petersburg zurück. Da ich auf Grund unserer alten Bekanntschaft immer sehr freundlich mit ihm verkehrte, hing es nur von mir ab, seine Aufmerksamkeiten diesmal zu deuten, wie es mir gefiel. Er debütierte damit, mir zu sagen, er finde, ich sei viel schöner geworden. Es war das erstemal in meinem Leben, daß mir jemand so etwas sagte, und es schmeichelte mir nicht wenig. Ja, ich tat mehr, ich besaß sogar die Gutmütigkeit, zu glauben, daß er die Wahrheit sage. Bei jedem Ball machte er neue Bemerkungen derselben Art. Eines Tages brachte mir die Fürstin Gagarin eine Devise von ihm, der ich, als ich sie erbrach, es ansah, daß sie geöffnet und wieder geschlossen worden war. Der Zettel war wie gewöhnlich gedruckt, enthielt aber zwei sehr zärtliche, sehr gefühlvolle Verse. Nach dem Diner ließ ich mir ebenfalls verschiedene solcher Devisen bringen, suchte nach einem Spruch, welcher, ohne mich zu kompromittieren, auf jenen antwortete und fand bald einen solchen. Diesen steckte ich in eine eine Orange darstellende Devise und gab dieselbe der Fürstin Gagarin, welche sie dem Grafen Czernitscheff einhändigte. Am folgenden Tag brachte sie mir wieder eine von ihm, aber diesmal fand ich darin ein Billett mit einigen Zeilen von seiner Hand. Ich antwortete sofort, und auf diese Weise befanden wir uns plötzlich mitten in einer ganz regelmäßigen, ganz sentimentalen Korrespondenz. Als er beim nächsten Maskenball mit mir tanzte, flüsterte er mir ins Ohr, er habe mir tausend Dinge zu sagen, die er weder dem Papier anvertrauen noch in eine Devise stecken könne, welche die Fürstin Gagarin vielleicht in ihrer Tasche zerbräche oder unterwegs verlöre. Er bitte mich daher, ihm in meinem Zimmer, oder wo ich es sonst für passend halte, einen Augenblick Gehör zu schenken. Aber ich erwiderte ihm, dies sei ganz unmöglich, weil meine Zimmer unzugänglich wären und ich sie ebensowenig verlassen könne. Darauf sagte er, er wolle sich, wenn es nötig sei, als Bedienter verkleiden, aber dies schlug ich ihm rund ab, und es blieb bei unserer in Devisen versteckten Korrespondenz. Schließlich aber ahnte die Fürstin Gagarin unser Geheimnis, grollte mir, daß ich sie als Überbringerin benutzte und wollte keine Devisen mehr befördern.

Elftes Kapitel

Verunglückte Rutschpartie. – Intrige Madame Tschoglokoffs. – Sergius Soltikoff erscheint häufiger als nötig bei Hofe. – Man täuscht Tschoglokoff auf seine Weise. – Sergius Soltikoff erklärt mir seine Liebe. – Aufenthalt mit ihm auf der Insel Tschoglokoffs. – Der Großfürst ahnt unser Verhältnis. – Er selbst ist in Fräulein Schastroff verliebt. – Aufenthalt in Oranienbaum. – Die Kaiserin lädt uns nach Kronstadt ein. – Ihre Besorgnis um uns. – Rückkehr nach Oranienbaum. – Die Malerswitwe. – Abbruch der Unterhandlungen mit Dänemark. – Soltikoff läßt in seinem Benehmen gegen mich nach. – Anzeichen von Schwangerschaft.

So endete das Jahr 1751 und das folgende begann. Am Schlusse des Karnevals reiste Graf Czernitscheff zu seinem Regimente zurück. Einige Tage vor seiner Abreise – es war an einem Sonnabend – mußte mir zur Ader gelassen werden. Am Mittwoch darauf lud Tschoglokoff uns nach seiner an der Newamündung gelegenen Insel ein, wo er ein Haus mit einem Saal in der Mitte und mehreren Zimmern an beiden Seiten besaß. Neben diesem Hause hatte er verschiedene Rutschbahnen einrichten lassen. Bei meiner Ankunft fand ich den Grafen Woronzow dort, der, als er mich sah, ausrief: »Ah! ich werde Sie fahren; ich habe nämlich einen prächtigen kleinen Schlitten für die Rutschbahn machen lassen.« Da er mich schon oft vorher gefahren hatte, nahm ich sein Anerbieten freudig an, und er ließ sogleich seinen Schlitten bringen. Darin befand sich ein kleiner Sessel, auf den ich mich setzte, während er sich hintenauf stellte; so glitten wir hinab. Allein in der Mitte des Abhanges war Graf Woronzow nicht mehr Herr des kleinen Fahrzeugs, der Schlitten stürzte um, ich fiel heraus, und Graf Woronzow mit seinem sehr schweren und ungeschickten Körper auf mich oder vielmehr auf meinen linken Arm, an welchem mir vor vier Tagen zur Ader gelassen worden war. Wir erhoben uns und begaben uns zu Fuß nach einem Hofschlitten, welcher auf die Niedergleitenden wartete, um sie wieder nach dem Abfahrtspunkte zurückzubringen. Als ich aber mit der Fürstin Gagarin, die mir mit Graf Iwan Czernitscheff gefolgt war, in diesem Schlitten saß, während dieser und Woronzow hintenauf standen, fühlte ich in meinem linken Arm eine brennende Hitze, deren Ursache ich mir nicht erklären konnte. Ich faßte sofort mit der rechten Hand in den Aermel meines Pelzes, um zu sehen, was es wäre, und als ich die Hand wieder herauszog, war diese ganz mit Blut bedeckt. Ich sagte den beiden Herren und der Fürstin, mir scheine, meine Ader sei aufgesprungen, denn das Blut fließe heraus. Sofort ließen sie den Schlitten schneller fahren, und statt nach der Rutschbahn begaben wir uns nach Hause. Dort fanden wir niemand als einen Tafeldecker. Ich legte meinen Pelz ab, der Tafeldecker gab uns Essig, und Graf Czernitscheff übernahm das Amt des Chirurgen. Darauf verabredeten wir uns, zu keinem Menschen über dieses Abenteuer zu sprechen, und nachdem mein Arm verbunden war, kehrten wir alle zur Rutschbahn zurück. Den Rest des Abends tanzte ich, soupierte und kam erst sehr spät nach Hause, ohne daß jemand ahnte, was mir begegnet war. Doch schmerzte mich jene Stelle am Arm fast einen Monat lang; allein auch dies verlor sich allmählich.

Während der Fastenzeit hatte ich einen heftigen Zwist mit Madame Tschoglokoff, und zwar aus folgenden Gründen. Meine Mutter lebte seit einiger Zeit in Paris. Der älteste Sohn des Generals Iwan Feodorowitsch Gleboff, welcher eben von dort zurückkehrte, überbrachte mir von ihr zwei Stücke sehr reichen und schönen Stoffes. Als ich sie im Beisein Skurins, der sie in meinem Toilettezimmer ausbreitete, ansah, entfuhr mir die Bemerkung, sie seien so schön, daß ich mich versucht fühlte, sie der Kaiserin anzubieten. Und wirklich wartete ich nur auf einen günstigen Augenblick, um mit Ihrer Majestät, die ich nur sehr selten und noch dazu meist bei öffentlichen Gelegenheiten sah, darüber zu sprechen. Da es ein Geschenk sein sollte, welches ich ihr selbst zu geben mir vorbehielt, erwähnte ich meine Absicht auch mit keinem Worte gegen Madame Tschoglokoff und verbot auch Skurin, jemand wiederzusagen, was mir in seinem Beisein entschlüpft war. Er jedoch hatte nichts Eiligeres zu tun, als es Madame Tschoglokoff schleunigst zu hinterbringen. Einige Tage darauf trat sie eines schönen Morgens zu mir ins Zimmer und sagte, die Kaiserin lasse mir für meine Stoffe danken, sie habe einen davon behalten und den andern schicke sie mir zurück. Ich fiel wie aus den Wolken als ich dies hörte und erwiderte: »Wie soll ich das verstehn?« Madame Tschoglokoff antwortete, da sie gehört, daß ich meine Stoffe für Ihre kaiserliche Majestät bestimmt habe, hätte sie sie gleich der Kaiserin überreicht. Im ersten Augenblick wurde ich so zornig, wie ich mich nicht besinne, je gewesen zu sein. Ich stammelte – kaum vermochte ich zu sprechen – und sagte der Tschoglokoff, ich hätte mir ein besonderes Vergnügen daraus machen wollen, der Kaiserin die Stoffe zu überreichen, und nun beraube sie mich desselben, indem sie meine Stoffe ohne mein Wissen Ihrer kaiserlichen Majestät überbringe. Sie könne doch meine Absichten nicht kennen, da ich nicht mit ihr davon gesprochen, und wenn sie davon wisse, so sei dies nur durch den Mund eines Domestiken, der seine Herrin verrate, die ihn täglich mit Wohlwollen überhäufe. Madame Tschoglokoff, die stets ihre eigenen Gründe hatte, behauptete, da es mir nicht gestattet sei, über irgend etwas selber mit der Kaiserin zu reden, habe sie mir den betreffenden Befehl der Kaiserin kundgetan, und meine Diener seien verpflichtet, alles, was ich sage, ihr zu hinterbringen: jener Mensch also habe nur seine Pflicht erfüllt und sie die ihrige, wenn sie ohne mein Wissen die von mir für die Kaiserin bestimmten Stoffe Ihrer Majestät überbracht habe. Alles sei ganz in der Ordnung. Ich ließ sie reden, weil mich der Zorn stumm machte. Endlich entfernte sie sich. Als sie fort war, begab ich mich in ein kleines Vorzimmer, wo sich gewöhnlich Skurin am Morgen aufhielt und wo sich meine Garderobe befand. Ich gab ihm eine derbe Ohrfeige und sagte, er sei ein Verräter und der undankbarste Mensch, da er Madame Tschoglokoff hinterbracht, wovon ich ihm zu sprechen verboten habe. Während ich ihn mit Wohltaten überhäufe, verrate er selbst meine unschuldigsten Worte; allein von diesem Tage an werde ich nichts mehr für ihn tun, sondern ihn fortjagen und ausprügeln lassen. Was er sich denn von seinem Verhalten verspreche? fragte ich ihn, denn ich bleibe immer was ich sei, während die Tschoglokoffs, gehaßt und verabscheut von allen, wie sie wären, schließlich selbst durch die Kaiserin weggejagt würden, die früher oder später gewiß ihre Dummheit und Unfähigkeit für die Stellung, welche sie nur durch die Intrige eines bösen Menschen erlangt, erkennen werde. Wenn er wolle, könne er ja gehen und wiedererzählen, was ich gesagt; für mich würde dies sicherlich keine Folgen haben, aber was für ihn selbst daraus entstehe, werde er schon sehen. Bitterlich weinend stürzte mein Diener vor mir auf die Knie und bat mich mit aufrichtiger Reue um Verzeihung. Dies rührte mich und ich antwortete, nur sein künftiges Betragen werde mir den Weg weisen, den ich hinsichtlich seiner einzuschlagen habe, und daß meine Handlungen von den seinigen abhingen. Und da er ein intelligenter Bursche war, dem es nicht an Verstand fehlte, so hat er später nie sein Wort gegen mich gebrochen; im Gegenteil, ich erhielt stets

Beweise des größten Eifers und der wahrhaftesten Treue von ihm, selbst unter den schwierigsten Umständen. Indes beklagte ich mich so viel ich nur konnte bei jedermann über den Streich, den Madame Tschoglokoff mir gespielt, damit die Sache zu den Ohren der Kaiserin gelange. Diese dankte mir allerdings nur für meine Stoffe, als ich sie sah, aber aus dritter Hand erfuhr ich, daß sie die Art, auf welche die Tschoglokoff verfahren, äußerst mißbilligte; und dabei blieb es.

Nach dem Osterfeste bezogen wir den Sommerpalast. Schon seit einiger Zeit bemerkte ich, daß der Kammerherr Sergius Soltikoff sich häufiger als gewöhnlich bei Hofe sehen ließ. Er kam stets in Begleitung Leon Narischkins, der alle durch seine schon oben geschilderte Originalität ergötzte. Die Fürstin Gagarin, welche ich sehr gern hatte und die sogar meine Vertraute war, konnte Sergius Soltikoff nicht ausstehen, der sich soviel als möglich bei den Tschoglokoffs einzuschmeicheln suchte. Da diese nun weder liebenswürdig, noch geistreich, noch unterhaltend waren, mußten wohl hinter seinen Bemühungen besondere Absichten verborgen liegen, Madame Tschoglokoff war damals gerade guter Hoffnung und daher oft unpäßlich. Da sie aber behauptete, ich unterhalte sie stets so vorzüglich, wünschte sie, mich so oft als möglich bei sich zu sehen. Auch Sergius Soltikoff, Leon Narischkin, die Fürstin Gagarin und noch viele andere besuchten sie gewöhnlich, wenn kein Konzert beim Großfürsten oder kein Theater bei Hofe war. Zu jener Zeit fand Sergius ein eigentümliches Mittel, Tschoglokoff, den die Konzerte des Großfürsten schrecklich langweilten, obgleich er nie verfehlte, dabei zu sein, zu beschäftigen. Ich weiß nicht, auf welche Weise er in dem schwerfälligen, aller Phantasie und alles Geistes baren Menschen eine leidenschaftliche Neigung zum Verfertigen von Versen zu wecken vermochte, die übrigens ohne Sinn und Verstand waren. Nachdem wir dies entdeckt hatten, baten wir Tschoglokoff jedesmal, wenn wir ihn los sein wollten, ein neues Gedicht zu machen. Dann setzte er sich bereitwilligst in eine Ecke des Zimmers, meist in die Nähe des Ofens, und beschäftigte sich mit der Abfassung des Gedichtes, was den ganzen Abend ausfüllte. Man war darüber entzückt und ermunterte ihn fortwährend zu neuen Leistungen. Leon Narischkin setzte dann seine Lieder in Musik und sang sie mit ihm. Unterdessen konnten wir uns ungestört unterhalten und sagen, was wir wollten. Ich besaß einen dicken Band von diesen Gedichten, weiß aber nicht, was daraus geworden ist.

Bei einem jener Konzerte ließ Sergius Soltikoff durchblicken, was die Ursache seiner Aufmerksamkeiten gegen mich war. Ich antwortete ihm zuerst nicht, als er aber immer wieder über denselben Gegenstand zu sprechen begann, fragte ich ihn, was er sich denn eigentlich davon verspreche? Darauf entwarf er ein ebenso glänzendes als leidenschaftliches Bild des höchsten Glückes. Ich erwiderte: »Und Ihre Frau, die Sie erst vor zwei Jahren aus Leidenschaft geheiratet und in die Sie, wie man sagt, bis zum Wahnsinn verliebt sind, ein Gefühl, welches sie mit gleicher Glut erwidert, was wird sie dazu sagen?« Hierauf bemerkte er nur: nicht alles sei Gold, was glänze, und er büße schwer für einen Augenblick der Verblendung. Ich tat dennoch, was in meinen Kräften stand, ihn auf andere Gedanken zu bringen; gutmütig, wie ich war, glaubte ich, daß mir dies gelinge – er tat mir leid. Schließlich aber erhörte ich ihn doch. Er war schön wie der Tag, und niemand kam ihm an dem großen Hofs der Kaiserin, geschweige denn an unserm kleinen gleich. Es fehlte ihm weder an Geist, noch an jener Gewandtheit in Kenntnissen, Benehmen und Rücksichten, welche die große Welt, besonders aber das Hofleben, verleiht. Er war sechsundzwanzig Jahre alt; kurz, Geburt und manche andere Eigenschaften machten ihn zu einem glänzenden Kavalier. Seine Fehler wußte er geschickt zu verbergen, deren größte seine Neigung zur Intrige und sein Mangel an Grundsätzen waren. Doch noch während des ganzen Frühlings und eines Teils des Sommers widerstand ich seinem Drängen, und obgleich ich ihn fast täglich sah, änderte ich mein Benehmen gegen ihn nicht. Ich verkehrte mit ihm, wie mit einem jeden, sah ihn nur in Gegenwart des Hofes oder wenigstens mehrerer Personen meiner Umgebung. Eines Tages kam mir sogar der Gedanke, mich seiner endlich zu entledigen, indem ich ihm kurzweg sagte, er komme übel an, und hinzufügte: »Was wissen Sie denn? Vielleicht gehört mein Herz schon einem andern?« Aber diese Worte, statt ihn zu entmutigen, bewirkten gerade das Gegenteil, und er wurde immer leidenschaftlicher. Von meinem lieben Gemahl war bei alledem nie die Rede, weil es eine ausgemachte Sache war, daß selbst die, in welche er verliebt war, ihn nicht liebenswert fanden; und verliebt war er fortwährend, ja er machte sozusagen allen Frauen den Hof; nur die, welche seinen Namen trug, war von seiner Beachtung ausgeschlossen.

Um diese Zeit lud uns Tschoglokoff zu einer Jagd auf seine Insel ein. Wir begaben uns in einer Schaluppe dorthin; unsere Pferde hatten wir vorausgeschickt. Gleich nach unserer Ankunft bestieg ich das meinige, um die Hunde abzuholen. Da paßte Sergius den Augenblick ab, wo die andern mit der Verfolgung der Hasen beschäftigt waren, um sich mir zu nähern und mich von seinem Lieblingsthema zu unterhalten. Aufmerksamer als gewöhnlich hörte ich ihm diesmal zu, während er mir die Grundzüge des Planes, den er sich ausgedacht, um wie er sagte, das Glück in ein tiefes Geheimnis zu hüllen, in den glühendsten Farben schilderte. Ich schwieg, und er machte sich mein Schweigen zunutze, um mir zu versichern, daß er mich leidenschaftlich liebe, und mich zu bitten, ich solle ihm zu glauben gestatten, daß er mir wenigstens nicht gleichgültig sei. Darauf erwiderte ich, ich könne ihn nicht hindern, sich seinen Phantasien hinzugeben. Endlich stellte er Vergleiche zwischen sich und andern Personen des Hofes an und drängte mich zu dem Geständnis, daß er gewiß diesen vorzuziehen sei, woraus er dann schloß, ich bevorzuge ihn wirklich. Ich lachte über seine Anmaßung, aber im Grunde meines Herzens mußte ich mir gestehen, daß er mir sehr gefalle. Nachdem wir uns anderthalb Stunden lang auf diese Weise unterhalten, forderte ich ihn auf, sich zu entfernen, weil ein so langes Gespräch Verdacht erregen könne. Er aber entgegnete, er werde sich nicht früher entfernen, als bis ich ihm gesagt, daß er mir gefalle, worauf ich antwortete: »Ja, ja, aber gehen Sie!« »Ich werde es mir gesagt sein lassen!« rief er und gab seinem Pferde die Sporen, doch ich entgegnete schnell: »Nein, nein!« und er wiederholte: »Ja, ja!« So trennten wir uns.

Nach dem Hause Tschoglokoff zurückgekehrt gingen wir sogleich zum Souper. Während desselben erhob sich ein heftiger Sturm, der die Wellen des Meeres so hoch peitschte, daß sie die Treppenstufen des Hauses umspülten, und die ganze Insel mehrere Fuß tief unter Wasser stand. Wir waren daher genötigt, auf der Besitzung Tschoglokoffs zu bleiben, bis Sturm und Wellen sich gelegt hatten, was erst gegen Morgen zwischen zwei und drei Uhr eintrat. Während dieser Zeit sagte mir Sergius unter andern Bemerkungen dieser Art, der Himmel sogar begünstige ihn heute und ließe ihn länger als sonst meinen Anblick genießen. Er hielt sich schon für überaus glücklich. Ich dagegen war es nicht. Tausend Befürchtungen quälten meinen Geist, und meiner eigenen Empfindung zufolge war ich an jenem Tage mürrisch und unzufrieden mit mir selbst. Ich hatte geglaubt, seine Gedanken so wie die meinigen lenken und meistern zu können, aber wie bald mußte ich einsehen, daß dies sehr schwer, wo nicht ganz unmöglich war.

Zwei Tage später teilte mir Sergius Soltikoff mit, ein Kammerdiener des Großfürsten, ein Franzose namens

Bresson, habe ihm erzählt, Seine kaiserliche Hoheit hätte geäußert: »Sergius Soltikoff und meine Frau täuschen Tschoglokoff, machen ihn glauben was sie wollen und lachen dann über ihn.« Und an dieser Bemerkung des Großfürsten war in der Tat etwas Wahres. Ich riet daher Sergius, künftig etwas vorsichtiger zu sein. Einige Tage darauf bekam ich eine schlimme Halsentzündung mit starkem Fieber, die drei Wochen dauerte. Während dieser Zeit schickte die Kaiserin die Fürstin Kurakin zu mir, die ich zu ihrer damals stattfindenden Vermählung mit dem Fürsten Labanoff schmücken sollte. Sie setzte sich zu diesem Zweck im Brautkleide mit großem Reifrock auf den Rand meines Bettes und ich versuchte, so gut ich konnte, ihren Haarputz zu vollenden. Da aber Madame Tschoglokoff sah, daß ich es nicht imstande war, forderte sie die Dame auf, mein Bett zu verlassen und beendete selbst die Frisur.

Der Großfürst war damals in Fräulein Marta Isajewna Schasiroff verliebt, welche mir die Kaiserin vor kurzem zugleich mit ihrer älteren Schwester Anna Isajewna beigegeben hatte. Sergius Soltikoff, ein Dämon in Intrigen, ließ sich mit den beiden Damen ein, um zu erfahren, was der Großfürst zu den beiden Schwestern über ihn sage, was er sich dann zunutze zu machen gedachte. Die Mädchen waren arm, ziemlich einfältig, sehr interessiert und wurden wirklich nach kurzer Zeit äußerst vertraut mit ihm.

Unterdessen gingen wir nach Oranienbaum, wo ich wieder täglich ausritt und mit Ausnahme der Sonntage nur Männerkleider trug. Tschoglokoff und seine Frau waren sanft wie die Lämmer geworden. In Madames Augen besaß ich ein neues Verdienst: ich liebte nämlich eins ihrer Kinder sehr, liebkoste es oft, machte ihm Kleider und schenkte ihm Gott weiß was für Spielzeug und allerlei Tand. Die Mutter war in den Knaben rein vernarrt, der indes später ein Taugenichts wurde und sich wegen seiner Streiche eine fünfzehnjährige Festungshaft zuzog. Sergius Soltikoff war der Freund, Vertraute und Ratgeber der Tschoglokoffs geworden. Wie aber konnte ein Mensch, der gesunden Menschenverstand hatte, sich der Qual unterwerfen, das unsinnige Geschwätz von zwei hochmütigen, anmaßenden und egoistischen Narren den ganzen Tag lang anzuhören, ohne daß er ein großes Interesse dabei gehabt hätte? man ahnte, man setzte voraus, was ihn dazu bewog, und das Gerücht gelangte nach Peterhof zu den Ohren der Kaiserin. Nun geschah es damals sehr häufig, daß Ihre Majestät, wenn sie Lust hatte zu schelten, nicht immer ihren Zorn direkt gegen das richtete, was ihn mit Recht hätte erregen können, sondern den Vorwand dazu von einer Seite hernahm, von der man es am wenigsten erwartete. In Oranienbaum war unser ganzer Hof, Herren sowohl wie Damen, übereingekommen, sich für den Sommer Anzüge von derselben Farbe machen zu lassen, oben grau und unten blau, mit einer Jacke aus schwarzem Samt und ohne jegliche Garnitur. Eine solche Gleichförmigkeit war uns in mehr als einer Hinsicht bequem. Und diese Kleidung mußte diesmal herhalten! Besonders aber klammerte man sich an die Tatsache, daß ich stets im Reitkleide gehe und in Peterhof als Herr reite. Endlich, an einem Galatage, sagte die Kaiserin zu Madame Tschoglokoff, nur diese Art des Reitens sei schuld, daß ich keine Kinder bekomme, und mein Anzug wäre unschicklich; wenn sie reite, so wechsele sie ihre Kleidung. Darauf erwiderte Madame Tschoglokoff, daß ich keine Kinder bekäme, sei eine ganz andere Frage. Kinder könnten nicht ohne Ursache kommen, und obgleich Ihre kaiserlichen Hoheiten seit dem Jahre 1745 verheiratet seien, so existiere eine solche Ursache doch bis jetzt noch nicht. Nun schalt Ihre Majestät Madame Tschoglokoff und bemerkte, es sei einzig und allein ihre Schuld, daß sie vernachlässige, die dabei interessierten Personen hinsichtlich dieses Punktes zu ermahnen. Überhaupt zeigte sie sich sehr verstimmt und fügte hinzu, ihr Gemahl sei eine Schlafmütze, die sich von Rotznasen leiten lasse.

Alles dies wurde binnen vierundzwanzig Stunden den Vertrauten der Tschoglokoffs wiedererzählt. Bei dem Worte Rotznasen schneuzten die Rotznasen sich, und in einer von diesen Rotznasen abgehaltenen Beratung wurde beschlossen, daß in strenger Befolgung der Gefühle Ihrer Majestät Sergius Soltikoff und Leon Narischkin eine scheinbare Ungnade seitens Tschoglokoffs erleiden sollten. Sie entfernten sich denn auch angeblich wegen Krankheit ihrer Verwandten auf drei Wochen oder einen Monat, um die dumpf umlaufenden Gerüchte zum Schweigen zu bringen. Gleich Tags darauf reisten sie ab, um sich für einige Zeit in den Schoß ihrer Familien zurückzuziehen. Gleichzeitig änderte auch ich schleunigst meinen Anzug; auch die Uniform der andern war jetzt nutzlos geworden. Übrigens setzte ich meinen Verkehr mit den Tschoglokoffs fort, obschon ich schreckliche Langeweile dabei empfand. Die beiden Ehegatten bedauerten die Abwesenheit der beiden Haupthelden ihres Kreises sehr – und ich war wahrhaftig nicht anderer Meinung. Sergius Soltikoffs Abwesenheit zog sich in die Länge. Währenddessen lud uns die Kaiserin ein, von Oranienbaum zu ihr nach Kronstadt zu kommen, da in ihrer Gegenwart das Wasser in den Kanal Peters I. gelassen werden sollte, den dieser begonnen und der soeben vollendet worden war. Sie selbst war uns nach Kronstadt vorangeeilt. Die Nacht nach ihrer Ankunft war sehr stürmisch, und da Ihre Majestät glaubte, wir befänden uns während des Sturmes auf dem Meere, war sie sehr unruhig. Sie brachte die ganze Nacht in großer Besorgnis zu, bald schien es ihr, als wenn ein Schiff, welches sie von ihren Fenstern aus mit den Wellen kämpfen sah, die Jacht sein könnte, auf der wir uns befanden, bald wandte sie sich aus Verzweiflung um Beistand an die Reliquien, die sie immer an ihrem Bett hatte, trug dieselben ans Fenster und bewegte sie nach einer dem mit den Wellen kämpfenden Schiff entgegengesetzten Richtung. Mehrmals rief sie aus, wir würden sicherlich untergehen, und das sei ihre Schuld, weil wir gewiß, nachdem sie uns vor kurzem getadelt, gleich nach der Ankunft der Jacht abgesegelt seien, um ihr einen Beweis unserer Ergebenheit zu geben. Aber in Wirklichkeit kam die Jacht erst nach dem Sturme in Oranienbaum an, so daß wir erst am Nachmittag des folgenden Tags an Bord gingen. Wir blieben drei Tage und Nächte in Kronstadt, währenddessen die feierliche Einsegnung des Kanals stattfand und man das Meer zum ersten Male einließ. Am Nachmittag war großer Ball. Die Kaiserin wollte in Kronstadt bleiben, um das Wasser wieder abfließen zu sehen, allein sie verließ es schon am dritten Tage, ohne daß man den Abfluß hätte bewirken können. Der Kanal wurde seit jener Zeit nicht wieder trocken gelegt, bis ich während meiner Regierung die Dampfmühle errichten ließ, welche ihn entleert. Außerdem wäre es auch unmöglich gewesen, da der Boden des Kanals tiefer liegt als das Meer, was damals nicht in Betracht gezogen wurde.

Von Kronstadt kehrte jeder nach Hause zurück; die Kaiserin nach Peterhof, wir nach Oranienbaum. Tschoglokoff verlangte und erhielt die Erlaubnis, sich für einen Monat auf eins seiner Güter zu begeben. Während seiner Abwesenheit war seine Frau Gemahlin aufs eifrigste bemüht, die Befehle der Kaiserin buchstäblich auszuführen. Zunächst hatte sie unzählige Beratungen mit Bresson, dem Kammerdiener des Großfürsten. Dieser fand in Oranienbaum eine hübsche Malerswitwe namens Groot, aber es vergingen einige Tage, ehe es gelang, sie zu überreden, und ihr, ich weiß nicht was, zu versprechen und sie über das, was man von ihr wollte und wozu sie sich hergeben sollte, aufzuklären. Hierauf wurde Bresson beauftragt, Seine kaiserliche Hoheit mit dieser jungen und schönen Witwe bekannt zu machen. Gleichzeitig bemerkte ich deutlich, daß Madame Tschoglokoff sich in einer gewissen Aufregung befand, nur wußte ich nicht weshalb, bis endlich Sergius Soltikoff aus seinem freiwilligen Exil zurückkehrte und mir nach und nach zu verstehen gab, um was es sich handelte. Endlich, mit vieler Mühe, erreichte Madame Tschoglokoff ihren Zweck, und als sie sich dieser Tatsache vergewissert hatte, benachrichtigte sie die Kaiserin, daß ihre Wünsche erfüllt seien. Sie hoffte, für ihre Mühe reichlich entschädigt zu werden, täuschte sich aber gründlich, denn sie erhielt nichts. Allein sie tröstete sich damit, daß sie behauptete, das Reich sei ihr zu großem Dank verpflichtet. Kurz darauf kehrten wir in die Stadt zurück.

Um jene Zeit gelang es mir, den Großfürsten zum Abbruch der Unterhandlung mit Dänemark zu bewegen. Ich erinnerte ihn an die Ratschläge des Grafen Bernis, der schon wieder nach Wien zurückgekehrt war. Der Großfürst folgte mir und befahl, die Unterhandlungen abzubrechen, ohne etwas abzuschließen, was denn auch geschah. Nach einem kurzen Aufenthalt im Sommerpalast bezogen wir den Winterpalast.

Ich glaubte damals zu bemerken, daß Sergius Soltikoff anfing, sich weniger um mich zu bekümmern, daß er zerstreut, mitunter albern, anmaßend und ausgelassen war. Dies quälte mich und ich sagte es ihm. Er antwortete mir mit banalen Ausreden, behauptete, ich verstehe die außerordentliche Geschicklichkeit seines Benehmens nicht zu würdigen. Er hatte recht, denn ich fand dasselbe sehr sonderbar. Einem Befehle zufolge bereiteten wir uns zur Reise nach Moskau vor. Am 14. Dezember 1752 reisten wir von Petersburg ab, wo Sergius Soltikoff noch einige Wochen verweilte. Ich verließ

Petersburg mit leichten Anzeichen, daß ich guter Hoffnung sei. Da wir aber sehr schnell Tag und Nacht reisten, verschwanden diese auf der letzten Station vor Moskau unter heftigen Leibschmerzen. Nach der Ankunft in Moskau konnte ich nicht mehr im Zweifel darüber sein, daß eine unzeitige Geburt stattgefunden hatte. Madame Tschoglokoff, die eben von ihrem siebenten und letzten Kinde entbunden worden war, war in Petersburg zurückgeblieben, folgte uns aber, nachdem sie sich erholt, ebenfalls nach Moskau.

Zwölftes Kapitel

Beschränkter Aufenthalt in Moskau – Ein Lieblingsprojekt der Tschoglokoff. – Sie macht mir versteckte Vorschläge in bezug auf Sergius Soltikoff. – Landaufenthalt. – Die Feier des Krönungstages Elisabeths. – Die Kaiserin behandelt uns mit großer Kälte. – Duell Zacharias Czernitscheffs mit Oberst Leontieff. – Ich bin von neuem guter Hoffnung. – Fehlgeburt. – Trinkgelage des Großfürsten. – Seine Ohnmacht über seine Zechgenossen. – Eine Hinrichtung. – Wahnsinn mehrerer Personen des Hofes.

Man hatte uns in Moskau einen aus Holz gebauten Flügel eingeräumt, der erst während des Herbstes fertig geworden war, so daß das Wasser an dem Gebälk niederlief und alle unsere Zimmer an großer Feuchtigkeit litten. Dieser Flügel bestand aus zwei Teilen, deren jeder fünf bis sechs große Zimmer enthielt. Die nach der Straße liegenden waren für mich, die Hinterzimmer für den Großfürsten bestimmt. Meine Kammermädchen und Kammerfrauen samt ihren Dienerinnen wurden in meinem Toilettenzimmer untergebracht, so daß nicht weniger als siebzehn Frauen und Mädchen eine Stube bewohnten, einen Raum, der freilich drei große Fenster hatte, aber keinen Ausgang, als nach meinem Schlafzimmer, welches sie alle Augenblicke passieren mußten. Natürlich war eine solche Einrichtung weder für sie noch für mich angenehm. Dennoch waren wir genötigt, diese Unbequemlichkeit, dergleichen mir nie zuvor begegnet, zu ertragen. Dazu befand sich ihr Speisezimmer in einem meiner Vorzimmer. Da ich krank war, als ich in Moskau ankam, ließ ich, um der eben erwähnten Unbequemlichkeit abzuhelfen, einige spanische Wände in mein Schlafzimmer setzen, vermittelst welchen ich dasselbe in drei Teile teilte. Doch half dies so gut wie gar nichts, weil die Türen sich unausgesetzt öffneten und schlossen, was unvermeidlich war. Am zehnten Tage endlich besuchte mich die Kaiserin, und als sie dies fortwährende Gehen und Kommen bemerkte, ging sie ins Nebenzimmer und sagte meinen Damen: »Ich werde Ihnen einen andern Ausgang machen lassen als den durch das Schlafzimmer der Großfürstin.« Aber was tat sie? Sie befahl, das Zimmer, in dem siebzehn Personen bereits mit Mühe untergebracht waren, noch um ein Fenster kleiner zu machen, um dadurch einen Korridor zu gewinnen. Die Fensterwand wurde durchbrochen und eine Treppe angebracht, die direkt auf die Straße führte. Unter den Fenstern errichtete man Aborte, und auch wenn sie zum Diner gingen, mußten die Frauen die Straße passieren. Kurz, diese Anordnung war sehr schlecht, und ich wunderte mich, daß diese siebzehn Frauen, zusammengepackt und öfters krank, nicht von einer Hautkrankheit ergriffen wurden. Und dies alles neben meinem Schlafzimmer, das noch obendrein von Ungeziefer jeder Art wimmelte, so daß ich am Schlafen gehindert wurde.

Endlich, nachdem sie sich von ihrem Wochenbett erholt, kam Madame Tschoglokoff in Moskau an und einige Tage später auch Sergius Soltikoff. Da Moskau sehr groß ist und jeder weit vom andern entfernt wohnt, benutzte er diese Gelegenheit, um die Verminderung seiner erdichteten oder wirklichen Bemühungen bei Hofe zu verbergen. Für mich war dies sehr schmerzlich, aber er führte stets so gewichtige Gründe an, daß mein Bedenken schwand, sobald ich ihn gesehen und gesprochen hatte. Um die Zahl seiner Feinde zu verringern, verabredeten wir miteinander, daß ich dem Grafen Bestuscheff etwas sagen ließ, was ihm die Hoffnung geben konnte, daß ich ihm weniger fernstehe als bisher. Ich beauftragte mit dieser Botschaft einen gewissen Bremse, der in Pechlins holsteinscher Kanzlei angestellt war und den Grafen Bestuscheff häufig besuchte, Er übernahm meinen Auftrag mit größter Bereitwilligkeit und sagte, der Kanzler sei aufs höchste erfreut gewesen, habe erklärt, ich möge mich so oft ich wolle an ihn wenden und wenn er mir nützlich sein könne, bitte er mich, ihm einen sichern Verbindungsweg anzugeben, vermittels dessen wir uns gegenseitig mitteilen könnten, was wir auf dem Herzen hätten. Ich verstand seine Absicht und antwortete Bremse, ich werde mir die Sache überlegen. Dann sprach ich mit Sergius Soltikoff davon, und wir beschlossen sofort, daß er selbst zum Kanzler gehen solle, was er kurz nach seiner Ankunft unter dem Vorwande eines Besuchs leicht tun konnte. Der Alte empfing ihn aufs beste, unterhielt sich mit ihm sehr vertraulich über die innern Angelegenheiten unseres Hofes, über die Dummheit der Tschoglokoffs und bemerkte unter anderm: »Ich weiß, daß Sie ihr Vertrauter sind, weiß aber auch, daß Sie sie ebenso gut als ich kennen, denn Sie sind ein Mann von Geist.« Hierauf sprach er mit ihm von mir und meiner Lage, als hätte er selbst täglich in meinem Zimmer gewohnt, und fügte hinzu: »In Anerkennung des Wohlwollens, welches die Großfürstin mir entgegenbringt, werde ich ihr einen kleinen Dienst erweisen, der, wie ich glaube, ihr sehr willkommen sein wird. Ich werde ihr die sanfte Madame Wladislawa wiedergeben, und sie kann mit ihr machen, was ihr gefällt. Sie soll sehen, daß ich kein solcher Werwolf bin, wie man mich immer in ihren Augen hingestellt hat. Kurz, Sergius Soltikoff kehrte sehr befriedigt von seiner Audienz und seinem Manne zurück, der ihm selbst ebenso verständige als nützliche Ratschläge gegeben. Alles dies beförderte unser Einverständnis, ohne daß jemand die geringste Ahnung davon hatte.

Um diese Zeit nahm Madame Tschoglokoff, welche fortwährend ihr Lieblingsprojekt, über die Thronfolge zu wachen, im Kopfe hatte, mich eines Tages beiseite und sagte: »Hören Sie mich an, ich muß ganz aufrichtig mit Ihnen sprechen.« Natürlich öffnete ich Augen und Ohren. Mit einer langen Einleitung nach ihrer Art begann sie denn über ihre Anhänglichkeit an ihren Gemahl, ihre Einsicht über das, was sein und nicht sein müsse, damit man sich liebe, und die ehelichen Bande erleichtere, zu reden. Dann plötzlich änderte sie ihren Ton und sagte: zuweilen gebe es allerdings Verhältnisse von höherem Interesse, welche eine Ausnahme von der Regel notwendig machten. Ich ließ sie reden, soviel sie wollte, ohne sie zu unterbrechen, da ich nicht wußte, was der Zweck ihrer Auseinandersetzung war und mich das Ganze überraschte. Es war mir außerdem nicht klar, ob sie mich in einen Hinterhalt locken wollte, oder aufrichtig zu mir sprach. Während ich insgeheim diese Betrachtungen anstellte, fuhr sie fort: »Sie werden sehen, wie groß meine Liebe zu meinem Vaterlande ist und wie ernst ich es meine. Ich zweifele nicht, daß Sie eine Person am Hofe besonders gern sehen. Ich lasse Ihnen die Wahl zwischen Sergius Soltikoff und Leon Narischkin; irre ich nicht, so ist es der letztere.« – Ich aber rief rasch: »Nein, nein, gewiß nicht!« – Sie erwiderte: »Nun gut, ist er es nicht, so ist es unzweifelhaft der andere.« – Darauf antwortete ich nicht, und sie fuhr fort: »Sie sollen sehen, daß ich es nicht bin, die Ihnen Schwierigkeiten machen wird.« – Ich indes spielte die Einfältige in einem Grade, daß sie mich schließlich schalt.

Nach Ostern begaben wir uns aufs Land. Um dieselbe Zeit schenkte die Kaiserin dem Großfürsten Liberitza und mehrere andere Güter, die vierzehn bis fünfzehn Werst von Moskau entfernt lagen. Allein ehe sie diese neuen Besitzungen Seiner kaiserlichen Hoheit besuchte, feierte sie in Moskau am 25. April den Jahrestag ihrer Krönung. Man meldete uns, sie habe befohlen, das Zeremoniell solle ganz dasselbe sein, wie es am wirklichen Krönungstage beobachtet worden war, und wir waren sehr neugierig darauf. Am Abend vorher begab sie sich in den Kreml, um dort die Nacht zu verbringen, während wir in dem Holzpalast an der Sloboda blieben und den Befehl erhielten, zur Messe in die Kathedrale zu kommen. Um neun Uhr morgens verließen wir den Holzpalast in Staatskarossen, neben welchen Lakaien zu Fuß hergingen, durchzogen im Schritt ganz Moskau – eine Strecke von sieben Werst – und stiegen dann vor der Kirche aus. Gleich darauf langte die Kaiserin mit ihrem Gefolge an. Sie trug die kleine Krone auf dem Haupte, und der kaiserliche Mantel wurde wie gewöhnlich von den Kammerherren getragen. Sie begab sich zu ihrem Platz in der Kirche – kurz, in allem war nichts Außerordentliches, was nicht bei jedem andern Feste ihrer Regierung ebenso gewesen wäre. In der Kirche herrschte eine abscheuliche feuchte Kälte, wie ich sie niemals so heftig empfunden habe. Ich war in meinem tiefausgeschnittenen Hofkleide ganz blau und starr vor Frost, so daß mir die Kaiserin sagen ließ, ich solle doch einen Zobelpelzkragen umhängen, aber ich hatte keinen solchen bei mir. Sie selbst ließ sich ihre eigenen Pelze herbeiholen und nahm einen davon um. Dabei sah ich noch einen andern in dem Kasten liegen und dachte, sie werde mir denselben schicken, aber ich täuschte mich: sie ließ ihn wieder fortnehmen. Dies schien mir ein ziemlich starkes Zeichen von Ungnade. Endlich verschaffte mir Madame Tschoglokoff, welche sah, daß ich vor Kälte zitterte, ich weiß nicht woher, ein seidenes

Taschentuch, das ich um meinen Hals band. Am Schluß der Messe und der Predigt verließ die Kaiserin die Kirche, wobei wir es für unsere Pflicht hielten, ihr zu folgen; allein sie ließ uns sagen, wir könnten nach Hause zurückkehren. Nun begriffen wir, daß sie allein auf dem Throne zu dinieren beabsichtigte und hierin das Zeremoniell des Krönungstages beobachtet werden sollte, an welchem sie ebenfalls allein gespeist hatte. Ausgeschlossen von diesem Diner, kehrten wir zurück, wie wir gekommen waren: in großer Feierlichkeit, unsere Bedienten zu Fuß, und legten so im ganzen vierzehn Werst zurück, indem wir, vor Kälte erstarrt und vor Hunger fast sterbend, Moskau von einem Ende zum andern durchzogen. Wenn die Kaiserin während der Messe sehr schlechter Laune zu sein schien, so entließ sie uns jetzt in nicht viel heiterer Stimmung, mit dem Beweise eines so wenig erfreulichen Mangels an Aufmerksamkeit – um nicht mehr zu sagen. Bei jedem andern großen Feste, wo sie auf dem Throne dinierte, hatten wir die Ehre gehabt, mit ihr zu speisen, diesmal indes entließ sie uns öffentlich. Unterwegs teilte ich dem Großfürsten, mit dem ich allein im Wagen saß, meine Meinung darüber mit, worauf er erklärte, er werde sich beschweren. Nach meiner Rückkehr klagte ich Madame Tschoglokoff, starr von Kälte und erschöpft, wie ich war, daß ich mich erkältet habe. Tags darauf war Ball im Holzpalast, aber ich gab mich für krank aus und ging nicht hin. Der Großfürst seinerseits schickte in der Tat über die Sache ich weiß nicht was für eine

Botschaft an die Schuwaloffs, worauf sie ihm irgend welche befriedigende Antwort zugehen ließen – dann war nicht weiter die Rede davon.

Etwa um dieselbe Zeit erfuhren wir, daß Zacharias Czernitscheff und der Oberst Nikolaus Leontieff sich im Hause Roman Woronzows beim Spiel erzürnt, mit dem Degen in der Hand gefochten hätten und daß Graf Czernitscheff eine gefährliche Verwundung am Kopfe erhalten habe. Sein Zustand war so bedenklich, daß man ihn nicht aus dem Hause Roman Woronzows hatte fortschaffen können. Er blieb also dort, befand sich sehr schlecht und es war die Rede davon, ihn zu trepanieren. Mich persönlich betrübte dies sehr, denn ich besaß eine große Zuneigung zu ihm. Leontieff wurde auf Befehl der Kaiserin verhaftet. Durch dieses Duell wurde die ganze Stadt in Intrigen verwickelt, wegen der außerordentlich zahlreichen Verwandtschaft der beiden Gegner. Leontieff war der Schwiegersohn der Gräfin Rumianzoff und ein sehr naher Verwandter der Panins und Kurakins. Aber auch sein Gegner hatte Verwandte, Freunde und Beschützer. Der Vorfall ereignete sich im Hause des Grafen Roman Woronzow und der Kranke befand sich bei ihm. Endlich jedoch schwand die Gefahr; die Sache wurde beigelegt und vergessen.

Im Laufe des Monats Mai stellten sich wieder Anzeichen von Schwangerschaft bei mir ein. Wir begaben uns nach Liberitza, dem Gute des Großfürsten, zwölf bis vierzehn Werst von Moskau entfernt. Das steinerne Haus, welches Fürst Menschikoff früher dort errichtet hatte, war verfallen. Wir konnten es daher nicht bewohnen, und man schlug Zelte für uns auf. Morgens zwischen zwei und drei Uhr wurde mein Schlaf von den Hammerschlägen und dem Lärm unterbrochen, den man beim Bau eines hölzernen Flügels machte, welcher in aller Eile, so zu sagen zwei Schritte von unsern Zelten errichtet wurde, damit wir wenigstens während des Restes des Sommers eine Wohnstätte hätten. Später gingen wir meist auf die Jagd oder spazieren, aber ich ritt nicht mehr, sondern fuhr im offenen Wagen.

Kurz vor dem Peterstage kehrten wir nach Moskau zurück. Ich war damals so schlafmüde, daß ich jeden Tag bis Mittag schlief und nur mit Mühe zum Diner geweckt werden konnte. Die Feier von St. Peter ging wie gewöhnlich vor sich: ich kleidete mich an, war bei der Messe, beim Diner, beim Ball und beim Souper zugegen. Tags darauf indes fühlte ich Schmerzen im Kreuz. Madame Tschoglokoff ließ sofort die Hebamme kommen, die mir die vorzeitige Geburt vorhersagte, die während der Nacht stattfand. Ich mochte wohl zwei oder drei Monate guter Hoffnung gewesen sein. Dreizehn Tage lang schwebte ich in Lebensgefahr, da man fürchtete, ein Teil der Nachgeburt sei zurückgeblieben, bis endlich am vierzehnten Tage dieselbe von selbst ohne Anstrengung und Schmerzen abging. Wegen dieses Vorfalls mußte ich mein Zimmer sechs Wochen lang während einer unerträglichen Hitze hüten. Während dieser Zeit meiner Krankheit langweilte ich mich tödlich. Meine ganze Gesellschaft bestand in Madame Tschoglokoff – die noch dazu sehr selten zu mir kam –

und einer kleinen Kalmückin, welche ich sehr gern hatte, weil sie äußerst anmutig war. Ich weinte oft vor Langeweile. Was den Großfürsten betraf, so hielt er sich meist in seinen Zimmern auf, wo einer seiner Kammerdiener namens Karnowitsch, ein Ukrainer und ebenso großer Narr als Trunkenbold, ihn nach Kräften unterhielt, indem er ihm Spielsachen, Wein und starke Getränke brachte, so viel er nur konnte. Tschoglokoff, den überhaupt alle täuschten und an der Nase herumführten, wußte natürlich davon nichts. Doch während der geheimen nächtlichen Bacchanalien des Großfürsten mit seinen Kammerbedienten, unter denen sich auch mehrere junge Kalmücken befanden, hörte man oft wenig auf seine Befehle und bediente ihn schlecht. In ihrer Trunkenheit wußten sie nicht, was sie taten, und vergaßen, daß sie mit ihrem Herrn zusammen waren, und daß dieser Herr der Großfürst war. Dann nahm seine kaiserliche Hoheit gewöhnlich zu Stockschlägen und flachen Säbelhieben seine Zuflucht, aber trotzdem gehorchten ihm seine Genossen schlecht, und mehr als einmal beklagte er sich über seine Leute bei mir und bat mich, sie zur Vernunft zu bringen. Ich begab mich daher in sein Zimmer, schalt sie, erinnerte sie an ihre Pflichten und brachte sie sofort zum Gehorsam, so daß der Großfürst wiederholt gegen mich äußerte und auch gegen Bresson bemerkte, er wisse nicht, wie ich es mit seinen Leuten anfange; er selbst schelte sie und könne sie nicht zum Gehorchen bringen, während ich von ihnen alles mit einem Worte erlange. Als ich eines Tages wieder einmal zu demselben Zwecke das Zimmer des Großfürsten betrat, fiel mein Blick auf eine große Ratte, die er mit dem ganzen Apparat einer Hinrichtung in der Mitte eines durch eine Bretterwand gebildeten Kabinetts hatte aufhängen lassen. Auf meine Frage, was dies bedeute, erwiderte er, diese Ratte habe eine verbrecherische Handlung begangen, die nach den Kriegsgesetzen mit Hinrichtung bestraft werden müsse. Sie sei über die Wälle einer Festung aus Pappe gesprungen, welche auf dem Tische in diesem Kabinett stand, und habe zwei aus Zunder verfertigte Schildwachen, die auf den Wällen Dienst getan, aufgefressen. Er habe daher den Verbrecher nach den Kriegsgesetzen verurteilen lassen. Sein Hühnerhund habe die Ratte erwischt, und wie ich sehe, sei sie sofort gehängt worden und solle als warnendes Beispiel drei Tage vor den Augen des Publikums ausgestellt bleiben. Ich konnte nicht umhin, über die unglaubliche Albernheit dieses Vorgangs in lautes Lachen auszubrechen, erregte jedoch dadurch sein größtes Mißfallen. In Anbetracht der Wichtigkeit, die er der Sache beimaß, zog ich mich zurück und verschanzte mich als Frau hinter meine Unkenntnis der Kriegsgesetze. Allein er hörte nicht auf, mich wegen meines Lachens zu schelten, und doch konnte man zur Rechtfertigung der Ratte mindestens das anführen, daß sie gehängt worden war, ohne daß man sie aufgefordert, sich zu rechtfertigen, oder ihre Rechtfertigung gehört hatte.

Während des diesjährigen Aufenthaltes des Hofes in Moskau wurde ein Hoflakai irrsinnig. Die Kaiserin befahl sofort Boerhave, ihrem Leibarzte, den Menschen zu behandeln, und er wurde in einem Zimmer in der

Nähe der Wohnung Boerhaves, der im Schlosse wohnte, untergebracht. Zufällig verloren in demselben Jahre noch verschiedene andere Personen den Verstand, so daß ein förmliches kleines Irrenhaus bei Hofe entstand. Wie ich mich erinnere, waren die bemerkenswertesten Insassen ein Major aus der Semenoffskischen Garde namens Tschedajeff und ein Mönch des Klosters Woskressenski. Letzterer hatte sich mit einem Rasiermesser seiner Männlichkeit beraubt. Der Wahnsinn Tschedajeffs bestand darin, daß er Schah Nadir, sonst Thamas Kuli Khan, Usurpator und Tyrann von Persien genannt, für den lieben Gott hielt. Als es den Aerzten nicht gelang, ihn von seiner Marotte zu heilen, übergab man ihn den Pfaffen, die der Kaiserin versprachen, den Teufel aus ihm austreiben zu wollen. Sie war selbst bei dieser Zeremonie zugegen, allein Tschedajeff blieb genau so verrückt, wie er war. Indes gab es Leute, die an seiner Verrücktheit zweifelten, weil er, außer was Schah Nadir betraf, in jeder Beziehung vernünftig war. Ja, seine Freunde fragten ihn sogar oft um Rat, und stets gab er ihnen verständige Ratschläge. Die, welche ihn nicht für irrsinnig hielten, behaupteten, er wolle sich nur mit List aus verzweifelten Verhältnissen, in die er verwickelt war, retten. Zu Anfang der Regierung der Kaiserin Elisabeth war er nämlich bei der Steuerrevision angestellt gewesen und man hatte ihn der Erpressung angeklagt. Aus Furcht, nun verurteilt zu werden, nahm er zu der erwähnten Affektion seine Zuflucht, die ihn denn auch glücklich aus der Affäre zog.

Kaiserin Elisabeth

(Original im Herzogl. Anhalt. Schloss Zerbst.)

Dreizehntes Kapitel

Rückkehr aufs Land. – Unglücksfall in der Kirche des Klosters Woskressenski. – Zweite Verlobung der Prinzessin von Kurland. – Das Schloß brennt! – Die Röcke der Gräfin Schuwaloff. – Unerwartete Entdeckung im Zimmer des Großfürsten. – Das Bischofshaus. – Sergius vernachlässigt mich. – Eine tiefe Traurigkeit bemächtigt sich meiner. – Übersiedelung nach Liberitza. – Der Großfürst öffnet Tschoglokoff die Augen. – Schlauheit Sergius Soltikoffs. – Er schläfert Tschoglokoff aufs neue ein. – Rückkehr nach Moskau.

Mitte August 1753 kehrten wir aufs Land zurück. Die Kaiserin begab sich an ihrem Namenstage, dem 5. September, in das Kloster Woskressenski, wo während ihres Aufenthaltes der Blitz in die Kirche einschlug. Glücklicherweise befand sich Ihre Majestät in einer Kapelle neben der Hauptkirche und erfuhr so das Geschehene nur durch den Schreck ihres Gefolges; niemand wurde übrigens verwundet oder getötet. Kurze Zeit darauf kam sie wieder nach Moskau, und auch wir kehrten von Liberitza dorthin zurück. Bei unserer Rückkehr in die Stadt sahen wir die Prinzessin von Kurland der Kaiserin für die Erlaubnis zu ihrer Vermählung mit dem Fürsten Georg Howanski öffentlich die Hand küssen. Mit ihrem ersten Verlobten, Peter Soltikoff, hatte sie gebrochen, der seinerseits gleich darauf eine Fürstin Suzoff heiratete.

Am 1. November desselben Jahres nachmittags drei Uhr befand ich mich bei Madame Tschoglokoff. Eben hatten ihr Gemahl, Sergius Soltikoff, Leon Narischkin und verschiedene andere Hofkavaliere das Zimmer verlassen, um den Kammerherrn Schuwaloff zu seinem Geburtstage, der auf diesen Tag fiel, zu beglückwünschen. Madame Tschoglokoff, die Fürstin Gagarin und ich unterhielten uns sehr lebhaft, als wir plötzlich in einer nahegelegenen Kapelle Lärm hörten. Ein paar jener Herren kamen mit der Meldung zurück, daß sie die Säle des Schlosses nicht hätten passieren können, weil Feuer darin ausgebrochen sei. Sogleich stürzte ich in größter Hast in mein Zimmer, als ich aber ein Vorzimmer durchschritt, sah ich, daß schon die Balustrade in der Ecke des großen Saales, der zwanzig Schritt von dem Flügel, den wir bewohnten, entfernt lag, brannte. Als ich endlich meine Zimmer erreichte, fand ich sie voller Soldaten und Domestiken, welche die Möbel und alles was sie konnten, fortschleppten. Madame Tschoglokoff war mir gefolgt, aber da der Ausbruch des Feuers in allen Teilen des Hauses das einzige war, was wir zu erwarten hatten, verließen wir das Schloß und bestiegen den vor der Tür wartenden Wagen des Kapellmeisters Araga, welcher zu einem Konzert des Großfürsten gekommen war. Von hier aus betrachteten wir die Feuersbrunst und die Bemühungen, die Möbel aus allen Teilen des Schlosses fortzuschaffen. Bei dieser Gelegenheit bemerkte ich eine erstaunliche Menge Ratten und Mäuse, die in langen Reihen, ohne sich sehr zu beeilen, die Treppen hinunterliefen. Wegen Mangel an Maschinen, und weil die wenigen, die man besaß, sich gerade unter dem brennenden Saale befanden, war es unmöglich, den großen Holzbau selbst zu retten. Derselbe nahm ungefähr die Mitte der ihn umgebenden Gebäude ein, mit einem Umfang von ungefähr zwei bis drei Werst. Ich verließ ihn Punkt drei Uhr, aber schon um sechs Uhr war jede Spur davon verschwunden. Die Hitze wurde schließlich so groß, daß weder Madame Tschoglokoff noch ich sie länger ertragen konnten, und wir ließen daher den Wagen einige hundert Schritt ins Freie fahren. Endlich kam Tschoglokoff mit dem Groß-fürsten, um uns zu melden, daß die Kaiserin sich in das Haus Pokrowski begebe und befohlen habe, wir sollten die Wohnung Tschoglokoffs beziehen, die an der rech-ten Ecke der großen Slobodastraße lag. Dieses Haus enthielt einen Saal in der Mitte und vier Zimmer auf beiden Zeiten, und es ist wohl unmöglich, unbequemer zu wohnen, als wir in diesem Hause wohnten. Der Wind fegte nach allen Himmelsrichtungen hindurch, Fenster und Türen waren halb verfault, in den Fußböden befan-den sich Oeffnungen von drei bis vier Zoll Breite. Dazu strotzte es von Ungeziefer, und die Kinder sowie die Diener Tschoglokoffs wohnten darin; allerdings wurden sie, sowie wir ankamen, fortgeschickt. Kurz, man quar-tierte uns in diesem entsetzlichen Hause ein, dem es an Möbeln fast ganz fehlte.

Am nächsten Morgen erfuhr ich, was sich alles in ei-ner Kalmückennase befinden kann. Die kleine Kalmü-ckin, welche ich bei mir hatte, sagte nämlich, als sie erwachte und indem sie auf ihre Nase zeigte: »Ich habe hier eine Haselnuß!« Ich befühlte die Nase, ohne indes etwas zu finden. Aber den ganzen Morgen wiederholte das Kind unaufhörlich, sie habe in ihrer Nase eine Haselnuß. Das Kind war etwa drei bis vier Jahre alt. Niemand wußte, was sie eigentlich mit der Haselnuß in der Nase wollte, aber plötzlich stieß sie sich beim Spielen gegen den Tisch, fing an zu weinen, zog ihr Taschentuch und schnäuzte sich. Bei dieser Gelegenheit sah ich die Haselnuß aus ihrer Nase fallen, und nun begriff ich, daß eine Haselnuß, die man in jeder europäischen Nase bemerken würde, sich in der Höhlung einer Kalmückennase verbergen könne.

Unsere Garderobe und alles, was wir für den täglichen Gebrauch nötig hatten, lag im Kot vor dem niedergebrannten Palast auf den vom Regen durchweichten Straßen. Erst in der Nacht und am folgenden Tag erhielten wir unsere Sachen zurück, was mir die größte Unruhe verursachte, waren meine Bücher. Ich beendete damals gerade den vierten Band des Bayleschen Lexikons, eine Lektüre, zu der ich zwei Jahre gebraucht hatte, indem ich alle sechs Monate einen Band durcharbeitete. Man kann sich also ungefähr vorstellen, in welcher Einsamkeit sich mein Leben abspielte. Schließlich aber brachte man mir alle meine Bücher, auch meine und der Gräfin Schuwaloff ihre Garderobe u.s.w. fand sich. Der Kuriosität halber zeigte mir Madame Wladislawa die Kleider dieser Dame, deren Röcke hinten ganz mit Leder gefüttert waren, weil sie an einem Blasenleiden litt. Diese Krankheit war noch von ihrem ersten Wochenbett zurückgeblieben, und ihre Röcke rochen dermaßen, daß ich sie so bald als möglich ihrer Besitzerin schickte. Die Kaiserin selbst verlor durch den Brand ihre ganze nach Moskau mitgebrachte ungeheure Garderobe. Sie erwies mir die Ehre, mir mitzuzuteilen, daß sie viertausend Kleider verloren, aber von allen nur den Verlust des Kleides bedauere, zu welchem ich ihr den Stoff geschenkt. Außerdem büßte sie noch viele andere Kostbarkeiten ein, unter denen sich eine mit geschliffenen Steinen verzierte Schale befand, welche der Graf Rumianzoff einst für achttausend Dukaten in Konstantinopel gekauft hatte. Alle diese Sachen waren in einer Garderobe über dem Saale aufbewahrt, in welchem das Feuer ausbrach, und der als Vorsaal zum Hauptsaale des Schlosses diente. Morgens um zehn Uhr waren die Ofenheizer gekommen, um den Vorsaal zu heizen, und hatten, nachdem sie Holz in den Ofen gelegt, das Feuer wie gewöhnlich angezündet. Hierauf füllte sich der ganze Raum mit Rauch, doch glaubten sie, derselbe dringe durch einige nicht wahrnehmbare Ritzen des Ofens und bedeckten daher die Zwischenräume der Fayencekacheln mit Ton. Als nichtsdestoweniger der Rauch immer stärker wurde, untersuchten sie den Ofen im Innern und bemerkten, als sie nichts fanden, daß sich die Ritzen, aus welchen der Rauch hervordrang, zwischen den Scheidewänden des Zimmers befanden. Diese Scheidewände waren aus Holz. Sie holten schnell Wasser herbei und löschten das Feuer im Ofen, aber der Rauch wurde immer stärker und drang ins Zimmer, wo eine Schildwache der Garde stand. Da diese ihren Posten nicht zu verlassen wagte, aber zu ersticken drohte, drückte sie eine Fensterscheibe ein, erhob ein lautes Geschrei und feuerte, als niemand hören wollte, ihr Gewehr ab. Man hörte den Knall in der Hauptwache, eilte herbei und fand beim Eintreten überall dichten Qualm, aus dem man endlich den Posten befreite. Die Heizer wurden verhaftet; sie hatten geglaubt, ohne jemand davon zu benachrichtigen, das Feuer löschen zu können, oder wenigstens die Vermehrung des Rauches zu mindern, und waren in ihrem guten Glauben fünf Stunden lang damit beschäftigt gewesen.

Die Feuersbrunst führte Tschoglokoff zu einer unvermuteten Entdeckung. Der Großfürst hatte nämlich in seinem Zimmer verschiedene große Kommoden. Als man nun diese hinaustrug, zeigten einige offene oder schlecht verschlossene Fächer den Blicken der Zuschauer, was sie enthielten. Wer hätte es geglaubt? Die Schubladen enthielten nichts anderes als eine ungeheure Menge Wein- und Likörflaschen und dienten Seiner kaiserlichen Hoheit als Keller. Tschoglokoff erzählte es mir, allein ich sagte ihm, ich wisse von alledem nichts, und so war es auch; aber sehr häufig, ja fast täglich, bemerkte ich die Trunkenheit des Großfürsten.

Wir blieben nach dem Brande ungefähr sechs Wochen im Hause Tschoglokoffs. Da wir aber oft an einem nahe bei der Brücke Soltikoff gelegenen Hause vorbeikamen, welches der Kaiserin gehörte und das Bischofshaus hieß, weil sie es von einem Bischof gekauft hatte, kam uns der Gedanke, die Kaiserin ohne wissen Tschoglokoffs zu bitten, dies Haus bewohnen zu dürfen, das uns wohnlicher erschien, als das seinige. Bald darauf erhielten wir den Befehl, in dasselbe überzusiedeln. Es war ein sehr altes hölzernes Gebäude, aus dem man nach keiner Seite eine Aussicht hatte; doch da es über steinernen Kellern gebaut war, lag es höher als das, welches wir verlassen, das nur aus einem Erdgeschoß bestand. Aber die Oefen waren so alt und so voller Ritzen, daß man das Feuer hindurchscheinen sah, wenn sie geheizt wurden, und der Rauch die Zimmer erfüllte, wir litten daher alle an Kopf- und Augenschmerzen; ja, man lief in diesem Hause Gefahr, lebendig verbrannt zu werden, denn es war nur eine hölzerne Treppe darin und die Fenster lagen sehr hoch. In der Tat brach auch während unseres Aufenthaltes zwei- oder dreimal Feuer aus, allein man löschte es noch rechtzeitig. Ich bekam hier eine starke Halsentzündung, begleitet von einem heftigen Fieber. An demselben Tage, an welchem meine Krankheit begann, sollte Herrn von Breithardt, der vom Wiener Hofe wieder nach Rußland geschickt worden war, ein Abschiedssouper gegeben werden. Als er kam und meine geröteten, angeschwollenen Augen sah, glaubte er, ich habe geweint – und er täuschte sich nicht. Langeweile, physisches und moralisches Unbehagen über meine Situation hatten mich in tiefe Melancholie versetzt. Den ganzen Tag hatte ich bei Madame Tschoglokoff auf die gewartet, die nicht kamen, während sie jeden Augenblick zu mir sagte: »Es ist schrecklich, wie man uns allein läßt.« Ihr Gatte hatte anderswo diniert, und die ganze Gesellschaft war ihm gefolgt. Und trotz aller Versprechungen, sich von der Tafel fortstehlen zu wollen, kam Sergius Soltikoff erst mit Tschoglokoff zurück. Alles dies verstimmte mich.

Einige Tage später erhielten wir endlich die Erlaubnis, nach Liberitza überzusiedeln. Hier fühlten wir uns wie im Paradiese. Das Haus war ganz neu und sehr bequem eingerichtet, jeden Abend wurde getanzt, und unser ganzer Hof war hier versammelt. Auf einem dieser Bälle bemerkten wir, wie der Großfürst sich einmal besonders lange mit Tschoglokoff flüsternd unterhielt. Darauf erschien der letztere traurig, träumerisch, verschlossener und mürrischer als je. Als Sergius Soltikoff dies sah und bemerkte, daß Tschoglokoff ihm mit besonderer Kälte begegnete, setzte er sich zu Fräulein Martha Schasiroff und suchte von ihr zu erfahren, was es mit der so ungewohnten Vertraulichkeit des Großfürsten für eine Bewandtnis haben könne. Sie antwortete ihm, daß sie zwar die Ursache nicht kenne, aber der Großfürst habe öfter gegen sie geäußert: »Sergius Soltikoff und meine Frau täuschen Tschoglokoff auf eine unerhörte Weise. Tschoglokoff ist in die Großfürstin verliebt, aber sie kann ihn nicht ausstehen. Sergius Soltikoff ist sein Vertrauter und macht ihn glauben, daß er sich bei meiner Frau für ihn bemühe, statt dessen aber bemüht er sich bei ihr nur für sich selbst. Und sie, sie kann den amüsanten Sergius Soltikoff sehr wohl leiden. Sie bedient sich seiner, um Tschoglokoff zu beherrschen wie sie will, und im Grunde macht sie sich über alle beide lustig. Ich muß diesem armen Teufel von Tschoglokoff, der mir leid tut, die Augen öffnen, muß ihm die Wahrheit sagen, und er wird dann sehen, wer sein Freund ist, meine Frau oder ich.« Nachdem Sergius diese gefährliche Aeußerung und die unangenehme Situation, die daraus hervorging, in Erfahrung gebracht, erzählte er mir alles wieder und setzte sich dann zu

Tschoglokoff, den er fragte, was ihm fehle. Dieser wollte sich anfangs nicht aussprechen, seufzte einmal um das andere, beklagte sich dann, wie schwer es sei, treue Freunde zu finden, bis ihn endlich Sergius einem derartigen Kreuzverhör unterzog, daß er den ganzen Inhalt seiner Unterredung mit dem Großfürsten gestand. Der Großfürst hatte damit begonnen, Tschoglokoff die größten Versicherungen seiner Freundschaft zu geben, und bemerkt, nur in bedrängten Lebenslagen könne man die wahren von den falschen Freunden unterscheiden. Um ihm die Aufrichtigkeit der seinigen zu beweisen, wolle er mit ihm über eine wichtige Angelegenheit ganz offen sprechen. Er wisse, daß er in mich verliebt sei und rechne es ihm nicht als Verbrechen an, denn ich könne ihm ja liebenswürdig erscheinen, man sei nicht immer Herr seines Herzens. Aber er müsse ihn unbedingt darauf aufmerksam machen, daß er seine Vertrauten schlecht wähle, denn er nehme ohne weiteres an, Sergius Soltikoff sei sein Freund und bemühe sich bei mir für ihn, während er in Wahrheit nur sein eigenes Interesse im Auge habe und ihn als seinen Nebenbuhler mit Mißtrauen betrachte. Ich indes mache mich über beide lustig. Wenn aber Tschoglokoff seinem Rate folgen und sich ihm, dem Großfürsten, anvertrauen wolle, so werde er sehen, daß er sein einziger und wahrhafter Freund sei. – Tschoglokoff hatte dem Großfürsten aufs lebhafteste für sein Vertrauen und seine Freundschaftsbeteuerungen gedankt, im Grunde aber alles als Grille und persönliche Phantasie behandelt.

Man kann sich leicht vorstellen, daß Tschoglokoff keinesfalls großes Vertrauen in einen Freund setzen konnte, der durch seine hohe Stellung sowohl als durch seinen Charakter ebenso unsicher als nutzlos war. Nachdem er sich ausgesprochen, kostete es Sergius Soltikoff daher keine große Mühe, Ruhe und Heiterkeit in Tschoglokoffs Seele wieder zurückzuführen, zumal letzterer gewöhnt war, den Reden eines Menschen, der keines Urteils fähig und als einsichtsloser Tropf bekannt war, wenig Bedeutung und Aufmerksamkeit beizumessen. Ich meinerseits gestehe, daß ich über die Mitteilungen des Großfürsten empört war. Und um ihn von diesem Gegenstand abzubringen, ließ ich ihn merken, daß ich von dem zwischen ihm und Tschoglokoff Vorgegangenen unterrichtet sei. Er errötete, antwortete nicht, entfernte sich, grollte mir, und dabei blieb es.

Nach Moskau zurückgekehrt, quartierte man uns aus dem Hause des Bischofs in die Gemächer des sogenannten Sommerhauses der Kaiserin ein, welches vom Brande verschont geblieben war. Elisabeth selbst hatte sich binnen sechs Wochen eine neue Wohnung einrichten lassen, wozu man das Gebälk aus dem Hause in Perowa sowie aus dem des Grafen Hendrikoff und der Fürsten von Georgien herbeigeschafft hatte.

Vierzehntes Kapitel

Neujahr 1754. – Ein kaiserliches Witzwort. – Verlobung der Fürstin Gagarin mit Dimitri Matjuschkin. – Madame Tschoglokoffs Leidenschaft für den Fürsten Peter Repnin. – Tschoglokoff erkrankt schwer. – Er schüttet mir sein Herz aus. –Wortwechsel der beiden Ehegatten. – Die Kaiserin kontrolliert mich. – Sie schöpft Verdacht. – Tod Tschoglokoffs. – Aberglaube seiner Frau. – Verabschiedung Madame Tschoglokoffs. – Man will mir die Gräfin Rumtanzoff wieder geben. – Mein Kummer darüber. – Langweilige Fahrt nach Petersburg. – Schreckliche Befürchtungen.

In diesem neuen Hause feierte die Kaiserin den 1. Januar des Jahres 1754. Der Großfürst und ich hatten die Ehre, mit ihr öffentlich unter dem Thronhimmel zu dinieren. Bei Tafel schien Ihre Majestät sehr heiter und gesprächig. Neben dem Throne waren Tische für mehrere hundert Gäste aus den vornehmsten Kreisen der Gesellschaft gedeckt, während des Diners fragte die Kaiserin, wer jene magere, häßliche Person mit dem Kranichhals sei, die sie dort sitzen sehe – sie deutete auf den Platz. Und als man ihr sagte, es sei Fräulein Martha Schasiroff, brach sie in lautes Lachen aus, wendete sich dann zu mir und sagte, dies erinnere sie an ein russisches Sprichwort, welches laute: Ein langer Hals ist nur gut zum Aufhängen. Ich konnte mich nicht enthalten, über die Bosheit des kaiserlichen Witzes zu lächeln, und die Worte Ihrer Majestät fielen nicht auf unfruchtbaren Boden. Von Mund zu Mund wiederholten sie die Hofleute, so daß ich, als wir von der Tafel aufstanden, schon viele davon unterrichtet fand. Ob der Großfürst es gehört hatte, weiß ich nicht, er erwähnte es mit keiner Silbe, und ich hütete mich natürlich, mit ihm darüber zu sprechen.

Kein Jahr war so reich an Feuersbrünsten, als das Jahr 1753–1754. Mehr als einmal sah ich von meinen Fenstern im Sommerpalast aus zwei, drei, vier, ja fünf Brände zugleich an verschiedenen Punkten Moskaus auflodern.

Während des Karnevals arrangierte die Kaiserin mehrere Bälle und Maskenfeste in ihren Gemächern. Auf einem derselben bemerkte ich, daß sie eine lange Unterredung mit der Generalin Matjuschkin hatte, die nicht wollte, daß ihr Sohn sich mit der Fürstin Gagarin, meiner Ehrendame, vermählte. Allein die Kaiserin überredete die Mutter, und die Fürstin Gagarin, die achtunddreißig gutgezählte Jahre hinter sich hatte, erhielt die Erlaubnis, Dimitri Matjuschkin zu heiraten. Sie sowohl als ich selbst waren sehr froh darüber; es war eine Liebesheirat und Matjuschkin war damals sehr schön.

Madame Tschoglokoff zog nicht mit uns in die Sommerwohnung, sondern blieb unter verschiedenen Vorwänden mit ihren Kindern in ihrem nahe dem Schlosse gelegenen Hause. In Wahrheit hatte sie, so einsichtsvoll und voller Liebe zu ihrem Gemahle sie sonst gewesen war, eine große Leidenschaft für den Fürsten Peter Repnin und eine sichtliche Abneigung gegen ihren Gatten gefaßt. Sie glaubte indes ohne eine Vertraute nicht glücklich zu sein, und ich schien ihr wohl dazu am zuverlässigsten. Sie zeigte mir alle Briefe, die sie von ihrem Geliebten empfing, während ich ihr Geheimnis mit skrupulöser Treue und Gewissenhaftigkeit bewahrte. Trotzdem sie den Fürsten nur ganz im geheimen sah, stieg dem Gemahl der Dame Verdacht auf. Daran war ein Offizier der Garde zu Pferd, namens Kaminin, schuld, der die Verkörperung der Eifersucht und des Verdachtes selbst war; es lag so in seinem Charakter. Tschoglokoff kannte ihn schon lange. Er wandte sich an Sergius Soltikoff, der ihn zu beruhigen suchte, denn ich hütete mich, Sergius etwas davon mitzuteilen, aus Furcht, er könne eine unfreiwillige Indiskretion begehen. Endlich klopfte Tschoglokoff auch bei mir an, aber ich spielte die Einfältige, die Überraschte und – schwieg.

Im Februar machten sich wieder Anzeichen von Schwangerschaft bei mir bemerkbar.

Gerade am Ostertage, während der Messe, erkrankte Tschoglokoff an einer trockenen Kolik. Man gab ihm sogleich kräftige Arzneien, allein sein Leiden verschlimmerte sich zusehends. In der Osterwoche machte der Großfürst mit unsern Kavalieren einen Spazierritt, an dem auch Sergius Soltikoff teilnahm. Ich blieb zu Hause, weil man mich in meinem Zustand nicht ausgehen lassen wollte, denn man befürchtete eine dritte Fehlgeburt. Ich befand mich daher ganz allein in meinem Zimmer, als Tschoglokoff mich zu sich bitten ließ. Ich ging und fand ihn im Bett. Er beklagte sich bitter über seine Frau, erzählte mir, sie empfinge den Fürsten Repnin bei sich, dieser komme zu Fuß zu ihr, ja, während des Karnevals habe er sie eines Tages bei Gelegenheit eines Hofballes sogar im Harlekinskostüm besucht. Kaminin habe ihn ausspähen lassen – und tausend andere Einzelheiten, die ich inzwischen vergessen habe. Gerade als er in der größten Aufregung war, trat seine Frau ein. In meinem Beisein überhäufte er sie nun mit Vorwürfen und sagte, sie verlasse ihn sogar während er todkrank darniederliege. Da beide argwöhnische, beschränkte Menschen waren, war ich fast außer mir vor Angst, seine Frau könne glauben, ich habe ihre Zusammenkünfte, die er in allen Einzelheiten schilderte, verraten. Sie erwiderte ihm indes, es sei durchaus nicht befremdend, wenn sie ihn für sein früheres Benehmen bestrafe, weder er, noch irgend jemand könne ihr vorwerfen, daß sie bis dahin ihre Pflichten als Ehefrau verletzt habe, ihm hingegen stehe es schlecht an, sich zu beklagen. Dabei wandten sich beide fortwährend an mich, als Richterin und Entscheiderin, da ich die einzige Person war, die sich außer ihnen im Zimmer befand. Aus Furcht, einen von ihnen oder gar beide zu beleidigen, oder mir eine Blöße zu geben, schwieg ich. Mein Gesicht brannte vor Aufregung. Da, mitten im heftigsten Streit, meldete mir Madame Wladislawa, daß die Kaiserin in meinen Gemächern sei. Sofort eilte ich hinaus. Madame Tschoglokoff folgte mir, blieb aber, wie ich nachher erfuhr, in einem Korridor stehen, aus welchem eine Treppe in den Garten führte, und setzte sich auf diese Treppe. Außer Atem kam ich in mein Zimmer,

wo sich die Kaiserin wirklich noch befand. Als sie bemerkte, daß ich erhitzt und atemlos hereinstürzte, fragte
sie, wo ich gewesen sei. Ich erwiderte, ich komme
soeben von Tschoglokoff, dem es sehr schlecht gehe; da
ich indes gehört, daß sie mir die Gnade erwiesen, mich
zu besuchen, sei ich gelaufen, um so schnell als möglich
zurückzukommen. Sie fragte mich nicht weiter aus,
allein es schien mir, als wenn sie über meine Worte
nachsinne und als habe sie etwas Auffallendes an ihnen
gefunden. Dennoch fuhr sie fort, mit mir zu sprechen.
Sie fragte mich, wo der Großfürst wäre, weil sie nämlich genau wußte, daß er ausgegangen war, denn weder
er noch ich wagten es, während ihrer Regierung die
Stadt oder nur das Haus ohne ihre Erlaubnis zu verlassen. Darauf wandte sie sich abwechselnd an mich und
an Madame Wladislawa, sprach von gleichgültigen
Dingen und entfernte sich nach einer kleinen halben
Stunde. Noch im Hinausgehen sagte sie mir, daß sie
mich wegen meines Zustandes davon enthebe, am 21.
und 25. April öffentlich zu erscheinen. Es überraschte
mich, daß Madame Tschoglokoff mir nicht gefolgt war,
und ich fragte daher, als die Kaiserin fort war, Madame
Wladislawa, was aus ihr geworden wäre. Diese teilte
mir mit, daß sie sich auf die Treppe gesetzt und geweint
habe. Nach der Rückkehr des Großfürsten erzählte ich
Sergius Soltikoff, wie es mir während seines Spazierrit-
tes ergangen sei, wie Tschoglokoff mich hätte rufen
lassen, dann von meiner Aufregung während der Unterhaltung zwischen ihm und seiner Frau und von dem
Besuche der Kaiserin. – »Wenn sich die Sache so ver-

hält,« erwiderte er, »so glaube ich, daß die Kaiserin nur gekommen ist, um zu sehen, womit Sie sich während der Abwesenheit Ihres Gemahls beschäftigen. Damit sie aber sieht, daß Sie ganz allein in Ihren Gemächern und bei Tschoglokoff waren, werde ich mit allen meinen Kameraden, über und über beschmutzt, wie wir sind, zu Iwan Schuwaloff gehen.« Und in der Tat begab er sich, nachdem der Großfürst sich zurückgezogen hatte, mit allen, die an dem Spazierritt teilgenommen, zu Iwan Schuwaloff, der im kaiserlichen Palais wohnte. Als sie zu ihm kamen, erkundigte er sich nach den Details ihres Spazierritts, und Sergius Soltikoff sagte mir nachher, aus seinen Fragen sei hervorgegangen, daß er sich nicht getäuscht.

Seit diesem Tage nahm die Krankheit Tschoglokoffs eine mehr und mehr bedenkliche Wendung. Am 21. April, meinem Geburtstag, erklärten ihn die Aerzte für verloren. Man setzte sofort die Kaiserin davon in Kenntnis, und sie befahl, wie sie in ähnlichen Fällen zu tun pflegte, den Kranken in sein eigenes Haus zu schaffen, damit er nicht im Schlosse stürbe, weil sie sich vor Toten fürchtete. Als ich von dem Zustande, in welchem Tschoglokoff sich befand, hörte, bedauerte ich ihn sehr, denn gerade zu jener Zeit war es uns endlich nach vieler Mühe und Arbeit gelungen, ihn nicht nur weniger schlecht und böswillig zu machen, sondern auch mit ihm umzugehen und selbst etwas bei ihm auszurichten, weil man seinen Charakter schließlich kennen gelernt hatte, was seine Frau betraf, so liebte sie mich damals aufrichtig; aus einem strengen, bösen Argus war eine treue und ergebene Freundin geworden. Tschoglokoff lebte in seinem Hause noch bis zum 25. April, dem Krönungstag der Kaiserin, an welchem er nachmittags verschied. Da ich fast jeden Augenblick nach ihm fragen ließ, teilte man mir die Nachricht von seinem Tode sofort mit, worüber ich wahrhaft traurig war und lange weinte, während der letzten Lebenstage ihres Gatten war auch Madame Tschoglokoff ans Bett gefesselt gewesen, und so lag er in dem einen, sie in dem andern Flügel des Hauses krank darnieder. Sergius Soltikoff und Leon Narischkin befanden sich gerade in dem Zimmer Madame Tschoglokoffs, als ihr Gemahl starb. Da die Fenster offen standen, flog ein Vogel herein und setzte sich auf den Rand der Türfassung dem Bette gegenüber, worin Madame Tschoglokoff lag. Als sie den Vogel bemerkte, rief sie: »Ich glaube, mein Mann hat soeben seinen Geist aufgegeben; lassen Sie fragen, was daran Wahres ist!« Und in der Tat brachte man ihr die Botschaft, daß er soeben gestorben sei. Hierauf bemerkte sie, dieser Vogel sei die Seele ihres Gatten gewesen, und als man ihr beweisen wollte, daß es ein ganz gewöhnlicher Vogel sei, der sich nur verirrt hätte, war er nicht mehr da. Man versicherte ihr, er sei fortgeflogen, aber da niemand ihn fliegen gesehen hatte, blieb sie überzeugt, es sei die Seele ihres Gemahls gewesen, die sie aufgesucht habe.

Nach der Bestattung Tschoglokoffs wollte seine Frau mich besuchen. Als aber die Kaiserin sie über die Jausabrücke kommen sah, schickte sie ihr einen Boten entgegen, der ihr meldete, daß sie ihres Dienstes bei mir enthoben sei und in ihre Wohnung zurückkehren möge. Es mißfiel Ihrer Majestät, daß sie als Witwe so bald ausging. Denselben Tag ernannte sie Alexander Iwanowitsch Schuwaloff zu dem Posten des verstorbenen Tschoglokoff beim Großfürsten. Dieser Schuwaloff war, allerdings nicht an sich selbst, sondern durch die Stellung, welche er einnahm, der Schrecken des Hofes, der Stadt und des ganzen Reiches. Er war Präsident des Tribunals der Staatsinquisition, welche damals die geheime Polizei genannt wurde. Seine amtliche Tätigkeit hatte ihm, wie man sagte, eine Art konvulsivischer Zuckungen zugezogen, die, so oft er Freude, Zorn, Furcht oder Unruhe empfand, die ganze rechte Seite seines Gesichtes vom Auge bis zum Kinn verzerrten. Es war daher sehr zu verwundern, wie man diesen Mann mit einer so abschreckenden Fratze hatte wählen können, fortwährend in der Gesellschaft einer jungen Frau zu sein, die guter Hoffnung war. Hätte ich ein mit dieser unglücklichen Gewohnheit behaftetes Kind zur Welt gebracht, so würde die Kaiserin sicherlich sehr ärgerlich gewesen sein. Und doch hätte nichts leichter geschehen können als das, da ich ihn fortwährend sah, aber niemals gern, vielmehr meist mit einem Gefühl unwillkürlicher Abneigung wegen seiner Persönlichkeit, seiner Verwandten und seines Amtes, von welch letzterem man sehr bezweifelte, ob der gesellschaftliche Zustand dadurch gebessert werde. Allein dies sollte nur der Anfang der schönen Zeit sein, die man uns, besonders aber mir, bereitete.

Tags darauf meldete man mir, daß mir die Kaiserin wieder die Gräfin Rumianzoff beigeben werde. Da ich wußte, daß sie die verschworene Feindin Sergius Soltikoffs war, daß sie ferner die Fürstin Gagarin ebenso wenig liebte, als ihn, und einst meiner Mutter bei der Kaiserin großes Unrecht getan hatte, verlor ich für einen Augenblick all meinen Mut, als ich dies hörte. Ich weinte bitterlich und sagte dem Grafen Alexander Schuwaloff, wenn man mir die Gräfin Rumianzoff gebe, könnte ich darin nur ein großes Unglück für mich erblicken, denn diese Frau habe früher meiner Mutter durch Anschwärzungen bei der Kaiserin geschadet und werde es nun genau so mit mir machen. Als sie bei uns gewesen sei, habe man sie gefürchtet wie die Pest, und wenn er kein Mittel fände, diese Verfügung abzuwenden, würden viele Personen dadurch ins Unglück gestürzt werden. Er versprach, sich darum zu bemühen und suchte mich zu beruhigen. Da er besonders meinen damaligen Zustand befürchtete, begab er sich auch sofort zur Kaiserin, und als er zurückkam, drückte er die Hoffnung aus, daß sie mir die Gräfin Rumianzoff wahrscheinlich nicht beigeben werde, wirklich hörte ich nichts mehr davon, und man beschäftigte sich ausschließlich mit der Abreise nach Petersburg. Es wurde bestimmt, daß wir neunundzwanzig Tage unterwegs sein sollten, also jeden Tag nicht mehr, als eine Poststation zurücklegen durften. Ich kam bald um vor Angst, man werde Sergius Soltikoff und Leon Narischkin in Moskau zurücklassen, allein man hatte, ich weiß nicht aus welchem Grunde, die Gnade, sie mit auf die Liste unseres Gefolges zu setzen.

Am 10. oder 11. verließen wir endlich den Moskauer Palast. Ich fuhr in einem Wagen mit der Gemahlin des Grafen Alexander Schuwaloff, der langweiligsten Frau, die man sich denken kann, ferner mit Madame Wladislawa und der Hebamme, die man sich nicht ersparen zu können glaubte, weil ich guter Hoffnung war. Ich langweilte mich zum Sterben, und weinte beständig. Endlich paßte die Fürstin Gagarin einen günstigen Augenblick ab, wo sie sich mir nähern konnte, um mir zu sagen, daß sie sich bemühe, Madame Wladislawa günstig für mich zu stimmen, weil sie und alle andern fürchteten, die Hypochondrie, in welche mein Zustand mich versetzte, könnte mir und dem Kinde unter meinem Herzen schaden. Was Sergius Soltikoff angehe, so wage er sich mir weder von nah noch von fern zu nähern wegen der Aufsicht und fortwährenden Gegenwart des Schuwaloffschen Ehepaares. Sie persönlich liebte die Gräfin Schuwaloff nicht, weil deren mit Golowkin, einem Vetter der Fürstin Gagarin, vermählte Tochter sich gegen die Eltern ihres Gemahls sehr wenig zuvorkommend benahm. Es gelang ihr denn auch wirklich, bei Madame Wladislawa Gehör zu finden, die sich endlich hinsichtlich meines Zustandes und des drückenden Zwangs, aus dem eben jene Melancholie entsprang, deren ich nicht mehr Herr werden konnte, bewegen ließ. Es handelte sich übrigens um ein Geringes; nämlich um nichts weiter, als um eine kurze Unterhaltung mit Sergius Soltikoff. Endlich wurde mir dieselbe gewährt.

So kamen wir nach neunundzwanzig langweiligen Reisetagen in Petersburg im Sommerpalast an, wo der Großfürst sofort wieder seine Konzerte einführte. Dies gewährte mir indes bisweilen die Möglichkeit eines Zusammenseins mit Soltikoff. Allein meine Melancholie hatte einen so hohen Grad erreicht, daß ich bei der geringsten Veranlassung in Tränen ausbrach. Tausend Befürchtungen erfüllten meine Seele; kurz, ich konnte mich nicht von dem Gedanken befreien, daß alles auf die Entfernung Sergius Soltikoffs hinziele.

Fünfzehntes Kapitel

Geburt meines Sohnes Paul. – Man entfernt mein Kind sofort nach der Geburt von mir. – Rücksichtslose Behandlung einer Wöchnerin. – Von aller Welt verlassen! – Die blaue Atlasmantille der Kaiserin. – Kurioser Hund unter dem Kopfkissen Elisabeths. – Der Großfürst macht der Gräfin Woronzow den Hof. – Taufe meines Sohnes. – Das Wochengeschenk der Kaiserin. – Mein Gemahl ist neidisch darauf. – Tauffestlichkeiten. – Verdruß des Großfürsten. – Ich sehe meinen Sohn zum ersten Male. – Erste Huldigungen und erster Ausgang. – Fieberanfälle.

Wir begaben uns nach Peterhof. Ich ging dort viel spazieren, aber mein Kummer verließ mich nicht. Im Herbst kehrten wir in die Stadt zurück. Wie ein tödlicher Schlag traf es mich, als ich erfuhr, daß man für meine Niederkunft Zimmer einrichtete, welche an die Gemächer der Kaiserin stießen und ihr gehörten. Alexander Schuwaloff war beauftragt, mir dieselben zu zeigen. Ich fand zwei Zimmer wie alle andern im Sommerpalast, düster und nur mit einem Ausgang versehen,

schlecht möbliert in rotem Damast und jeder Bequemlichkeit bar. Daß ich hier einsam, ohne alle Gesellschaft
und sehr unglücklich sein werde, sah ich im voraus, und
äußerte dies auch gegen Sergius Soltikoff, sowie gegen
die Fürstin Gagarin, die sich gegenseitig zwar nicht
eben geneigt waren, aber sich aus Freundschaft für mich
vereinigten. Sie waren beide derselben Ansicht wie ich,
konnten indes nichts daran ändern. Diese, von den Gemächern des Großfürsten sehr entfernten Zimmer sollte
ich am Mittwoch beziehen. Am Dienstag abend jedoch
ging ich in meinem Schlafzimmer zu Bett und wachte in
der Nacht mit heftigen Schmerzen auf, so daß ich Madame Wladislawa weckte. Sie ließ sofort die Hebamme
holen, welche erklärte, daß die Zeit meiner Niederkunft
da sei. Darauf weckte man den Großfürsten, der in seinem Zimmer schlief, und den Grafen Alexander Schuwaloff.

Der letztere schickte sogleich nach der Kaiserin, die
etwa um zwei Uhr morgens eintrat. Aber erst gegen
Mittag des folgenden Tages, am 20. September, wurde
ich von einem Sohne entbunden. Nachdem das Kind
bekleidet war, ließ die Kaiserin ihren Beichtvater rufen,
der ihm den Namen Paul gab. Hierauf befahl sie der
Hebamme, das Kind zu nehmen und ihr zu folgen. Mich
ließ man indes auf meinem Schmerzenslager liegen, das
einer Tür gegenüber stand, durch welche das helle Ta-
geslicht hereinfiel; hinter mir waren zwei mächtige
Fenster, welche schlecht schlossen, und zur Rechten
und Linken zwei Türen, von denen die eine in mein

Ankleidezimmer, die andere in das von Madame Wladislawa bewohnte führte.

Nachdem die Kaiserin sich entfernt, gingen auch der Großfürst, sowie Herr und Frau Schuwaloff, und bis drei Uhr sah ich keinen Menschen wieder. Ich hatte stark geschwitzt und bat Madame Wladislawa, mir neue Wäsche anzuziehen und mich ins Bett zu schaffen, denn ich lag auf einer Art Entbindungstisch; allein sie erklärte, sie wage es nicht, schickte indes mehrere Male nach der Hebamme, doch diese kam nicht. Ich verlangte zu trinken, erhielt aber immer die nämliche Antwort. Nach drei Stunden endlich kam die Gräfin Schuwaloff in großer Toilette zurück. Als sie mich noch auf derselben Stelle liegen sah, war sie außer sich und rief, man wolle mich wohl auf diese Weise töten. Seit meiner Niederkunft in Tränen gebadet, verlassen, auf einem schlechten, unbequemen Lager, nach heftigen, schmerzhaften Geburtswehen, zwischen Türen und Fenstern, die schlecht schlossen, ohne daß jemand es wagte, mich in mein zwei Schritte entferntes Bett zu tragen, und ohne daß ich selbst die Kraft hatte, mich hinzuschleppen, waren die Worte der Gräfin ein süßer Trost für mich. Madame Schuwaloff entfernte sich sogleich, wahrscheinlich um die Hebamme zu holen, denn diese kam nach einer halben Stunde und sagte, die Kaiserin sei so um das Kind besorgt gewesen, daß sie sich keinen Augenblick habe entfernen dürfen. An mich dachte man nicht. Eine solche Vergeßlichkeit, oder besser Gleichgültigkeit, war allerdings nicht sehr schmeichelhaft für mich. Ich verschmachtete vor Durst. Endlich brachte man mich in mein Bett, dann sah ich den ganzen Tag keine lebende Seele mehr, ebensowenig erkundigte man sich nach meinem Befinden. Der Großfürst trank mit seinen Genossen, und die Kaiserin war mit dem Kinde beschäftigt.

In der Stadt sowie im ganzen Reiche herrschte die größte Freude über das glückliche Ereignis. Am nächsten Tage begann ich unerträgliche rheumatische Schmerzen zu empfinden, die an meinem linken Bein hinunterzogen. Ich wurde dadurch am Schlafen gehindert und bekam obendrein heftiges Fieber. Trotzdem aber bekümmerte man sich nicht mehr um mich, als vorher. Ich sah niemand, niemand fragte nach mir. Der Großfürst kam wohl einen Augenblick in mein Zimmer, ging aber gleich wieder fort mit der Ausrede, er habe keine Zeit, länger zu bleiben. Ich tat den ganzen Tag nichts als weinen und jammern. Nur Madame Wladislawa war bei mir und bedauerte mich, konnte mir aber nicht helfen. Dazu liebte ich weder bedauert zu werden, noch mich zu beklagen. Ich hatte einen zu stolzen Charakter; und schon der Gedanke, unglücklich zu sein, war mir unerträglich; denn bis dahin hatte ich getan, was ich konnte, um es nicht zu scheinen. Ich hätte Graf Alexander Schuwaloff und seine Gemahlin zu mir bitten können, wenn ich gewollt, allein beide waren so einfältig und langweilig, daß ich mich immer freute, wenn ich sie los war.

Am dritten Tage ließ die Kaiserin Madame Wladislawa fragen, ob eine Mantille aus blauem Atlas, welche Ihre Majestät am Tage meiner Niederkunft umgehabt hatte, weil es in meinem Zimmer sehr kalt war, nicht bei mir liegen geblieben wäre. Madame Wladislawa suchte diese Mantille überall und fand sie endlich in einem Winkel meines Toilettezimmers, wo man sie nicht bemerkt hatte, weil man seit meiner Niederkunft dies Zimmer nur selten betrat. Sie schickte das Kleidungsstück sofort zur Kaiserin. Wie wir später erfuhren, hatte dieser Umhang zu einem eigentümlichen Vorfall Veranlassung gegeben. Die Kaiserin, die keine bestimmte Zeit festsetzte, wann sie zu Bett ging, wann sie aufstand, dinierte, soupierte, oder Toilette machte, legte sich eines Nachmittags während der drei erwähnten Tage auf ein Sofa, auf welches sie eine Matratze und Kissen hatte breiten lassen. Nachdem sie eine Weile geruht, fing sie an zu frösteln und verlangte die blaue Mantille. Da diese in meinem Zimmer liegen geblieben war, suchte man sie überall, ohne sie zu finden, bis die Kaiserin schließlich befahl, unter ihrem Kopfkissen nachzusehen, weil sie annahm, sie läge darunter. Die Schwester Madame Kruses, jene Lieblingskammerfrau der Kaiserin, suchte darauf unter dem Kopfkissen Ihrer Majestät, zog indes schnell ihre Hand zurück, indem sie sagte, die Mantille sei nicht dort, aber ein Paket Haare oder etwas Aehnliches liege darunter. Die Kaiserin erhob sich sofort und befahl, die Matratze samt den Kissen wegzunehmen. Nicht ohne Erstaunen erblickte man nun ein Paket, in welchem sich verschiedene Wurzeln, die mit einer Unmenge von Haaren umwickelt waren, befanden. Sofort erklärten die Frauen der Kaiserin und auch diese selbst, es müsse unzweifelhaft Hexerei sein, und alle ergingen sich in Vermutungen, wer wohl die Verwegenheit gehabt haben könne, das Paket unter das Kopfkissen Ihrer Majestät zu legen. Bald hatte man eine der Frauen, die Ihre kaiserliche Majestät am meisten bevorzugte, in Verdacht. Dieselbe war bekannt unter dem Namen Anna Dimitrewna Dumaschewa. Vor nicht langer Zeit war sie Witwe geworden und hatte sich zum zweiten Male mit einem Kammerdiener der Kaiserin verheiratet. Den beiden Schuwaloffs stand diese Frau wegen ihres Einflusses und des Vertrauens, das ihr die Kaiserin entgegenbrachte, im Wege, so daß sie ihnen sehr wohl einen Streich spielen konnte, durch den der Einfluß der Schuwaloffs gelitten haben würde. Da es den Schuwaloffs nicht an Anhängern fehlte, fingen auch diese an, die Sache als ein Verbrechen aufzufassen, wozu, nebenbei gesagt, die Kaiserin selbst sehr geneigt war, weil sie an Zauberei und Hexerei glaubte. Demzufolge befahl sie dem Grafen Alexander Schuwaloff, die Frau, sowie ihren Mann und ihre beiden Söhne, von denen der eine ein Gardeoffizier, der andere Kammerpage der Kaiserin war, verhaften zu lassen. Zwei Tage nach seiner Verhaftung verlangte der Mann ein Rasiermesser, um sich zu rasieren, und schnitt sich den Hals ab. Was die Frau und die Söhne betraf, so waren sie lange Zeit im Gefängnis, und die erstere gestand ein, daß sie, um die Gunst der Kaiserin zu bewahren, Zaubermittel angewandt und am Gründonnerstag ein paar Körner gebrannten Salzes in ein Glas Ungarwein geschüttet habe, das sie dann der Kaiserin präsentierte. Die Sache endigte damit, daß Mutter und Söhne aus Moskau verbannt wurden. Später verbreitete sich ein Gerücht, demzufolge eine Ohnmacht, welche die Kaiserin kurz vor meiner Entbindung gehabt, durch das ihr von jener Frau gereichte Getränk hervorgerufen worden sei. In Wirklichkeit aber hatte sie ihr am Gründonnerstag nicht mehr als zwei bis drei Körner Salz ins Glas geschüttet, die ihr sicherlich nicht schaden konnten. Das einzig Tadelnswerte dabei war die Verwegenheit der Frau und ihr Aberglaube.

Endlich schlug mir der Großfürst vor, da er sich abends ohne meine Ehrendamen, denen er den Hof in der auffälligsten Weise machte, langweilte, die Abende in meinem Zimmer zu verbringen. Er bemühte sich gerade damals um die Häßlichste von allen, die Gräfin Elisabeth Woronzow.

Am sechsten Tage fand die Taufe meines Sohnes statt. Es hätte wenig gefehlt, daß er an Mundfäule gestorben wäre. Ich selbst konnte nur heimlich Nachricht über ihn erhalten, denn nach seinem Befinden zu fragen, würde für Zweifel an der Sorgfalt der Kaiserin gehalten und sehr schlecht aufgenommen worden sein. Zudem hatte sie ihn in ihr eigenes Zimmer bringen lassen, und sowie er zu schreien anfing, eilte sie selbst zu ihm. Aus übergroßer Sorgfalt brachte man ihn dem Ersticken nahe. Er lag in einem sehr heißen Zimmer, ganz in Flanell eingewickelt, in einer mit schwarzem Fuchspelz gefütterten Wiege und war mit einer Atlassteppdecke zugedeckt, über welcher eine rosa Samtdecke lag, die ebenfalls mit schwarzem Fuchspelz gefüttert war. Ich selbst sah ihn später wiederholt in seiner Wiege, in Schweiß gebadet. Als er größer wurde, zog ihm daher der geringste Luftzug sofort eine Erkältung und Krankheit zu. Außerdem war er von einer großen Zahl alter Frauen umgeben, die, aus mißverstandener Fürsorge und Mangel an gesundem Menschenverstand, ihm viel mehr physische und moralische Leiden zufügten, als daß sie ihm von Nutzen waren.

Am Tauftage kam die Kaiserin nach der Feierlichkeit in mein Zimmer und überreichte mir eigenhändig auf einem goldenen Teller einen Befehl an ihr Kabinett, mir 100 000 Rubel auszuzahlen. Daneben lag ein Schmuckkästchen, welches ich nicht früher öffnete, als bis sie sich entfernt hatte. Das Geld kam mir sehr gelegen, denn ich besaß momentan keinen Pfennig und war mit Schulden überlastet. Was den Schmuckkasten betraf, so machte sein Inhalt nicht den geringsten Eindruck auf mich. Er enthielt ein klägliches kleines Halsband samt goldenen Ohrgehängen und zwei erbärmlichen Ringen, die ich mich geschämt haben würde, meinen Kammerfrauen zu schenken. In dem ganzen Schmuck war nicht ein Stein, der mehr als hundert Rubel wert gewesen wäre, ebenso wenig zeichnete er sich durch Arbeit oder Geschmack aus. Ich schwieg indes und ließ das kaiserliche Schmuckkästchen verschließen. Offenbar fühlte man die wahrhafte Schäbigkeit des Geschenkes selber, denn bald danach kam Graf Alexander Schuwaloff zu mir mit dem Befehle, sich zu erkundigen, wie mir der Schmuck gefalle. Ich erwiderte, alles, was ich aus den Händen Ihrer kaiserlichen Majestät empfange, betrachte ich gewohnheitsgemäß als unschätzbar für mich. Er entfernte sich lächelnd mit diesem Kompliment. Später kam er auf diesen Gegenstand wieder einmal zu sprechen, da er sah, daß ich mein schönes Halsband und besonders die schäbigen Ohrringe niemals trug, und forderte mich auf, es doch manchmal anzulegen. Darauf antwortete ich ihm, ich sei gewöhnt, an den Festen der Kaiserin nur das Schönste zu tragen, was ich besitze, und dies Kollier nebst den Ohrgehängen könnte ich unmöglich dazu rechnen.

Vier oder fünf Tage nachdem mir das von der Kaiserin geschenkte Geld ausgezahlt worden war, ließ mich ihr Kabinettssekretär, der Baron Tscherkassoff, bitten, diese Summe um des Himmels willen dem Kabinette der Kaiserin wieder zu leihen, da sie Geld fordere, aber kein Pfennig da sei. Ich schickte ihm also das Geld zurück, und er gab es mir im Januar wieder. Die Ursache dazu war folgende. Als der Großfürst von dem Geschenke hörte, welches die Kaiserin mir gemacht, geriet er vor Wut fast außer sich, weil sie ihm nichts gegeben hatte, und äußerte sich darüber mit großer Rücksichtslosigkeit gegen den Grafen Alexander Schuwaloff. Dieser sagte es der Kaiserin wieder, worauf sie ihrem Neffen sofort eine der meinigen gleiche Summe schickte.

Nach der Taufe meines Sohnes fanden Festlichkeiten, Bälle, Illuminationen, Feuerwerke bei Hofe statt, während ich noch immer krank und von Langeweile gequält an mein Bett gefesselt war. Endlich wählte man den siebzehnten Tag nach meiner Entbindung, um mir zwei sehr unangenehme Nachrichten auf einmal mitzuteilen: erstens, daß Sergius Soltikoff beauftragt worden sei, die

Kunde von der Geburt meines Sohnes nach Schweden zu bringen; zweitens, daß die Hochzeit der Fürstin Gagarin auf nächste Woche festgesetzt war – das heißt auf gut Deutsch, daß ich für immer von den beiden Menschen getrennt werden sollte, die ich von meiner ganzen Umgebung am meisten liebte. Mehr als je vergrub ich mich in meine Kissen und grämte mich. Um mein Bett nicht verlassen zu müssen, schützte ich eine Verschlimmerung der Schmerzen im Bein vor, wodurch ich gehindert werde, mich zu erheben. Allein in Wahrheit wollte und konnte ich niemand sehen, weil ich unsäglich traurig war.

Inzwischen hatte auch der Großfürst einen großen Verdruß gehabt. Graf Alexander Schuwaloff teilte ihm nämlich mit, daß ihm ein früherer Jäger des Großfürsten, namens Bastian – derselbe, dem die Kaiserin vor mehreren Jahren befahl, mein früheres Kammermädchen, Fräulein Schenk, zu heiraten – gemeldet habe, er hätte von irgend jemand gehört, Bresson wolle dem Großfürsten ich weiß nicht was zu trinken geben. Nun aber war dieser Bastian ein Bruder Liederlich und Trunkenbold, der zuweilen mit Seiner kaiserlichen Hoheit zechte. Da er sich mit Bresson, den er beim Großfürsten für bevorzugter hielt als sich selbst, entzweit hatte, gedachte er demselben einen Streich zu spielen. Der Großfürst indes war beiden sehr gewogen. Schließlich wurde Bastian auf die Festung geschickt, und auch Bresson erwartete dieselbe Strafe, kam jedoch mit der Angst davon. Später wurde der Jäger des Landes verwiesen und samt seiner Frau nach Holstein geschickt, während Bresson seine Stelle behielt, weil er jedermann als Spion diente.

Nach einigem Aufschub, der daher rührte, daß die Kaiserin weder oft noch gern unterschrieb, reiste Sergius Soltikoff ab, und die Fürstin Gagarin vermählte sich zur festgesetzten Zeit.

Nachdem die vierzig Tage meines Wochenbetts vorüber waren, kam die Kaiserin zu meiner Einsegnung zum zweiten Male nach meiner Niederkunft in mein Zimmer. Um sie zu empfangen, hatte ich das Bett verlassen, aber sie fand mich so matt und abgemagert, daß sie mich, während ihr Beichtvater die Gebete las, sitzen ließ. Auch meinen Sohn hatte man in mein Zimmer gebracht. Es war das erstemal seit seiner Geburt, daß ich ihn sah. Ich fand ihn sehr schön, und sein Anblick heiterte mich ein wenig auf. Allein unmittelbar nach Beendigung der Gebete ließ ihn die Kaiserin wieder forttragen und entfernte sich ebenfalls. Ihre Majestät bestimmte den 1. November als den Tag, an welchem ich nach den sechs Wochen die üblichen Glückwünsche empfangen sollte. Zu diesem Zwecke möblierte man das Zimmer neben dem meinigen kostbar aus; ich ruhte auf einem Lager von silbergesticktem rosa Samt und jedermann küßte mir die Hand. Auch die Kaiserin fand sich ein und begab sich darauf in den Winterpalast, wohin wir Befehl hatten, ihr in zwei bis drei Tagen zu folgen. Man räumte uns hier die Gemächer ein, welche meine Mutter bewohnt hatte, und die eigentlich einen Teil des Hauses Naguschiski sowie des Hauses Ragusinski ausmachten. Die andere Hälfte des letzteren wurde von dem Ministerium der auswärtigen Angelegenheiten eingenommen. Der Winterpalast, an der Seite des großen Platzes, war damals gerade im Bau begriffen.

Ich zog aus dem Sommerpalast in die Winterwohnung mit dem festen Entschluß, mein Zimmer nicht früher zu verlassen, als bis ich mich kräftig genug fühlte, meine Hypochondrie zu überwinden. Ich las damals die Geschichte Deutschlands, sowie die allgemeine Geschichte von Voltaire, und im Winter darauf las ich so viele russische Bücher, als ich mir nur verschaffen konnte; unter andern zwei sehr starke Bände einer russischen Übersetzung von Baronius. Darauf verfiel ich auf Montesquieus »Geist der Gesetze«, dann auf die Annalen des Tacitus, die eine eigenartige Revolution in meinem Kopfe hervorriefen, wozu vielleicht meine mißvergnügte Stimmung in dieser Zeit nicht wenig beitrug. Ich fing an, die Dinge schwärzer zu sehen und tiefere, den verschiedenen Interessen entsprechendere Ursachen in dem zu suchen, was vor meinen Augen vorging. Und dennoch nahm ich meine Kräfte zusammen, um zu Weihnachten auszugehen. Ich war sogar beim Gottesdienst zugegen, aber schon in der Kirche überfiel mich ein so heftiger Schüttelfrost, mein ganzer Körper schmerzte so, daß ich mich sofort, als ich wieder in meinem Zimmer angelangt war, ins Bett legen mußte. Letzteres war allerdings weiter nichts als eine Chaiselongue, die ich vor eine Tapetentür gestellt hatte, durch welche, wie es mir schien, feine Zugluft wehte, weil außer einem doppelten Türvorhang noch ein großer Wandschirm davor stand. Trotzdem aber glaube ich, daß diese Tür die Ursache aller Leiden gewesen ist, die mich in jenem Winter aufs Krankenlager warfen. Am Tage nach Weihnachten war meine Fieberhitze so groß, daß ich zu phantasieren anfing. Wenn ich die Augen schloß, sah ich nichts als verschwommene Bilder von den Platten des Ofens, der am Fußende meiner Chaiselongue stand, da das Zimmer eng und klein war. Mein Schlafzimmer benutzte ich nie, weil es sehr kalt war, denn die Fenster auf beiden Seiten waren nach Norden und Osten der Newa zu gelegen. Ein anderer Grund, der mich von der Benutzung meines Schlafgemaches fernhielt, war die Nähe der Zimmer des Großfürsten, wo am Tage und während des größten Teiles der Nacht fortwährend ein Lärmen wie in einer Wachtstube stattfand. Außerdem drang ein unangenehmer Tabaksgeruch und Qualm herein, da der Großfürst und seine Umgebung viel rauchten. So hielt ich mich denn den ganzen Winter hindurch in dem ärmlichen, kleinen, schmalen Zimmer auf, das drei Türen, zwei Fenster und einen Fensterpfeiler besaß und kaum sieben bis acht Arschinen (russische Ellen) lang und vier breit war.

Sechzehntes Kapitel

Rückkehr Soltikoffs. – Ich erwarte ihn vergebens bei mir. – Meine Vorwürfe und seine Ausreden. – Ich lasse verschiedene Personen meine Verachtung fühlen. – Kammerherr Brockdorf und der Makler Braun. – Wortwechsel zwischen mir und dem Großfürsten. – Umzug nach Oranienbaum. – Der Großfürst läßt ein ganzes Truppendetachement aus Holstein kommen. – Man findet das Ganze sehr lächerlich. – Prophezeiung. – Sir Williams. – Graf Poniatowski. – Namensfest meines Sohnes. – Sergius Soltikoff verliert in meinen Augen. – Die holsteinschen Truppen reisen ab. – Briefe Leon Narischkins an mich. – Der wirkliche Verfasser dieser Briefe ist Poniatowski. – Angenehmer Aufenthalt im Winterpalast. – Des Großfürsten liebstes Spielzeug. – Bälle und Konzerte beim Großfürsten. – Tollheiten Narischkins. – Heimliche nächtliche Besuche bei den Narischkins und bei mir.

Das Jahr 1755 begann. Von Weihnachten bis zur Fastenzeit gab es nichts als Feste am Hofe und in der Stadt. Anlaß dazu war noch immer die Geburt meines Sohnes. Jedermann beeilte sich, die schönsten Gastmähler, Bälle, Maskeraden, Illuminationen und Feuerwerke um die Wette zu veranstalten. Aber unter dem Vorwand von Krankheit war ich selbst bei keinem dieser Feste dabei.

Als der Karneval sich seinem Ende näherte, kam Sergius Soltikoff endlich wieder aus Schweden zurück. Während seiner Abwesenheit schickte mir der Großkanzler Graf Bestuscheff alle Nachrichten, die er von ihm empfing, sowie die Depeschen des Grafen Panin, der damals russischer Gesandter in Schweden war, durch Madame Wladislawa. Diese bekam sie durch ihren Schwiegersohn, den ersten Schreiber des Großkanzlers, zugestellt, und ich meinerseits sandte auf demselben Wege Briefe an Sergius. Auf diese Weise hörte ich auch, daß, sobald Sergius Soltikoff zurückgekommen sein würde, man entschlossen war, ihn als russischen Bevollmächtigten nach Hamburg zu senden, an Stelle des Fürsten Galitzin, den man zur Armee versetzte. Diese Nachricht trug natürlich nicht dazu bei, meinen Kummer zu vermindern.

Als Sergius Soltikoff zurückgekehrt war, ließ er mich durch Leon Narischkin bitten, ihm mitzuteilen, ob ich es möglich machen könnte, ihn zu empfangen. Ich sprach mit Madame Wladislawa darüber, die denn auch in eine Zusammenkunft willigte. Er sollte erst zu ihr, dann durch ihr Zimmer zu mir kommen. Ich wartete die ganze Nacht bis drei Uhr morgens, aber er kam nicht. Während ich in Todesangst schwebte und mir den Kopf zerbrach, was ihn vom Kommen abgehalten haben könnte, erfuhr ich am folgenden Tage, daß er vom Grafen Roman Woronzow in eine Freimaurerloge geschleppt worden war, und er selbst behauptete, er habe sich nicht zurückziehen können, ohne Verdacht zu erregen. Aber ich fragte und forschte Leon Narischkin so lange aus, bis es mir schließlich klar wie der Tag ward, daß er bloß aus Mangel an Zuneigung und Aufmerksamkeit für mich nicht gekommen war, ohne die geringste Rücksicht auf das, was ich seit langer Zeit allein aus Liebe zu ihm litt.

Sogar Leon Narischkin, sein Freund, entschuldigte ihn nicht, und ich will es nur gestehen, ich selbst fühlte mich aufs äußerste beleidigt. So schrieb ich ihm denn einen Brief, worin ich mich bitter über sein Benehmen beklagte. Er antwortete mir und kam. Es war für ihn ein leichtes, mich zu besänftigen, weil ich nur allzu sehr geneigt war, mich von ihm beruhigen zu lassen. Er redete mir zu, in der Oeffentlichkeit zu erscheinen; ich folgte seinem Rate und war am 10. Februar zum Geburtstage des Großfürsten und Palmsonntag am Hofe zugegen. Ich ließ mir eigens für diesen Tag ein hellblaues, goldbesticktes Samtkleid machen. Da ich während meiner Einsamkeit eine Menge Beobachtungen gemacht hatte, faßte ich den Entschluß, diejenigen, die mir so manchen Kummer verursacht, so viel an mir lag, es fühlen zu lassen, daß man mich nicht ungestraft beleidigt und man meine Zuneigung oder Billigung nicht durch schlechtes Betragen gewinne. Daher versäumte ich auch keine Gelegenheit, den beiden Schuwaloffs merken zu lassen, wie sehr sie mich zu ihren Gunsten eingenommen hatten, und bezeigte ihnen meine tiefste Verachtung. Ich deckte gegen andere ihre Schlechtigkeit und Dummheit auf, machte sie lächerlich, wo ich nur konnte, wußte ihnen immer einige Sarkasmen zu sagen, welche sich blitzschnell in der ganzen Stadt verbreiteten und ihre schadenfrohen Feinde auf ihre Kosten amüsierten. Mit einem Wort, ich rächte mich an ihnen auf jede nur mögliche Weise. Waren sie anwesend, so verfehlte ich niemals, diejenigen auszuzeichnen, die sie nicht leiden mochten, und da eine große Anzahl Leute sie haßten, hatte ich keinen Mangel an Personen, die für meine Zwecke geeignet waren. Besonders bezeigte ich den beiden Grafen Razumowski, die ich sehr gern hatte, mehr Gunst denn je, verdoppelte meine Aufmerksamkeit und Höflichkeit gegen jedermann, mit Ausnahme der Schuwaloffs. Kurz, ich hielt mich aufrecht, ging erhobenen Hauptes, mehr als Anführer einer großen Partei, als ein gedemütigtes und unterdrücktes Wesen einher. Einen Augenblick wußten die Herren Schuwaloff nicht, wie sie sich dazu stellen sollten. Sie hielten Rat und nahmen ihre Zuflucht zu höfischen Listen und Ränken. Zu jener Zeit erschien in Rußland ein Herr Brockdorf, ein holsteinscher Edelmann, der früher durch die damalige Umgebung des Großfürsten, Brummer und Berkholz, aus Rußland ausgewiesen worden, weil er als intriganter Mensch von schlechtem Charakter bekannt war. Dieser kam den Schuwaloffs sehr gelegen. Da er vom Großfürsten als Herzog von Holstein einen Kammerherrnschlüssel erhalten, hatte er Zutritt bei Seiner kaiserlichen Hoheit, die überhaupt für jeden Dummkopf, der aus Holstein kam, günstig gestimmt war. Brockdorf wurde bald mit Peter Schuwaloff bekannt, und zwar auf folgende Weise. In dem Gasthause, wo er logierte, machte er die Bekanntschaft eines Menschen, der die Gasthäuser Petersburgs nur verließ, um drei sehr hübsche deutsche Mädchen namens Reifenstein zu besuchen, von denen die eine vom Grafen Peter Schuwaloff unterhalten wurde. Der Erwähnte hieß Braun und war eine Art Makler für alle möglichen Dinge. Er brachte auch Brockdorf zu den Mädchen, wo dieser den Grafen Schuwaloff traf. Letzterer erklärte in den überschwenglichsten Ausdrücken seine Ergebenheit für den Großfürsten und beklagte sich selbstverständlich über mich. Brockdorf berichtete alles bei der ersten Gelegenheit dem Großfürsten wieder und bearbeitete ihn, er solle, wie er sich ausdrückte, seine Frau zur Vernunft bringen. Zu diesem Zwecke kam Seine kaiserliche Hoheit eines Tages nach dem Diner in mein Zimmer und sagte, ich fange wirklich an, ganz unerträglich stolz zu werden, aber er wolle mich schon zur Vernunft bringen. Als ich ihn fragte, worin denn dieser Stolz bestehe, antwortete er: »Sie halten sich außerordentlich gerade.« Darauf fragte ich aufs neue, ob man, um ihm zu gefallen, mit gekrümmtem Rücken, wie die Sklaven des Sultans, gehen müsse? Hierüber wurde er böse und sagte, er werde mich schon zur Vernunft zu bringen wissen. – »Wie?« fragte ich. Da stellte er sich mit dem Rücken gegen die Wand, zog seinen Degen bis zur Hälfte und zeigte ihn mir. Ich fragte ihn, was dies bedeute, ob er sich mit mir schlagen wolle? Aber dann müsse auch ich einen Degen haben. Er stieß seinen Säbel wieder in die Scheide und sagte, meine Schlechtigkeit überschreite jegliche Grenze, und als ich ihn fragte, inwiefern? erwiderte er stotternd: »Nun, den Schuwaloffs gegenüber.« Hierauf antwortete ich, er schwatze alles nach, was er höre, und würde gut tun, lieber nicht von Dingen zu sprechen, die er nicht wisse oder verstehe. Er indes fuhr fort: »Das sind die Folgen, wenn man seinen wahren Freunden nicht traut; es geht einem schlecht dabei. Hätten Sie Vertrauen zu mir gehabt, Sie würden sich sehr wohl dabei befunden haben.« – Ich erwiderte: »Vertrauen, worin?« – Und nun begann er eine so unsinnige und gegen die gewöhnlichen Regeln des gesunden Menschenverstandes verstoßende

Auseinandersetzung, daß ich, da ich sah, daß er einzig und allein faselte, ihn reden ließ, ohne zu antworten, und eine günstige Pause benutzte, um ihm den Rat zu geben, er solle zu Bett gehen. Denn ich sah deutlich, daß der Wein ihm sein ganzes bißchen Vernunft genommen und allen Verstand in ihm abgestumpft hatte. Er folgte denn auch meinem Rate und legte sich schlafen. Schon damals fing er an, fortwährend nach Wein und Tabak zu riechen, ein Geruch, der allen, die ihm nahe kamen, unerträglich war.

Denselben Abend beim Kartenspiel meldete mir Graf Alexander Schuwaloff seitens der Kaiserin, sie habe meinen Damen verboten, verschiedene Putzsachen zu tragen, die in einer öffentlichen Bekanntmachung einzeln aufgezählt waren. Um ihm nun zu zeigen, wie Seine kaiserliche Hoheit mich in bezug auf mein Benehmen gegen die Schuwaloffs gebessert hatte, lachte ich ihm direkt ins Gesicht und sagte, er hätte sich die Mühe sparen können, mir diesen Befehl zu übermitteln, denn ich trüge nie etwas, was Ihrer kaiserlichen Majestät mißfiele. Außerdem suche ich mein Verdienst weder in der Schönheit, noch in der Kleidung, denn wenn die eine dahin sei, werde die andere lächerlich; der Charakter allein sei dauernd. Er hörte mich bis zu Ende an, blinzelte dann, wie es seine Gewohnheit war, mit dem rechten Auge und ging, während ich seine Grimasse hinter ihm nachäffte, worüber die ganze Gesellschaft laut auflachte.

Einige Tage nachher teilte mir der Großfürst mit, er wolle die Kaiserin wegen seiner holsteinschen Angelegenheiten, welche sich mehr und mehr verschlimmerten, um Geld bitten; Brockdorf habe ihm diesen Rat gegeben. Daß dies nur ein Köder war, den man ihm hinhielt, damit er seine ganze Hoffnung, Geld zu erhalten, auf die Schuwaloffs setzen sollte, sah ich nur zu gut und fragte ihn deshalb, ob man nicht auf andere Weise Geldmittel auftreiben könnte. Er erwiderte, er wolle mich mit den Forderungen der Holsteiner bekannt machen, und tat es. Nachdem ich die Papiere, die er mir zeigte, durchgelesen, sagte ich zu ihm, mir scheine, er könne sich's ersparen, seine Tante um Geld anzukriegen, zumal sie wohl seine Bitte abschlagen werde, nachdem sie ihm erst vor kaum sechs Wochen 100 000 Rubel geschenkt habe. Er indes blieb bei seiner Meinung, und ich bei der meinigen. Das Ende davon war, daß man ihn lange Zeit mit der Hoffnung auf Geld hinhielt, und er schließlich doch nichts bekam.

Nach Ostern zogen wir nach Oranienbaum. Vor unserer Abreise erlaubte mir die Kaiserin, meinen Sohn zu sehen: zum dritten Male, seit er geboren war. Um in sein Zimmer zu gelangen, mußte man alle Gemächer Ihrer Majestät durchschreiten. Ich fand ihn in einer erstickenden Hitze, wie ich bereits erzählt habe.

Auf dem Lande angelangt, hatten wir eine merkwürdige Überraschung. Seine kaiserliche Hoheit, mit dem die Holsteiner unablässig von dem Defizit im Staatshaushalt sprachen, obwohl ihm jedermann riet, diese Leute zu meiden, die er noch dazu nur verstohlen und zeitweise sehen konnte, faßte plötzlich den kühnen Entschluß, ein ganzes holsteinsches Detachement Soldaten kommen zu lassen. Auch dies war ein Kunstgriff jenes verwünschten Brockdorf, welcher der vorherrschenden Leidenschaft des Großfürsten schmeichelte. Er hatte den Schuwaloffs zu verstehen gegeben, daß, wenn sie ihm mit diesem Spielzeug oder Steckenpferd freien Willen ließen, sie sich seiner Gunst auf immer versichern könnten, denn sie würden dadurch seiner Zustimmung zu allem, was sie etwa unternähmen, gewiß sicher sein. Wie es schien, verbarg man der Kaiserin, die Holstein und alles, was von dort kam, haßte, weil sie gesehen, wie ähnliche militärische Kinderspiele den Vater des Großfürsten, den Herzog Karl Friedrich, in den Augen Peters I. und ganz Rußlands in ein schlechtes Licht gesetzt hatten, die Sache anfangs, und sagte ihr, es habe so wenig auf sich, daß es nicht der Mühe wert wäre, davon zu reden. Außerdem war ja auch die Gegenwart des Grafen Schuwaloff allein von genügendem Einfluß, allen üblen Folgen vorzubeugen. In Kiel eingeschifft, landete also das Detachement bei Kronstadt und kam nach Oranienbaum. Der Großfürst, der zur Zeit Tschoglokoffs die holsteinsche Uniform nur in seinem Zimmer ganz verstohlen getragen hatte, legte jetzt keine andere mehr an, ausgenommen bei Hoffesten, obgleich er Oberstleutnant des Regiments Preobraschenski und außerdem Chef eines russischen Kürassierregiments war. Auf den Rat Brockdorfs hüllte er mir gegenüber diesen Truppentransport in das tiefste Geheimnis. Ich gestehe, daß ich, als ich zum ersten Male davon hörte, vor der verderblichen Wirkung zitterte, welche dieser Schritt bei dem russischen Volk und bei der Kaiserin selbst, deren Gefühle mir bekannt waren, hervorbringen mußte. Als das Detachement durch Oranienbaum marschierte, stand Alexander Schuwaloff neben mir auf dem Balkon und blinzelte mit den Augen, denn innerlich mißbilligte er, was er und seine Genossen übereingekommen waren, öffentlich zu dulden. Die Bewachung des Schlosses Oranienbaum war abwechselnd dem Regiment Ingermanland und dem Regiment Astrachan anvertraut, und ich erfuhr, daß die Leute jener Regimenter, als sie die holsteinschen Truppen vorbeimarschieren sahen, gerufen hatten: »Diese verfluchten Deutschen sind alle an den König von Preußen verkauft; es sind lauter Verräter, die man nach Rußland bringt.« Im allgemeinen war das Publikum über die Tat des Großfürsten entrüstet. Die Ergebensten zuckten die Achseln, die Gemäßigten fanden die Sache lächerlich. Im Grunde genommen war es ein sehr unvorsichtiges Kinderspiel. Ich für meinen Teil schwieg, wenn man mich aber direkt darüber fragte, sagte ich ganz offen jedem meine Meinung, damit man sah, ich billige das Geschehene durchaus nicht. Und von welcher Seite ich es auch betrachten mochte, immer erschien es mir von dem schädlichsten Einfluß auf das Wohl des Großfürsten. Konnte man denn anderer Ansicht sein, wenn man alles genau überlegte? Sein bloßes Vergnügen konnte ihn doch niemals für den Nachteil entschädigen, der ihm dadurch bei der öffentlichen Meinung erwuchs. Aber der Großfürst, begeistert von seinen Soldaten, richtete sich mit ihnen in dem dazu aufgeschlagenen Lager ein und beschäftigte sich ausschließlich damit, sie einzuexerzieren.

Nun mußten sie aber auch ernährt werden – daran hatte man nämlich gar nicht gedacht. Aber die Sache eilte. Es gab einige Debatten mit dem Hofmarschall, der auf die an ihn gestellten Forderungen nicht vorbereitet war. Endlich indes ließ er sich bereden, und die Hoflakaien samt den Soldaten der Schloßwache vom Regiment Ingermanland mußten für die Neuangekommenen Nahrungsmittel aus dem Schlosse herbeischaffen. Dann befand sich das Lager nicht eben in nächster Nähe des Palastes. Außerdem bekam niemand etwas für seine Mühe – kurz, man kann sich den angenehmen Eindruck vorstellen, den eine so geschickte und kluge Anordnung hervorbringen mußte. Die Soldaten des Regiments Ingermanland murrten: »Sind wir denn die Diener dieser verfluchten Deutschen geworden?« Die Hoflakaien: »Man zwingt uns, einen Haufen Dorflümmel zu bedienen!« Als ich sah und hörte, was vorging, faßte ich den festen Entschluß, mich diesem nachteiligen Kinderspiele so fern als möglich zu halten. Da die Verheirateten unserer Kammerherren ihre Frauen bei sich hatten, bildeten wir eine ziemlich ansehnliche Gesellschaft, zumal die Herren selbst im holsteinschen Lager, das Seine Hoheit keinen Augenblick verließ, nichts zu tun hatten. Wir gingen so oft wie möglich spazieren, aber immer an der dem Lager entgegengesetzten Seite vorbei, wo wir mit demselben in keiner Weise in Berührung kamen.

Ich hatte damals den Einfall, mir in Oranienbaum einen Garten anzulegen. Da ich jedoch wußte, daß der Großfürst keinen Zoll Erde dazu hergeben werde, bat ich den Fürsten Galitzin, mir 300 Toisen nutzlosen und seit langer Zeit brachliegenden Landes, welches er in der Nähe von Oranienbaum besaß, zu verkaufen oder abzutreten. Dieses Terrain gehörte acht Personen der Familie, aber sie traten es mir trotzdem bereitwilligst ab, ohne eine Bezahlung anzunehmen. Ich fing also an, Pläne zu machen und zu pflanzen, und da es das erstemal war, daß ich mich auf diesem Gebiete versuchte, so nahmen sie sehr große Dimensionen an. Mein alter Chirurg Gyon sagte, als er dies sah: »Wozu soll das? Denken Sie an mich, ich sage Ihnen im voraus, daß Sie dies alles eines Tages aufgeben werden.« Seine Prophezeiung erfüllte sich. Aber ich bedurfte damals einer Unterhaltung, die meine Phantasie anregte. Zur Anpflanzung meines Gartens bediente ich mich zuerst des Gärtners von Oranienbaum, namens Lamberti. Dieser war im Dienste der Kaiserin, als sie noch Prinzessin war, auf dem Gute Zarskoje Selo gewesen und von dort nach Oranienbaum versetzt worden. Er war ein wenig Prophet, und eine seiner Prophezeiungen, welche die Kaiserin betrafen, hatte sich erfüllt. Er hatte ihr nämlich vorhergesagt, daß sie den Thron besteigen werde. Auch mir prophezeite dieser Mann, so oft ich es hören wollte, daß ich einst souveräne Kaiserin von Rußland werde, daß ich Söhne, Enkel und Großenkel haben und in hohem Alter, über achtzig Jahre alt, sterben werde. Ja, er tat mehr: er nannte sogar das Jahr meiner Thronbesteigung, sechs Jahre bevor dies Ereignis eintrat. Es war ein wunderlicher Mensch, der mit einer Zuversicht sprach, die durch nichts erschüttert werden konnte. Unter anderm behauptete er, die Kaiserin zürne ihm, weil seine Prophezeiung eingetroffen sei, und habe ihn von Zarskoje Selo nach Oranienbaum geschickt, weil sie ihn fürchte.

Zu Pfingsten, glaube ich, ließ man uns von Oranienbaum nach der Stadt kommen. Ungefähr um dieselbe Zeit traf der englische Gesandte Sir Williams in Rußland ein. In seinem Gefolge befand sich auch der polnische Graf Poniatowski, der Sohn jenes Poniatowski, der die Partei Karls XII., des Königs von Schweden, vertreten hatte. Nach einem kurzen Aufenthalt in der Stadt kehrten wir nach Oranienbaum zurück, wo auf Befehl der Kaiserin die Feier des Peterstages stattfinden sollte. Sie selbst erschien nicht dabei, weil sie keine Lust hatte, das erste Namensfest meines Sohnes Paul zu feiern, welches auf denselben Tag fällt. Sie blieb also in Peterhof, setzte sich an ein Fenster und verließ diesen Platz wahrscheinlich den ganzen Tag nicht, denn alle, die nach Oranienbaum kamen, wollten sie sitzen gesehen haben. Die Gesellschaft war sehr zahlreich. In dem Saale am Eingang meines Gartens wurde getanzt und später gegessen, wozu sich auch die fremden Gesandten und Minister einfanden. Dabei erinnere ich mich, daß der englische Gesandte Sir Williams beim Souper mein Nachbar war und wir uns auf eine ebenso angenehme als heitere Weise unterhielten. Da er viel Geist und Kenntnisse besaß und fast ganz Europa kannte, war es nicht schwer, mit ihm zu konversieren. Später hörte ich, daß er sich an diesem Abend ebensosehr amüsiert hatte, als ich, und mit großer Anerkennung von mir gesprochen habe. Das letztere war mir übrigens bei mir verwandten Seelen nichts Neues, und da ich damals noch wenige Neider hatte, sprach man im allgemeinen mit viel Achtung von mir. Ich galt für geistreich, und viele, die mich näher kannten, ehrten mich durch ihr Vertrauen, fragten mich um Rat und befanden sich nicht übel dabei. Selbst der Großfürst nannte mich seit langer Zeit »Madame Hilfsquelle«, und so böse und verdrießlich er auch gegen mich sein mochte, kam er doch, sobald er in irgend einer Beziehung sich nicht zu helfen wußte, gewohnheitsgemäß eilig zu mir gelaufen, um sich meinen Rat zu holen, worauf er, nachdem er ihn empfangen, sich ebenso eilig wieder aus dem Staube machte. Auch erinnere ich mich, daß ich bei jenem Feste in Oranienbaum, während Graf Poniatowski tanzte, mit dem Chevalier Williams über Poniatowskis Vater sprach und wie schlecht sich derselbe gegen Peter I. benommen habe. Der englische Gesandte sagte mir viel vorteilhaftes vom Sohne und bestätigte mir, was ich wußte, nämlich daß sein Vater und die Familie seiner Mutter, die Czartoriskis, damals die russische Partei in Polen bildeten, und der Alte seinen Sohn nach Rußland geschickt habe, um ihn in den Gefühlen seiner Partei für Rußland zu befestigen. Im übrigen hofften seine Verwandten sehr auf den Erfolg des jungen Mannes in Rußland. Poniatowski mochte damals zwei- bis dreiundzwanzig Jahre alt sein. Ich erwiderte dem englischen Gesandten, was die Fremden beträfe, so betrachte ich Rußland überhaupt als einen Probierstein des Verdienstes, und wer in Rußland Erfolg habe, könne sicher sein, in ganz Europa Erfolg zu haben. Und diese Ansicht habe ich stets aufrecht erhalten, denn nirgends als in Rußland versteht man besser die Schwächen, Lächerlichkeiten und Fehler eines Ausländers zu entdecken. Man kann gewiß sein, daß ihm hier nichts entgeht, weil jeder Russe von Natur aus die Fremden nicht liebt.

Um dieselbe Zeit erfuhr ich, wie unüberlegt Sergius Soltikoff sich sowohl in Schweden als in Dresden benommen hatte. Außerdem hatte er allen Frauen, mit denen er in Beziehung kam, seine Liebesgeschichte erzählt. Anfangs wollte ich es zwar nicht glauben, allein später wurde es mir von so vielen Seiten wiederholt, daß ihn sogar seine Freunde nicht mehr entschuldigten.

Während dieses Jahres knüpfte ich die engsten Freundschaftsbande mit Anna Narischkin, woran ihr Stiefbruder Leon großen Anteil hatte. Er war immer als Dritter in unserm Bunde, und seine Narrheiten nahmen kein Ende. Manchmal sagte er zu uns: »Derjenigen von euch beiden, die sich am besten aufführt, schenke ich ein Kleinod, wofür ihr mir Dank wissen werdet.« Wir ließen ihn reden, und keine hatte das Verlangen, zu wissen, was dies Kleinod sei.

Im Herbst wurden die holsteinschen Truppen auf dem Seewege wieder zurücktransportiert und wir bezogen den Sommerpalast. Leon Narischkin erkrankte damals an einem hitzigen Fieber, während welcher Zeit er mir Briefe schrieb, denen ich auf den ersten Blick ansah, daß sie nicht von ihm waren. Aber ich antwortete ihm trotzdem. Er bat mich in seinen Briefen um eine Menge Näschereien und andere ähnliche Nichtigkeiten und bedankte sich dann überschwenglich dafür. Die Briefe waren übrigens sehr gut und mit viel Humor geschrieben. Er behauptete, er ließe sie von seinem Sekretär schreiben, schließlich aber erfuhr ich, daß dieser Sekretär kein anderer als Graf Poniatowski war, der nicht aus Leons Hause wich, überhaupt mit den Narischkins sehr vertraut verkehrte.

Zu Anfang des Winters zogen wir aus dem Sommerpalast in den Winterpalast, den die Kaiserin aus Holz an derselben Stelle, wo jetzt das Haus der Tschitscherins steht, hatte bauen lassen. Er nahm die ganze Fläche bis gegenüber dem Hause der Gräfin Matjuschkin ein, das damals Naumkoff gehörte. Meine Fenster lagen diesem Hause gerade gegenüber, welches zu dieser Zeit meine Ehrendamen bewohnten. Bei meinem Eintritt war ich sehr überrascht von der Höhe und Größe der Räume, die man uns darin anwies. Vier große Vorzimmer und zwei Gemächer mit einem Kabinett waren für mich und eben so viele für den Großfürsten bestimmt. Sie waren so gut verteilt, daß ich die Nähe des Großfürsten nicht im geringsten zu erleiden hatte. Damit hatte ich viel gewonnen! Graf Alexander Schuwaloff bemerkte meine Zufriedenheit und eilte sofort zur Kaiserin, ihr zu sagen, daß ich die Größe und Zahl der für mich bestimmten Räumlichkeiten sehr gelobt hätte, was er mir darauf mit einer Art Genugtuung, welche er durch das bekannte Blinzeln der Augen und ein Lächeln bezeigte, mitteilte.

In jener Zeit und noch lange nachher bestand das Hauptspielzeug des Großfürsten in einer ungeheuren Menge kleiner Puppen und Soldaten aus Blei, Holz, Teig oder Wachs, welche er auf sehr schmalen Tischen, die ein ganzes Zimmer einnahmen, aufstellte; kaum konnte man sich zwischen den Tischen bewegen. Diese hatte er der Länge nach mit Messingstücken miteinander verbunden, und an dem Messing waren Schnüre befestigt, so daß, wenn man diese anzog, seiner Meinung nach ein Geräusch entstand, das einem Kleingewehrfeuer glich. Die Hoffeste feierte er mit großer Regelmäßigkeit, indem er seine Truppen auf die eben erwähnte Weise Feuer geben ließ. Außerdem löste man täglich die Wache ab, d.h. man nahm von jedem Tische die Puppen, welche dazu bestimmt waren, auf die Wache zu ziehen. Bei dieser Parade war er selbst in Uniform, gestiefelt und gespornt, mit Ringkragen und Schärpe zugegen, und seine Diener, welche zu diesen herrlichen Exerzitien zugelassen wurden, mußten ebenso erscheinen.

Im Winter desselben Jahres glaubte ich aufs neue schwanger zu sein, und man ließ mir zur Ader. Ich hatte oder glaubte vielmehr eine Entzündung an beiden Wangen zu haben, aber nachdem ich einige Tage Schmerzen gehabt, kamen vier Backenzähne zum Vorschein.

Da unsere Gemächer sehr geräumig waren, veranstaltete der Großfürst jede Woche einmal einen Ball und ein Konzert, wozu nur die Ehrendamen und unsere Hofkavaliere mit ihren Frauen eingeladen wurden. Nach den Aussagen der Beteiligten waren diese Bälle niemals interessant. Die Narischkins indes, wozu ich auch die Damen Siniawin und Ismailoff, die Schwestern Narischkins, und die Frau des ältesten Bruders, deren ich bereits Erwähnung getan, rechne, waren geselliger als alle anderen. Leon Narischkin, toller wie je, wurde von jedermann für einen unbedachten Menschen gehalten, und war es auch wirklich. Er hatte die Gewohnheit, beständig aus den Zimmern des Großfürsten in das meinige zu rennen, aber nirgends lange zu bleiben. Um bei mir eingelassen zu werden, fing er gewöhnlich vor meiner Tür wie eine Katze zu miauen an, und wenn ich ihm dann antwortete, kam er herein. Eines Tages, es war am 17. Dezember zwischen sechs und sieben Uhr abends, meldete er sich auch auf diese Weise an meiner Tür, worauf ich ihn eintreten ließ. Zuerst übermittelte er mir die Grüße seiner Schwägerin, erzählte mir dann, sie wäre nicht ganz wohl, und fügte hinzu: »Sie sollten sie eigentlich einmal besuchen.« – »Ich würde es gern tun,« erwiderte ich, »aber Sie wissen doch, daß ich nicht ohne Erlaubnis ausgehen kann, und man es mir niemals erlauben wird.« – »Dann werde ich Sie hinführen,« antwortete er, worauf ich rief: »Haben Sie denn den Verstand verloren? Wie kann ich mit Ihnen gehen? Man wird Sie auf die Festung schicken, und ich werde Gott weiß welche Unannehmlichkeiten auszustehen haben!« – »Oh,« sagte er, »kein Mensch wird etwas davon erfahren; wir werden schon die nötigen Vorsichtsmaßregeln treffen.« – »Wieso?« – »Ich werde Sie in ein oder zwei Stunden von hier abholen, während der Großfürst zu Abend ißt« – schon lange nämlich blieb ich unter dem Vorwande, daß ich nicht soupieren wollte, auf meinem Zimmer – »er wird einen Teil der Nacht bei Tafel zubringen, wird ganz betrunken sein und sich dann schlafen legen« – er schlief seit meiner Niederkunft meist in seinem Zimmer. »Zur größeren Sicherheit legen Sie

Männerkleider an, und dann wollen wir zusammen zu Anna Nikitischna Narischkin gehen.« Das Abenteuer fing an, mich zu reizen, umsomehr, da ich immer allein in meinem Zimmer mit meinen Büchern war, ohne alle Gesellschaft. Endlich, nachdem ich mich mit ihm über diesen an sich tollen Plan, der mir gleich anfangs sehr gewagt erschien, gestritten hatte, sah ich doch die Möglichkeit darin, mir für einige Augenblicke Vergnügen und Heiterkeit zu verschaffen. Er ging. Ich rief meinen kalmückischen Friseur und befahl ihm, mir einen meiner Herrenanzüge und alles dazu Nötige zu bringen, weil ich jemand ein Geschenk damit machen wollte. Dieser Bursche pflegte den Mund nicht aufzutun, und man hatte mehr Mühe, ihn zum Sprechen zu bringen, als andere zum Schweigen. Er führte also meinen Auftrag pünktlichst aus und brachte mir alles, was ich brauchte. Ich schützte Kopfschmerzen vor und ging sehr früh zu Bett. Sowie Madame Wladislawa mich zur Ruhe gebracht und sich zurückgezogen hatte, stand ich wieder auf und zog mir meinen Herrenanzug an; meine Haare arrangierte ich so gut ich konnte, denn ich war darin seit langer Zeit geübt und nicht ungeschickt. Zur bestimmten Stunde miaute Leon Narischkin, der durch die Gemächer des Großfürsten gekommen war, an meiner Tür und ich öffnete ihm. Wir gingen durch ein kleines Vorzimmer in die Halle, setzten uns in seinen Wagen, ohne daß uns jemand gesehen hätte, und lachten wie toll über unsern Streich. Leon bewohnte mit seinem Bruder und dessen Frau ein und dasselbe Haus. Bei unserer Ankunft fanden wir Anna Nikitischna, sowie den Grafen Poniatowski vor. Leon stellte mich als einen seiner besten Freunde vor, den er gut aufzunehmen bat, und der Abend verging in der ausgelassensten Lustigkeit. Nach anderthalbstündigem Besuch verließ ich sie und kam glücklich und wohlbehalten wieder nach Hause, ohne daß eine Menschenseele uns begegnet wäre. Am folgenden Tage, dem Geburtstage der Kaiserin, war morgens Cour und abends Ball bei Hofe. Wir konnten uns nicht ansehen, ohne laut über unsern tollen Streich vom Abend vorher zu lachen. Einige Tage später schlug Leon einen Gegenbesuch vor, der mir gelten sollte. Wieder brachte er auf gleiche Weise seine Gäste in mein Zimmer, ohne daß irgend jemand etwas davon merkte. So begann das Jahr 1756. Wir fanden ein eigentümliches Vergnügen an diesen nächtlichen Zusammenkünften. Jede Woche hatten wir mindestens eine oder zwei, ja sogar drei, bald bei dem einen, bald bei dem andern, und wenn einer von der Gesellschaft unpäßlich war, ging man natürlich zu ihm. Bisweilen verabredeten wir uns auch im Theater, ohne einander zu sprechen, durch gewisse vorher ausgemachte Zeichen – obwohl wir in verschiedenen Logen und einige sogar im Parterre saßen – wo wir zusammen kommen wollten; und niemals gab es ein Mißverständnis. Zweimal indes war ich genötigt, zu Fuß nach Haus zu gehen, aber das war ein Spaziergang für mich.

Siebzehntes Kapitel

Krieg mit Friedrich II. – Die Marschallin Apraxin. – Man sucht den Großfürsten immer mehr von mir zu entfernen. – Er ist in Madame Teploff verliebt. – Zweifelhafte Ehrenhaftigkeit der »Ehrendamen« der Kaiserin. – Der Großfürst liebt nur im Winter. – Ankunft der Kadetten in Oranienbaum. – Melgunoff. – Ich nehme wieder Reitstunden. – Madame Schuwaloff und ihre Tochter. – Graf Poniatowski und Graf Horn. – Verräterische Zutunlichkeit des Bologneser Hündchens. – Fürst und Fürstin Galitzin. – Intrige der letzteren. – Aufregende Szene mit dem Großfürsten. – Abberufung Sir Williams'

Man rüstete sich zum Kriege mit dem Könige von Preußen. Zufolge ihres Vertrages mit dem Hause Oesterreich mußte die Kaiserin 30 000 Mann Hilfstruppen stellen. Dies war wenigstens die Ansicht des Grafen Bestuscheff. Aber Oesterreich wollte, daß Rußland es mit allen seinen Streitkräften unterstützte. Der Wiener Gesandte Graf Esterhazy intrigierte dafür mit aller Macht, wo er nur konnte, und auf die verschiedenste Weise. Die Gegenpartei Bestuscheffs bildeten der Vizekanzler Woronzow und die Schuwaloffs. England verbündete sich damals mit Preußen, und Frankreich mit Oesterreich.

Schon in dieser Zeit fing die Kaiserin Elisabeth an, häufig an Unpäßlichkeiten zu leiden. Anfangs wußte man nicht genau, was es war, und schrieb die wiederholten Nervenanfälle ihrem Eintritt ins Alter zu. Die Schuwaloffs waren oft sehr beunruhigt und betrübt und versuchten sich beim Großfürsten einzuschmeicheln. Man raunte sich zu, die Unpäßlichkeiten Ihrer kaiserli-

261

chen Majestät seien bedeutender als man glaubte; die einen nannten es hysterische Leiden, die andern Ohnmachten, Krämpfe oder Nervenanfälle. Dies währte den ganzen Winter von 1755-1756.

Endlich, im Frühjahr erfuhren wir, daß der Marschall Apraxin das Kommando über die Armee, die in Preußen einrücken sollte, übernommen hatte. Die Marschallin kam mit ihrer jüngsten Tochter zu uns, um Abschied zu nehmen. Bei dieser Gelegenheit sprach ich mit ihr über den Gesundheitszustand der Kaiserin, und wie unangenehm es mir wäre, daß ihr Mann gerade in einer Zeit abreise, wo man sich, wie ich glaubte, nicht besonders auf die Schuwaloffs verlassen könnte. Ich betrachtete sie als meine persönlichen Feinde, weil sie es mir nicht verzeihen würden, daß ich ihre Gegner, besonders die Grafen Razumowski, bevorzugte. Madame Apraxin berichtete Wort für Wort ihrem Gemahle wieder, der sich durch mein Wohlwollen für ihn sehr geschmeichelt fühlte. Auch Graf Bestuscheff war sehr zufrieden mit mir, denn auch er haßte die Schuwaloffs, umso mehr, da er mit den Razumowskis verwandt war; sein Sohn hatte eine Razumowski geheiratet. Apraxin konnte den dabei Interessierten als Vermittler von Nutzen sein wegen des Verhältnisses, das zwischen seiner Tochter und dem Grafen Peter Schuwaloff bestand. Leon übrigens behauptete, Vater und Mutter der jungen Dame wüßten um dieses Verhältnis. Außerdem war es mir vollkommen klar, daß die beiden Schuwaloffs Brockdorf mehr als je dazu benutzten, den Großfürsten möglichst von mir fern zu halten. Trotzdem aber besaß dieser damals noch ein gewisses Zutrauen zu mir, was er merkwürdigerweise nie vollkommen verloren hat; allerdings ohne daß er es selbst wußte oder sich darum kümmerte oder beunruhigte. Damals hatte er sich gerade mit der Gräfin Woronzow entzweit und war in Madame Teploff, eine Nichte der Razumowski, verliebt. Wenn er sie sehen wollte, zog er jedesmal erst mich zu Rate, wie er sein Zimmer ausschmücken sollte, um der Dame besser zu gefallen. Wenn er es dann mit Flinten, Grenadiermützen, Bandelieren u.s.w. ausgeschmückt hatte, so daß es aussah wie ein kleines Zeughaus, zeigte er es mir. Ich ließ ihn gewähren und entfernte mich. Außer dieser Dame brachte man ihm auch noch des Abends eine kleine deutsche Sängerin, Leonore mit Namen, die er unterhielt, zum Souper. An der Veruneinigung des Großfürsten mit der Gräfin Woronzow war besonders die Prinzessin von Kurland schuld, die zu dieser Zeit eine seltsame Rolle am Hofe spielte. Zuvörderst war sie eine alte Jungfer von etwa dreißig Jahren, klein, häßlich und bucklig, wie schon gesagt. Sie hatte es verstanden, sich die Protektion des Beichtvaters der Kaiserin und mehrerer alter Kammerfrauen Ihrer kaiserlichen Majestät zu erwerben, so daß man ihr alles hingehen ließ, was sie tat. Sie wohnte mit den Ehrendamen Ihrer Majestät zusammen, und diese standen unter der Fuchtel einer Frau Schmidt, der Gattin eines Hoftrompeters. Jene Frau Schmidt war eine geborene Finnländerin, erstaunlich dick und massig, übrigens eine herrschsüchtige Person, die den groben, bäurischen Ton ihres ehemaligen Standes beibehalten hatte. Sie spielte indes eine gewisse Rolle am Hofe und stand unter dem unmittelbaren Schutze der alten deutschen und schwedischen Kammerfrauen der Kaiserin. Ebenso begünstigte sie der Hofmarschall Sievers, der selbst ein Finne war, und die Tochter der Madame Kruse, der Schwester einer sehr ergebenen Person, wie schon oben erwähnt, geheiratet hatte. Frau Schmidt regierte das Hauswesen der Ehrendamen mit mehr Kraft als Verstand, erschien aber niemals bei Hofe. In der Oeffentlichkeit stand die Prinzessin von Kurland an der Spitze der Damen, während Frau Schmidt ihr nur insgeheim das Benehmen der Fräuleins am Hofe ans Herz legte. Sie wohnten in hintereinander gelegenen Zimmern, von denen das erste Frau Schmidt und das letzte die Prinzessin von Kurland inne hatte. Sie schliefen zu zwei, drei und vier in einem Zimmer; jede von ihnen hatte eine spanische Wand um ihr Bett, und alle Räume besaßen keinen andern Ausgang, als von einem in den anderen. Auf den ersten Blick hätte man die Wohnung der Ehrendamen für undurchdringlich halten können, denn es war nur möglich, durch das Zimmer der Frau Schmidt oder der Prinzessin von Kurland hineinzugelangen. Aber Frau Schmidt litt oft an Verdauungsbeschwerden von den vielen Straßburger Gänseleberpasteten und anderen Leckerbissen, die ihr die älteren dieser Damen fortwährend zusteckten, so daß nur noch der Ausgang durch das Zimmer der Prinzessin von Kurland blieb. Böse Zungen behaupteten, daß man hier, um in die andern Zimmer zu gelangen, auf diese oder jene Weise Eintritt bezahlen müßte. Was daran Wahres war, ist, daß die Prinzessin von Kurland jahrelang unter den Ehrendamen der Kaiserin Verlobungen stiftete und wieder auflöste, wie sie es gerade für gut befand. Die Geschichte von dem Eingangszoll habe ich aus dem Munde mehrerer Herren, unter andern auch von Leon Narischkin und dem Grafen Buturlin, vernommen, die alle dreist behaupteten, man sei nicht in der Lage, denselben mit Geld zu bezahlen.

Die Liebschaft des Großfürsten mit Madame Teploff dauerte so lange, bis wir aufs Land gingen. Hier wurde sie unterbrochen, weil Seine kaiserliche Hoheit im Sommer unerträglich war. Da sie ihn nun nicht mehr sehen konnte, versprach Madame Teploff ihm wenigstens zwei- bis dreimal wöchentlich zu schreiben. Um ihn also zu einer solchen Korrespondenz zu veranlassen, begann sie damit, ihm einen vier Seiten langen Brief zu schreiben. Kaum hatte er diesen erhalten, kam er mit einem ganz verstörten Gesicht zu mir. Den Brief Madame Teploffs in der Hand, sagte er, vollkommen außer sich und in zornigem Ton: »Denken Sie sich nur, da schreibt sie mir einen vier Seiten langen Brief und will, daß ich das lesen soll. Ja, noch mehr, ich soll ihr antworten, ich, der ich doch exerzieren muß – er hatte neuerdings seine Truppen aus Holstein kommen lassen – dinieren, schießen, dann die Probe der Oper und das Ballett sehen muß, welches die Kadetten darin tanzen sollen. Ich werde ihr sagen lassen, daß ich keine Zeit habe; und ist sie mir böse, so überwerfe ich mich mit ihr bis zum Winter.« – »Das ist jedenfalls der kürzeste Weg,« antwortete ich.

Hier die Erklärung für das Erscheinen der Kadetten in Oranienbaum. Im Frühjahr 1756 glaubten die Schuwaloffs, um den Großfürsten von seinen holsteinschen Truppen abzubringen, sehr politisch zuwege zu gehen, wenn sie die Kaiserin überredeten, Seiner kaiserlichen Hoheit den Befehl über das Landkadettenkorps zu geben, das damals das einzige Korps dieser Art war. Man hatte ihm den intimen Freund Iwan Iwanowitsch Schuwaloffs und seinen Vertrauten Alexander Petrowitsch Melgunoff untergeordnet. Letzterer war mit einer der deutschen Kammerfrauen verheiratet, die bei der Kaiserin in besonderer Gunst stand. So hatten denn die Herren Schuwaloff einen ihnen äußerst ergebenen Mann in der Umgebung des Großfürsten, mit dem er jeden Augenblick sprechen konnte. Unter dem Vorwande des Opernballetts in Oranienbaum brachte man also etwa hundert Kadetten dahin. Herr Melgunoff und die ergebensten seiner Offiziere folgten: alles Aufpasser à la Schuwaloffs. Unter den Lehrern, die mit den Kadetten nach Oranienbaum kamen, befand sich auch ihr Stallmeister Zimmermann, der damals für den besten Reiter in ganz Rußland galt. Da aus meiner vermuteten Schwangerschaft vom vorigen Herbst nichts geworden war, kam mir der Gedanke, bei Zimmermann Reitstunde zu nehmen. Ich sprach davon mit dem Großfürsten, der nichts dagegen hatte.

Schon längst waren die alten, von den Tschoglokoffs eingeführten Regeln vergessen, vernachlässigt oder ignoriert, denn Alexander Schuwaloff genoß seiner selbst wegen gar keine oder doch sehr geringe Achtung.

Wir machten uns über ihn, seine Frau, seine Tochter, seinen Schwiegersohn fast in ihrer Gegenwart lustig. Aber sie reizten auch dazu, denn niemals wohl sah man unedlere und gemeinere Gesichter, als die ihrigen. Madame Schuwaloff hatte von mir den Spitznamen Salzsäule erhalten. Sie war mager, klein und gedrungen. Ihr Geiz trat selbst in ihrer Kleidung zutage, denn stets waren ihre Kleider zu eng und hatten eine Breite weniger, als sie haben mußten. Ihre Tochter, die Gräfin Golofkin, war ebenso angezogen. Ihr Kopfputz und ihre Manschetten waren gemein und sahen immer aus, als ob sie daran hätte Ersparnisse machen wollen, obgleich sie sehr reich waren. Aber sie hatten einmal Geschmack für alles Kleinliche und Eingeschränkte, das wahre Bild ihres Geistes.

Sobald ich meine regulären Reitstunden wieder angefangen hatte, gab ich mich diesem Sport von neuem mit ganzer Leidenschaft hin. Ich stand morgens um sechs Uhr auf, zog Männerkleider an und begab mich in meinen Garten, wo ich mir einen Platz hatte herrichten lassen, der mir als Reitbahn diente. Ich machte so rasende Fortschritte, daß Zimmermann oft aus der Mitte der Reitbahn mit Tränen in den Augen auf mich zukam, um mir mit einer Begeisterung, die er nicht beherrschen konnte, die Füße zu küssen. »Nie in meinem Leben,« rief er dann aus, »habe ich einen Schüler gehabt, der mir so viel Ehre gemacht, der in so kurzer Zeit so viel gelernt hätte!« Bei diesem Unterricht waren nur mein alter Wundarzt Gyon, eine Kammerfrau und einige Domestiken zugegen. Da ich meine Stunden regelmäßig jeden

Morgen, nur Sonntags ausgenommen, nahm, belohnte Zimmermann meinen Fleiß mit ein paar silbernen Sporen, die er mir nach den Regeln der Reitbahn überreichte. Schon nach drei Wochen war ich alle Exerzitien durch, und im Herbst ließ Zimmermann ein Sprungpferd kommen, worauf er mir die Steigbügel geben wollte. Allein am Abend vorher erhielten wir den Befehl, nach der Stadt zurückzukehren, und die Partie wurde bis zum nächsten Frühling verschoben.

Während dieses Sommers machte Graf Poniatowski eine Rundreise in Polen, von der er mit einem Ministerkreditiv des Königs von Polen nach Rußland zurückkehrte. Vor seiner Abreise kam er nach Oranienbaum, um Abschied von uns zu nehmen. Graf Horn, den der König von Schweden unter dem Vorwande, die Nachricht vom Tode seiner Mutter – meiner Großmutter – nach Petersburg zu bringen, nach Rußland geschickt hatte, um ihn den Verfolgungen der französischen oder Hutpartei gegen die russische oder Mützenpartei zu entziehen, begleitete ihn. Diese Verfolgung wurde in Schweden während des Landtages von 1756 so heftig, daß fast alle Anführer der russischen Partei in diesem Jahre hingerichtet wurden. Graf Horn sagte mir selbst, daß, wenn er nicht nach Petersburg gekommen wäre, er unfehlbar das Schicksal der andern geteilt hätte.

Graf Poniatowski und Graf Horn blieben zwei Tage in Oranienbaum. Am ersten Tage behandelte sie der Großfürst sehr gut, aber schon am zweiten langweilten sie ihn, weil ihm die Hochzeit eines Jägers im Sinne lag, wo er trinken wollte. Als er sah, daß die beiden Herren noch blieben, ließ er sie einfach stehen, und ich mußte die Honneurs des Hauses machen. Nach dem Diner führte ich meine kleine Gesellschaft in die innern Gemächer des Großfürsten und die meinigen. Als wir in mein Boudoir traten, kam uns mein Bologneserhündchen entgegen und bellte den Grafen Horn wütend an, doch als es den Grafen Poniatowski bemerkte, glaubte ich, das Tier würde vor Freude toll werden. Da das Kabinett sehr klein war, sah es außer mir niemand, als Leon Narischkin und seine Schwägerin. Aber Graf Horn ließ sich nicht täuschen, und während ich durch die Gemächer nach dem Saal zurückging, faßte er den Grafen Poniatowski beim Rock und raunte ihm zu: »Mein Freund, das Schrecklichste was es gibt, ist ein Bologneserhündchen. Das erste, was ich stets getan habe, wenn ich Frauen liebte, war, ihnen einen solchen Hund zu schenken, und durch diese Tiere habe ich dann immer erkannt, ob jemand mehr in Gunst stand als ich. Diese Ansicht ist vollkommen zutreffend, denn wie Sie sehen, war der Hund wütend, als er mich sah, wollte mich beinahe auffressen, mich, den er nicht kennt, während er nicht wußte, was er vor Freuden tun sollte, als er Sie gewahrte; offenbar war es nicht das erstemal, daß er Sie an diesem Orte sah.« – Graf Poniatowski behandelte die ganze Sache als Torheit, konnte es ihm aber nicht ausreden. Graf Horn erwiderte nur: »Seien Sie unbesorgt, ich bin vollkommen diskret.« Am folgenden Tag reisten sie ab. Horn pflegte zu sagen, daß, wenn er sich verliebte, er es immer in drei Frauen zugleich täte. Und dies führte er praktisch vor unsern Augen in Petersburg durch, wo er drei jungen Mädchen auf einmal den Hof machte. Zwei Tage später reiste Graf Poniatowski nach seinem Vaterlande ab. Während seiner Abwesenheit ließ mir Sir Williams durch Leon Narischkin sagen, daß der Großkanzler Bestuscheff gegen die Ernennung des Grafen Poniatowski intrigierte und versucht hätte, ihn zu bewegen, dem Grafen Brühl, dem damaligen Minister und Günstling des Königs von Polen, diese Ernennung auszureden. Williams jedoch beeilte sich nicht sehr, diesen Auftrag auszuführen, obwohl er ihn nicht abgelehnt hatte. Dies hatte er aber nur deshalb nicht getan, weil er befürchtete, der Großkanzler würde dann jemand anders damit beauftragen, der sich vielleicht pünktlicher dieses Auftrages entledigte, wodurch er nur seinem Freunde, der sehnlichst wünschte, nach Rußland zurückzukehren, geschadet hätte. Williams vermutete, daß Bestuscheff, dem seit langer Zeit die sächsisch-polnischen Minister zur Disposition standen, einen seiner ergebensten Anhänger zu diesem Posten ernennen lassen wollte. Aber Graf Poniatowski erhielt ihn doch. Im Winter kam er als polnischer Gesandter zurück, und die sächsische Gesandtschaft blieb unter der unmittelbaren Leitung des Grafen Bestuscheff.

Einige Zeit bevor wir Oranienbaum verließen, kamen der Fürst und die Fürstin Galitzin in Begleitung Betzkis dort an. Sie reisten gesundheitshalber ins Ausland, besonders der letztere, der sich ein wenig von dem tiefen Kummer zerstreuen wollte, den ihm der Tod der Prinzessin von Hessen-Homburg verursacht hatte. Diese war eine geborene Fürstin Trubetzkoi, Mutter der Fürstin

Galitzin und Tochter aus erster Ehe der Prinzessin von Hessen mit dem Hospodar der Walachei, Prina Kantemir. Da die Fürstin Galitzin und Betzki alte Bekannte waren, lag mir viel daran, sie in Oranienbaum aufs beste zu empfangen. Nachdem ich sie überall umhergeführt hatte, bestieg ich mit der Fürstin Galitzin ein Kabriolet, das ich selbst fuhr, und wir machten eine Spazierfahrt in die Umgebung von Oranienbaum. Unterwegs gab mir die Fürstin, eine sehr sonderbare und beschränkte Person, zu verstehen, daß sie glaube, ich grollte ihr. Aber ich versicherte ihr, ich habe durchaus nichts gegen sie, wisse auch nicht, woher mein Groll rühren solle, da ich nie einen Streit mit ihr gehabt. Hierauf erwiderte sie, sie befürchte, Graf Poniatowski habe ihr bei mir geschadet. Diese Worte überraschten mich aufs höchste, und ich sagte ihr, sie müsse geradezu träumen, denn Poniatowski sei nicht der Mann, ihr in meinen Augen zu schaden, da er längst abgereist und mir übrigens nur von Ansehen und als Ausländer bekannt sei. Ich könne mir wirklich nicht erklären, wie sie auf diesen Gedanken gekommen sei. Zu Hause angelangt rief ich Leon Narischkin und erzählte ihm das erwähnte Gespräch, das mir ebenso dumm als dreist und indiskret erschien. Er erzählte mir nun, daß die Fürstin während des ganzen Winters Himmel und Erde in Bewegung gesetzt hätte, um Graf Poniatowski an sich zu fesseln. Dieser habe ihr auch aus Höflichkeit einige Aufmerksamkeiten erwiesen, sie sei ihm indes auf jede mögliche Weise entgegengekommen, was, wie ich mir wohl denken könne, wenig Erwiderung gefunden, weil sie alt, häßlich, albern und einfältig, ja toll sei. Als sie nun gesehen, daß er ihre Wünsche nicht berücksichtigte, habe sie wahrscheinlich daraus Verdacht geschöpft, daß Poniatowski sich meistenteils in seiner – Leon Narischkins – und seiner Stiefschwester Gesellschaft befand.

Während des kurzen Aufenthaltes der Fürstin Galitzin in Oranienbaum hatte ich wegen meiner Ehrendamen eine furchtbare Szene mit dem Großfürsten. Ich bemerkte nämlich, daß dieselben, die stets die Vertrauten oder Maitressen Seiner kaiserlichen Hoheit waren, bei verschiedenen Gelegenheiten es an Erfüllung ihrer Pflichten, ja sogar an der mir schuldigen Rücksicht und Achtung fehlen ließen. Ich begab mich daher eines Nachmittags in ihr Zimmer, warf ihnen ihr Betragen vor, erinnerte sie an ihre Pflicht und Schuldigkeit und drohte, mich bei der Kaiserin zu beklagen, wenn sie ihr Benehmen nicht änderten. Einige waren aufs äußerste bestürzt, andere gereizt, noch andere weinten; aber als ich hinaus war, hatten sie nichts Eiligeres zu tun, als sofort dem Großfürsten von dem Vorgefallenen Bericht zu erstatten. Seine kaiserliche Hoheit wurde wütend und eilte sogleich zu mir. Seine ersten Worte beim Eintreten waren: es sei unmöglich, länger mit mir zu leben, von Tag zu Tag werde ich hochmütiger und stolzer, verlange Rücksichten und Ehrerbietungen von den Hofdamen und verbittere ihnen das Leben. Sie seien Mädchen von Rang, aber ich behandle sie wie gewöhnliche Dienerinnen. Wenn ich mich aber bei der Kaiserin über sie beschwere, so werde er sich auch über mich beschweren, über meinen Stolz, meine Anmaßung, meine Schlechtigkeit, und Gott weiß worüber noch. Ruhig hörte ich ihn an und antwortete, er könne von mir denken, was er wolle, denn wenn die Sache seiner Frau Tante hinterbracht werde, würde sie gewiß sehr bald entscheiden, ob es nicht das Vernünftigste wäre, Mädchen, die sich schlecht aufführten und durch ihr Hin- und Herreden ihren Neffen und ihre Nichte veruneinigten, fortzujagen. Unzweifelhaft werde Ihre Majestät, um den Frieden zwischen ihm und mir wieder herzustellen und nicht durch Mißhelligkeiten belästigt zu werden, keinen andern Entschluß fassen; sie werde im Gegenteil unfehlbar zu diesem Mittel greifen. Als er mich so reden hörte, kühlte sich seine Wut ein wenig ab, denn argwöhnisch, wie er war, kam er auf den Gedanken, daß ich mehr von den Absichten der Kaiserin betreffs der Mädchen wisse, als ich merken lasse, und diese wirklich wegen des Vorgefallenen entlassen werden könnten. Er begann daher, mich auszufragen. »Sagen Sie, wissen Sie etwas Näheres darüber? Hat man schon davon gesprochen?« – Ich antwortete ihm, daß, wenn es erst soweit käme, daß die Angelegenheit vor die Kaiserin gebracht würde, ich nicht zweifelte, daß sie auf eine sehr bündige Weise darüber entscheiden werde. Hierauf ging er nachdenklich im Zimmer auf und ab, wurde allmählich ruhiger und ging endlich halb und halb besänftigt hinaus. Am selben Abend erzählte ich der vernünftigsten unter den Damen die ganze Szene, die ihr unkluges Verhalten gegen mich herbeigeführt hatte, Wort für Wort wieder. Seitdem hüteten sie sich, die

Umstände auf die Spitze zu treiben, denn sie mußten gewärtig sein, ihnen zum Opfer zu fallen.

Im Laufe des Herbstes kehrten wir in die Stadt zurück. Kurz darauf wurde Sir Williams nach England abberufen. Er hatte seinen Zweck in Rußland verfehlt. An dem Tage nach seiner Audienz bei der Kaiserin hatte er einen Allianzvertrag zwischen Rußland und England in Vorschlag gebracht, und Graf Bestuscheff hatte Befehl und Vollmachten, denselben abzuschließen. In der Tat wurde der Vertrag vom Großkanzler unterzeichnet, und der Gesandte war außer sich vor Freude über seinen Erfolg. Tags darauf jedoch zeigte ihm Graf Bestuscheff durch eine Note den Beitritt Rußlands zu der in Versailles unterzeichneten Konvention zwischen Frankreich und Oesterreich an. Dies war ein Donnerschlag für den englischen Gesandten, der in dieser Angelegenheit von dem Großkanzler hintergangen und betrogen worden war; wenigstens schien es so. Allein Bestuscheff war damals nicht mehr Herr seiner Handlungen. Seine Gegner fingen an ihn zu verdrängen und intrigierten, oder vielmehr man intrigierte bei ihnen, um sie zur französisch-österreichischen Partei überzuführen, wozu sie nur allzusehr geneigt waren. Die Schuwaloffs, besonders aber Iwan Iwanowitsch, liebten Frankreich und alles was von dort kam, bis zur Narrheit. Sie wurden hierin durch den Vizekanzler Woronzow bestärkt, dem Ludwig XV. für diesen Dienst den Palast, den er eben in Petersburg hatte bauen lassen, mit alten Möbeln ausstattete, die der Marquise von Pompadour, seiner Maitresse, nicht mehr gefielen, und die sie dem

König, ihrem Geliebten, mit Profit verkauft hatte. Aber der Vizekanzler hatte außer diesem Vorteil noch einen andern Grund für sein Handeln, nämlich den, das Ansehen seines Nebenbuhlers, des Grafen Bestuscheff, zu schmälern und sich seiner Stelle für Peter Schuwaloff zu versichern. Er dachte ferner daran, das Tabakmonopol in seine Gewalt zu bringen, um dann in Frankreich den Tabak verkaufen zu können.

Achtzehntes Kapitel

Rückkehr Poniatowskis nach Rußland als polnischer Gesandter. – Brockdorf und seine Intrigen. – Aussprache mit dem Großfürsten und Brockdorf. – Man verspottet den letzteren. – Meine Ratschläge für den Großfürsten. – Wie Peter III. ein Lügner wurde. – Leon Narischkin soll sich verheiraten. – Die Liebe des Großfürsten zu Madame Teploff ist im Abnehmen. – Elisabeth Woronzow gewinnt von neuem seine Gunst. – Intrigen dagegen.

Gegen Ende des Jahres 1756 kam Graf Poniatowski nach Petersburg als Minister des Königs von Polen zurück. Während des Winters 1757 war die Lebensweise bei uns dieselbe wie im vorhergehenden: dieselben Konzerte, dieselben Bälle, dieselben Klatschereien. Ich bemerkte bald nach unserer Rückkehr in die Stadt, wo ich die Verhältnisse mehr in der Nähe sah, daß Brockdorf mit seinen Intrigen beim Großfürsten großen Erfolg hatte. Er genoß dabei die Unterstützung einer ziemlich großen Anzahl holsteinscher Offiziere, die der Großfürst auf sein Zureden den ganzen Winter über in Petersburg bei sich behielt. Ihre Zahl belief sich mindestens auf zwanzig, und sie befanden sich fortwährend in der Umgebung des Großfürsten. Dazu kamen noch ein paar holsteinsche Soldaten, die als Laufburschen und Kammerdiener bei ihm angestellt waren und zu allen möglichen Geschäften benutzt wurden. Im Grunde aber waren alle diese Menschen nichts als Spione Brockdorfs und Genossen. Ich wartete in diesem Winter nur auf einen günstigen Augenblick, um ernsthaft mit dem Großfürsten zu reden und ihm aufrichtig zu sagen, was ich von seiner Umgebung und deren Intrigen dächte. Es fand sich auch bald ein solcher, und ich ließ ihn nicht unbenutzt vorübergehen. Der Großfürst selbst kam eines Tages in mein Boudoir und sagte mir, daß man es ihm als unumgänglich notwendig darstelle, einen geheimen Befehl nach Holstein zu schicken, die Verhaftung einer der durch Stellung und Ansehen hervorragendsten Persönlichkeiten des Landes betreffend. Diese Persönlichkeit war ein gewisser Elendsheim, ein Mann von bürgerlicher Abkunft, der indes durch seinen Fleiß und seine Fähigkeiten sich zu jener Stellung emporgehoben hatte. Als ich den Großfürsten fragte, welche Beschwerden man gegen diesen Mann habe und was er verbrochen, daß man daran denke, ihn gefangen zu nehmen, erwiderte er: »Nun, man sagt, er sei des Unterschleifs verdächtig.« – Wer seine Ankläger wären, fragte ich nun, worauf er sich sehr im Rechte glaubte, als er antwortete: »Ankläger? die gibt es nicht, denn das ganze Land fürchtet und achtet ihn; aber gerade deshalb muß ich ihn verhaften lassen. Ist dies erst geschehen, so werden sich, wie man mir versichert, genügend Ankläger finden.« – Ich zitterte vor Aerger, als er mir das sagte, und erwiderte: »Auf diese Weise betrachtet, gibt es keinen Unschuldigen mehr auf der Welt. Es braucht nur ein Neidischer da zu sein, der im Publikum irgend ein vages Gerücht aussprengt, wie es ihm gerade gefällt, worauf man jeden Beliebigen arretiert; die Anschuldigungen und Verbrechen werden sich dann schon finden. Das ist à la façon de Barbarie mon ami, wie es im Liede heißt, daß man Ihnen rät, zu handeln, ohne auf Ihr Ansehen oder Ihre Gerechtigkeit Rücksicht zu nehmen. Wer gibt Ihnen so schlechte Ratschläge? Erlauben Sie mir diese Frage.« – Dies schien meinem Großfürsten doch ein wenig peinlich zu sein, und er entgegnete: »Sie wollen immer mehr wissen als die anderen.« – Da antwortete ich ihm, ich spräche nicht, um die Kluge zu spielen, sondern weil ich alle Ungerechtigkeit haßte und nicht glaubte, daß er so eine Willkürlichkeit begehen wolle. – Darauf schickte er sich an, mit großen Schritten im Zimmer auf und ab zu gehen, und entfernte sich dann mehr aufgeregt als ärgerlich. Kurze Zeit nachher aber kam er wieder und sagte mir: »Kommen Sie, Brockdorf wird mit Ihnen selbst über die Elendsheimsche Geschichte sprechen, und Sie werden sehen und überzeugt sein, daß ich ihn verhaften lassen muß.« Ich erwiderte: »Gut, ich werde Ihnen folgen und hören, was er sagen wird, da Sie es wünschen.« – In der Tat fand ich Brockdorf im Zimmer des Großfürsten, der zu ihm sagte: »Sprechen Sie mit der Großfürstin.« Brockdorf, etwas bestürzt, verneigte sich vor dem Großfürsten und sagte: »Da Eure Hoheit es mir befehlen, werde ich mit der Frau Großfürstin sprechen.« – Hier machte er eine

Pause und fuhr dann fort: »Es ist eine Angelegenheit, die mit viel Heimlichkeit und Klugheit behandelt sein will.« – Ich hörte aufmerksam zu. – »Ganz Holstein ist erfüllt von dem Lärm der Elendsheimschen Unterschleife und Erpressungen. Allerdings sind vorläufig keine Ankläger da, weil man ihn fürchtet, aber wenn er erst verhaftet ist, wird man so viele haben, als man nur will.« Als ich darauf von ihm Einzelheiten über die Unterschleife und Erpressungen verlangte, erfuhr ich, daß, was die Unterschleife der Taxen betraf, gar keine Schuld vorlag, da er überhaupt kein Geld vom Großfürsten in den Händen hatte. Da er aber an der Spitze der Justizverwaltung stand, sah man es als Unterschleif an, wenn sich bei jedem Prozeß immer eine oder die andere streitende Partie über Ungerechtigkeit beklagte und aussagte, daß die Gegenpartei nur durch Bestechung der Richter gewonnen hätte. Aber Brockdorf mochte alle seine Beredsamkeit und Weisheit aufbieten, er überzeugte mich nicht. Ich behauptete fort und fort in Gegenwart des Großfürsten, daß man nur versuche, Seine kaiserliche Hoheit zu einer himmelschreienden Ungerechtigkeit zu bewegen, indem man ihn zur Ausfertigung eines Haftbefehls gegen einen Menschen aufstachele, gegen den weder eine formelle Anklage, noch eine Beschuldigung vorläge. Auch erklärte ich Brockdorf, daß auf diese Weise der Großfürst ihn gleichfalls zu jeder Stunde einstecken lassen und sagen könnte, Anklagen würden sich schon finden, u.s.w. Ich fügte noch hinzu, der Großfürst müsse sich mehr als jeder andere vor ähnlichen Dingen hüten, weil die Erfahrung ihn bereits auf seine Kosten gelehrt hätte, wozu die Verfolgungen und der Haß der Parteien führen könnten. Noch wären keine zwei Jahre verflossen, seit Seine kaiserliche Hoheit Herrn von Holmer aus seiner Haft entlassen hätte, nachdem man ihn sechs oder acht Jahre im Gefängnis hatte schmachten lassen. Aber es half mir wenig, dies frappante Beispiel zu zitieren. Der Großfürst hörte mir zwar zu, dachte aber, glaube ich, an etwas ganz anderes; Herr von Brockdorf, im tiefsten Innern seines Herzens vollkommen verroht, borniert und hartnäckig wie ein Klotz, ließ mich reden, da er keine Gegengründe mehr vorzubringen wußte. Als ich fort war, soll er zum Großfürsten bemerkt haben, daß alles, was ich gesagt, mir nur die Herrschsucht eingegeben habe; alle Maßnahmen mißbillige ich, die ich nicht selbst angeraten hätte, und ich verstünde gar nichts von Geschäften. Frauen wollten sich eben in alles mischen, aber alles, was sie anfaßten, verdürben sie; besonders tatkräftige Handlungen gingen über ihren Horizont hinaus. Kurz, er gab sich solche Mühe, daß er schließlich doch den Sieg davontrug. Der Großfürst, von ihm überzeugt, ließ den Befehl, Elendsheim zu verhaften, aufsetzen, unterzeichnen und abfertigen. Ein gewisser Zeitz, Sekretär des Großfürsten, der Pechlin beigegeben und der Sohn der Hebamme war, die mich entbunden hatte, benachrichtigte mich davon. Die Partei Pechlins mißbilligte im allgemeinen diese gewaltsame und unzeitige Maßregel, womit Brockdorf sie und ganz Holstein zittern machte. Sobald ich erfuhr, daß Brockdorfs Intrigen über mich und alles, was ich dem Großfürsten vorgestellt hatte, den Sieg davongetragen, faßte ich den festen Entschluß, Brockdorf meine ganze Entrüstung wissen zu lassen. Ich sagte zu Zeitz und Pechlin, daß ich von diesem Augenblicke an Brockdorf wie die Pest fürchtete, die man fliehen müsse. Auf jeden Fall müßte er vom Großfürsten entfernt werden, und ich selbst würde alles aufbieten, was in dieser Angelegenheit in meiner Macht stehe. Und von dieser Zeit an ließ ich bei jeder Gelegenheit die Verachtung und den Abscheu durchblicken, den das Benehmen dieses Menschen mir einflößte. Ich ersparte ihm nichts, womit ich ihn lächerlich machen konnte, und machte gegen niemand ein Geheimnis daraus, wie ich über ihn dachte. Leon Narischkin und andere junge Herren amüsierten sich köstlich darüber und unterstützten mich in meinen Bemühungen. Wenn Brockdorf vorüberging, riefen alle hinter ihm her: Baba ptiza (Pelikan); dies war sein ständiger Spitzname. Der Pelikan war der häßlichste uns bekannte Vogel, und Brockdorf war als Mensch gerade so häßlich, sowohl äußerlich als innerlich. Er war lang und dünn, hatte einen entsetzlich langen Hals und einen dicken, platten Kopf; dazu war er rothaarig und trug eine mächtige Perücke. Seine kleinen Augen lagen tief in ihren Höhlen, hatten so gut als gar keine Lider und Brauen, und seine Mundwinkel hingen bis zum Kinn hinab, was ihm ein saueres, bösartiges Ansehen verlieh. Hinsichtlich seines Charakters beziehe ich mich nur auf das, was ich bereits über ihn gesagt, füge indes noch hinzu, daß er lasterhaft genug war, um von allen Geld zu nehmen, die ihm welches anboten. Damit aber sein erhabener Herr sich nicht eines Tages über seine Erpressungen beschweren möchte, veranlaßte er ihn, den er stets in Geldverlegenheit wußte, dasselbe zu tun. Auf diese Weise verschaffte er dem Großfürsten so viel Geld als er nur konnte, indem er einem jeden, der dafür klingende Münze bezahlte, holsteinsche Titel und Orden verkaufte. Oder er ließ den Großfürsten Geld verlangen und alle möglichen, oft ungerechte und selbst für das Land drückende Angelegenheiten bei den verschiedenen Gerichtshöfen und dem Senate betreiben, wie Monopole und andere Steuern, die sonst niemals hätten durchgehen können, weil sie den Gesetzen Peters I. zuwiderliefen. Außerdem stürzte Brockdorf Peter III. mehr als je in Trunk und Liederlichkeit, umgab ihn mit einem Haufen von Abenteurern und Individuen, die aus den Wachtstuben und Kneipen Deutschlands und Petersburgs herstammten, weder Treu noch Glauben kannten und nichts taten, als zechen, essen, rauchen und gemeine Redensarten führen.

Als ich bemerkte, daß trotz allem, was ich sagte und tat, um Brockdorfs Einfluß zu schwächen, dieser sich beim Großfürsten behauptete, ja größere Gunst genoß als zuvor, faßte ich den Entschluß, dem Grafen Schuwaloff mitzuteilen, wie ich über diesen Menschen dachte, und ihm zu erklären, daß ich ihn als einen der gefährlichsten Menschen betrachte, die man möglicherweise einem jungen Fürsten, dem Erben eines großen Reichs beigeben könne. Ich hielt es für meine Pflicht, die Sache ganz im Vertrauen mit ihm zu besprechen, damit er die Kaiserin davon benachrichtigen oder passende Maßregeln treffen könne. Darauf fragte Schuwaloff, ob er mich nennen dürfe, was ich ihm getrost gestattete. Sollte übrigens die Kaiserin mich selbst fragen, so würde ich kein Blatt vor den Mund nehmen und alles sagen, was ich wisse und gesehen habe. Graf Alexander Schuwaloff blinzelte mit den Augen und hörte mir sehr ernsthaft zu, wagte indes nicht, ohne den Rat seines Bruders Peter und seines Vetters Iwan Iwanowitsch zu handeln. Lange Zeit hörte ich nichts von ihm, bis er mir endlich eines Tages zu verstehen gab, es sei wohl möglich, daß die Kaiserin mit mir reden würde.

Inzwischen kam eines schönen Morgens der Großfürst in mein Zimmer gestürzt, während ihm sein Sekretär Zeitz mit einem Papier in der Hand folgte. – »Sehen Sie bloß diesen verteufelten Kerl!« rief der Großfürst, »bringt er mir heute, wo ich noch ganz betäubt von dem vielen Trinken von gestern bin, einen großen Bogen Papier, nichts als Register der Angelegenheiten, die ich zu Ende führen soll; er verfolgt mich sogar bis in Ihr Zimmer.« – Zeitz wandte sich zu mir und sagte: »Alles was ich hier habe, kann in einer Viertelstunde durch ja oder nein entschieden werden.« – »Nun, wir wollen sehen,« sagte ich, »vielleicht kommen wir eher damit zu Ende, als Sie glauben.« – Und nun schickte sich Zeitz an zu lesen, und je nach Gutdünken bemerkte ich »ja« oder »nein«. Dies gefiel dem Großfürsten sehr, und sein Sekretär sagte: »Wirklich, gnädigster Herr, wenn Sie erlauben wollten, daß wir es zweimal wöchentlich so machten, würden Ihre Geschäfte nicht stocken. Es sind freilich nur Kleinigkeiten, aber sie müssen doch auch zum Abschluß gebracht werden, und Sie sehen ja, die Großfürstin hat sie mit einem halben Dutzend Ja und ebenso vielen Nein entschieden.« – Von diesem Tage an gefiel es Seiner kaiserlichen Hoheit, Zeitz jedesmal zu mir zu schicken, wenn es Fragen mit ja oder nein zu beantworten gab. Nach einiger Zeit bat ich ihn, mir ein Schriftstück auszustellen über das, was ich ohne seinen speziellen Befehl erledigen und nicht erledigen dürfe, was er denn auch tat. Nur Pechlin, Zeitz und ich wußten von dieser Aenderung, mit der die beiden ersteren außerordentlich zufrieden waren. Wenn es sich darum handelte, zu unterzeichnen, unterzeichnete der Großfürst nur was ich vorher geregelt hatte. Die Affäre Elendsheim blieb in Brockdorfs Händen. Da indes Elendsheim im Gefängnis saß, beeilte sich Brockdorf nicht sehr, sie zu Ende zu bringen, weil sein Zweck so ziemlich damit erreicht war. Er hatte ihn von den Geschäften entfernt und den Holsteinern gezeigt, wie groß sein Einfluß über seinen Herrn war; weiter wollte er nichts.

Eines Tages benutzte ich die Gelegenheit, den Großfürsten zu fragen, ob er, da er die Verwaltung Holsteins schon langweilig finde und sie als eine Probe dessen ansehe, was er eines Tages zu verwalten haben werde, später wenn ihm das russische Reich zufalle, nicht diese Zeit als eine noch viel drückendere Last empfinde. Darauf wiederholte er, was er mir schon tausendmal geantwortet: er fühle, daß er nicht für Rußland geschaffen sei; er gefalle weder den Russen, noch gefielen die Russen ihm, und er sei überzeugt, daß er in Rußland zugrunde gehen werde. Ich meinerseits erwiderte ihm nun, was ich ihm ebenfalls schon oft gesagt, nämlich, daß er sich in diesen verhängnisvollen Gedanken nicht gehen lassen dürfe, vielmehr müsse er alles, was in seinen Kräften stehe, tun, um die Liebe eines jeden Russen zu gewinnen und die Kaiserin bitten, ihn in den Stand zu setzen, sich über die Reichsangelegenheiten zu unterrichten. Ich drängte ihn sogar, um einen Sitz im Rate der Kaiserin nachzusuchen. Und wirklich sprach er mit den Schuwaloffs darüber, die es denn auch bei der Kaiserin durchsetzten, ihn jedesmal zu jenen Konferenzen zuzulassen, wenn sie selbst zugegen war. Dies war aber gerade so, als hätte man ihm den Zutritt verweigert, denn die Kaiserin selbst ging höchstens zwei oder dreimal mit ihm hin, worauf sowohl sie als er ihre Besuche ganz einstellten.

Die Ratschläge, welche ich dem Großfürsten gab, waren im allgemeinen gut und heilsam. Allein wer Ratschläge erteilt, kann dies nur gemäß seinem Geist, seiner Art, zu denken und die Dinge anzuschauen und zu behandeln tun. Der größte Fehler der Ratschläge, die ich dem Großfürsten gab, war nun eben der, daß seine Denk- und Handlungsweise ganz und gar von der meinigen verschieden war, und je älter wir wurden, um so schärfer trat der Unterschied hervor. Ich war bestrebt, in allen Dingen der Wahrheit so nahe wie möglich zu kommen, er indes entfernte sich täglich mehr und mehr von derselben, bis er endlich ein leidenschaftlicher Lügner ward. Da die Art, wie er es wurde, sehr sonderbar ist, will ich hier davon sprechen; vielleicht trägt dies ein

wenig zu der Erkenntnis der Entwickelung des menschlichen Geistes in dieser Beziehung bei, sowie zur Ver-
hinderung oder Besserung dieses Lasters bei Individuen,
die dazu geneigt sind.

Die erste Lüge, welche der Großfürst beging, war,
daß er jungen Frauen oder Mädchen, bei denen er sich
in Gunst setzen wollte, und auf deren Unwissenheit er
rechnete, erzählte, wie ihn sein Vater, als er noch in
Holstein war, an die Spitze einer Abteilung seiner Garden gestellt und gegen einen Trupp Zigeuner geschickt
habe, die in der Umgebung von Kiel umherschweiften
und, wie er behauptete, scheußliche Räubereien begin-
gen. Er erzählte die genauesten Einzelheiten über ihre
Verbrechen, sowie von der List, die er angewandt, um
die Räuber zu umzingeln, beschrieb die verschiedenen
Gefechte, in denen er Wunder von Kunst und Tapferkeit
verrichtete, worauf er die Zigeuner gefangen genommen
und nach Kiel transportiert habe. Anfangs wandte er
immerhin noch eine gewisse Vorsicht bei seinen Prahle-
reien an, indem er sie nur denen erzählte, die seine Geschichte nicht kannten. Allmählich jedoch faßte er den
Mut, seine Erfindung auch bei denen anzubringen, auf
deren Diskretion er genügend zählen konnte, um gewiß
zu sein, daß sie ihn nicht Lügen strafen würden. Als er
aber auch mir diese Erzählung zum besten geben wollte,
fragte ich ihn, wie lange Zeit vor dem Tode seines Vaters diese Ereignisse stattgefunden hätten? Ohne zu
zaudern, antwortete er: »Etwa drei oder vier Jahre.« –
»Nun, dann haben Sie sehr früh angefangen, Heldenta-
ten zu verrichten,« sagte ich, »denn drei oder vier Jahre

vor dem Tode Ihres Vaters waren Sie kaum sechs oder sieben Jahre alt. Nach seinem Tode, also mit elf Jahren, sind Sie unter die Vormundschaft meines Onkels, des Kronprinzen von Schweden, gekommen. Was mich aber am meisten Wunder nimmt,« fügte ich hinzu, »ist, daß Ihr Herr Vater, dessen einziger Sohn Sie waren, Sie in so jungem Alter gegen Räuber ausgeschickt hat, zumal da Ihre Gesundheit, wie man mir gesagt, in Ihrer Kindheit sehr zart gewesen ist.« – Darüber wurde der Großfürst schrecklich böse und erwiderte, ich wollte ihn nur vor aller Welt als Lügner hinstellen und in Mißkredit bringen. Aber ich antwortete ihm, daß nicht ich, sondern der Kalender seinen Behauptungen widerspräche; übrigens überließe ich es ihm selbst, zu beurteilen, ob es menschenmöglich wäre, einen kleinen Knaben von sechs Jahren, den einzigen Sohn und Thronerben, die ganze Hoffnung seines Vaters, gegen Räuber und Mörder auszusenden. Dann schwiegen wir beide, aber er grollte mir noch lange Zeit nachher. Als er jedoch meine Einwände vergessen hatte, fuhr er nichtsdestoweniger fort, sogar in meiner Gegenwart dies Märchen von neuem zu erzählen, das er bis ins Unendliche variierte. Später dachte er sich noch eine weit schimpflichere und für ihn schädlichere Geschichte aus, die ich bei passender Gelegenheit ebenfalls mitteilen werde. Gegenwärtig ist es mir unmöglich, alle die Fabeln zu erwähnen, die er zuweilen ersann und für Tatsachen ausgab, woran indes nicht ein Funken Wahrheit war. Übrigens wird auch diese Probe, wie ich glaube, genügen.

Eines Donnerstags, gegen Ende des Karnevals, war Ball bei uns. Ich saß zwischen der Schwägerin Leon Narischkins und seiner Schwester, Madame Siniawin, und wir sahen zu, wie Marine Ossipowna Sakrefskaia, die Ehrendame der Kaiserin und Nichte des Grafen Razumowski Menuett tanzte. Sie war sehr anmutig und gewandt, und man erzählte sich, daß Graf Horn in sie verliebt sei. Da er es aber immer in drei Frauen auf einmal war, hielt er sich auch an die Gräfin Maria Romanowna Woronzow und an Anna Alexiewna Hittroff, gleichfalls Ehrendamen Ihrer Majestät. Wir fanden, daß Marine Ossipowna sehr gut tanzte und ziemlich hübsch war. Ihr Partner war Leon Narischkin. Bei dieser Gelegenheit erzählten mir seine Schwägerin und seine Schwester, daß seine Mutter mit dem Gedanken umginge, Leon mit Fräulein Hittroff, einer Nichte der Schuwaloffs mütterlicherseits, zu verheiraten. Ihre Mutter war eine Schwester Peter und Alexander Schuwaloffs. Ihr Vater kam oft in das Haus der Narischkins und hatte so lange für seine Tochter Propaganda gemacht, bis sich Leons Mutter schließlich die Heirat in den Kopf gesetzt hatte. Aber weder Madame Siniawin, noch seiner Schwägerin lag etwas an der Verwandtschaft der Schuwaloffs, die sie, wie schon erwähnt, nicht liebten. Was Leon anbetraf, so wußte er nicht einmal, daß seine Mutter die Absicht hatte, ihn zu verheiraten, und war in die Gräfin Maria Woronzow verliebt, von der ich soeben gesprochen. Als ich dies daher vernahm, sagte ich zu den Damen Siniawin und Narischkin, daß man die Heirat mit Fräulein Hittroff, die kein Mensch leiden mochte, weil sie intrigant, boshaft und eine Schwätzerin war, auf keinen Fall zugeben dürfe. Um ähnliche Ideen kurz abzuschneiden, müsse man Leon eine Frau unserer Art geben und die erwähnte Nichte des Grafen Razumowski, Marine Ossipowna, wählen, die obendrein uns allen sehr angenehm und immer in ihrem Hause war. Die beiden Damen billigten vollkommen meine Ansicht. Tags darauf fand bei Hofe Maskenball statt. Bei einer günstigen Gelegenheit wendete ich mich an den Marschall Razumowski, der damals Hetmann der Ukraine war, und sagte ihm rund heraus, er habe unrecht, seiner Nichte eine Partie wie Leon Narischkin entgehen zu lassen. Leons Mutter wolle ihn zwar an Fräulein Hittroff verheiraten, allein Madame Siniawin, seine Schwägerin, und ich hätten entschieden, daß seine Nichte die einzig passende Partie für ihn sei; er möge daher den Beteiligten so bald als möglich diesen Vorschlag machen. Dem Marschall gefiel unser Plan ausnehmend. Er besprach sich sofort mit seinem damaligen Faktotum Teploff, der die Sache sogleich dem Grafen Razumowski, dem älteren, mitteilte. Dieser gab seine Einwilligung, und am folgenden Tag begab sich Teploff zum Bischof von Petersburg, um für fünfzig Rubel den Erlaubnisschein zu erkaufen. Nachdem er ihn erhalten, gingen der Marschall und seine Gemahlin zu ihrer Tante, der Mutter Leons, und stellten ihr die Sache in einem so günstigen Lichte dar, daß sie sich zu allem verstand. Und sie kamen gerade im rechten Augenblick, denn an eben demselben Tage hatte sie Hittroff ihr Wort geben sollen. Nun begaben sich der Marschall Razumowski, die Damen Siniawin und Narischkin zu Leon, um ihn zu überreden, die zu heiraten, an die er nicht im entferntesten gedacht hatte. Obgleich er eine andere liebte, willigte er ein; allerdings war die Gräfin Woronzow mit dem Grafen Buturlin so gut wie verlobt. Was Fräulein Hittroff betraf, so machte er sich nicht den geringsten Kummer. Nachdem er also seine Zustimmung gegeben, ließ der Marschall seine Nichte rufen, die die Heirat zu vorteilhaft fand, um sie zurückzuweisen. So baten die beiden Grafen Razumowski am andern Tag die Kaiserin um ihre Einwilligung, die auch ohne Zögern gegeben wurde. Die Herren Schuwaloff aber waren von der Art und Weise, wie man sie und Hittroff hintergangen hatte, äußerst bestürzt und beleidigt, denn sie erfuhren den ganzen Vorgang nicht früher, als nach der Einwilligung der Kaiserin. So heiratete Leon, der in eine junge Dame verliebt war, und den seine Mutter mit einer andern vermählen wollte, eine Dritte, an die weder er noch irgend jemand drei Tage vorher gedacht hatte. Seine Heirat knüpfte meine Freundschaft mit den Grafen Razumowski fester als je, da sie mir es wirklich Dank wußten, ihrer Nichte eine so gute und glänzende Partie verschafft zu haben. Auch waren sie durchaus nicht böse, daß sie über die Schuwaloffs, die sich nicht einmal beklagen konnten, sondern ihren Verdruß verbergen mußten, den Sieg davongetragen hatten. Letzteres war ebenfalls eine Genugtuung, die sie einzig und allein mir verdankten.

Die Liebe des Großfürsten zu Madame Teploff regte sich nur noch mit mattem Flügelschlage. Eins der größten Hindernisse derselben war die Schwierigkeit, sich öfters zu sehen. Es konnte nur heimlich geschehen, was dem Großfürsten, der Schwierigkeiten ebensowenig liebte, als auf empfangene Briefe zu antworten, sehr unbequem war. Gegen Ende des Karnevals fing seine Liebe an, vollkommen Parteisache zu werden.

Eines Tages benachrichtigte mich die Prinzessin von Kurland, Graf Roman Woronzow, der Vater der beiden Hofdamen – der, beiläufig gesagt, samt seinen fünf Kindern dem Großfürsten damals aufs höchste zuwider war – hätte sehr unüberlegte Aeußerungen auf Rechnung des Großfürsten getan. Unter anderm habe er erklärt, wenn er Lust hätte, so würde es ihn keine große Mühe kosten, den Haß des Großfürsten gegen ihn in Wohlwollen zu verwandeln. Zu diesem Zwecke brauche er nur Brockdorf ein Gastmahl zu geben, ihm englisches Bier vorzusetzen und ihm, wenn er ginge, sechs Flaschen davon für Seine kaiserliche Hoheit in die Tasche zu stecken; dann würden er sowohl als seine jüngste Tochter sofort wieder Matadore in der Gunst des Großfürsten sein. Da ich denselben Abend beim Ball bemerkte, daß Seine kaiserliche Hoheit und die Gräfin Marie Woronzow, die älteste Tochter des Grafen, viel miteinander plauderten, machte es mir nicht gerade ein besonderes Vergnügen, zu denken, daß Fräulein Elisabeth Woronzow wieder obenauf kommen sollte. Um dies zu verhindern, erzählte ich dem Großfürsten die eben erwähnten Aeußerungen, die der Vater der jungen Dame über ihn hatte fallen lassen. Darüber geriet der Großfürst in Wut und fragte, von wem ich dieselben erfahren habe. Lange sträubte ich mich, ihm die Wahrheit zu sagen. Allein er erklärte, da ich niemand nennen könne, müsse er annehmen, daß ich es sei, die die Geschichte erfunden habe, nur um dem Vater und seinen Töchtern zu schaden. Es half nichts, ihm zu entgegnen, daß ich nie in meinem Leben solche Lügen erfunden habe, und ich sah mich schließlich gezwungen, ihm die Prinzessin von Kurland zu nennen. Er würde ihr auf der Stelle einen Brief schreiben, sagte er, um zu erfahren, ob ich die Wahrheit rede. Wenn aber der geringste Mangel an Übereinstimmung zwischen dem, was sie ihm antworten werde und dem was ich ihm gesagt habe, vorkäme, würde er sich bei der Kaiserin über meine Lügen und Intrigen beschweren. Hierauf verließ er das Zimmer. Da ich nicht sicher war, was die Prinzessin ihm antworten werde, und aus Furcht, sie möchte sich zweideutig äußern, schrieb ich ihr folgendes Billett: »Ich beschwöre Sie, sagen Sie die einfache und reine Wahrheit, wenn man Sie fragen wird!« Mein Billett wurde ihr unverzüglich überbracht und kam zur rechten Zeit, denn es erreichte sie noch vor dem Briefe des Großfürsten. Die Prinzessin von Kurland antwortete Seiner kaiserlichen Hoheit die Wahrheit, und er mußte einsehen, daß ich nicht gelogen hatte. Auf diese Weise wurde er wenigstens noch eine Zeitlang von einer Liaison mit den beiden Töchtern eines Menschen zurückgehalten, der ihn so gering achtete und den er selbst nicht ausstehen mochte.

Um ihm indes noch ein weiteres Hindernis in den Weg zu legen, überredete ich den Marschall Razumowski, den Großfürsten ein- bis zweimal wöchentlich ganz insgeheim zu sich einzuladen. Es war sozusagen eine Gesellschaft zu zwei Herren und zwei Damen, denn nur der Marschall, Maria Paulowna Narischkin, der Großfürst, Madame Teploff und Leon Narischkin waren zugegen. Dies dauerte fast die ganze Fastenzeit hindurch und gab zu einem andern Plane Veranlassung.

Das damalige Haus Razumowski war aus Holz gebaut. Die Gesellschaft versammelte sich gewöhnlich in den Gemächern der Marschallin, und da sowohl er als sie gern spielten, wurde fast immer gespielt. Der Marschall ging und kam, hatte aber in seinen Gemächern ebenfalls eine Partie für sich, wenn der Großfürst nicht da war. Nachdem Razumowski ein paarmal bei mir in meiner kleinen geheimen Spielgesellschaft gewesen war, drückte er den Wunsch aus, wir möchten doch auch zu ihm kommen. Zu diesem Zwecke wurde seine Eremitage, wie er es nannte, bestehend aus zwei bis drei Zimmern im Erdgeschoß, uns eingeräumt. Ein jeder versteckte sich vor dem andern, weil wir, wie bereits erwähnt, ohne Erlaubnis der Kaiserin nicht ausgehen durften. Auf diese Weise befanden sich manchmal drei bis vier kleine Gesellschaften im Hause. Der Marschall ging von einer zur andern, aber nur die unsrige erfuhr alles, was im Hause vorging, während die andern nicht einmal wußten, daß wir da waren.

Neunzehntes Kapitel

Tod des Ministers Pechlin. – Die Abenteurer in Oranienbaum nehmen von Jahr zu Jahr zu. – Die Gelage des Großfürsten. – Übergabe Memels am 24. Juni. – Rückkehr nach der Stadt. – Langersehnte Unterredung mit der Kaiserin. – Übereilter Rückzug Apraxins. – Ich schreibe ihm einen ermahnenden Brief. – Seine Zurückberufung. – Er stirbt. – Fürst Lieven. – General Fermor. – Leon Narischkins verändertes Benehmen. – Besuch des Prinzen Karl von Sachsen am russischen Hofe. – Seine Abreise.

Zu Anfang des Frühlings starb Pechlin, der Minister des Großfürsten für Holstein. Der Großkanzler, Graf Bestuscheff, der seinen Tod voraussah, hatte mir den Rat gegeben, dem Großfürsten einen gewissen Stambke an seiner Stelle vorzuschlagen.

Im Frühjahr gingen wir nach Oranienbaum, wo unsere Lebensweise ganz dieselbe wie in den vorhergehenden Jahren war, nur daß die Zahl der dort stationierten holsteinschen Truppen und der als Offiziere angestellten Abenteurer von Jahr zu Jahr zunahm. Da indes so viele Menschen in dem kleinen Dorfe Oranienbaum, das anfangs aus nicht mehr als achtundzwanzig Hütten bestand, nicht einquartiert werden konnten, wurde ein Lager für die Truppen aufgeschlagen, deren Zahl sich übrigens nie auf mehr als 1300 Mann belief. Die Offiziere dinierten und soupierten bei Hofe, weil es jedoch nur fünfzehn bis sechzehn Hofdamen, die Frauen der Kammerherrn mit inbegriffen, gab, Seine kaiserliche Hoheit aber große Gastmähler leidenschaftlich liebte und solche in seinem Lager und in allen Ecken und Winkeln in Oranienbaum häufig veranstaltete, lud er nicht allein die Sängerinnen und Tänzerinnen der Oper dazu ein, sondern noch eine Menge bürgerlicher Damen aus sehr schlechter Gesellschaft, die man ihm aus Petersburg verschaffte. Sowie ich von der Zulassung der Sängerinnen etc. hörte, enthielt ich mich jeder ferneren Beteiligung an diesen Festen, anfangs unter dem Vorwande einer Brunnenkur. Ich speiste meist mit drei oder vier Personen aus meiner Umgebung auf meinem Zimmer. Später aber sagte ich dem Großfürsten, ich fürchte, die Kaiserin werde es übel aufnehmen, wenn ich in so gemischter Gesellschaft erschiene. Nie kam ich, wenn ich wußte, daß unbeschränkte Gastfreundschaft herrschte, so daß, wenn der Großfürst unbedingt meine Anwesenheit wünschte, nur die Hofdamen zugelassen wurden.

Zu den Maskeraden, die der Großfürst in Oranienbaum veranstaltete, erschien ich immer in sehr einfacher Toilette, ohne Juwelen und sonstigen Schmuck. Dies gefiel besonders der Kaiserin, welche die Feste in Oranienbaum, wo die Gastmähler zu wahren Bacchanalien ausarteten, weder gern sah, noch billigte. Sie ließ sie indes geschehen, oder verbot sie wenigstens nicht. Ich erfuhr, daß Ihre Majestät eines Tages geäußert habe: »Diese Feste machen der Großfürstin ebenso wenig Vergnügen als mir, denn sie erscheint dabei stets in so einfacher Kleidung, wie nur irgend möglich, und speist niemals mit jedermann, der dort Zutritt hat.«

Ich beschäftigte mich damals in Oranienbaum mit der Anlage und Anpflanzung meines Gartens. Während der übrigen Zeit ging, ritt oder fuhr ich aus, und wenn ich in meinem Zimmer war, las ich.

Im Juli erfuhren wir, daß Memel sich den russischen Truppen am 24. Juni durch Vergleich übergeben hätte, und einen Monat später traf die Nachricht von der am 19. August durch die russische Armee gewonnenen Schlacht von Großjägerndorf ein. Am Tage, an dem das Te Deum gesungen wurde, gab ich dem Großfürsten und allen in Oranienbaum anwesenden bedeutenden Persönlichkeiten ein großes Gastmahl, bei welchem der Großfürst und alle übrigen überaus heiter und zufrieden schienen. Dies minderte für kurze Zeit den Schmerz Peters über den zwischen Rußland und dem König von Preußen ausgebrochenen Krieg. Seit seiner Kindheit hatte er für Friedrich den Großen eine große Zuneigung gefaßt, eine Zuneigung, in dem gewiß anfangs nichts Außerordentliches lag, die aber später in reinen Wahnsinn ausartete. Damals indes zwang ihn die allgemeine Freude über den Erfolg der russischen Waffen, seine geheimen Gedanken zu verbergen. Mit Bedauern erfuhr er die Niederlage der preußischen Truppen, die er für unbesiegbar gehalten hatte.

Einige Tage nach diesem Feste kehrten wir in die Stadt zurück und bezogen den Sommerpalast. Hier meldete mir Graf Alexander Schuwaloff eines Abends, daß

die Kaiserin sich bei seiner Frau befände und mich auf-
fordere, dorthin zu kommen, um mit ihr zu reden, wie
ich es vergangenen Winter gewünscht hätte. Ich begab
mich also unverzüglich in die Gemächer des Grafen und
der Gräfin Schuwaloff, die hinter den meinigen lagen,
und fand dort die Kaiserin ganz allein. Nachdem ich ihr
die Hand geküßt und sie mich, ihrer Gewohnheit gemäß,
umarmt hatte, erwies sie mir die Ehre, zu sagen, sie
habe gehört, daß ich mit ihr zu reden wünsche und sei
nun gekommen, um zu erfahren, was ich auf dem Herzen habe. Nun waren aber damals mehr als acht Monate
seit meiner Unterredung mit Alexander Schuwaloff,
hinsichtlich Brockdorfs, vergangen. Ich erwiderte daher
Ihrer Majestät, als ich im vorigen Winter das Benehmen
Brockdorfs mit angesehen, hätte ich es für unerläßlich
gehalten, mit Graf Alexander Schuwaloff darüber zu
sprechen, damit er Ihre Majestät davon in Kenntnis
setzen konnte. Er hatte mich dann gefragt, ob er mich
erwähnen dürfe, worauf ich ihm erwidert: »Wenn Ihre
kaiserliche Majestät es wünschte, würde ich selbst alles
wiederholen, was mir bekannt sei.« Dann erzählte ich
ihr die Affäre Elendsheim in ihrem wahren Hergange.
Sie hörte mir anscheinend mit großer Kälte zu und fragte mich dann nach Einzelheiten über das Privatleben des
Großfürsten und über seine Umgebung. Mit der größten
Wahrhaftigkeit sagte ich alles, was ich wußte. Als ich
aber über die holsteinischen Verhältnisse einige Bemerkungen machte, woraus sie ersehen mußte, daß ich sie
gut kannte, sagte sie streng: »Sie scheinen über dieses
Land sehr wohl unterrichtet zu sein.« Ich antwortete

naiv, dies könne mir nicht schwer fallen, da der Großfürst mir befohlen habe, mich damit bekannt zu machen.
Aber ich sah es der Kaiserin an, daß dieses Vertrauen
des Großfürsten zu mir einen unangenehmen Eindruck
auf sie machte; überhaupt schien sie während der ganzen Unterredung eigentümlich verschlossen. Sie ließ
mich reden, fragte mich aus, sagte aber selbst kaum ein
Wort, so daß diese Unterhaltung mir von ihrer Seite
mehr wie eine Art Verhör, als ein vertrauliches Gespräch vorkam. Endlich verabschiedete sie mich ebenso
kalt, als sie mich empfangen, und ich war sehr wenig
erbaut von meiner Audienz. Alexander Schuwaloff
empfahl mir, sie so geheim wie möglich zu halten, was
ich auch versprach – übrigens konnte ich mich ihrer
auch nicht rühmen. In mein Zimmer zurückgekehrt,
schrieb ich die Kälte der Kaiserin der Abneigung zu,
welche, wie ich schon seit längerer Zeit wußte, die
Schuwaloffs ihr gegen mich eingeflößt hatten. In der
Folge wird man sehen, zu welch abscheulichem Gebrauch von dieser Unterredung, wenn ich so sagen darf,
man sie überredete.

Kurz darauf erfuhren wir, daß der Marschall Apraxin,
statt seine Erfolge zu benutzen, nach der Einnahme von
Memel und dem Siege bei Großjägerndorf sich mit
solcher Eile zurückzog, daß dieser Rückzug fast einer
Flucht glich, denn er vernichtete und verbrannte sein
ganzes Gepäck und vernagelte alle seine Kanonen.
Niemand begriff ein solches Verfahren. Selbst seine
Anhänger konnten es nicht rechtfertigen, und eben deshalb vermutete man ein Geheimnis dahinter. Obgleich

ich wirklich selbst nicht wußte, wem der übereilte und unzusammenhängende Rückzug des Generals Apraxin zuzuschreiben war, da ich ihn niemals wieder zu sehen bekam, so glaube ich doch die Ursache davon zu vermuten. Er erhielt nämlich von seiner Tochter, der Fürstin Kurakin, die noch immer – aus Politik, nicht aus Neigung – mit Peter Schuwaloff ein Verhältnis hatte, sowie von seinem Schwager, dem Fürsten Kurakin, und andern Verwandten und Freunden ziemlich genaue Nachrichten über die Gesundheit der Kaiserin, die von Tag zu Tag schlechter wurde. Man war schon damals ziemlich allgemein überzeugt, daß sie alle Monate regelmäßig an sehr heftigen Krämpfen litte. Diese Krämpfe schwächten ihre Organe zusehends, so daß sie nach jeder Krise drei bis vier Tage in einem solchen Zustand von Schwäche und Entkräftung ihrer Geistesfähigkeiten war, der schon mehr an Lethargie grenzte. Während dieser Zeit konnte man über nichts mit ihr sprechen und sie von nichts unterhalten. Apraxin, der vielleicht die Gefahr für größer hielt, als sie wirklich war, hatte es wahrscheinlich nicht für ratsam gehalten, sich noch weiter in Preußen vorzuwagen, sondern für besser befunden, eine Rückwärtsbewegung zu machen, um sich der russischen Grenze zu nähern. Unter dem Vorwande, daß es ihm an Lebensmitteln gebrach, ging er immer weiter zurück, zumal er voraussah, daß im Falle des Todes der Kaiserin dieser Krieg sofort aufhören würde. Es war schwer, den Schritt Apraxins zu rechtfertigen; aber dies mußte wohl der Grund seiner Handlung sein, denn er hielt sich in Rußland für äußerst nötig.

Graf Bestuscheff ließ mir durch Stambke mitteilen, welche Wendung das Benehmen des Grafen Apraxin nähme, worüber sich der kaiserliche und der französische Gesandte laut beklagten. Er ließ mich dringend bitten, dem Marschall ganz im Vertrauen zu schreiben und meine Vorstellungen mit den seinigen zu vereinigen, um ihn zur Umkehr zu bewegen und eine Flucht zu beendigen, die seine Feinde gehässig und unheilvoll auslegten. In der Tat schrieb ich an den Marschall Apraxin einen Brief, in welchem ich ihn von den üblen in Petersburg umlaufenden Gerüchten in Kenntnis setzte und ihm sagte, daß seine Freunde nur mit Mühe seinen übereilten Rückzug rechtfertigen könnten. Ich bat ihn ferner, wieder vorwärts zu gehen und die von der Regierung erhaltenen Befehle zu befolgen. Der Großkanzler Bestuscheff schickte ihm diesen Brief; Apraxin antwortete mir nicht.

Inzwischen sahen wir den kaiserlichen Generalbaudirektor General Fermor von Petersburg abreisen und von uns Abschied nehmen, der, wie man uns sagte, bei der Armee verwendet werden sollte. Er war früher Generalquartiermeister des Grafen Münnich gewesen. Das erste, was Fermor verlangte, war, seine Untergebenen im Baufach, die Brigadiers Reaznof und Mordwinoff mit sich nehmen zu dürfen. Mit ihnen ging er zur Armee ab. Es waren Militärs, die bisher nur Baukontrakte gemacht hatten. Sobald er angekommen war, befahl man ihm, den Oberbefehl an Stelle des Grafen Apraxin zu übernehmen, der zurückberufen wurde. Auf seiner Reise nach Petersburg fand dieser in Trihorski einen Befehl vor, hier seine Fahrt zu unterbrechen und die Befehle der Kaiserin zu erwarten. Es dauerte lange, bis diese kamen, weil seine Freunde, sowie seine Tochter und Peter Schuwaloff alles taten, Himmel und Erde in Bewegung setzten, um den Zorn der Kaiserin zu besänftigen, den die Grafen Woronzow, Buturlin, Iwan Schuwaloff und andere anfachten. Diese wieder wurden von den Gesandten des Versailler und Wiener Hofes aufgehetzt, Apraxin zu schaden. Endlich ernannte man eine Untersuchungskommission. Aber schon nach dem ersten Verhör bekam der Marschall Apraxin einen Anfall von Apoplexie, woran er vierundzwanzig Stunden später starb.

In diesen Prozeß wäre sicher auch der General Lieven verwickelt worden, denn er war der Freund und Vertraute Apraxins. Dies würde mir noch mehr Kummer verursacht haben, denn Lieven war mir aufrichtig ergeben. Aber so groß auch meine Freundschaft immer für Apraxin und Lieven gewesen, ich kann es beschwören, daß mir die Ursache ihres Verhaltens und dieses selbst völlig unbekannt war, obgleich man versucht hat, das Gerücht auszusprengen, daß sie, nur um mir und dem Großfürsten zu gefallen, rückwärts gegangen wären.

Lieven gab zuweilen sehr sonderbare Beweise seiner Ergebenheit gegen mich; unter andern auch folgenden. Einst veranstaltete der Gesandte des Wiener Hofes, Graf Esterhazy, einen Maskenball, an dem die Kaiserin und der ganze Hof teilnahm. Als Lieven mich durch den Saal gehen sah, sagte er zu seinem Nachbar, dem Grafen Poniatowski: »Das ist eine Frau, für die ein ehrlicher Mann einige Knutenhiebe ohne großen Kummer ertragen könnte.« – Ich habe diese Anekdote vom Grafen Poniatowski, dem nachmaligen König von Polen, selbst.

Nachdem General Fermor das Oberkommando übernommen hatte, beeilte er sich, seine Instruktionen auszuführen, nämlich vorwärts zu marschieren. Trotz der rauhen Jahreszeit besetzte er Königsberg, das ihm am 18. Januar 1758 eine Deputation entgegenschickte.

Im Laufe des Winters bemerkte ich plötzlich eine große Veränderung im Benehmen Leon Narischkins. Er fing an, unhöflich und grob zu werden, kam nur widerwillig zu mir, tat Aeußerungen, die deutlich bewiesen, daß man ihm eine gewisse Abneigung gegen mich, seine Schwägerin, seine Schwester, den Grafen Poniatowski und alle, die zu mir hielten, in den Kopf gesetzt hatte. Ferner erfuhr ich, daß er fast immer mit Iwan Schuwaloff zusammen war, und ich ahnte, daß man ihn von mir abwendig machen wollte, um mich dafür zu strafen, daß ich ihn verhindert hatte, Fräulein Hittroff zu heiraten. Es war mir gewiß, daß man weit genug gehen werde, um ihn zu Indiskretionen zu verleiten, die sehr unangenehme Folgen für mich haben konnten. Seine Schwester und Schwägerin, sowie sein Bruder waren ebenfalls um meinetwillen sehr böse auf ihn. Er betrug sich aber auch wirklich wie ein Verrückter und beleidigte uns mit der größten Dreistigkeit, wo er nur konnte – und dies zu einer Zeit, wo ich auf meine Kosten das Haus ausmöblierte, das er nach seiner Verheiratung bewohnen sollte. Jedermann klagte ihn der Undankbarkeit an und sagte ihm, daß er nicht die geringste Ursache habe, sich zu beschweren und in solcher Weise zu handeln. Kurz, man sah deutlich, daß er denen, die sich seiner bemächtigt hatten, nur als Werkzeug diente. Er machte dem Großfürsten regelmäßiger den Hof, suchte ihn so viel als möglich zu amüsieren und verleitete ihn mehr und mehr zu Dingen, von denen er genau wußte, daß ich sie mißbilligte. Ja, er trieb seine Unhöflichkeit mitunter soweit, daß er, wenn ich mit ihm sprach, nicht antwortete. Und ich weiß bis heute noch nicht, was ihm damals in den Kopf gestiegen war, während ich ihn und seine ganze Familie, solange ich sie kannte, mit Wohlwollen und Freundschaft überhäufte. Ich glaube aber, daß er sich – gleichfalls auf den Rat der Schuwaloffs, bemühte, dem Großfürsten gefällig zu sein, weil sie ihm vorstellten, daß dessen Gunst ihm einst wertvoller sein werde, als die meine, denn ich wäre bei der Kaiserin und dem Großfürsten schlecht angeschrieben und keiner von beiden liebte mich. Er werde daher seinem Glücke nur schaden, wenn er sich von mir nicht lossage, denn nach dem Tode der Kaiserin würde der Großfürst mich in ein Kloster stecken – und andere ähnliche Aeußerungen der Schuwaloffs, die mir alle hinterbracht wurden. Außerdem zeigte man ihm aus der Ferne den St. Annenorden als Beweis der Gunst des Großfürsten. Mit Hilfe solcher Versprechungen und Auseinandersetzungen brachte man schließlich diesen schwachen, charakterlosen Menschen zu all den kleinen Verrätereien, die man von ihm wünschte. Ja, er ging sogar weiter als verlangt wurde, obwohl er – wie sich später zeigen wird

– Anwandlungen von Reue hatte. Damals indes tat er alles, was in seiner Macht stand, den Großfürsten von mir zu entfernen, so daß dieser mich fast unaufhörlich schalt und sein Verhältnis mit der Gräfin Elisabeth Woronzow wieder anknüpfte.

Zu Anfang des Frühlings verbreitete sich das Gerücht, daß Prinz Karl von Sachsen, der Sohn des Königs August III. von Polen, nach Petersburg kommen werde. Dem Großfürsten mißfiel dieser Besuch aus verschiedenen Gründen. Erstens, weil er dadurch eine Vermehrung persönlicher Unbequemlichkeiten befürchtete, denn er konnte nicht leiden, wenn die Lebensweise, die er sich zurecht gemacht hatte, auch nur im geringsten gestört wurde; zweitens, weil das sächsische Haus auf seiten der Feinde des Königs von Preußen stand, und drittens vielleicht auch, weil er bei einem eventuellen Vergleich zu verlieren fürchtete. Das letztere zeugte allerdings von größter Bescheidenheit, denn der arme Prinz von Sachsen war ein ganz nichtssagender Mensch, ohne alle Kenntnisse und Bildung. Die Jagd und den Tanz ausgenommen, verstand er nichts; und er selbst sagte mir, daß er in seinem ganzen Leben kein Buch in der Hand gehabt hätte, außer den Gebetbüchern, die ihm seine bigotte Mutter, die Königin, schenkte.

Prinz Karl von Sachsen kam also am 5. April dieses Jahres in Petersburg an. Man empfing ihn mit großer Feierlichkeit und bedeutendem Aufwande von Glanz und Pracht. Sein Gefolge war sehr zahlreich. Eine Menge Polen und Sachsen, unter ihnen ein Lubomirski, ein Pototski, ein Rzewuski, den man den Schönen nannte, ferner zwei Fürsten Sulkowski, ein Graf Sapieha, Graf Branitzki, später Oberfeldherr, ein Graf Einsiedel und viele andere, deren Namen ich mich augenblicklich nicht erinnere, begleiteten ihn. Er hatte auch eine Art Untergouverneur bei sich, namens Lachinal, der sein Benehmen und seine Korrespondenz leitete. Man quartierte den Prinzen in das Haus des Kammerherrn Iwan Iwanowitsch Schuwaloff ein. Dieses war erst vor kurzem fertig geworden, und sein Besitzer hatte all seinen Geschmack daran verschwendet, d. h. es war trotz seiner Kostbarkeit äußerst geschmacklos und schlecht eingerichtet. Es waren zwar viele Gemälde darin, aber meistenteils Kopien. Ein Zimmer war mit Tschinarholz ausgelegt, da aber Tschinar nicht glänzt, hatte man es gefirnißt. Dadurch wurde die Farbe gelb, doch ein unangenehmes Gelb, welches dem Zimmer ein gemeines Aussehen gab; und, um den schlechten Eindruck zu mildern, überlud man es mit schwerem, versilbertem Schnitzwerk. Von außen sah das an sich große Haus wegen der Menge seiner Verzierungen aus wie eine mächtige Alençoner Spitzenmanschette. Man gab dem Prinzen von Sachsen den Grafen Iwan Czernitscheff bei, und er wurde ganz auf Kosten des Hofes unterhalten, sowie auch von den Hofdomestiken bedient.

In der Nacht, die der Ankunft des Prinzen Karl vorausging, hatte ich eine so heftige Kolik gehabt, daß ich wohl mehr als dreißigmal zu Stuhle gehen mußte. Obwohl ich sehr geschwächt war, kleidete ich mich den folgenden Morgen an, um den Prinzen von Sachsen zu empfangen. Man führte ihn um zwei Uhr nachmittags zur Kaiserin, und, als er diese verlassen hatte, zu mir in mein Zimmer. Kurz nach ihm sollte der Großfürst eintreten. Zu diesem Zwecke hatte man drei Fauteuils an die Wand gestellt. Das mittlere war für mich, das zu meiner Rechten für den Großfürsten und das linke für den Prinzen von Sachsen bestimmt. Ich mußte natürlich die Unterhaltung führen, denn der Großfürst war nicht zum Sprechen zu bringen, und Prinz Karl war nicht gesprächig. Endlich, nach einer Unterhaltung von einer Viertelstunde, erhob sich Prinz Karl, um uns sein ungeheures Gefolge vorzustellen. Er hatte, glaube ich, mehr als zwanzig Personen bei sich, wozu sich an diesem Tage noch der polnische und sächsische Gesandte am russischen Hofe mit ihren Sekretären gesellten. Nach einer halben Stunde verließ uns der Prinz. Ich kleidete mich sofort wieder aus, um mich ins Bett zu legen, wo ich drei oder vier Tage im heftigsten Fieber zubrachte. Darauf stellten sich von neuem Zeichen von Schwangerschaft bei mir ein.

Gegen Ende April begaben wir uns nach Oranienbaum. Vor unserer Abreise erfuhren wir, daß Prinz Karl von Sachsen als Freiwilliger zur russischen Armee abginge. Doch ehe er sich dahin begab, begleitete er die Kaiserin nach Peterhof, wo man ihn sehr feierte. Dort und in der Stadt nahmen wir nicht an diesen Festlichkeiten teil, sondern blieben auf unserem Landsitz, wo er auch Abschied von uns nahm und am 4. Juli abreiste.

Zwanzigstes Kapitel

Üble Stimmung des Großfürsten. – Mein Gartenfest in Oranienbaum. – Leon Narischkin erneuert seine Besuche bei mir. – Verdiente Züchtigung. – Die Schlacht bei Zorndorf, – Graf Fermor
wird abberufen und Peter Soltikoff zu seinem Nachfolger ernannt. – Die Kaiserin bekommt auf offener Straße einen
Krämpfeanfall. – Rückkehr in die Stadt. – Der Großfürst langweilt sich. – Er leugnet die Vaterschaft meines Kindes. – Mein
Benehmen gegen meinen Gemahl. – Poniatowski wird abberufen.
– Einfältiges Benehmen des Großfürsten. – Geburt meiner Tochter. – Zwei Kabinettsordres von je 60000 Rubel. – Vereinsamt!

Da der Großfürst fast immer übler Laune gegen mich
war, wofür ich mir keinen andern Grund denken konnte,
als daß ich weder Brockdorf noch die Gräfin Elisabeth
Woronzow, die wieder anfing, Favoritin zu werden,
empfing, kam mir der Gedanke, Seiner kaiserlichen
Hoheit ein Gartenfest in Oranienbaum zu geben, um
seine schlechte Stimmung so viel wie möglich zu vermindern. Seine kaiserliche Hoheit hatte nämlich jedes
Fest gern. So ließ ich denn an einem abgelegenen Orte
im Gehölz von meinem damaligen italienischen Archi-
tekten Antonio Rinaldi einen großen Wagen bauen,
worauf ein Orchester von sechzig Personen, Musikern
und Sängern, bequem Platz hatte. Der italienische Hofpo-
et mußte die Verse machen und der Kapellmeister Araja
dieselben in Musik setzen. In der großen Allee wurde ein
illuminiertes Transparent mit einem Vorhang angebracht,
dem gegenüber die Tafel fürs Souper gedeckt war. Am
17. Juli gegen Abend begaben sich Seine kaiserliche
Hoheit und alles was in Oranienbaum war, sowie eine

Menge Zuschauer, die aus Kronstadt und Petersburg gekommen waren, in den prächtig illuminierten Garten. Man setzte sich zu Tisch, und nach dem ersten Gang teilte sich der Vorhang, der die große Allee verdeckte. Man sah in der Ferne das Orchester auf einem Wagen herankommen, der von etwa zwanzig mit Kränzen geschmückten Ochsen gezogen wurde, und von allen Tänzern und Tänzerinnen, die ich hatte auftreiben können, umgeben war. Die Allee war illuminiert, und zwar so hell, daß man alle Gegenstände deutlich unterschied. Als der Wagen hielt, wollte es der Zufall, daß der Mond gerade über ihm stand, was eine wundervolle Wirkung hervorbrachte und die ganze Gesellschaft angenehm überraschte, zumal da außerdem das Wetter prachtvoll war. Jedermann sprang von der Tafel auf, um die Schönheit der Symphonie und des Schauspiels voller genießen zu können. Als sie zu Ende war, fiel der Vorhang, und man setzte sich zum zweiten Gang wieder an die Tafel. Darauf hörte man Fanfaren und Zimbeln, und ein Gaukler rief plötzlich: »Meine Herren und Damen, kommen Sie hierher, in meinen Buden werden Lose für die Lotterie umsonst verteilt.« Zu beiden Seiten des Vorhangs teilten sich nun noch zwei kleine Vorhänge und man erblickte zwei hellerleuchtete Buden. In der einen verteilte man gratis Lotterienummern für das darin enthaltene Porzellan, in der andern für Blumen, Bänder, Fächer, Kämme, Geldbeutel, Handschuhe, Degengehänge und andere solche Kleinigkeiten. Als die Buden leer waren, aß man das Dessert, worauf bis sechs Uhr morgens getanzt wurde. Keine Intrige, kein unliebsamer Zwischenfall kam während meines Festes vor. Seine kaiserliche Hoheit, sowie alle, die daran teilnahmen, waren entzückt davon und priesen die Großfürstin und ihr Fest. Aber ich hatte es auch an nichts fehlen lassen. Man fand meinen Wein köstlich, mein Souper herrlich. Alles ging auf meine eigenen Kosten, und das Fest kostete mich gegen 10000 bis 15000 Rubel – man bedenke, daß ich nur 30 000 Rubel jährlich zur Verfügung hatte. Doch dieser Tag wäre mir beinahe noch teurer zu stehen gekommen, denn als ich am Nachmittag mit Madame Narischkin ausgefahren war und gerade aus dem Kabriolett steigen wollte, machte das Pferd eine Bewegung, die mich zur Erde schleuderte, und das im vierten oder fünften Monat meiner Schwangerschaft. Ich tat jedoch, als ob nichts vorgefallen wäre, blieb bis zuletzt auf dem Feste und machte die Honneurs. Dennoch fürchtete ich mich sehr vor einer Fehlgeburt, aber glücklicherweise fand nichts dergleichen statt, und ich kam mit dem bloßen Schrecken davon. Der Großfürst, seine ganze Umgebung, alle seine Holsteiner, ja selbst meine erbittertsten Feinde hörten noch viele Tage nicht auf, mich und mein Fest zu loben, denn jeder, Freund oder Feind, hatte eine Kleinigkeit als Andenken an mich davon mit nach Hause gebracht. Da es ein Maskenfest war und alle möglichen Leute daran teilgenommen hatten, war die Gesellschaft natürlich sehr gemischt gewesen. Unter andern waren eine Menge Frauen da, die sonst nicht am Hofe und in meiner Gegenwart erschienen. Alle rühmten sich nun und prunkten mit meinen Geschenken, obgleich dieselben im Grunde keinen großen Wert hatten, denn ich glaube, es war keins darunter, das mehr als hundert Rubel kostete. Aber es war eben ein Geschenk von mir, und man prahlte gern: Ich habe dies von Ihrer kaiserlichen Hoheit der Großfürstin, ach, sie ist die Güte selbst, sie hat allen Leuten etwas geschenkt, sie ist reizend; sie sah mich so vergnügt und leutselig an, es machte ihr Vergnügen, uns tanzen, essen und spazieren gehen zu sehen; wer keinen Platz hatte, bekam einen von ihr, u.s.w. u.s.w. Kurz, man fand an mir plötzlich Eigenschaften, die man vorher nicht an mir gekannt hatte, und auf diese Weise entwaffnete ich meine Feinde, Das war auch meine Absicht; es dauerte nur leider nicht lange, wie man in der Folge sehen wird.

Nach diesem Feste fing Leon Narischkin wieder an, mich zu besuchen. Als ich eines Tages in mein Boudoir trat, fand ich ihn impertinenterweise auf einem Sofa liegen und ein unsinniges Lied singen. Sowie ich dies sah, ging ich wieder hinaus, schloß die Tür hinter mir ab und begab mich unverzüglich zu seiner Schwägerin. Dieser sagte ich, man müsse eine handvoll Nesseln nehmen und diesen Menschen, der sich schon lange so unverschämt gegen uns benähme, damit züchtigen, um ihn Rücksicht zu lehren. Madame Narischkin stimmte aus ganzer Seele bei, und wir ließen uns sofort gute Ruten bringen, die mit Nesseln eingefaßt waren. Darauf begaben wir uns in Begleitung einer meiner Frauen, namens Tatiana Juriewna, in mein Boudoir, wo Leon Narischkin noch auf demselben Platze lag und aus voller Kehle sein unverschämtes Lied sang. Als er uns sah, suchte er zu entwischen. Allein wir versetzten ihm so viele Schläge mit unsern Nesselruten, daß seine Hände, seine Beine und sein ganzes Gesicht drei Tage lang geschwollen waren, und er am andern Tage nicht mit uns zur Cour nach Peterhof kommen konnte, sondern zu Hause bleiben mußte. Und er hütete sich, mit jemand über das Geschehene zu sprechen, denn wir hatten ihm versichert, daß wir bei der geringsten Veranlassung zur Klage über ihn genau dasselbe Mittel wieder anwenden würden, da es wirklich kein anderes gab, mit ihm fertig zu werden. Wir faßten zwar dies alles als bloßen Scherz auf, allein unser Mann hatte genug gespürt, um sich daran zu erinnern, und gab sich keine Blößen mehr, wenigstens nicht mehr in dem Grade, wie es früher der Fall gewesen war.

Im August erfuhren wir von der am 14. desselben Monats gelieferten Schlacht bei Zorndorf, einer der blutigsten Schlachten des Jahrhunderts, da auf jeder Seite mehr als 20 000 Tote und Verwundete geblieben waren. Unser Verlust an Offizieren war beträchtlich; mehr als 1200 hatten wir zu beklagen. Zwar meldete man uns diese Schlacht als für uns gewonnen, allein im geheimen flüsterte man sich zu, die Verluste wären auf beiden Seiten gleich, und drei Tage hindurch hätte keine der beiden Armeen gewagt, sich den Sieg zuzuschreiben. Endlich, am dritten Tage, habe der König von Preußen in seinem Lager und Graf Fermor auf dem Schlachtfelde das Te Deum singen lassen. Der Aerger der Kaiserin und die Bestürzung der Bevölkerung waren groß, als man alle Einzelheiten dieses blutigen Tages erfuhr, an dem viele ihre Verwandten, Freunde und

Bekannten verloren. Lange Zeit hindurch hörte man nur Aeußerungen des Schmerzes. Auch viele Generale waren getötet, verwundet oder gefangen genommen worden. Schließlich fand man, daß Graf Fermors Benehmen nichts weniger als geschickt und militärisch gewesen sei, und der Hof rief ihn zurück und ernannte den Grafen Peter Soltikoff an seiner Stelle zum Befehlshaber des russischen Heeres in Preußen. Soltikoff wurde zu diesem Zwecke aus der Ukraine abberufen, wo er befehligte, und man übertrug sein Kommando einstweilen dem General Froloff Bagreeff, jedoch mit dem geheimen Befehl, nichts zu unternehmen, ohne die Generalleutnants Graf Rumianzoff und Fürst Alexander Galitzin zu befragen. Den letzteren beschuldigte man, er hätte, da er in kurzer Entfernung vom Schlachtfelde mit einem Korps von 10 000 Mann auf den Anhöhen postiert gewesen, von wo er die Kanonade hörte, die Schlacht entscheidender machen können, wenn er der preußischen Armee in den Rücken gefallen wäre, während sie mit der unserigen kämpfte. Allein Graf Galitzin hatte dies unterlassen. Als ihn daher sein Schwager Rumianzoff in seinem Lager aufsuchte und er ihm von der stattgehabten Schlächterei erzählte, war dieser sehr schlecht gelaunt, sagte ihm alle möglichen Grobheiten und wollte später nichts mehr mit ihm zu tun haben, weil er ihn als Feigling betrachtete. Dies war aber Fürst Galitzin keineswegs. Die ganze Armee ist mehr von seiner als von der Unerschrockenheit des Grafen Rumianzoff über-

zeugt, trotz dessen gegenwärtiger Siege und Be-
rühmtheit.

Anfang September befand sich die Kaiserin in
Zarskoje Selo. Am 8., dem Marientage, begab sie sich
zu Fuß in die Dorfkirche, die nur ein paar Schritte von
dem nördlichen Tore des Schlosses entfernt war, zur
Messe. Kaum aber hatte der Gottesdienst begonnen, als
sich Elisabeth plötzlich unwohl fühlte und die Kirche
verließ. Sie ging den kleinen schräg nach dem Palaste
zu liegenden Perron hinab, aber schon kurz hinter der
Kirche fiel sie bewußtlos ins Gras. Rings um sie herum
wogte die Menge des Volkes, das von allen Dörfern der
Umgegend zusammengekommen war, um die Messe zu
hören. Niemand von ihrer Begleitung war der Kaiserin
gefolgt, als sie die Kirche verließ. Aber bald verbreitete
sich das Gerücht von dem Unfall Ihrer Majestät, und die
Ehrendamen und Vertrauten kamen eiligst herbei. Sie
fanden sie bewußtlos inmitten des Volkes, das sie neugierig betrachtete, ohne indes zu wagen, sich ihr zu
nähern und ihr zu helfen. Da die Kaiserin groß und stark
war, mußte sie sich beim Fallen erheblich verletzt haben. Man bedeckte ihr Gesicht mit einem weißen Tuch
und holte schnell ein paar Aerzte und Chirurgen herbei.
Der Wundarzt erschien zuerst. Er hatte nichts Eiligeres
zu tun, als ihr in Gegenwart aller zur Ader zu lassen,
aber sie kam nicht zu sich. Ihr Leibarzt konnte nur sehr
langsam kommen, da er selbst krank und nicht imstande
war zu gehen. Man brachte ihn daher in einem Lehn-
stuhl getragen. Es war der verstorbene Condoijdij, ein
Grieche von Geburt. Der Chirurg Fouzadier war ein

französischer Flüchtling. Endlich wurden Wandschirme und ein Kanapee aus dem Schlosse geholt, worauf man die Kaiserin legte. Durch allerlei Heilmittel und die eifrigsten Bemühungen brachte man sie schließlich wieder zum Leben zurück. Allein als sie die Augen öffnete, erkannte sie niemand und fragte in fast unverständlicher Weise, wo sie sich befände. Endlich, nachdem zwei Stunden verflossen waren, beschloß man, Ihre Majestät mit dem Sofa ins Schloß zu tragen. Man kann sich wohl die Bestürzung vorstellen, in die das ganze Hofpersonal geriet; und die Oeffentlichkeit der Sache vermehrte den peinlichen Eindruck. Bis dahin hatte man ihren Zustand äußerst geheim gehalten, aber nun war die Runde davon in alle Schichten der Bevölkerung gedrungen. Ich selbst erfuhr das Geschehene am folgenden Morgen in Oranienbaum durch einen Brief des Grafen Poniatowski. Sogleich benachrichtigte ich den Großfürsten davon, der noch nichts wußte, da man uns ja im allgemeinen alles mit der größten Sorgfalt verschwieg, besonders Dinge, die die Kaiserin persönlich betrafen. Nun war es aber Sitte, daß jeden Sonntag, wenn wir uns nicht an ein und demselben Orte mit Ihrer Majestät aufhielten, einer unserer Kammerherrn abgesandt wurde, um nach dem Befinden der Kaiserin zu fragen, wir unterließen dies natürlich auch den folgenden Sonntag nicht und erfuhren, daß Elisabeth mehrere Tage lang die Sprache verloren hatte und es ihr noch große Anstrengung verursachte, zu reden. Man erzählte, sie habe sich während ihrer Ohnmacht die Zunge zerbissen, was vermuten ließ, daß dieser

Unfall mehr von Krämpfen als von einer Ohnmacht herrührte.

Ende September kehrten wir in die Stadt zurück. Da ich meiner Schwangerschaft wegen anfing, schwerfällig zu werden, erschien ich nicht mehr bei öffentlichen Gelegenheiten, zumal ich mich auch meiner Entbindung näher glaubte, als es in Wirklichkeit der Fall war. Dies langweilte den Großfürsten, weil er, wenn ich mich in der Oeffentlichkeit zeigte, öfters die Ausrede gebrauchen konnte, er fühle sich nicht wohl, um in seinen Gemächern zu bleiben. Außerdem erschien die Kaiserin sehr selten bei öffentlichen Gelegenheiten, so daß sich die Hoffeste und Bälle nur um mich drehten, während, wenn ich nicht zugegen war, Seine kaiserliche Hoheit gezwungen war, zu erscheinen, damit wenigstens jemand zum Repräsentieren da war. Seine kaiserliche Hoheit war also sehr ärgerlich über meinen Zustand, und eines Tages kam es ihm in den Sinn, im Beisein Leon Narischkins und anderer zu sagen: »Der Himmel weiß, woher meine Frau guter Hoffnung ist; ich bin durchaus nicht gewiß, ob dies Kind mir gehört, und ob ich es auf meine Rechnung setzen kann.« – Leon Narischkin eilte natürlich sofort zu mir, um mir diese Aeußerung brühwarm wieder zu erzählen. Selbstverständlich erschrak ich nicht wenig und erwiderte: »Ihr seid alle Einfaltspinsel. Laßt ihn doch schwören, ob er nicht mit seiner Frau geschlafen hat, und sagt ihm, wenn er den Eid geleistet, daß Ihr es sofort Alexander Schuwaloff, als Großinquisitor des Reichs, mitteilen werdet.« – Leon ging auch wirklich zu Seiner kaiserlichen

Hoheit und forderte ihm den Eid ab. – »Gehen Sie zum Teufel und sprechen Sie mir nicht mehr davon!« war die Antwort des Großfürsten.

Jene unvorsichtige Aeußerung Peters verstimmte mich sehr und ich erkannte seitdem, daß ich von zwei gleich schwierigen Wegen einen besonders einschlagen müßte. Entweder mußte ich die Schicksale des Groß-fürsten teilen, folglich stündlich allem ausgesetzt sein, was er für oder wider mich anzuordnen beliebte, und mit ihm oder durch ihn zugrunde gehen, oder ich wandelte meine eigene, von allen Ereignissen unabhängige Bahn und rettete dadurch mich selbst, meine Kinder und vielleicht auch den Staat aus dem Schiffbruch, dessen Gefahren alle physischen und moralischen Eigenschaften des Prinzen voraussehen ließen. Das letztere schien mir das sicherste. Ich faßte also den Entschluß, ihm so viel ich konnte mit Rat und Tat zu seinem Besten zur Seite zu stehen, aber mich nie mehr wie früher zu erzürnen, wenn er meine Ratschläge nicht befolgte. Ich wollte ihm, so oft ich Gelegenheit hätte, über seine wahren Interessen die Augen öffnen, mich im übrigen aber in ernstes Schweigen hüllen. Anderseits jedoch mußte auch ich meine Interessen beim Publikum zu wahren suchen, so daß man eintretendenfalls auf mich, als die Retterin der öffentlichen Angelegenheiten, blicken konnte.

Im Oktober erhielt ich vom Großkanzler Grafen Bestuscheff die Nachricht, daß der König von Polen dem Grafen Poniatowski sein Abberufungsschreiben über-sandt habe. Graf Bestuscheff hatte darüber einen heftigen Streit mit dem Grafen Brühl und dem sächsischen Kabinett. Er ärgerte sich, daß man ihn nicht wie früher vorher um Rat gefragt hatte. Zuletzt erfuhr er, daß es der Vizekanzler Graf Woronzow und Iwan Schuwaloff gewesen waren, die durch Prasse, den sächsischen Residenten, die ganze Sache durchgesetzt hatten. Dieser Prasse war außerdem über eine Menge Dinge unterrichtet, von denen man nicht begriff, woher er sie wußte. Erst viele Jahre später kam man seinen Quellen auf die Spur. Er war nämlich der sehr geheime und sehr diskrete Liebhaber der Gemahlin des Vizekanzlers, der Gräfin Anna Karlowna Woronzow, geborene Skawronski, die mit der Frau des Zeremonienmeisters Samarin äußerst befreundet war. Bei Madame Samarin trafen sich die Gräfin und Prasse häufig. Der Kanzler Bestuscheff ließ sich das Abberufungsschreiben des Grafen Poniatowski geben und schickte dasselbe unter dem Vorwande eines Formversehens wieder nach Sachsen zurück.

In der Nacht vom 8. zum 9. fing ich an, Geburtswehen zu spüren. Ich schickte daher Madame Wladislawa zum Großfürsten, sowie zum Grafen Alexander Schuwaloff, damit er Ihre kaiserliche Majestät davon benachrichtige. Nach einiger Zeit, ungefähr halb drei Uhr morgens, trat der Großfürst ein. Er kam in seiner holsteinschen Uniform, mit Stiefeln und Sporen, der Schärpe um den Leib und einem großen Degen an der Seite; kurz, in großer Toilette. Erstaunt über diesen Aufzug, fragte ich ihn, weshalb er in so ausgesuchtem Anzug erschiene, worauf er erwiderte, nur bei großen Gelegenheiten erkenne man seine wahren Freunde. In dieser

Uniform sei er bereit, seiner Pflicht gemäß zu handeln, denn die Pflicht eines holsteinschen Offiziers sei, seinem Eide gemäß, das herzogliche Haus gegen alle Feinde zu verteidigen. Da ich mich nicht wohl befinde, käme er mir nun so zu Hilfe. Man hätte glauben können, er scherze, allein dies war durchaus nicht der Fall, er sprach vielmehr im vollsten Ernst. Ich bemerkte sofort, daß er betrunken war, und riet ihm, zu Bett zu gehen, damit die Kaiserin, wenn sie käme, nicht den doppelten Schmerz habe, ihn betrunken und auch noch von Kopf bis Fuß in die ihr verhaßte holsteinsche Uniform gekleidet zu sehen. Es kostete mir indes große Mühe, ihn zum Fortgehen zu bewegen, aber schließlich gelang es mir doch mit Hilfe Madame Wladislawas und der Hebamme, die versicherte, daß meine Entbindung noch nicht so bald stattfinden werde. Kaum hatte er sich entfernt, so trat die Kaiserin ein. Sie fragte nach dem Großfürsten, und man antwortete ihr, er sei eben wieder weggegangen, werde aber gewiß bald zurückkommen. Als sie sah, daß meine Schmerzen nachließen und die Hebamme erklärte, es könne noch einige Stunden dauern, entfernte auch sie sich, während ich mich in mein Bett legte und bis zum folgenden Morgen schlief. Ich stand wie gewöhnlich auf, fühlte dann und wann wohl Schmerzen, die aber später ganz verschwanden. Gegen Abend verspürte ich großen Hunger und ließ mir mein Abendessen auftragen. Als die Hebamme, die neben mir saß, sah, mit welchem Heißhunger ich aß, sagte sie: »Essen Sie, essen Sie, das ist von Vorteil für Sie.« In der Tat fühlte ich, als ich vom Tische aufstand, einen so heftigen Schmerz, daß ich einen lauten Schrei ausstieß. Die Hebamme und Madame Wladislawa hoben mich auf ein zu meiner Entbindung bestimmtes Lager und schickten zur Kaiserin, sowie zum Großfürsten. Kaum waren mein Gemahl und Ihre Majestät eingetreten, als ich von einer Tochter entbunden wurde. Es war am 9. Dezember zwischen zehn und elf Uhr abends. Ich bat die Kaiserin, mir zu erlauben, mein Töchterchen nach ihr zu nennen, allein sie entschied, es solle den Namen der ältesten Schwester Ihrer Majestät, der Herzogin von Holstein und Mutter des Großfürsten, Anna Petrowna, tragen. Der Großfürst schien über die Geburt des Kindes sehr erfreut zu sein und veranstaltete in seinen Gemächern große Festlichkeiten. Auch in Holstein ließ er solche veranstalten und nahm alle Glückwünsche, die man ihm darbrachte, mit sichtbarer Zufriedenheit entgegen. Am sechsten Tage hielt die Kaiserin selbst das Kind zur Taufe und überreichte mir eine Kabinettsordre für 60 000 Rubel. Dem Großfürsten schickte sie ebensoviel, was seine Zufriedenheit, wie man sich denken kann, bedeutend erhöhte. Nach der Taufe begannen allerorten die Festlichkeiten. Sie waren sehr schön, wie man mir sagte, ich jedoch habe nichts davon gesehen. Ich lag in meinem Bett ganz einsam und allein, ohne die geringste Gesellschaft, denn sobald ich niedergekommen war, hatte die Kaiserin nicht nur, wie das erstemal, das Kind in ihre Gemächer bringen lassen, sondern man ließ mich noch obendrein unter dem Vorwande, daß ich der Ruhe bedürfe, wie eine arme Unglückliche allein. Niemand setzte den Fuß über meine Schwelle und fragte, noch ließ fragen, wie es mir ginge. Da ich aber schon bei der Geburt meines Sohnes unter dieser gänzlichen Verlassenheit unsäglich gelitten hatte, war ich diesmal vorsichtiger gewesen, mich wenigstens gegen den unangenehmen Zugwind zu schützen. Sobald ich entbunden war, stand ich auf und legte mich in mein Bett. Und da niemand zu mir zu kommen wagte, oder höchstens ganz verstohlen, hatte ich auch dafür gesorgt, daß ich nicht immer ganz allein war. Mein Bett nahm fast die Hälfte meines ziemlich langen Schlafzimmers ein. Rechts vom Bett befanden sich zwei Fenster, und eine Tapetentür führte in eine Art Garderobe, die zugleich als Vorzimmer diente und mit Wandschirmen und Koffern verbarrikadiert war. Von meinem Bett bis zu jener Tür hatte ich eine ungeheure spanische Wand stellen lassen, die das reizendste Kabinett verbarg, das ich je besaß. In diesem kleinen Boudoir befanden sich ein Sofa, Spiegel, tragbare Tische und einige Stühle. Wenn der Vorhang meines Bettes auf dieser Seite zugezogen war, sah man gar nichts; war er offen, so sah ich das Kabinett vor mir und die darin Anwesenden; diejenigen jedoch, die ins Zimmer traten, sahen nur den Wandschirm. Und fragte man, was sich hinter diesem Schirme befände, so sagte man: der Nachtstuhl. Dieser aber befand sich im Schirm und man hätte ihn ruhig zeigen können, ohne in das Kabinett zu kommen, das der Wandschirm vollkommen verdeckte; übrigens war niemand so neugierig, ihn zu sehen.

Einundzwanzigstes Kapitel

Lustige Gesellschaft hinter einer spanischen Wand. – Der vermeintliche Musikus. – Erster Kirchgang. – Drei Hochzeiten am Hofe. – Bestuscheff fällt in Ungnade. – Seine Verhaftung setzt mich in große Bestürzung. – Beruhigendes Billett. – Geheime Korrespondenz Bestuscheffs mit Poniatowski und Stambke. – Entdeckung derselben. – Ich schwebe in Gefahr. – Stambke wird nach Deutschland zurückgeschickt. – Entlassung Poniatowskis. – Ich verbrenne alle meine Papiere. – Man meidet mich. – Meine Absicht, mich vom Großfürsten zu trennen. – Mein Brief an die Kaiserin, diese Sache betreffend. – Einige Züge meines Charakters. – Man nimmt mir auch Madame Wladislawa. – Traurige Stunden. – Die Beichte, mein einziger Trost. – Der Großfürst gedenkt Elisabeth Woronzow zu heiraten.

Am 1. Januar 1759 endigten die Hoffeste mit einem sehr großen Feuerwerk, das zwischen dem Ball und der Tafel stattfand. Da ich indes immer noch Wöchnerin war, erschien ich nicht bei Hofe. Vor dem Feuerwerke indes fiel es dem Grafen Peter Schuwaloff ein, mir den Plan des Feuerwerks zu zeigen. Er kam deshalb zu mir, allein Madame Wladislawa sagte ihm, ich schliefe. Auf sein Bitten jedoch versprach sie, nachzusehen, ob ich inzwischen erwacht sei. Es war natürlich nicht wahr, daß ich schlief; ich lag nur im Bett und hatte meine kleine Gesellschaft, die damals immer noch aus den Damen Narischkin, Siniawin, Ismailoff und dem Grafen Poniatowski bestand, bei mir. Letzterer meldete sich seit seiner Zurückberufung krank, kam aber trotzdem nach wie vor zu mir, und die erwähnten Damen hatten mich gern genug, um meine Gesellschaft den Bällen und Festlichkeiten vorzuziehen. Madame Wladislawa wußte zwar nicht genau, wer bei mir war, aber sie hatte eine zu feine Nase, um nicht zu vermuten, daß irgend jemand da war. Am Morgen hatte ich ihr gesagt, daß ich mich aus Langeweile zu Bett legen werde, und dann kam sie den ganzen Tag nicht herein. Nach der Ankunft des Grafen Schuwaloff im Vorzimmer klopfte sie an meine Tür. Schnell zog ich meinen Vorhang, der das kleine Kabinett verdeckte zu und hieß sie eintreten. Sie richtete mir die Botschaft des Grafen Peter Schuwaloff aus, worauf ich ihr sagte, sie solle ihn nur hereinführen. Sie ging, ihn zu holen, während meine Leute hinter ihrem Wandschirm bald platzten vor Lachen über die unglaubliche Extravaganz dieser Szene, daß ich den Grafen Peter Schuwaloff empfangen wollte, der schwören konnte, mich allein in meinem Bett angetroffen zu haben. Und dennoch trennte nur ein Vorhang meine kleine lustige Gesellschaft von dieser so wichtigen Person, dem damaligen Orakel des Hofes und intimen Vertrauten der Kaiserin. Schließlich trat er ein. Er brachte mir seinen kunstvoll angelegten Feuerwerksplan, denn er war zu jener Zeit Großfeuerwerksmeister. Ich bat ihn vielmals um Entschuldigung, daß ich ihn hätte warten lassen, aber ich sei soeben erst erwacht. Dabei rieb ich mir die Augen, als wäre ich noch ganz im Schlaf. Ich log, um Madame Wladislawa nicht einer Lüge zu zeihen. Darauf hatte ich eine ziemlich lange Unterredung mit ihm, so daß er sich am Schluß fast beeilen mußte, um die Kaiserin nicht auf den Anfang des Feuerwerks warten zu lassen. Ich verabschiedete ihn also, und er ging. Sofort öffnete ich den Vorhang wieder. Inzwischen aber hatte meine Gesellschaft vor lauter Lachen Hunger und Durst bekommen, weshalb ich ihnen sagte: »Gut, ihr sollt zu essen und zu trinken haben, denn es ist nur recht und billig, daß ich euch nicht, während ihr mir Gesellschaft leistet, vor Hunger und Durst sterben lasse.« Ich zog also von neuem meinen Vorhang zu und klingelte. Madame Wladislawa erschien. Ich bat sie, mir ein Souper bringen zu lassen, aber es müßten wenigstens sechs gute Gerichte dabei sein, denn ich stürbe vor Hunger. Als das Essen aufgetragen wurde, ließ ich alles neben mein Bett stellen und befahl dem Diener, sich zu entfernen. Nun stürzten meine Leute wie die hungrigen Wölfe hinter ihrem Verstecke vor, um zu essen, was sie fanden, und die Heiterkeit vermehrte noch den Appetit. Ich gestehe, daß dieser Abend einer der tollsten und lustigsten war, die ich je erlebt. Als wir fertig waren mit Essen, ließ ich alles auf dieselbe Weise wieder wegschaffen. Ich glaube aber, die Diener waren doch ein wenig über meinen Appetit überrascht und erstaunt. Als der Hofball seinem Ende zuging, entfernte sich auch meine Gesellschaft, sehr befriedigt von unserer Soiree. Graf Poniatowski setzte beim Fortgehen stets eine blonde Perücke auf, hüllte sich in seinen Mantel, und wenn die Wachen ihn fragten: »Wer da?« nannte er den

Namen eines Hofmusikers des Großfürsten. Die Perücke gab uns an jenem Tage besonders viel Stoff zum Lachen.

Mein erster Kirchgang nach den sechs Wochen fand diesmal in der Kapelle der Kaiserin statt; allein mit Ausnahme Alexander Schuwaloffs war niemand zugegen.

Ungefähr am Schluß des Karnevals, nachdem alle Festlichkeiten in der Stadt zu Ende waren, wurden bei Hofe drei Hochzeiten gefeiert: die des Grafen Alexander Stroganoffs mit der Gräfin Anna Woronzow, der Tochter des Vizekanzlers, die Leon Narischkins mit Fräulein Sakreffski, und an demselben Tage die Hochzeit des Grafen Buturlin mit Gräfin Maria Woronzow. Diese drei jungen Mädchen waren Ehrendamen der Kaiserin. Bei Gelegenheit ihrer Vermählung machten der Hetmann Graf Razumowski und der dänische Gesandte Graf von Osten eine Wette, wer von den drei Ehemännern zuerst zum Hahnrei gemacht werden würde. Und es fand sich, daß die, welche gewettet hatten, Stroganoff werde es sein, – dessen Gemahlin die häßlichste und damals die unschuldigste und kindlichste zu sein schien, – die Wette gewannen.

Der Tag vor der Vermählung Leon Narischkins und Buturlins war ein Unglückstag. Schon lange flüsterte man sich zu, daß das Ansehen des Großkanzlers Grafen Bestuscheff im Wanken begriffen wäre und seine Feinde die Oberhand gewännen. Er hatte seinen Freund, den General Apraxin, verloren;

Graf Razumowski, der ältere, hatte ihn zwar lange gestützt, allein seitdem die Gunst der Schuwaloffs überwog, mischte er sich nur noch in die Geschäfte, wenn es galt, für seine Freunde oder Verwandten eine kleine Gnade zu erlangen. Die Schuwaloffs und Woronzows wurden in ihrem Hasse gegen den Großkanzler noch durch den österreichischen und den französischen Gesandten, den Grafen Esterhazy und den Marschall de L'Hôpital, bestärkt. Der letztere sah, daß Graf Bestuscheff sich mehr zur Allianz Rußlands mit England, als zu der mit Frankreich neigte, und der österreichische Gesandte kabalierte gegen Bestuscheff, weil der Großkanzler zwar wollte, daß Rußland an seinem Allianzvertrage mit dem Wiener Hofe festhalte und Maria Theresia Hilfe leiste, hingegen nicht wünschte, daß es in erster Linie kriegführend gegen Preußen auftrete. Bestuscheff dachte als Patriot und war nicht leicht zu lenken, während die Herren Woronzow und Iwan Schuwaloff sich ganz in die Hände der Gesandten gegeben hatten. Vierzehn Tage, ehe der Großkanzler Graf Bestuscheff in Ungnade fiel, kam der Marquis de L'Hôpital mit einer Depesche in der Hand zum Vizekanzler Woronzow und sagte ihm: »Herr Graf, diese Depesche habe ich soeben von meinem Hofe empfangen. Es heißt darin, daß, wenn binnen vierzehn Tagen der Großkanzler Ihnen seine Stelle nicht abtritt, ich mich ferner nur an ihn wenden und nur noch mit ihm die Geschäfte unterhandeln soll!« Das zündete! Sofort begab sich der Vizekanzler zu Iwan

Schuwaloff, und man stellte der Kaiserin vor, ihr Ruhm leide unter dem Ansehen des Grafen Bestuscheff in Europa. Sie gab Befehl, noch am nämlichen Abend eine Konferenz zu halten, bei der der Großkanzler zugegen sein sollte. Er ließ sich krank melden. Man nannte jedoch diese Krankheit Ungehorsam und befahl ihm, er solle ohne Verzug erscheinen. Er kam und wurde mitten in der Konferenz verhaftet. Man nahm ihm seine Aemter, seine Würden und Orden, ohne daß irgend jemand anzugeben vermochte, wegen welcher Verbrechen oder Frevel man die erste Persönlichkeit des Reiches auf eine solche Weise beraubte, und schickte ihn als Gefangenen auf seine Güter. Als die Kompagnie Gardegrenadiere, die man schon im voraus hatte kommen lassen, durch die Moika marschierte, wo die Häuser der Grafen Alexander und Peter Schuwaloff lagen, sagten die Soldaten: »Gott sei Dank, wir sollen diese verfluchten Schuwaloffs verhaften, die weiter nichts tun, als Monopole einführen.« Aber als sie schließlich sahen, daß es sich um Graf Bestuscheff handelte, drückten sie ihr Mißfallen durch die Worte aus: »Nicht er, sondern die andern unterdrücken das Volk.«

Obgleich Graf Bestuscheff in demselben Palaste verhaftet worden war, dessen einen Flügel wir bewohnten, und zwar gar nicht weit von unsern Gemächern, so erfuhren wir doch an jenem Abend nicht das geringste davon; so sorgfältig suchte man uns alles, was vorging, zu verbergen. Tags darauf – es war ein Sonntag – erhielt ich durch Leon Narischkin ein Billett, das Graf Poniatowski, der schon längere Zeit mit Mißtrauen betrachtet wurde, mir auf diesem Wege zugehen ließ. Es begann folgendermaßen: »Der Mensch ist nie ohne Hilfsquellen. Ich bediene mich dieses Weges, um Sie zu benachrichtigen, daß gestern abend Graf Bestuscheff verhaftet und seiner Würden beraubt worden ist, und zugleich mit ihm Ihr Juwelier Bernardi, Telekin und Abaduroff.« – Ich fiel wie aus den Wolken, als ich diese Zeilen las, und sagte mir, ich dürfe mir durchaus nicht schmeicheln, daß diese Angelegenheit für mich selbst von so geringer Bedeutung sein würde, als es momentan den Anschein hatte. Um dies indes verständlich zu machen, ist folgender Kommentar nötig. Bernardi war ein italienischer Juwelier, dem es nicht an Geist fehlte, und dem sein Beruf Zutritt in die vornehmsten Häuser verschaffte. Ich glaube, es gab kein einziges, das ihm nicht etwas schuldig war, und dem er nicht diesen oder jenen kleinen Dienst erwiesen hatte. Da er beständig überall aus- und einging, beauftragte man ihn auch zuweilen mit Bestellungen an andere, denn ein durch Bernardi geschickter Brief kam schneller und sicherer an, als wenn man ihn durch einen Bedienten beförderte. Nun setzte plötzlich Bernardis Verhaftung die ganze Stadt in Aufregung, denn alle hatten ihm Aufträge gegeben, ich selbst nicht ausgenommen. Telekin war früherer Adjutant des Oberjägermeisters Razumowski gewesen und hatte die Vormundschaft Beketoffs geleitet. Er war dem Hause Razumowski ergeben geblieben und der Freund Poniatowskis geworden. Überdies war er ein erprobter, rechtschaffener Mann, dessen Zuneigung man nicht leicht verlor, wenn man sie einmal besaß. Für mich hatte er stets besonderen Eifer und große Ergebenheit gezeigt. Abaduroff war früher mein Lehrer im Russischen gewesen und mir sehr ergeben geblieben. Ich hatte ihn dem Grafen Bestuscheff empfohlen, doch schenkte ihm dieser erst nach zwei oder drei Jahren sein volles Vertrauen. Er war vorher nicht günstig gegen ihn gestimmt, weil Abaduroff zur Partei des Oberstaatsanwaltes Fürst Nikita Juriewitsch Trubetzkoi gehörte, der Bestuscheffs Feind war.

Nach der Lektüre des Briefes und den Betrachtungen, die ich darüber aufstellte, drängten sich eine Menge Gedanken, immer einer unangenehmer als der andere, meinem Geiste auf. Sozusagen mit dem Dolche im Herzen kleidete ich mich an und ging zur Messe. Es kam mir vor, als ob die Gesichter aller, die ich dort sah, ebenso lang geworden wären, als das meinige. Niemand sprach mit mir über das Ereignis auch nur ein Wort – es war, als wisse man von dem Geschehenen nichts. Auch ich sagte den ganzen Tag über nichts. Nur der Großfürst, der den Grafen Bestuscheff nie leiden mochte, erschien mir an jenem Tage besonders vergnügt und heiter, hielt sich aber – was ihm ja nicht schwer fiel – nichtsdestoweniger mit großer Ostentation von mir fern. Am Abend hieß es dennoch zur Hochzeitsfeier gehen. Ich kleidete mich um und war bei der Einsegnung der beiden Ehen Graf Buturlins und Leon Narischkins, sowie beim Souper und Ball zugegen. Während des letzteren näherte ich mich dem Heiratsmarschall Fürsten

Nikita Trubetzkoi, und unter dem Vorwande, die schönen Bänder seines Marschallstabes zu besehen, sagte ich mit halblauter Stimme zu ihm: »Was bedeuten alle diese Sachen? Haben Sie mehr Verbrechen als Verbrecher, oder mehr Verbrecher als Verbrechen gefunden?« Hierauf entgegnete er: »Wir haben getan, was man uns befohlen hat, was aber die Verbrechen betrifft, so sucht man noch nach ihnen. Bis jetzt sind die Schritte, die man getan, nicht vom Glücke gekrönt gewesen.« Nachdem ich mit ihm fertig war, ging ich zum Marschall Buturlin, der mir sagte: »Bestuscheff ist verhaftet, doch suchen wir augenblicklich noch nach der Ursache seiner Verhaftung.« – So redeten die beiden Kommissare, die von der Kaiserin ernannt worden waren, um zu untersuchen, weshalb Graf Alexander Schuwaloff den Grafen Bestuscheff verhaftet hatte.

Auf diesem Balle sah ich auch Stambke von weitem und fand ihn sehr leidend und entmutigt aussehend. Die Kaiserin erschien auf keiner dieser Hochzeiten, weder in der Kirche noch bei den Festlichkeiten. Am folgenden Tag kam Stambke zu mir, um mir zu sagen, daß er vom Grafen Bestuscheff ein Billett erhalten, worin dieser ihm eingeschärft hätte, mir zu sagen, ich solle mich nicht über das Vorgefallene ängstigen, denn er habe Zeit gefunden, alles zu verbrennen, und werde mir über seine Verhöre, wenn er überhaupt verhört werden sollte, auf demselben Wege Mitteilung machen. Als ich Stambke fragte, wie dies geschehe, erwiderte er, ein Waldhornbläser des Grafen habe ihm den Zettel überbracht, und man sei übereingekommen, in Zukunft alle Mitteilungen zwischen Ziegelsteinen an einem nicht weit vom Hause Bestuscheffs befindlichen Orte niederzulegen. Obwohl er selbst in der größten Angst zu sein schien, forderte ich Stambke auf, sich in acht zu nehmen, daß diese gefährliche Korrespondenz nicht etwa entdeckt werde. Nichtsdestoweniger setzten er und Graf Poniatowski sie fort. Als Stambke fort war, rief ich Madame Wladislawa und trug ihr auf, ihrem Schwager Pugowoschnikoff ein Billett zu überbringen, das ich ihr einhändigte. Es enthielt nichts als folgende Worte: »Fürchten Sie nichts; man hat Zeit gefunden, alles zu verbrennen!« Dies beruhigte ihn, denn allem Anschein nach mußte er nach Graf Bestuscheffs Verhaftung mehr tot als lebendig sein, und man wird begreifen, weshalb, wenn man weiß, was Graf Bestuscheff Zeit gehabt hatte, zu verbrennen.

Die Kränklichkeit und häufigen Krämpfe der Kaiserin richteten aller Augen natürlicherweise auf die Zukunft. Und Graf Bestuscheff war, wie sich bei seiner Stellung und seinen Geistesfähigkeiten denken läßt, sicherlich nicht der letzte, der darüber nachgedacht hatte. Er kannte die Abneigung, welche man dem Großfürsten schon seit langer Zeit gegen ihn eingeflößt hatte, kannte aber auch die geringen Geistesgaben des Prinzen, des Erben so vieler Kronen. Es ist daher natürlich, daß dieser Staatsmann, wie es jeder andere übrigens auch getan haben würde, sich in seiner Stellung zu behaupten wünschte. Seit einigen Jahren hatte sich meine Meinung über ihn zu seinen Gunsten geändert, und außerdem betrachtete er mich vielleicht als die einzige Persönlichkeit, auf die man in dieser Zeit, für den Fall, daß die Kaiserin starb, die Hoffnung des Reiches gründen könne. Diese und andere ähnliche Betrachtungen hatten ihn zu der Absicht gebracht, beim Ableben der Kaiserin den Großfürsten zum rechtmäßigen Herrscher, aber gleichzeitig mich zur Teilnehmerin an der Regierung erklären zu lassen. Ferner sollten alle Aemter in den Händen derselben Personen bleiben, ihm indes die Stelle eines Generalleutnants über vier Garderegimenter und die Präsidentschaft der drei Reichskollegien, der auswärtigen Angelegenheiten, des Krieges und der Admiralität übertragen werden. Seine Ansprüche waren, wie man sieht, ein wenig übertrieben. Den Entwurf dieses Manifestes, den Pugowoschnikoff eigenhändig geschrieben, hatte er mir durch den Grafen Poniatowski geschickt, mit dem ich übereingekommen war, ihm mündlich für seine guten Absichten gegen mich zu danken. Zugleich aber wollte ich ihm erklären, daß ich die Ausführung seines Planes für sehr schwierig halte. Er hatte seinen Entwurf mehrmals schreiben und wieder abschreiben lassen, hatte ihn geändert, erweitert oder gekürzt und schien sehr damit beschäftigt. Wenn ich aber die Wahrheit sagen soll, so betrachtete ich seinen Plan als eine Art Faselei, eine Lockspeise, die der Alte mir hinhielt, um sich meiner Zuneigung zu vergewissern. Allein ich biß nicht an, weil ich in diesem Plane eine Gefahr für das Reich erblickte, das durch jeden Streit zwischen mir und meinem Gemahl, der mich ohnedies nicht liebte, zersplittert worden wäre. Da indes bis jetzt ein solcher Fall noch nicht eingetreten war, wollte ich einem alten Manne nicht widersprechen, der, wenn er sich einmal eine Sache in den Kopf gesetzt hatte, äußerst hartnäckig und steif dabei verharrte. Sein Plan also war es, den er Zeit gehabt hatte, zu verbrennen, und er benachrichtigte mich davon, um die, welche darum wußten, zu beruhigen. Inzwischen kam mein Kammerdiener Skurin, um mir zu sagen, daß der Kapitän, der den Grafen Bestuscheff bewachte, ein alter Bekannter von ihm wäre und jeden Sonntag bei ihm zu Mittag speise. Wenn die Sache so wäre, sagte ich ihm, und er auf ihn rechnen könne, so solle er doch versuchen, ihn auszufragen, um zu sehen, ob er sich zu einem Einverständnis mit seinem Gefangenen hergeben werde. Dies war um so nötiger, als Graf Bestuscheff Stambke mitgeteilt hatte, man möchte Bernardi dringend empfehlen, im Verhör die reine Wahrheit zu sprechen und alles zu sagen, worüber man ihn befragen werde. Als ich erfuhr, daß Skurin es gern auf sich nehmen wollte, Mittel ausfindig zu machen, um mit dem Grafen Bestuscheff in Verbindung zu treten, sagte ich ihm, er möchte gleichfalls versuchen, mit Bernardi in Berührung zu kommen und zusehen, ob er nicht den Sergeanten oder Soldaten, der ihn in seiner Wohnung bewachte, gewinnen könne. Noch am selben Tage gegen Abend sagte mir Skurin, Bernardi sei von einem Sergeanten der Garde namens Kalischkin bewacht, und er würde morgen mit ihm eine Zusammenkunft haben. Außerdem habe er zu seinem Freunde, dem Kapitän, geschickt, um ihn zu fragen, ob er den Grafen Bestuscheff für einen Augenblick sehen könne. Allein dieser hatte ihm geantwortet, wenn er mit ihm sprechen wollte, sollte er zu ihm kommen. Einer der Unterbeamten indes, den Skurin ebenfalls kannte, und der gleichzeitig ein Verwandter von ihm war, hatte ihm geraten, nicht hinzugehen, weil, sobald er hinkäme, der Kapitän ihn verhaften ließe und sich dies als Verdienst anrechnen würde, dessen er sich schon im geheimen rühmte. Skurin schickte also nicht mehr zum Kapitän, seinem vorgeblichen Freund, dafür aber sagte Kalischkin, den ich in meinem Namen mit ins Vertrauen zu ziehen befahl, Bernardi alles, was man nur wünschte. Übrigens sollte er nichts als die reine Wahrheit sagen, wozu sich auch beide von ganzem Herzen verstanden.

Nach einigen Tagen kam Stambke eines Morgens sehr früh ganz blaß und entstellt zu mir, um mir mitzuteilen, daß seine Korrespondenz mit dem Grafen Bestuscheff entdeckt worden wäre. Der Waldhornbläser sei verhaftet und allem Anscheine nach hätten ihre letzten Briefe das Unglück gehabt, in die Hände der Wächter des Grafen Bestuscheff zu fallen. Er selbst sei jeden Augenblick gewärtig, des Landes verwiesen, wenn nicht verhaftet zu werden; er wäre nur zu mir gekommen, um mir dies zu sagen und Abschied von mir zu nehmen. Mir war durchaus nicht behaglich zumute, als ich solches hörte, doch tröstete ich ihn, so gut ich konnte, und entließ ihn, überzeugt, daß sein Besuch womöglich die schlechte Stimmung gegen mich noch steigern und daß man mich vielleicht von nun an als eine der Regierung verdächtige Person meiden werde. Aber ich war mir ja selbst vollkommen bewußt, daß ich mir der Regierung gegenüber nicht das geringste vorzuwerfen hatte. Das Publikum im allgemeinen, ausgenommen Michael Woronzow, Iwan Schuwaloff, die beiden Gesandten von Wien und Versailles, sowie diejenigen, die ihnen glaubten, kurz, jedermann in Petersburg, hoch und niedrig, war davon überzeugt, daß Bestuscheff unschuldig war und man ihm weder ein Vergehen noch ein Verbrechen zur Last legen konnte. Man wußte, daß man am Tage vor dem Abende seiner Verhaftung im Zimmer Iwan Schuwaloffs an einem Manifeste gearbeitet hatte, das Herr Wolkoff schreiben mußte. Dieser Herr Wolkoff war früher Bestuscheffs erster Kommissar gewesen, hatte im Jahre 1755 die Flucht ergriffen, sich aber, nachdem er hilflos in den russischen Wäldern herumgeirrt war, fangen lassen und diente nun der Konferenz als Sekretär. Das von ihm geschriebene Manifest wollte man veröffentlichen, um das Publikum von den Ursachen in Kenntnis zu setzen, welche die Kaiserin veranlaßten, mit dem Großkanzler so zu verfahren, wie sie es getan. Jenes geheime Konventikel nun, das sich den Kopf zerbrach beim Suchen nach Vergehen, kam schließlich überein, zu sagen, daß man Bestuscheff wegen Hochverrats verhaftet habe und weil er versucht habe, Zwietracht zwischen Ihrer kaiserlichen Majestät und Ihren kaiserlichen Hoheiten zu säen. Ohne Verhör oder Urteil wollte man ihn am Tage nach seiner Verhaftung auf eines seiner Güter verweisen und ihm sein ganzes Vermögen konfiszieren. Einige darunter fanden es indes doch zu gewagt, jemand ohne irgend eine Ursache und Urteilsspruch zu verbannen und meinten, man müßte wenigstens nach Delikten suchen, denn sie hatten immer noch die Hoffnung, solche zu finden. Wenn man aber keine ausfindig machen könnte, dann müßte der Gefangene, der, ohne daß man wußte weshalb, seiner Aemter, Würden und Orden beraubt war, wenigstens einem Urteile der Kommissare unterworfen werden. Nun waren diese Kommissare, wie bereits bemerkt: Marschall Buturlin, Oberstaatsanwalt Fürst Trubetzkoi, General Graf Alexander Schuwaloff und der Sekretär Wolkoff. Das erste, was sie taten, war, den Gesandten, Bevollmächtigten und Beamten Rußlands an den fremden Höfen durch das Kollegium der auswärtigen Angelegenheiten zu befehlen, Kopien der Depeschen nach Rußland zu schicken, die Graf Bestuscheff an sie geschrieben hatte, als er sich an der Spitze der Angelegenheiten befand. Dies geschah nur, um in den Depeschen eventuell die gewünschten Vergehen zu finden. Man sagte nämlich, er habe stets geschrieben, was er wollte, und dazu Dinge, die dem Befehle und Willen Ihrer Majestät zuwiderliefen. Da aber Ihre Majestät weder etwas schrieb noch unterzeichnete, war es schwer, ihren Befehlen zuwider zu handeln; und was die mündlichen betraf, so war sie kaum imstande, dem Großkanzler solche zu geben, da sie ganze Jahre lang keine Gelegenheit hatte, ihn zu sehen. Übrigens konnten ein Drittel der mündlichen Befehle, wenn man es genau nehmen wollte, mißverstanden und schlecht wiedergegeben, oder schlecht empfangen und begriffen worden sein. Doch die Kommissare hatten mit ihrem Vorgehen keinen Erfolg, denn keiner von den Beamten im Ausland gab sich die Mühe, seine Archive auf zwanzig Jahre hin durchzusuchen und abzuschreiben, um Verbrechen eines Mannes darin zu entdecken, dessen Instruktionen und Anordnungen sie selbst befolgt hatten, so daß sie gleichfalls in alles hätten verwickelt werden können, was man etwa Tadelnswertes darin fand. Außerdem hätte die bloße Sendung solcher Archive dem Staate beträchtliche Kosten verursacht, und in Petersburg angelangt, würden sie für eine Reihe von Jahren die Geduld vieler Personen erschöpft haben, die sich hätten bemühen müssen, etwas darin zu entdecken und zu entwirren, was noch dazu vielleicht gar nicht einmal darin zu finden war. Dieser Befehl wurde also niemals ausgeführt. Schließlich wurde die ganze Sache langweilig, und man beendete sie endlich nach Ablauf eines Jahres mit der Veröffentlichung des Manifestes, dessen Abfassung man am Tage vor der Verhaftung des Großkanzlers begonnen hatte.

Am Nachmittag desselben Tages, an dem Stambke zu mir gekommen war, ließ die Kaiserin dem Großfürsten sagen, er solle Stambke nach Holstein schicken, da man sein Einverständnis mit Bestuscheff entdeckt hätte. Er verdiene zwar, verhaftet und verbannt zu werden, allein aus Rücksicht für Seine kaiserliche Hoheit, deren Minister er gewesen, wolle man ihm die Freiheit schenken, unter der Bedingung, daß er sofort entlassen würde. Stambke wurde unverzüglich weggeschickt, und mit seiner Abreise endete auch meine Führung der holsteinschen Geschäfte. Man gab dem Großfürsten zu verstehen, es sei der Kaiserin nicht angenehm, wenn ich mich hineinmische, und Seine kaiserliche Hoheit war so ziemlich derselben Meinung. Ich erinnere mich indes nicht genau, wen er an Stambkes Stelle ernannte, doch ich glaube, es war ein gewisser Wolf.

Damals verlangte das Ministerium der Kaiserin förmlich vom Könige von Polen die Abberufung des Grafen Poniatowski, von dem man ein Billett an den Grafen Bestuscheff – freilich nur ein sehr harmloses, aber immerhin eins an einen vorgeblichen Staatsgefangenen – aufgefunden hatte. Als ich die Entlassung Stambkes und die Abberufung Pioniatowskis erfuhr, bereitete ich mich auf nichts Gutes vor und verhielt mich folgendermaßen. Zuerst rief ich meinen Kammerdiener Skurin und befahl ihm, alle meine Rechnungsbücher, sowie das geringste, was unter meinen Sachen den Anschein eines Papieres haben konnte, zusammenzusuchen und mir zu bringen. Er führte meine Befehle pünktlichst und mit großer Genauigkeit aus. Als alles in meinem Zimmer war, schickte ich ihn fort. Darauf warf ich alles ins Feuer, rief, als die Papiere halb verbrannt waren, Skurin zurück und sagte ihm: »Hier, überzeuge dich, daß alle meine Papiere und Rechnungen verbrannt sind, damit, wenn man dich jemals danach fragen sollte, du schwören kannst, daß du gesehen hast, wie ich sie alle verbrannt habe.« Er dankte mir für mein Vertrauen gegen ihn und teilte mir nachher mit, daß in der Bewachung der Gefangenen eine eigentümliche Veränderung stattgefunden habe. Seit der Entdeckung von Stambkes Korrespondenz mit Graf Bestuscheff ließ man diesen schärfer beobachten, und hatte zu diesem Zwecke den Unteroffizier Kalischkin von Bernardi entfernt und in das Zimmer des ehemaligen Großkanzlers postiert. Sobald dies geschehen, hatte Kalischkin darum gebeten, ihm einen Teil derselben erprobten Soldaten zuzuteilen, die er bei Bernardis Bewachung gehabt hatte. Auf diese Weise gelangte der sicherste und einsichtsvollste Mensch, den wir, Skurin und ich, besaßen, ins Zimmer des Grafen Bestuscheff, der ebenfalls nicht aller Verbindung mit Bernardi entblößt war.

Inzwischen wurden die Verhöre Bestuscheffs fortgesetzt. Kalischkin gab sich dem Grafen als einen mir sehr ergebenen Menschen zu erkennen und leistete ihm in der Tat tausend gute Dienste. Er war gleich mir aufs tiefste überzeugt, daß der Großkanzler unschuldig und das Opfer einer mächtigen Intrige sei, was auch die Ansicht des Publikums war. Dem Großfürsten merkte ich es an, daß man ihm bange gemacht und ihm den Verdacht eingeflößt hatte, als wisse ich von Stambkes Korrespondenz mit dem Staatsgefangenen. Ich sah, daß Seine kaiserliche Hoheit kaum mit mir zu sprechen wagte und es vermied, mein Zimmer, in dem ich mit einem Male ganz allein war, zu betreten. Ich selbst vermied es, mit jemand zusammenzukommen, weil ich fürchtete, ich könnte ihn einem Unglück oder einer Unannehmlichkeit aussetzen. Auch bei Hofe vermied ich, allen, von denen ich vermutete, daß sie mir auswichen, zu begegnen.

Während der letzten Tage des Karnevals sollte eine russische Komödie im Hoftheater aufgeführt werden. Graf Poniatowski ließ mich bitten, dorthin zu kommen, weil sich nämlich das Gerücht zu verbreiten begann, daß man meine Entfernung vorbereitete und mich verhinderte, öffentlich zu erscheinen, und was weiß ich noch mehr. Kurz, jedesmal, wenn ich nicht im Schauspiel oder bei Hofe erschiene, suchten alle, entweder aus Neugierde oder aus Interesse für mich, die Ursache zu erfahren. Ich wußte, daß die russische Komödie eins von den Dingen war, die Seiner kaiserlichen Hoheit am wenigsten gefielen, und schon das bloße Aussprechen der Absicht, hinzugehen, mißfiel ihm. Allein diesmal verband der Großfürst mit seinem Widerwillen gegen die Nationalkomödie noch einen andern Grund des kleinen persönlichen Interesses. Er empfing nämlich damals die Gräfin Elisabeth Woronzow noch nicht in seinem Zimmer, sondern unterhielt sich, da sie sich mit den Ehrendamen im Vorzimmer aufhielt, dort mit ihr, oder sie spielten zusammen. Ging ich indes ins Schauspiel, so mußten meine Damen mich selbstverständlich begleiten, was Seiner kaiserlichen Hoheit sehr unbequem war, denn es gab dann keinen andern Ausweg für ihn, als in seinem Zimmer zu zechen. Ohne Rücksicht auf seine Wünsche zu nehmen, ließ ich, da ich mein Wort gegeben, Graf Alexander Schuwaloff bitten, meine Wagen zu bestellen, denn ich wollte unbedingt an jenem Tage ins Theater gehen. Graf Schuwaloff kam und teilte mir mit, daß meine Absicht, die Komödie zu besuchen, dem Großfürsten aufs höchste mißfalle. Ich erwiderte ihm, da ich nicht das Vergnügen hätte, dem Großfürsten für gewöhnlich Gesellschaft zu leisten, dächte ich, es müsse ihm gleichgültig sein, ob ich allein in meinem Zimmer oder in meiner Loge im Theater säße. Er entfernte sich, indem er mit dem Auge blinzelte, was er stets tat, wenn ihm etwas mißfiel. Kurz darauf kam der Großfürst in großer Aufregung in mein Zimmer, kreischte wie ein Adler und schrie, es mache mir wohl Spaß, ihn in Wut zu versetzen, und ich habe mir nur vorgenommen, in die Komödie zu gehen, weil ich genau wisse, er liebe diese Aufführungen nicht. Ich hingegen bemerkte ihm ruhig, daß er sie mit Unrecht haßte, worauf er erwiderte, er werde verbieten, mir einen Wagen zu geben. »Nun, dann gehe ich eben zu Fuß,« entgegnete ich. Ich könne mir vorstellen, was für ein Vergnügen es ihm mache, mich in meinem Zimmer allein mit meinem Hund und meinem Papagei vor Langeweile sterben zu lassen. Nachdem wir lange miteinander heftig gestritten und laut gesprochen hatten, entfernte er sich zorniger als je, während ich darauf bestand, ins Theater zu gehen. Kurz vor Beginn des Schauspiels ließ ich Graf Schuwaloff fragen, ob die Wagen bereit wären. Er kam und sagte mir, der Großfürst hätte verboten, sie für mich anspannen zu lassen. Bei diesen Worten konnte ich meinen Aerger nicht mehr zurückhalten und sagte, ich würde zu Fuß gehen. Falls man den Damen und Herren aber verbieten sollte, mir zu folgen, würde ich mich allein hinbegeben und mich außerdem schriftlich bei der Kaiserin sowohl über den Großfürsten als über ihn beschweren. Darauf fragte er: »Was wollen Sie ihr sagen?« – »Ich werde ihr sagen, auf welche Weise man mich behandelt, und daß Sie, um dem Großfürsten eine Zusammenkunft mit meinen Ehrendamen zu verschaffen, ihn darin be-

stärken, mich an dem Besuch des Theaters zu verhindern, wo ich das Glück genießen kann, Ihre kaiserliche
Majestät zu sehen. Außerdem werde ich die Kaiserin
bitten, mich zu meiner Mutter zurückkehren zu lassen,
weil ich es müde bin, allein und verlassen in meinem
Zimmer, gehaßt vom Großfürsten und nicht eben geliebt
von ihr, mein Leben zu verbringen. Mich verlangt nur
nach Ruhe, und ich will niemand mehr zur Last fallen,
noch auch alle die, die sich mir nähern, ins Unglück
stürzen; besonders die bedauernswerten Leute meiner
Umgebung nicht, von denen so viele verbannt worden
sind, einzig und allein, weil ich ihnen wohlwollte oder
Gutes tat. Und wissen Sie, daß ich unverzüglich an Ihre
kaiserliche Majestät schreiben und Sorge tragen werde,
daß Sie selbst ihr meinen Brief überbringen?« – Der
entschiedene Ton, den ich annahm, erschreckte ihn, und
er ging hinaus, während ich meinen Brief an die Kaiserin zu schreiben begann. Ich tat dies in russischer Sprache, und zwar so pathetisch wie möglich. Zuerst bedankte ich mich für all die Freundlichkeiten und Gna-
denerweisungen, mit denen sie mich seit meiner Ankunft in Rußland überhäuft hatte und fügte hinzu, der
Stand der Dinge beweise leider, daß ich dieselben nicht
verdient, weil ich mir den Haß des Großfürsten, sowie
die entschiedene Ungnade Ihrer kaiserlichen Majestät
zugezogen habe. Im Hinblick auf mein Unglück und
meine Gefangenschaft in meinem Zimmer, wo man
mich selbst des unschuldigsten Zeitvertreibes beraube,
bat ich sie inständig, meinen Leiden ein Ende zu machen, indem sie mich auf die ihr am passendsten schei-

nende Art zu meinen Verwandten zurückschicke. Was meine Kinder beträfe, die ich fast nie zu sehen bekäme, obgleich ich mit ihnen in ein und demselben Hause wohne, so bliebe es sich doch ganz gleich, ob ich an demselben Orte wäre, wo sie sich befänden, oder ein paar hundert Meilen von ihnen entfernt. Ich wisse ja, daß sie ihnen eine Sorgfalt widme, die ihnen angedeihen zu lassen meine schwachen Kräfte weit übersteigen würde. Ich wage sie daher zu bitten, ihnen diese Sorgfalt auch ferner zu bewahren, und in diesem Vertrauen würde ich den Rest meiner Tage bei meinen Angehörigen damit verbringen, für sie, den Großfürsten, meine Kinder, überhaupt für alle, die mir Gutes oder Böses getan, zu Gott zu beten. Aber meine Gesundheit sei durch den Kummer so zerrüttet, daß ich alles, was in meiner Macht stehe, tun müsse, um wenigstens mein Leben zu retten. Und zu diesem Zwecke wende ich mich an sie, mir zu erlauben, zuerst die Bäder zu benutzen und dann in meine Heimat zurückkehren zu dürfen.

Nach Beendigung dieses Briefes ließ ich den Grafen Schuwaloff rufen, der mir beim Eintreten meldete, daß die gewünschten Wagen bereit stünden. Ich erklärte ihm, indem ich ihm meinen Brief an die Kaiserin übergab, er könne den Damen und Herren, die mich nicht ins Theater begleiten wollten, sagen, daß ich sie davon dispensiere. Graf Schuwaloff empfing meinen Brief mit Augenblinzeln; da er indes an Ihre Majestät gerichtet war, mußte er ihn wohl oder übel annehmen. Er übermittelte auch den Damen und Herren meiner Umgebung meine Worte, und Seine kaiserliche Hoheit selbst entschied, wer mit mir gehen und wer bei ihm bleiben sollte. Als ich später durchs

Vorzimmer ging, fand ich Seine kaiserliche Hoheit mit der Gräfin Woronzow beim Kartenspiel in einer Ecke sitzen. Er, sowie sie erhoben sich, als sie mich kommen sahen, was Peter sonst nie zu tun pflegte. Ich erwiderte ihren Gruß mit einer tiefen Verbeugung und ging vorüber. Darauf begab ich mich in die Komödie, in welcher die Kaiserin an diesem Tage nicht zugegen war; ich glaube, mein Brief hatte sie davon abgehalten.

Aus dem Theater zurückgekehrt, hörte ich von Graf Schuwaloff, daß Ihre kaiserliche Majestät selbst eine Unterredung mit mir wünschte. Augenscheinlich benachrichtigte Schuwaloff sofort den Großfürsten sowohl von meinem Briefe, als von der Antwort der Kaiserin, denn obwohl Peter sich seit jenem Tage nicht mehr bei mir sehen ließ, tat er doch alles, um bei der Unterredung mit der Kaiserin zugegen zu sein; und man glaubte ihm dies nicht abschlagen zu dürfen.

Inzwischen blieb ich ruhig in meinem Zimmer und war vollkommen überzeugt, daß, wenn man daran gedacht hatte, mich fortzuschicken oder mich auch nur mit der Drohung einer Entfernung in Angst zu jagen, der von mir getane Schritt diesen Plan der Schuwaloffs vollständig vereiteln werde. Ich war mir meiner Sache so gewiß, zumal man nie größeren Widerstand finden konnte, als bei der Kaiserin, die keineswegs zu so eklatanten Maßnahmen dieser Art geneigt war. Außerdem erinnerte sie sich nur noch zu gut der früheren Mißstände in ihrer eigenen Familie und wünschte gewiß nicht, sie wieder erneuert zu sehen. Gegen mich konnte nur eins geltend gemacht werden, nämlich, daß ihr Herr

Neffe mir nicht als der liebenswürdigste Mann erschien, gerade wie ich ihm nicht als die liebenswürdigste Frau. Über ihren Neffen dachte aber die Kaiserin genau so wie ich. Sie kannte ihn so gut, daß sie schon seit einer langen Reihe von Jahren nirgends eine Viertelstunde mit ihm zusammen sein konnte, ohne Ekel, Zorn oder Kummer zu empfinden. Wenn aber in ihren Gemächern die Rede auf ihn kam, weinte sie entweder über das Unglück, einen solchen Erben zu haben, oder sie drückte nur ihre Verachtung gegen ihn aus und gab ihm oft Beinamen, die er leider nur zu gut verdiente. Ich habe solche Ausdrücke sogar schriftlich in Händen gehabt, denn in den Papieren der Kaiserin fand ich zwei von ihr eigenhändig geschriebene Briefe, von denen der eine an Iwan Schuwaloff, der andere an Graf Razumowski gerichtet schien, in denen sie ihren Neffen verfluchte und zum Teufel wünschte. In dem einen hieß es: Prokliatyi moi plemjannik dasadila kak njelsja boljee. (Mein verdammter Neffe hat mir viel Aerger verursacht), und in dem andern: Plemjannik moi urod, tschjort jewo wosmi. (Mein Neffe ist ein Einfaltspinsel, den der Teufel holen möge).

Übrigens war mein Entschluß gefaßt. Ich betrachtete meine Rücksendung oder Nichtrücksendung mit sehr philosophischem Auge, denn in keiner Lage, in welche mich auch die Vorsehung versetzt hätte, würde ich ohne die Hilfsquellen gewesen sein, die Geist und Talent jedem nach seinen natürlichen Fähigkeiten gewähren. Ich fühlte den Mut in mir, zu steigen oder zu fallen, ohne daß mein Herz und meine Seele durch Erhebung in

Prahlerei oder durch das Gegenteil in Erniedrigung und Demütigung gesunken sein würden. Ich wußte, daß ich ein Mensch war und deshalb ein beschränktes und der Vollkommenheit unfähiges Wesen, aber meine Absichten waren stets rein und aufrichtig. Wenn ich auch von Anfang an gesehen hatte, daß es eine schwierige, wo nicht unmögliche Sache sei, einen Mann zu lieben, der nichts weniger als der Liebe wert war, und sich auch keine Mühe gab, es zu sein, so hätte ich doch wenigstens ihm und seinen Interessen die aufrichtigste Ergebenheit bewiesen, die ein Freund, ja ein Diener, seinem Freund und Herrn beweisen kann. Meine Ratschläge waren stets die besten gewesen, die ich ihm für sein Wohl geben konnte; wenn er sie nicht befolgte, so war dies nicht mein Fehler, sondern ein Fehler seines Urteils, das weder gesund noch gerecht war. Als ich nach Rußland kam, und auch noch während der ersten Jahre unserer Ehe, würde sich mein Herz dem Großfürsten, wenn er sich nur ein wenig bemüht hätte, erträglich zu sein, geöffnet haben; doch als ich bemerkte, daß er gerade mir, und nur, weil ich seine Frau war, die geringste Aufmerksamkeit bewies, war es keineswegs unnatürlich, wenn ich meine Lage weder angenehm, noch nach meinem Geschmack fand und mich langweilte, ja vielleicht grämte. Allein den Gram suchte ich mehr als jede andere Empfindung zu unterdrücken und zu verbergen, denn mein Stolz und meine ganze Gemütsstimmung machten mir den Gedanken, unglücklich zu sein, unerträglich. Ich sagte mir: Glück und Unglück liegen im Herzen und in der Seele des Menschen; fühlst du dich unglücklich, so erhebe dich über dein Unglück und handle so, daß dein Glück von keinem äußeren Ereignisse abhängt. Bei einer solchen Charakterveranlagung war ich mit einem großen Feingefühl und einem zum mindesten interessanten Aeußern von der Natur ausgestattet, das auf den ersten Blick ohne irgendwelche Kunst und Schmuck gefiel. Mein Charakter war von Natur aus äußerst anschmiegend, so daß man mit mir nur eine Viertelstunde zusammen zu sein brauchte, um die Unterhaltung angenehm zu finden, und jeder redete mit mir, als wären wir längst alte Bekannte. Von Natur nachsichtig, erwarb ich mir das Vertrauen derer, die mit mir zu tun hatten, weil ein jeder fühlte, daß Rechtschaffenheit und guter Wille die Triebfedern waren, denen ich am liebsten folgte. Wenn ich mich des Ausdrucks bedienen darf, so nehme ich mir die Freiheit, über mich selbst zu äußern, daß ich ein »freimütiger und biederer Kavalier« war, dessen Geist mehr vom Manne als vom Weibe hatte. Und doch war ich nichts weniger als ein Mannweib. Man fand in mir zugleich mit dem Geiste und Charakter eines Mannes die Reize einer sehr liebenswürdigen Frau – man verzeihe mir zugunsten der Wahrheit diese Aeußerung eines Geständnisses, das mir die Eigenliebe abringt, ohne sich hinter falscher Bescheidenheit zu verbergen. Zudem muß diese Schrift ja selbst am besten beweisen, was ich von meinem Geiste, meiner Seele und meinem Charakter behaupte. Ich sagte, daß ich gefiel, und wenn man gefällt, ist der erste Teil der Verführung schon vollzogen, und der zweite kommt leicht hinzu. Es liegt im Wesen der menschlichen Natur, daß versuchen und versucht werden nahe beieinander sind. Trotz der schönsten moralischen Grundsätze ist man, sowie die Sinnlichkeit sich hineinmischt und zum Vorschein kommt, schon unendlich viel weiter als man glaubt, und ich weiß noch heute nicht, wie man sie hindern kann, sich unserer zu bemächtigen. Flucht allein könnte vielleicht helfen; aber es gibt Fälle, Lagen, Umstände, wo Flucht unmöglich ist. Denn wie soll man fliehen, ausweichen, den Rücken kehren inmitten eines glänzenden Hofes? Schon dies würde Geschwätz hervorrufen. Wenn man aber nicht flieht, so ist meiner Ansicht nach nichts schwieriger, als dem zu entgehen, was uns im Grunde unseres Herzens gefällt. Alles, was man hiergegen einwenden mag, ist Prüderie, die dem menschlichen Charakter nicht eigen ist. Niemand hält sein Herz in der Hand und kann es, indem er sie schließt oder öffnet, nach Belieben zusammendrücken oder fahren lassen.

Doch ich kehre zu meinem Bericht zurück. Den Tag nach jener Theatervorstellung gab ich mich für krank aus und verließ mein Zimmer nicht mehr. Ruhig erwartete ich die Entscheidung Ihrer kaiserlichen Majestät über meine untertänigste Bittschrift ab. Nur in der ersten Fastenwoche hielt ich es für angebracht, mich den religiösen Übungen zu unterziehen, damit man mein Interesse für den orthodoxen griechischen Glauben merken sollte.

In der zweiten oder dritten Woche hatte ich von neuem einen großen Kummer durchzumachen. Eines Morgens, nachdem ich aufgestanden war, benachrichtigten mich meine Leute, daß Graf Alexander Schuwaloff Madame Wladislawa habe rufen lassen. Dies kam mir sonderbar vor, und ich wartete sehnlichst auf ihre Rückkehr – aber umsonst. Gegen ein Uhr nachmittags meldete mir Graf Schuwaloff, die Kaiserin habe es für geeignet gehalten, sie ihrer Stellung bei mir zu entheben. Ich schwamm in Tränen und sagte ihm, Ihre Majestät habe ja zweifellos die Macht, mir jeden zu geben oder zu nehmen, wie es ihr gefiele, aber es schmerze mich unendlich, mehr und mehr zu sehen, wie alle, die in meiner Nähe lebten, der Ungnade Ihrer kaiserlichen Majestät geweiht wären. Und damit es weniger Unglückliche gäbe, bäte ich ihn inständig, Ihre kaiserliche Majestät zu ersuchen, daß sie so bald als möglich dem Zustand, in dem ich mich befinde, nämlich nur Unglück zu bringen, ein Ende mache, indem sie mich zu meinen Angehörigen zurückkehren ließe. Übrigens versicherte ich ihm, daß Madame Wladislawa in keiner Weise dazu dienen werde, Aufklärung über irgend etwas zu geben, weil weder sie noch irgend jemand mein volles Vertrauen besäße. Graf Schuwaloff wollte sprechen, als er aber mein Schluchzen hörte, fing er gleichfalls zu weinen an und sagte, die Kaiserin werde darüber mit mir persönlich reden. Ich bat ihn, diesen Augenblick zu beschleunigen, was er auch versprach. Sodann setzte ich meine Umgebung von dem Vorgefallenen in Kenntnis und sagte ihnen, wenn man mir an Stelle der Wladislawa eine Hofmeisterin gäbe, die mir mißfiele, so möge sie sich nur auf die schlechteste Behandlung meinerseits, ja selbst auf Schläge gefaßt machen. Ich bat meine Leute, dies überall wiederzuerzählen, damit alle, die man etwa die Absicht hatte, mir beizugeben, sich hüteten, die Stelle anzunehmen. Denn ich war endlich der ewigen Quälereien und Leiden müde und sah ein, daß meine Milde und Geduld nur dazu dienten, meine Lage zu verschlechtern. Deshalb war es unbedingt notwendig, mein Benehmen vollkommen zu ändern. Meine Leute verfehlten natürlich nicht, wiederzuerzählen, was ich wünschte.

Am Abend desselben Tages, an dem ich viel geweint hatte, kam eine meiner Kammerfrauen, Katharina I-wanowna Scheregorodska, in mein Zimmer, wo ich mich wie immer ganz allein befand. Ich war geistig und körperlich in größter Aufregung und ging nervös auf und ab. Als sie mich sah, sagte sie schluchzend und sehr bewegt: »Ach Gott, wir fürchten alle, daß Sie dem Zustande, in welchem Sie sich jetzt befinden, unterliegen. Erlauben Sie mir, daß ich noch heute zu meinem Onkel, dem Beichtvater Ihrer Majestät, der ja auch der Ihrige ist, gehe? Ich will mit ihm sprechen, werde ihm alles sagen, was Sie mir befehlen, und verspreche Ihnen, daß er auf eine Weise mit der Kaiserin reden wird, mit der Sie zufrieden sein werden!« Da ich ihren guten Willen sah, erzählte ich ihr ganz einfach, wie die Dinge lagen, was ich der Kaiserin geschrieben hatte und alles weitere. Sie begab sich zu ihrem Onkel, und, nachdem sie mit ihm gesprochen und ihn zu meinen Gunsten gestimmt hatte, kam sie gegen elf Uhr zu mir zurück, um mir mitzuteilen, daß er mir rate, mich in der Nacht für krank auszugeben. Ich sollte dann nach der Beichte verlangen und zu diesem Zwecke ihn rufen lassen, damit er der Kaiserin alles sagen könne, was er aus meinem Munde vernommen. Ich billigte diesen Vorschlag und versprach, ihn auszuführen. Darauf entließ ich sie, ihr und ihrem Onkel für die Zuneigung, die sie mir bewiesen, aufs herzlichste dankend.

In der Tat klingelte ich in der Nacht zwischen zwei und drei Uhr. Eine meiner Frauen kam. Ich sagte ihr, daß ich mich sehr unwohl fühle und zu beichten wünsche. Statt des Beichtvaters aber eilte Graf Alexander Schuwaloff herbei, dem ich mit matter, gebrochener Stimme meine Bitte, den Beichtvater rufen zu lassen, wiederholte. Statt dessen ließ er die Aerzte rufen, denen ich indes sagte, ich bedürfe nicht ihrer, sondern geistlicher Hilfe, denn ich sei meinem Ende nahe. Einer von ihnen fühlte meinen Puls und meinte, er sei sehr schwach, doch von neuem erklärte ich, meine Seele sei in Gefahr, aber mein Körper bedürfe keiner ärztlichen Hilfe. Endlich kam mein Beichtvater. Man ließ uns allein. Ich ließ ihn an meinem Bett niedersitzen, und wir unterhielten uns wenigstens anderthalb Stunden lang, während welcher Zeit ich ihm den gegenwärtigen und vergangenen Stand der Dinge, das Benehmen des Großfürsten gegen mich, das meinige gegen ihn, den Haß der Schuwaloffs, die unausgesetzten Verbannungen und Entlassungen meiner Leute, besonders aber derer, die mir am meisten zusagten und ergeben waren, erzählte. Ferner teilte ich ihm mit, wie die Schuwaloffs mir den Haß Ihrer kaiserlichen Majestät zugezogen hätten, und endlich meine gegenwärtige Lage, die mich veranlaßt hatte, der Kaiserin den Brief zu schreiben, in welchem ich sie um die Erlaubnis gebeten, mich zu entfernen. Ich beschwor ihn, mir doch eine baldige Antwort auf meine Bitte zu verschaffen, und fand ihn außerordentlich freundlich gegen mich gesinnt; weniger einfältig, als man ihn mir geschildert hatte. Er meinte, mein Brief werde schon die gewünschte Wirkung hervorbringen, ich müsse nur darauf bestehen, zu meinen Verwandten zurückkehren zu wollen. Dann würde man mich sicher nicht fortlassen, weil man einen solchen Schritt nicht vor dem Publikum rechtfertigen könne, dessen ganze Aufmerksamkeit auf mich gerichtet sei. Er gab zu, man behandle mich grausam; die Kaiserin, die mich in zartem Alter zur Gattin ihres Neffen gewählt habe, überlasse mich der Willkür meiner Feinde, während sie wahrhaftig besser tun würde, meine Rivalinnen, besonders Elisabeth Woronzow, fortzuschicken und ihre Günstlinge im Zaume zu halten. Die letzteren seien durch die von den Schuwaloffs täglich neu eingeführten Monopole weiter nichts als die Blutsauger des Volkes und brächten obendrein jeden gegen ihre Ungerechtigkeit auf, wie z.B. in der Sache Bestucheffs, von dessen Unschuld das Publikum überzeugt wäre. Er schloß seine Rede mit dem Versprechen, sich sofort zur Kaiserin zu begeben, wo er warten wollte, bis diese erwacht sei, um mit ihr zu reden und die Zusammenkunft, die sie mir versprochen, zu beschleunigen. Jedoch würde ich gut tun, im Bett liegen zu bleiben, denn er wolle sagen, Gram und Schmerz könnten mich töten, wenn man nicht ein schnell wirkendes Mittel anwende, mich auf eine oder die andere Weise aus dem Zustand der Verlassenheit zu befreien.

Er hielt Wort. Er schilderte der Kaiserin meinen Zustand in so lebhaften Farben, daß Ihre Majestät den Grafen Alexander Schuwaloff zu sich kommen ließ und ihm befahl, zu sehen, ob ich imstande sei, die folgende Nacht mit ihr zu sprechen. Graf Schuwaloff brachte mir diese Botschaft, worauf ich ihm versprach, alle meine Kräfte zusammennehmen zu wollen. Gegen Abend also stand ich auf; Schuwaloff meldete mir, er werde mich gegen Mitternacht abholen und mich in die Gemächer Ihrer kaiserlichen Majestät geleiten. Der Beichtvater ließ mir durch seine Nichte sagen, alles sei im schönsten Gange und die Kaiserin werde noch heute abend mit mir reden. So kleidete ich mich gegen zehn Uhr abends an und legte mich vollständig angezogen auf ein Sofa, wo ich einschlief. Ungefähr um halb zwei Uhr trat Graf Schuwaloff in mein Zimmer und teilte mir mit, daß die Kaiserin mich zu sehen wünsche. Ich erhob mich und folgte ihm. Wir gingen durch die Vorzimmer, die leer waren. Als wir an die Tür der Galerie kamen, sah ich den Großfürsten durch die gegenüberliegende Tür gehen. Auch er begab sich also zur Kaiserin. Ich hatte ihn seit jenem Tage der russischen Komödie nicht gesehen, denn selbst als ich mich für lebensgefährlich krank erklärt hatte, war er weder gekommen, noch hatte er sich nach meinem Befinden erkundigt. Später erfuhr ich, daß er an eben diesem Tage Elisabeth Woronzow versprochen hatte, sie zu heiraten, wenn ich sterben sollte; beide äußerten über meinen Zustand die größte Freude.

Zweiundzwanzigstes Kapitel

Unterredung mit der Kaiserin. – Verleumderische Anklagen des Großfürsten gegen mich. – Ich gehe siegreich aus dem Kampfe hervor. – Unerwartetes Vertrauen der Kaiserin. – Graf Woronzow. – Ich erscheine wieder in der Oeffentlichkeit. – Prinz Karl von Sachsen. – Man erlaubt mir, meine Kinder zu besuchen. – Zweite Zusammenkunft mit Ihrer Majestät.

In dem Gemache Ihrer kaiserlichen Majestät angelangt, fand ich den Großfürsten dort schon vor. Sowie ich die Kaiserin erblickte, fiel ich vor ihr auf die Knie und bat sie unter Tränen aufs inständigste, mich zu meinen Angehörigen zurückkehren zu lassen. Sie wollte mich aufheben, aber ich verharrte zu ihren Füßen. Sie schien mir an diesem Abend mehr bekümmert als zornig, denn sie sagte mit Tränen in den Augen: »Wie können Sie wünschen, daß ich Sie zurückkehren lasse? Erinnern Sie sich nicht Ihrer Kinder?« – Ich antwortete: »Meine Kinder sind in Ihren Händen und könnten sich nirgends besser befinden; ich hoffe, Sie werden sie nicht verlassen.« – Darauf sagte sie: »Aber was soll ich dem Publikum als Ursache Ihrer Entlassung anführen?« – Ich erwiderte: »Eure kaiserliche Majestät wird ihm, wenn Sie es für passend halten, einfach die Gründe sagen, wegen derer ich mir Ihre Ungnade und den Haß des Großfürsten zugezogen habe.« – »Und wovon wollen Sie bei Ihren Verwandten leben?« fragte sie. – »Wovon ich lebte, ehe Sie mir die Ehre erwiesen, mich hierher zu rufen!« erwiderte ich. – Hierauf bemerkte sie: »Ihre Mutter ist flüchtig, hat ihr Land verlassen und sich nach Paris zurückziehen müssen.« – »Ich weiß es,« sagte ich, »man hat sie für eine allzu ergebene Anhängerin Rußlands gehalten, und der König von Preußen verfolgt sie.« Zum zweiten Male forderte mich jetzt die Kaiserin auf, mich zu erheben; und als ich es getan, entfernte sie sich nachdenklich von mir.

Das Zimmer, in dem wir uns befanden, war sehr lang und hatte drei Fenster, zwischen denen zwei Tische mit den goldenen Waschgeschirren der Kaiserin standen. Außer ihr, dem Großfürsten, Alexander Schuwaloff und mir befand sich niemand in dem Gemache. Der Kaiserin gegenüber standen zwei große spanische Wände, vor die man ein Sofa gestellt hatte. Anfangs vermutete ich hinter diesen spanischen Wänden unzweifelhaft Iwan Schuwaloff und vielleicht auch seinen Vetter, den Grafen Peter. Später erfuhr ich denn auch, daß meine Vermutungen zum Teil richtig waren und Iwan Schuwaloff wirklich dahinter gestanden hatte. Ich näherte mich dem Toilettentisch, welcher der Türe, durch die ich eingetreten war, am nächsten stand und bemerkte, daß in dem Waschbecken verschiedene zusammengefaltete Briefe lagen. In diesem Augenblick aber kam die Kaiserin wieder auf mich zu und sagte: »Gott ist mein Zeuge, wie viel ich um Sie geweint habe. Als Sie nach Ihrer Ankunft in Rußland todkrank wurden, habe ich mich sehr um Sie gesorgt; und hätte ich Sie nicht wahrhaft geliebt, ich würde Sie gewiß nicht behalten haben.« –

Dies sollte, wie es mir schien, eine Verwahrung dagegen sein, daß ich gesagt, ich habe mir ihre Ungnade zugezogen. Als Antwort dankte ich Ihrer Majestät für alle Güte und alles Wohlwollen, das sie mir damals und später bewiesen, und sagte, die Erinnerung daran würde sich nie in meinem Gedächtnis verwischen, und stets würde ich es als mein größtes Unglück betrachten, ihr Mißfallen erregt zu haben. Nun trat sie ganz nahe zu mir heran und sagte: »Sie sind überaus stolz. Erinnern Sie sich wohl, daß ich Sie einmal im Sommerpalast fragte, ob Sie Halsweh hätten, weil ich bemerkte, daß Sie mich kaum grüßten? Aber Sie hatten nur aus Stolz mit einem bloßen Kopfnicken gegrüßt.« – »Mein Gott, Madame,« erwiderte ich, »wie können Sie glauben, daß ich Ihnen gegenüber hätte stolz sein wollen? Ich schwöre Ihnen, es ist mir nie im entferntesten in den Sinn gekommen, daß diese Frage, die Sie vor vier Jahren an mich richteten, eine solche Beziehung haben könnte.« – Und nun sagte sie: »Sie bilden sich ein, niemand habe so viel Geist, als Sie,« worauf ich antwortete: »wenn ich diesen Glauben habe, so ist nichts geeigneter, mich zu enttäuschen, als mein gegenwärtiger Zustand und unsere Unterredung, denn ich sehe, daß ich bis zu dieser Stunde rein aus Dummheit nicht begriffen habe, was Ihnen gefiel, mir vor vier Jahren zu sagen.«

Während Ihre Majestät mit mir sprach, flüsterte der Großfürst mit dem Grafen Schuwaloff. Sie bemerkte es und näherte sich ihnen. Sie standen etwa in der Mitte des Zimmers, und ich verstand daher nur wenig von dem, was sie miteinander redeten. Außerdem sprachen sie nicht gerade laut, und das Zimmer war sehr groß. Schließlich aber hörte ich doch, wie der Großfürst mit ziemlich erhobener Stimme sagte: »Ja, sie ist furchtbar schlecht und außerordentlich dickköpfig!« Als ich hörte, daß es sich um mich handelte, wandte ich mich an ihn und sagte: »Wenn Sie von mir sprechen, so gewährt es mir großes Vergnügen, Ihnen in Gegenwart Ihrer kaiserlichen Majestät zu sagen, daß ich in der Tat denen gegenüber schlecht bin, die Ihnen zu Ungerechtigkeiten raten. Dickköpfig bin ich nur geworden, weil ich sehe, daß meine Sanftmut und Freundlichkeit zu nichts führt, als zu Ihrer Feindschaft.« – Er wandte sich an die Kaiserin und bemerkte: »An dem, was sie sagt, können Eure Majestät ja selbst sehen, wie schlecht sie ist.« – Auf die Kaiserin indes, die unendlich viel mehr Geist besaß als der Großfürst, machten meine Worte einen andern Eindruck, und ich sah deutlich, daß, je mehr unsere Unterredung fortschritt, sie, obgleich man ihr sicher empfohlen hatte, oder sie selbst entschlossen war, strenge gegen mich zu verfahren, allmählich ganz gegen ihren Willen und trotz ihrer Entschlüsse milder gestimmt wurde. Dennoch wandte sie sich an ihn und sagte: »O, Sie wissen noch lange nicht alles, was sie gegen Ihre Räte und besonders gegen Brockdorf geäußert hat, hinsichtlich jenes Menschen, den Sie haben verhaften lassen.« Dies mußte als ein förmlicher Verrat meinerseits gegen den Großfürsten erscheinen, denn er wußte kein Wort von meiner Unterhaltung mit der Kaiserin im Sommerpalast. Überdies sah er seinen Brockdorf, der ihm so teuer und wertvoll geworden war, bei der Kaiserin angeklagt, und zwar durch mich. Dadurch gestaltete sich natürlich unser Verhältnis schlechter als je, machte uns vielleicht für immer unversöhnlich und raubte mir das Vertrauen des Großfürsten. Ich fiel wie aus den Wolken, als ich die Kaiserin in meiner Gegenwart so zu dem Großfürsten reden hörte, und sah, wie sie das, was ich ihr nur zum Besten ihres Neffen gesagt zu haben glaubte, als mörderische Waffe gegen mich kehrte. Sehr überrascht von diesem plötzlichen Vertrauen der Kaiserin, rief der Großfürst: »Ah! diese Geschichte kannte ich ja gar nicht; sie ist sehr gut und beweist vollkommen ihre Schlechtigkeit.« – Ich dachte für mich: »Gott weiß, wessen Schlechtigkeit sie beweist!«

Von Brockdorf ging Ihre Majestät plötzlich auf das zwischen Stambke und Graf Bestuscheff entdeckte Einverständnis über und sagte: »Ich kann mir unmöglich denken, wie dieser Mensch zu entschuldigen ist, der doch mit einem Staatsgefangenen in Verkehr gestanden hat.« – Da indes in dieser Sache mein Name nicht erwähnt worden war, schwieg ich, zumal mir die Aeußerung ohne Beziehung auf mich schien. Aber die Kaiserin näherte sich mir und begann: »Sie mischen sich in viele Dinge, die Sie nichts angehen. Ich würde nicht gewagt haben, dies zur Zeit der Kaiserin Anna zu tun. Wie zum Beispiel konnten Sie wagen, Befehle an den Marschall Apraxin zu schicken?« – »Ich!« rief ich, »nie ist es mir eingefallen, ihm Befehle zu schicken.« – »Wie?« fragte sie »können Sie wohl leugnen, daß Sie ihm geschrieben haben? Ihre Briefe befinden sich hier in diesem Becken« – sie deutete mit dem Finger darauf hin – »und doch ist Ihnen aufs strengste verboten, zu schreiben.« – Hierauf antwortete ich: »Es ist wahr, ich habe dies Verbot übertreten und bitte Sie deshalb um Verzeihung. Da aber meine Briefe hier sind, können Eure Majestät sich ja selbst überzeugen, daß ich niemals Befehle geschickt habe, sondern ihm nur mitteilte, was man von seinem Benehmen dächte.« – Sie unterbrach mich mit den Worten: »Und weshalb schrieben Sie ihm dies?« – Ich erwiderte ganz offen: »Weil ich mich für den Marschall, dem ich sehr geneigt war, interessierte. Ich bat ihn nur, Ihre Befehle zu befolgen. Von den beiden andern Briefen enthält der eine weiter nichts als einen Glückwunsch zu der Geburt seines Sohnes, und der andere einige Wünsche zum neuen Jahr.« – »Bestuscheff behauptet, es wären noch viele andere da,« rief sie. – Ich antwortete: »wenn Bestuscheff dies sagt, so lügt er.« – »Nun wohl,« entgegnete sie, »da er in Beziehung auf Sie lügt, werde ich ihn foltern lassen.« – Sie glaubte mich nämlich dadurch in Schrecken zu jagen, aber ich antwortete ihr ruhig, sie sei Herrscherin und könne tun, was ihr gut dünke; ich habe nichts an Apraxin geschrieben, als diese drei Briefe. Darauf schwieg sie und schien sich zu sammeln.

Das sind natürlich nur die hervorstechendsten Züge dieser Unterredung, die mir im Gedächtnis geblieben sind; überdies wäre es mir ganz unmöglich, alles zu erwähnen, was während der anderthalb Stunden gesprochen wurde. Die Kaiserin ging im Zimmer auf und ab, sich bald an mich, bald an ihren Herrn Neffen wendend, öfter aber noch an den Grafen Alexander Schuwaloff, mit dem der Großfürst sich meist unterhielt, wenn die Kaiserin mit mir sprach. Ich habe schon oben bemerkt, daß ich an dieser weniger Zorn als Sorge wahrnahm. Was den Großfürsten anbetraf, so ließ er in allen seinen Reden während der Unterhaltung viel Galle, Heftigkeit und Eifer gegen mich durchblicken. Er suchte Ihre Majestät so viel er konnte gegen mich aufzuhetzen. Da er sich aber höchst einfältig dabei benahm und mehr Leidenschaftlichkeit als Gerechtigkeit zeigte, verfehlte er sein Ziel, und die Kaiserin stellte sich auf meine Seite. Mit besonderer Aufmerksamkeit und einer Art vielleicht unfreiwilliger Zustimmung hörte sie meinen festen und gemäßigten Antworten auf die maßlosen Reden meines Herrn Gemahls zu, dem man es deutlich ansah, daß er beabsichtigte, mich aus meiner Stellung zu verdrängen, um am liebsten seine augenblickliche Maitresse dahin zu setzen. Allein es konnte weder nach dem Geschmack der Kaiserin noch dem der Herren Schuwaloff sein, die Grafen Woronzow zu ihren Gebietern zu machen. Doch dies ging über die Urteilsfähigkeit Seiner kaiserlichen Hoheit hinaus, der immer alles glaubte, was er wünschte, und jeden Gedanken, der den seinigen entgegen war, beiseite schob. Ja, er ging darin so weit, daß die Kaiserin zu mir herantrat und leise sagte: »Ich hätte Ihnen noch manches mitzuteilen, aber ich kann nicht sprechen, weil ich Ihnen nicht noch mehr Unfrieden bringen will, als Sie schon haben.« Und mit einer Bewegung der Augen und des Kopfes gab sie mir zu verstehen, daß es die Gegenwart der andern sei, die sie daran verhindere. Bei diesem Zeichen wahrhaften Wohlwollens ihrerseits in einer so kritischen Lage wurde ich ganz gerührt und flüsterte: »Auch ich kann mich nicht aussprechen, ein so mächtiges Verlangen ich auch fühle, Ihnen mein Herz und meine Seele zu öffnen.« – Wie ich bemerkte, brachten meine Worte einen mir günstigen Eindruck hervor. Die Tränen traten ihr in die Augen, und um zu verbergen, daß und in welchem Grade sie bewegt war, verabschiedete sie uns, indem sie bemerkte, es sei schon sehr spät.

Es war wirklich schon drei Uhr morgens. Der Großfürst entfernte sich zuerst. Ich folgte ihm. Als aber auch Graf Alexander Schuwaloff nach mir hinausgehen wollte, rief ihn die Kaiserin zurück, und er blieb bei ihr. Diesmal beeilte ich mich nicht, dem Großfürsten, der immer sehr große Schritte machte, zu folgen. Er kehrte in seine Gemächer, ich in die meinigen zurück. Schon fing ich an, mich zu entkleiden, als ich an meine Tür klopfen hörte. Ich fragte, wer da sei, und Graf Alexander Schuwaloff antwortete, ich möchte ihm doch öffnen. Ich tat es. Darauf forderte er mich auf, meine Frauen zu entlassen, und als diese sich entfernt hatten, teilte er mir mit, daß die Kaiserin ihn zurückgerufen und beauftragt habe, mir ihre Empfehlungen zu bringen und zu sagen, ich solle nicht traurig sein, sie werde eine nochmalige Unterredung mit mir haben. Ich verneigte mich tief vor Graf Schuwaloff und bat ihn, Ihrer kaiserlichen Majestät meine untertänigsten Empfehlungen zu machen und ihr für ihre Güte zu danken, die mich dem Leben zurückgebe. Ich würde diese zweite Zusammenkunft mit ihr mit der lebhaftesten Ungeduld erwarten und bäte sie, den

Zeitpunkt derselben zu beschleunigen. Er empfahl mir, mit niemand davon zu sprechen, besonders nicht mit dem Großfürsten, den die Kaiserin zu ihrem Bedauern sehr gegen mich aufgebracht finde. Ich versprach es. »Wenn man sich aber über sein Wesen gegen mich ärgert,« dachte ich, »warum bringt man ihn dann noch mehr durch die Wiedergabe meiner Worte im Sommerpalast auf?«

Diese unerwartete Rückkehr der Freundschaft und des Vertrauens der Kaiserin war für mich ein großer Trost und gewährte mir viele Freude. Tags darauf beauftragte ich die Nichte des Beichtvaters, ihrem Onkel für den wichtigen Dienst zu danken, den er mir geleistet, indem er mir diese Unterredung mit Ihrer kaiserlichen Majestät verschaffte. Als sie von ihrem Onkel zurückkehrte, sagte sie mir, sie wisse, daß die Kaiserin geäußert habe, ihr Neffe sei ein Dummkopf, aber die Großfürstin besäße viel Geist. Und diese Aeußerung wurde mir von mehr als einer Seite wiederholt. Auch sollte Ihre Majestät gegen ihre Vertrauten meine Fähigkeiten aufs höchste gelobt haben, wobei sie oft hinzufügte: »Sie liebt die Wahrheit und Gerechtigkeit und ist eine geistreiche Frau; aber mein Neffe ist ein Einfaltspinsel.«

Dennoch verschloß ich mich nach wie vor in meine Gemächer unter dem Vorwande, daß ich krank sei. Ich erinnere mich, daß ich damals die fünf ersten Bände der »Geschichte der Reisen« las, mit der Karte auf dem Tische, was mich ebenso sehr unterhielt als belehrte. Als ich diese Lektüre satt hatte, durchblätterte ich die ersten Bände der Encyclopädie und erwartete dabei immer sehnsüchtig den Tag, an dem es Ihrer Majestät gefallen würde, mir eine zweite Zusammenkunft zu gewähren. Von Zeit zu Zeit wiederholte ich dem Grafen Schuwaloff meine Bitte und drückte den lebhaften Wunsch aus, mein Schicksal endlich entschieden zu sehen, was den Großfürsten betraf, so hörte ich gar nichts mehr von ihm. Ich wußte nur, daß er meine Entlassung mit großer Ungeduld erwartete und sicher darauf rechnete, Elisabeth Woronzow in zweiter Ehe zu heiraten. Sie kam schon in seine Gemächer und machte dort die Honneurs, wahrscheinlich erfuhr ihr Onkel, der ein vollendeter Heuchler war, alle diese Pläne durch ihren Bruder oder vielleicht auch durch ihren Neffen. Diese waren damals fast noch Kinder, denn der älteste zählte kaum zwanzig Jahre. Aus Furcht aber, sein eben erst gestiegenes Ansehen könnte dadurch bei Ihrer Majestät leiden, suchte Woronzow um den Auftrag nach, mich zu überreden, von der Forderung meiner Trennung vom Großfürsten abzustehen – denn es geschah folgendes.

Eines Morgens meldete man mir, daß der Vizekanzler Graf Woronzow seitens der Kaiserin mit mir zu sprechen verlange. Aufs höchste von dieser ungewöhnlichen Sendung überrascht, ließ ich, obgleich ich mich noch nicht angekleidet hatte, den Herrn Vizekanzler eintreten. Er küßte mir die Hand und drückte sie mit großer Zärtlichkeit. Dann trocknete er sich die Augen, aus denen ein paar Tränen flossen. Da ich damals ziemlich eingenommen gegen ihn war, setzte ich kein großes Vertrauen in diese Einleitung, die seine Ergebenheit für mich beweisen sollte, ließ ihn aber gewähren und bat ihn, sich zu setzen. Er litt an großer Atemnot, woran eine Art Kropf schuld war. Als er sich gesetzt hatte, sagte er, die Kaiserin habe ihn beauftragt, mit mir zu reden, um mir von meiner Rückkehr zu meinen Verwandten abzuraten. Ihre kaiserliche Majestät habe ihm sogar befohlen, mich ihrerseits zu bitten, diesem Gedanken, zu dessen Ausführung sie niemals ihre Zustimmung geben werde, zu entsagen; und er besonders bitte und beschwöre mich, ihm mein Wort zu geben, daß nie mehr die Rede davon sein sollte. Meine Absicht bekümmerte in der Tat die Kaiserin und alle ehrlichen Leute, zu denen zu gehören er beteuerte. Ich antwortete ihm, es gäbe nichts, was ich nicht gern der Kaiserin und allen meinen Freunden zu Gefallen täte, aber ich sähe meine Gesundheit und mein Leben durch die Lebensweise, der ich ausgesetzt sei, bedroht. Außerdem bringe ich nur Unglück, denn alle, die mir zu nahe kämen, würden unausgesetzt verbannt und entlassen. Den Großfürsten reize man bis zum Hasse gegen mich auf, und außerdem habe er mich niemals geliebt. Ihre Majestät selbst gäbe mir fast fortwährend Beweise ihrer Ungnade. Da ich so allen zur Last falle und selbst fast vor Langeweile und Kummer stürbe, habe ich um meine Rücksendung gebeten. Nur so könnte man ein so lästiges, vor Langeweile und Kummer vergehendes Wesen, wie mich, erlösen. Nun fing er von meinen Kindern an zu sprechen. Ich sagte ihm, daß ich sie niemals sähe und seit meinem Kirchgang das jüngste noch nicht zu sehen bekommen hätte; dies sei mir nur auf ausdrücklichen Befehl der

Kaiserin, von deren Zimmern sie zwei bewohnten, möglich. Ich zweifele durchaus nicht an der Sorgfalt, die sie ihnen angedeihen lasse, aber so lange ich der Freude, sie zu sehen, beraubt sei, wäre es mir gleichgültig, ob ich hundert Schritte oder hundert Meilen weit von ihnen entfernt sei. Er sagte, die Kaiserin werde eine zweite Unterredung mit mir haben, und fügte hinzu, es sei sehr zu wünschen, daß Ihre kaiserliche Majestät mir näher käme. Ich bat ihn, doch diese Unterredung zu beschleunigen; ich meinerseits werde nichts versäumen, was die Erfüllung seines Wunsches erleichtern könne.

Länger als eine Stunde war er bei mir gewesen. Er hatte lange und viel über die verschiedensten Dinge gesprochen, wobei ich bemerkte, daß sein hoher Einfluß aufs vorteilhafteste seine Redeweise und Haltung gegen früher verändert hatte. Denn es gab eine Zeit, wo ich ihn mit vielen andern zwiebelartig auf einen Faden aufreihte, wo er, unzufrieden mit der Kaiserin, mit den Geschäften und denen, die die Gunst und das Vertrauen Ihrer Majestät genossen, mir eines Tages bei Hofe, als er die Kaiserin Elisabeth sehr lange mit dem österreichischen Gesandten sprechen sah, während er und ich, sowie die ganze Umgebung der Kaiserin umherstanden – wir waren nebenbei zum Sterben müde – sagte: »Wollen wir wetten, daß sie nur albernes Zeug spricht?« – »Mein Gott, was sagen Sie da!« rief ich. – Er aber erwiderte russisch: »*Ona ss prirodu dura*« (Sie ist von Natur dumm ...) – Endlich entfernte er sich mit der Versicherung seiner Ergebenheit und nahm von mir Abschied, indem er mir wieder die Hand küßte.

Für den Augenblick also konnte ich sicher sein, nicht fortgeschickt zu werden, da man mich ja selbst bat, nicht diesen Wunsch auszudrücken. Dennoch hielt ich es für gut, noch nicht auszugehen, sondern wie vorher in meinem Zimmer zu bleiben, als ob ich die Entscheidung meines Schicksals erst von der zweiten Unterredung mit der Kaiserin erwartete. Aber es dauerte lange, ehe mir diese gewährt wurde. Dabei erinnere ich mich, daß mir die Kaiserin am 21. April, meinem Geburtstage, an dem ich ebenfalls nicht ausging, durch Alexander Schuwaloff sagen ließ, sie trinke auf meine Gesundheit. Ich ließ ihr dafür danken, daß sie sich an diesem, wie ich mich ausdrückte, unglücklichen Tage meiner Geburt, den ich verwünschen würde, hätte ich nicht an ihm die Taufe empfangen, meiner gnädigst erinnere. Als der Großfürst erfuhr, daß die Kaiserin mir an diesem Tage eine Botschaft geschickt, kam er gleichfalls auf den Einfall, mir dasselbe sagen zu lassen. Und als man mir seine Wünsche überbrachte, erhob ich mich feierlich und sprach mit einer tiefen Verbeugung meinen Dank aus.

Nach meinem Geburtstage und dem Krönungsfeste der Kaiserin, die nur vier Tage auseinander lagen, blieb ich immer noch in meinem Zimmer, bis Graf Poniatowski mir die Nachricht zugehen ließ, daß der französische Gesandte, Marquis de L'Hôpital, meinem festen Benehmen großes Lob gespendet und erklärt habe, dieser Entschluß, meine Gemächer nicht zu verlassen, könne nur zu meinem Vorteil ausschlagen. Da ich in dieser Aeußerung nur die perfide Lobeserhebung eines Feindes sah, entschloß ich mich sofort, das Gegenteil von dem zu tun, was er pries. Eines Sonntags, als man es am wenigsten erwartete, kleidete ich mich an und verließ das Innere meiner Gemächer. Sowie ich das Zimmer betrat, wo sich die Damen und Herren aufhielten, bemerkte ich ihr Erstaunen und ihre Überraschung, als sie mich sahen. Einige Augenblicke später kam der Großfürst. Auch sein Erstaunen malte sich auf seinem Gesichte aus. Da ich mit der Gesellschaft sprach, mischte er sich in die Unterhaltung und richtete einige Worte an mich, auf die ich ihm offen antwortete.

Während dieser Zeit kam Prinz Karl von Sachsen zum zweiten Male nach Petersburg. Der Großfürst, der ihn das erstemal ziemlich ritterlich empfangen hatte, glaubte sich diesmal berechtigt, gar kein Maß in seinem Benehmen gegen den Prinzen zu beobachten, und zwar aus folgenden Gründen. In der russischen Armee war es schon längst kein Geheimnis mehr, daß Prinz Karl von Sachsen in der Schlacht von Zorndorf einer der ersten gewesen, die die Flucht ergriffen. Man sagte sogar, er habe diese Flucht ohne Aufenthalt bis nach Landsberg fortgesetzt. Da Seine kaiserliche Hoheit hiervon gehört hatte, faßte er den Entschluß, mit ihm, als einem erklärten Feigling, nicht mehr zu sprechen. Überhaupt wollte er nicht das geringste mit ihm zu tun haben. Allem Anschein nach trug die Prinzessin von Kurland, von der ich schon öfter Gelegenheit hatte, zu sprechen, zu diesem Entschlusse nicht wenig bei, weil sich damals das Gerücht zu verbreiten begann, man habe die Absicht, den Prinzen Karl von Sachsen zum Herzog von Kurland zu machen. Biron, der Vater der Prinzessin, saß noch immer in Jaroslaw gefangen. Sie teilte ihren Groll dem Großfürsten mit, auf den sie immer noch einen gewissen Einfluß hatte. Übrigens war die Prinzessin damals zum dritten Male verlobt, und zwar mit Alexander Baron Tscherkassoff, mit dem sie sich auch wirklich den Winter darauf vermählte.

Endlich, einige Tage vor unserer Übersiedlung aufs Land, meldete mir Graf Alexander Schuwaloff seitens der Kaiserin, ich solle am Nachmittage durch ihn darum bitten lassen, meine Kinder zu sehen. Wenn ich sie besucht hätte, würde mir die lange versprochene Unterredung mit Ihrer Majestät gewährt werden. Ich tat, was man von mir verlangte und beauftragte in Gegenwart vieler Leute den Grafen Schuwaloff, Ihre Majestät um die Erlaubnis zu bitten, meine Kinder zu sehen. Er entfernte sich und meldete mir später, daß ich um drei Uhr zu ihnen gehen könne. Ich hielt die Zeit genau ein und blieb bei meinen Kindern, bis Schuwaloff mir meldete, daß Ihre Majestät mich zu empfangen wünsche. Sie war ganz allein. Diesmal befanden sich auch keine spanischen Wände im Zimmer, und wir konnten uns in voller Freiheit aussprechen. Mein erstes war, ihr für die Audienz zu danken, die sie mir gewährte, und ihr zu versichern, schon ihr gnädiges Versprechen allein habe mir meinen Lebensmut zurückgegeben. Hierauf bemerkte sie: »Ich verlange, daß Sie mir über alles, was ich Sie fragen werde, die reine Wahrheit sagen.« Und ich versicherte sie, daß sie nur die volle Wahrheit aus meinem Munde hören werde, denn ich wünsche nichts mehr, als ihr mein Herz rückhaltslos zu öffnen. Sie fragte darauf nochmals, ob ich wirklich nur jene drei Briefe an Apraxin geschrieben hätte, und ich beschwor dies mit der größten Wahrhaftigkeit, wie es sich in der Tat verhielt. Dann fragte sie nach Einzelheiten über das Leben des Großfürsten.

Nachtrag aus den Memoiren
der Fürstin Daschkoff

Mit dem zweiundzwanzigsten Kapitel bricht Katharina, dieser weibliche Kaiser, die Geschichte ihrer Jugendjahre kurz ab. Wollte sie über den weitaus interessanteren Teil ihres Lebens als Herrscherin nichts mehr sagen, oder konnte sie es nicht, oder was waren es sonst für Gründe, die sie beeinflußten, der Welt ein so wichtiges Dokument wie ihre Memoiren unvollendet zu hinterlassen? – Wir wissen es nicht und müssen uns daher mit andern authentischen Quellen ihrer Zeitgenossen begnügen, die uns den Entwicklungsgang dieser geistvollen Beherrscherin aller Reußen nicht minder interessant schildern. In der russischen Geschichte, wo ein außerordentlicher Mangel an stark ausgeprägten Individualitäten vorherrschte, muß uns besonders *eine* Frauengestalt neben Katharina auffallen: die Fürstin Daschkoff, geborene Gräfin Woronzow. In dieser Frau kam das russische Weib, aufgeweckt durch die stark revolutionären Bewegungen, die damals das Land durchwühlten, zum ersten Male aus seiner Bedrückung hervor. Kühn stellte sie sich an die Seite der Kaiserin, an deren Thronbesteigung sie einen bedeutenden Anteil hatte. Mit der größten Aufmerksamkeit und einer scharfen Kritik beobachtete sie alle Ereignisse, die vom Tode Elisabeths bis zum Jahre 1805 den russischen Thron und sein Volk erschütterten. Ihre Memoiren sind für die russische Geschichte von größtem Werte und so interessant geschrieben, daß wir nicht unterlassen können, um die Aufzeichnungen der Kaiserin zu vollenden, das Wichtigste über deren Thronbesteigung, den Tod Elisabeths und Peters III. diesen Memoiren zu entnehmen. Lassen wir also die Fürstin sprechen.

Erstes Kapitel

Die abnehmende Gesundheit der Kaiserin Elisabeth. – Besuch bei Ihren kaiserlichen Hoheiten. – Gemeine Gewohnheiten und Neigungen des Großfürsten. – Seine Lieblingsgesellschaft. – Hofanekdoten. – Der herannahende Tod Elisabeths. – Eigentümliche Unterredung mit Katharina.

Die Kaiserin Elisabeth wurde alt und schwach, und schon fingen die Hofleute an, ihre Aufmerksamkeit dem Thronfolger zuzuwenden, dem dadurch über das Garderegiment Preobraschenski, in welchem Fürst Daschkoff Hauptmann war, eine unumschränktere Gewalt gegeben war, als er früher gehabt hatte. Eines Tages besuchte uns mein Vater und teilte uns den kürzlich vom Hofe erlassenen Befehl mit, daß alle Offiziere der Preobraschenskischen Garden sich mit ihren Frauen nach Oranienbaum begeben sollten. Dies war mir eine sehr unwillkommene Nachricht, denn ich besaß eine große Abneigung gegen den Zwang des Hoflebens und fühlte besonders in diesem Augenblick den stärksten Unwillen, mich von meiner kleinen Tochter zu trennen. Da uns indes mein Vater gütig sein Haus, welches zwischen Petersburg und Oranienbaum lag, anbot, so richteten wir uns daselbst froh und wohlgemut ein und fuhren am nächsten Tag zu Ihren kaiserlichen Hoheiten, um unsere Aufwartung zu machen. Wie ich mich erinnere, wandte sich der Großfürst, nachdem wir vorgestellt waren, mit folgenden Worten an mich: »Obgleich Sie entschlossen zu sein scheinen, nicht im Schlosse zu wohnen, so hoffe ich Sie doch jeden Tag zu sehen, und ich denke, daß Sie mehr Zeit in meiner als in der Großfürstin Gesellschaft zubringen werden.« Ich antwortete nichts, was der Mühe wert gewesen wäre, zu bemerken, fühlte aber wenig Neigung, meine Besuche öfter, als es der Anstand erforderte, zu wiederholen. Ein Opfer indes in dieser Beziehung war unerläßlich, wenn ich mir die vorteilhafte Gelegenheit, die Gesellschaft der Großfürstin zu genießen und mich ihrer Freundschaft zu erfreuen, nicht verscherzen wollte. Die verschiedenen und häufigen Vorwände jedoch, welche ich anwenden mußte, um den Partien ihres Gemahls zu entgehen, waren nicht unbeobachtet geblieben, wie er mir zu verstehen gab. Eines Tages nahm er mich beiseite und überraschte mich mit einer Bemerkung, die sehr charakteristisch ist für die Einfältigkeit seines Geistes und die Güte seines Herzens, die aber mit viel mehr Schärfe als gewöhnlich in seiner Unterhaltung lag, ausgesprochen wurde. »Mein Kind,« sagte er, »Sie würden sehr wohl daran tun, sich daran zu erinnern, daß es viel besser ist, sich mit ehrlichen Dummköpfen, wie ich und Ihre Schwester (seine Maitresse) sind, einzulassen, als mit großen Geistern, welche den Saft aus der Orange pressen und die Schale wegwerfen.« Ich stellte mich, als ob ich den Sinn seiner Worte nicht verstände und erinnerte ihn nur daran, daß seine Tante, die Kaiserin, ausdrücklich gewünscht habe, der Großfürstin ebensoviel Ehrerbietung zu bezeigen, als ihrem kaiserlichen Gemahl.

Es war jedoch unmöglich, wie schon bemerkt, die Festlichkeiten des Großfürsten stets zu vermeiden. Sie wurden zuweilen in einer Art Feldlager abgehalten, wo das Rauchen mit seinen holsteinschen Generalen sein Hauptvergnügen war. Diese Offiziere waren meistenteils Korporale und Sergeanten in preußischen Diensten gewesen, Söhne von Schuhmachern oder ähnlichen Leuten aus den untersten Ständen des Volkes, eine Art Ragamuffin-Generale, der Wahl eines solchen Chefs nicht unwürdig. Die Abende endeten immer mit einem Ball und Souper, das in einem Saal gegeben wurde, der mit Tannenzweigen geschmückt war und einen deutschen Namen führte, welcher seiner Ausschmückung und der Art der unter der Gesellschaft herrschenden Phraseologie entsprach.

Während eines solchen Festes des Großfürsten, woran auch die Großfürstin teilnahm, kam bei der Tafel die Rede auf einen Herrn Tschelitschkoff, einen Fähnrich der Garde. Dieser stand im Verdacht, der Geliebte der Gräfin Hendrikoff, einer Nichte der Kaiserin, zu sein. Der Großfürst, der sehr vom Wein belebt war, schwor ganz im Geiste eines preußischen Unteroffiziers, daß man diesem Offizier, zur Warnung seiner Kameraden, den Kopf abschneiden müsse, weil er den Mut gehabt habe, einer Verwandten Ihrer Majestät den Hof zu machen. Während alle seine holsteinschen Sykophanten durch Kopfnicken und andere Zeichen ihre tiefe Bewunderung für ihres Herrn Weisheit zu erkennen gaben, konnte ich mich nicht enthalten, Seiner kaiserlichen Hoheit zu erwidern, daß das Kopfabschneiden mir sehr tyrannisch erschiene. Wenn auch ein Verbrechen bewiesen werden könne, so schiene mir doch eine so furchtbare Strafe damit nicht im Verhältnis zu stehen. – »Sie sind ja nur ein Kind,« war seine Antwort, »und was Sie da sagen, ist ein Beweis dafür, sonst würden Sie wissen, daß mit der Todesstrafe sparsam sein so viel heißt, als Ungehorsam und alle möglichen Überschreitungen ermutigen.« – »Aber,« sagte ich, »Euere kaiserliche Hoheit sprechen über diesen Gegenstand in einer Weise, die für die anwesende Gesellschaft höchst beunruhigend sein muß, denn mit Ausnahme einiger ehrwürdiger Generale haben alle, die die Ehre genießen, hier in Ihrer Gesellschaft zu sein, nur unter einer Regierung gelebt, unter der solch eine Strafe verpönt war.« – »Was das anbetrifft,« erwiderte der Großfürst, »so will das gar nichts sagen, oder vielmehr, es ist gerade die Ursache von dem jetzigen Mangel an Disziplin und Ordnung. Aber seien Sie versichert, Sie sind ein reines Kind und verstehen nichts von solchen Dingen.« Alles schwieg, nur wir beide setzten unser Gespräch fort. »Ich bin bereit, einzugestehen, Sire,« sagte ich, »daß ich durchaus nichts von Ihren Absichten verstehe, aber eine Sache, über die ich sehr wohl Bescheid weiß, ist, daß Ihre erhabene Tante noch lebt und den Thron einnimmt.« – Aller Augen richteten sich augenblicklich auf mich. Der Großfürst antwortete glücklicherweise nicht, sondern steckte nur die Zunge heraus, wie er es gewöhnlich zu seiner Unterhaltung gegen die Priester in der Kirche tat. Übrigens bewies dieses Herausstecken der Zunge stets, daß er nicht böse war, sondern nur weiteren Antworten vorbeugen wollte.

Manchmal auch veranstaltete der Großfürst seine Gesellschaften in einem kleinen Landhause in einiger Entfernung von Oranienbaum, welches seinen Räumlichkeiten nach keine große Anzahl Personen fassen konnte. Hier halfen Tee und Punsch mit dem Geruch des Tabaks vermischt, und das lächerliche Spiel Campis die trostlose Einförmigkeit des Abends hinbringen. Welch auffallender Kontrast mit dem Geist, Geschmack, Verstand und Takt, welche die Feste der Großfürstin auszeichneten!

Der Gesundheitszustand der Kaiserin Elisabeth, der längst im Abnehmen begriffen war, ließ beim Herannahen des Winters wenig Hoffnung, daß sie denselben überleben werde. Auch ich teilte den Kummer, den meine Familie und besonders der Großkanzler darüber empfand, aber nicht nur, weil ich Ihre Majestät liebte, sondern weil ich sah, wie wenig mein Vaterland von dem Großfürsten, ihrem Nachfolger, zu hoffen hatte. Dieser war in die entehrendste Unwissenheit versunken, unbekümmert um das Glück des Landes, und von keinem höheren Gefühl beseelt, als von dem gemeinen Stolz, das Geschöpf des Königs von Preußen zu sein, den er unter seinen holsteinschen Generalen durch den Titel: »der König, mein Herr,« zu bezeichnen pflegte.

Ungefähr Mitte Dezember wurde es bekannt gemacht, daß die Kaiserin nur noch wenige Tage zu leben habe. Ich fühlte mich gerade zu jener Zeit häufig unwohl und war genötigt, das Bett zu hüten; aber uneingedenk jeder andern Gefahr, außer der, welcher die Großfürstin ausgesetzt war, falls die Kaiserin sterben sollte, stand ich am 20. um Mitternacht auf, hüllte mich in meine Pelze und ließ mich zu dem hölzernen Palast an der Moika fahren, wo Ihre Majestät und die übrige kaiserliche Familie damals residierten. In einiger Entfernung vom Palast stieg ich aus, ging zu Fuß bis zu einer kleinen Hinterpforte in dem Flügel, der von Ihren kaiserlichen Hoheiten bewohnt wurde, in der Hoffnung, unbemerkt das Zimmer der Großfürstin zu erreichen. Durch einen glücklichen Zufall, der mich vielleicht vor einem unheilvollen Irrtume bewahrte – denn ich war in diesem Teile des Schlosses völlig unbekannt – begegnete ich der ersten Kammerfrau der Großfürstin, Katharina Iwanowna. Nachdem ich mich zu erkennen gegeben, bat ich sie, mich sogleich zu Ihrer kaiserlichen Hoheit zu führen. »Sie liegt im Bett,« war die Antwort. – »Das tut nichts,« sagte ich, »die Sache, die mich herführt, ist dringend, und ich muß sie noch diese Nacht sprechen.« Die Kammerfrau, die wohl meine Zuneigung für ihre Herrin kannte, machte denn auch trotz der unpassenden Stunde keine weiteren Einwendungen, sondern führte mich zu ihren Gemächern. Die Großfürstin wußte, daß ich krank war, und ich mich daher nicht ohne Gefahr der Kälte einer strengen Winternacht aussetzen konnte, und außerdem kannte sie die Schwierigkeit, in den Palast eingelassen zu werden. Sie wollte kaum ihren Ohren trauen, als ich angemeldet wurde. »Ums Himmels willen!« rief sie aus, »wenn sie es wirklich ist, laßt sie schnell herein.« – Ich fand sie im Bett, aber noch ehe ich ein Wort sagen konnte, rief sie: »Meine teure Fürstin, ehe Sie mir sagen, was Sie zu solch ungewohnter Stunde herführt, wärmen Sie sich erst. Sie sind wirklich zu wenig besorgt um Ihre Gesundheit, die Fürst Daschkoff und mir so teuer ist.« Sie bat mich, zu ihr ins Bett zu kommen, und nachdem sie meine Füße gut eingewickelt hatte, erlaubte sie mir endlich, zu sprechen.

»Bei dem gegenwärtigen Stand der Dinge, Madame,« begann ich, »da die Kaiserin nur noch wenige Tage, vielleicht nur noch wenige Stunden zu leben hat, kann ich nicht länger die Ungewißheit ertragen, in die ein herannahendes Ereignis das Wohl Ihrer Person bringen kann. Ist es denn nicht möglich, der Gefahr vorzubeugen und die Wolken zu zerteilen, die im Begriff sind, sich über Ihrem Haupte zu entladen? In Gottes Namen vertrauen Sie mir, ich bin es wert und will es beweisen. Haben Sie zu Ihrer Sicherheit irgend einen Plan entworfen oder Vorsichtsmaßregeln getroffen? Geben Sie mir Ihre Befehle und gebieten Sie über mich.«

Unter Tränen drückte die Großfürstin meine Hand an ihr Herz. »Ich bin Ihnen, teure Fürstin,« sagte sie, »unaussprechlich dankbar, aber ich erkläre Ihnen hiermit mit dem völligsten Vertrauen, ich beteure Ihnen, daß ich keinen Plan irgend einer Art habe, daß ich nichts tun kann und mir, wie ich glaube, nichts anderes übrig bleibt, als mit Mut dem zu begegnen, was über mich verhängt ist. Ich übergebe mich den Händen des Allmächtigen und vertraue auf seinen Schutz,« – »Gut,«

sagte ich, »dann müssen Ihre Freunde für sie handeln, Madame. Was mich betrifft, so besitze ich genügend Eifer, sie zu entflammen. Und welches Opfer würde ich nicht dafür bringen?«

»Ums Himmels willen, Fürstin,« erwiderte sie, »denken Sie nicht daran, sich einer Gefahr auszusetzen, in der Hoffnung, dem Übel entgegenzuarbeiten, für das es in der Tat keine Rettung mehr gibt. Wenn Sie sich um meinetwillen ins Unglück stürzten, das würde für mich ein ewiger Vorwurf sein.« – »Alles, was ich in diesem Augenblick sagen kann, Madame,« antwortete ich, »ist, daß ich keinen Schritt tun werde, der Ihre Sicherheit gefährden könnte; und welcher Art die Gefahr auch sein möge, sie treffe nur mich. Wenn mich die blinde Ergebenheit für Ihre Sache aufs Schafott führt, so sollen Sie doch nie das Opfer davon sein.«

Die Großfürstin wollte fortfahren, mich vor der Unerfahrenheit und dem Enthusiasmus meines Alters und Charakters zu warnen, aber ich unterbrach sie, küßte ihr die Hand und versicherte, ich wolle uns beide durch Verlängerung dieser Zusammenkunft nicht weiter einer Gefahr aussetzen. Darauf umarmte sie mich zärtlich, und nachdem wir uns einige Augenblicke gerührt in den Armen gelegen hatten, sprang ich aus dem Bett und eilte mit allem Mut und aller Kraft, die ich besaß, zu meinem Wagen zurück, sie in der Aufregung über das Vorgefallene zurücklassend.

Zweites Kapitel

Tod der Kaiserin Elisabeth. – Peter III. lädt mich wiederholt zu
seinen Gesellschaften ein. – Ein Gespräch mit dem Kaiser. – Eine
kaiserliche Spielgesellschaft. – Ich sage Seiner Majestät die
Wahrheit. – Fürst Trubetzkoi. – Peter im Sterbezimmer seiner
Tante. – Die neue Etikette.

Am 25. Dezember 1762, am Weihnachtstag, tat die
Kaiserin Elisabeth den letzten Atemzug. Der Eindruck,
den dies in Petersburg hervorbrachte, war derart, daß
trotz des frohen Tages auf allen Gesichtern nur Kummer
und Besorgnis zu lesen war. Einige Geschichtsschreiber
zwar möchten gerne glauben machen, daß die Garden
anders fühlten und mit Entzücken zum Schlosse eilten,
um ihrem neuen Herrn den Eid zu leisten, doch ich
selbst sah zwei Regimenter, das Semenoffskische und
Ismailoffskische, unter meinen Fenstern vorbeimarschieren, und nach dem Zeugnis meiner Augen kann ich
versichern, daß in ihren Bewegungen kein Zeichen der
Freude oder Befriedigung sichtbar war. Das Aussehen
der Soldaten war im Gegenteil düster und niedergeschlagen; ein halb unterdrücktes verwirrtes Gemurmel
lief durch die Reihen. Hätte ich keine andere Nachricht
gehabt, ich würde aus ihren Mienen erraten haben, daß
die Kaiserin tot sei.

Ich war noch immer sehr unwohl und auf mein Zimmer angewiesen. Auch mein Onkel, der Großkanzler,
war krank und lag zu Bett, als ihm der Kaiser Peter III.
am dritten Tag nach seiner Thronbesteigung einen Be-

such machte. Aber das Erstaunen meines Onkels und das meinige wurde noch größer, als man mich für den Abend in den Palast einladen ließ. Meine Krankheit jedoch diente mir zur Entschuldigung, auch am folgenden Abend, wo die Einladung wiederholt wurde. Zwei oder drei Tage später schrieb mir meine Schwester, daß der Kaiser mit meinen fortwährenden abschlägigen Antworten unzufrieden wäre und an meine Entschuldigungsgründe nicht im mindesten glaube. Um Auseinandersetzungen und Bemerkungen zu vermeiden, die dem Fürsten Daschkoff hätten nachteilig werden können, gab ich endlich nach und fuhr in das Schloß. Die Kaiserin Katharina, von der ich nur durch ihren Kammerdiener hörte, war, wie ich wußte, für niemand sichtbar. Erfüllt von Gram und Besorgnissen, hatte sie ihre Gemächer nicht verlassen, außer um anzuordnen und sich zu überzeugen, daß den sterblichen Überresten der verewigten Herrscherin alle gebührenden Ehren erwiesen würden.

Sobald Peter III. meiner ansichtig wurde, begann er mich über einen Gegenstand zu unterhalten, der ihm sehr am Herzen zu liegen schien. Er sprach in einer Weise, die all meinen Verdacht und meine Besorgnisse wegen der Kaiserin nur rechtfertigten. Halblaut und in abgerissenen Worten, aber in ziemlich unzweideutigen Ausdrücken, gab er seine Absicht zu erkennen, sie zu beseitigen und Romanowna, wie er meine Schwester nannte, auf den Thron zu erheben. Nachdem er sich ausgesprochen, gab er mir einige heilsame Verwarnungen. »Wenn Sie, meine kleine Freundin, auf meinen Rat hören wollen,« sagte er, »so wenden Sie sich ein wenig mehr zu uns; die Zeit wird kommen, wo Sie es bereuen werden, Ihre Schwester vernachlässigt zu haben. Glauben Sie mir, ich spreche in Ihrem eigenen Interesse. Es bleibt Ihnen kein anderer Weg, sich eine Stellung in der Welt zu schaffen, als der, die Art und Weise Ihrer Schwester zu studieren und sich ihres Schutzes zu versichern.«

Da es mir unmöglich war, in diesem Augenblick etwas Passendes zu entgegnen, stellte ich mich, als ob ich kein Wort von dem, was er gesagt, verstände, und beeilte mich, am Campisspiel teilzunehmen.

Bei diesem Kartenspiel hat jede Person eine gewisse Anzahl Leben, und der Überlebende gewinnt. Der Einsatz, den jeder Spielende in den Pot zu setzen hatte, betrug zehn Imperialen (100 Rubel). Diese Summe war schon an und für sich viel zu extravagant für meinen Beutel, besonders aber, weil Seine Majestät, wenn er verlor, anstatt eines seiner Leben nach den Spielregeln aufzugeben, jedesmal einen Imperial aus seiner Tasche nahm und in den Pot legte, wodurch er natürlich stets Gewinner blieb. Sobald das Spiel zu Ende war, schlug er ein zweites vor, das ich mir indes erlaubte, abzulehnen. Aber der Kaiser bestand darauf, noch einmal zu spielen, was ich jedoch ebenso hartnäckig abschlug. Darauf machte er mir den Vorschlag, halb Part mit ihm zu spielen. Auch dies verweigerte ich, und sah mich schließlich gezwungen, ihm zu erklären, ich sei nicht reich genug, um mich betrügen zu lassen; wollte aber Seine Majestät spielen wie andere Leute, so hätte man wenigstens Hoffnung auf einen Gewinn. Der Kaiser, gutmütig wie er war, ließ die Unart passieren, ohne eine andere Antwort als eine seiner gewöhnlichen närrischen Entgegnungen. Dann ward mir erlaubt, mich zurückzuziehen. Seiner Majestät Spielgesellschaft bestand an diesem, wie an den meisten Abenden, aus den beiden Narischkins und ihren Frauen, Ismailoff und seiner Frau, der Gräfin Elisabeth, meiner Schwester, den Herren Milgunoff, Gudowitsch und Angern, dem ersten Generaladjutanten des Kaisers, der Gräfin Bruce ec. Sie alle starrten mich vor Erstaunen entsetzt an, und als ich mich zurückzog, hörte ich sie miteinander flüstern: »Was die Frau für Geist hat!«

Als ich später durch die Reihe der Gemächer eilte, wo die übrigen Hofleute versammelt waren, bemerkte ich eine solche Veränderung in der Kleidung, daß es mir schien, als wäre alle Welt in Maskenanzügen. Ich mußte unwillkürlich lächeln, als ich den alten Fürsten Trubetzkoi, der wenigstens siebzig Jahre alt war, plötzlich in einen Militär verwandelt und jetzt zum erstenmal in seinem Leben in voller Uniform sah, straff gespannt wie eine Trommel, gestiefelt und gespornt und zum verzweifelten Kampfe gerüstet. Diese schreckliche Erscheinung war einer jener furchtbaren Krieger Peters III.

Während Maskeraden am Hofe des neuen Kaisers vor sich gingen, wurden die üblichen Ehrenbezeigungen für die verstorbene Herrscherin nicht vergessen. Sechs Wochen lang lag der Leichnam auf dem Paradebett, abwechselnd von allen Damen von Rang bewacht und beinahe täglich von der Kaiserin besucht, die durch solche Beweise ungeheuchelter Ehrerbietung und Zuneigung gegen ihre verstorbene Tante sich alle Herzen eroberte. Peter III. hingegen kam selten in das Sterbezimmer seiner Vorgängerin, und zeigte damit um so mehr die Hohlheit und den Mangel an Ehrfurcht in seinem Charakter. Wenn er aber einmal kam, so sah man ihn mit den diensttuenden Hofdamen flüstern und kichern, die Priester verspotten und die Offiziere und Soldaten, welche die Wache hatten, über wichtige Gegenstände ihres Anzugs, wie die Krawatte, die Schnallen, den Schnitt der Uniform u.s.w. tadeln.

Unter den Neuerungen, welche bei Hof eingeführt wurden, war auch die, daß die französische Art, sich zu begrüßen, an die Stelle der alten russischen treten sollte. Die Versuche der alten Damen, ihre Knie zu dieser tiefen Verbeugung des ganzen Körpers gelenkig zu machen, waren im allgemeinen sehr unglücklich und lächerlich, und es gereichte dem Kaiser zum besonderen Vergnügen, ihr Mißlingen zu beobachten. Dies war einer der Hauptgründe, weshalb er regelmäßig dem Gottesdienst in der Hofkapelle beiwohnte, zum mindesten dem Schluß desselben, wo er sicher war, seinen Übermut zu befriedigen.

Nach dem eben Angeführten kann man sich leicht denken, daß des Kaisers Gedanken nicht viel auf seinen Sohn und dessen Erziehung gerichtet waren. Der ältere Panin, welcher der Erzieher des jungen Prinzen war, drückte oft den Wunsch aus, Seine Majestät möchte sich durch seine Anwesenheit bei den Prüfungen von den Fortschritten der Studien seines Sohnes überzeugen, aber der Kaiser entschuldigte sich gewöhnlich mit einem Vorwande, auf den sich freilich nichts erwidern ließ, nämlich, daß er ganz und gar nichts von solchen Dingen verstünde.

Drittes Kapitel

Unpopuläres Benehmen des Kaisers. – Festessen bei Gelegenheit des Friedens mit Preußen. – Peter beleidigt seine Frau vor allen Gästen. – Erster Akt der Verschwörung. – Marschall Razumowski. – Panin und die übrigen Personen unserer Partei.

Mittlerweile setzte der Kaiser sein gewohntes Leben fort und schien sich darin zu gefallen, das Mißvergnügen seines Volkes zu erregen. Als der Friede mit dem König von Preußen, für den seine Vorliebe sich täglich mehr in irgend einer Narrheit oder lächerlichen Nachahmung aussprach, geschlossen war, kannte sein Entzücken keine Grenzen. Und damit nichts an der Feier dieses herrlichen Ereignisses fehle, gab er ein großes Fest, zu welchem der ganze Adel und die auswärtigen Gesandten gebeten waren. Die Kaiserin nahm ihren gewöhnlichen Platz in der Mitte der Tafel ein und Seine Majestät setzte sich ihr gegenüber, dicht zu dem preußischen Gesandten. Nach Tisch schlug der Kaiser drei Gesundheiten vor, die unter dem Donner der Kanonen von der Festung her getrunken werden sollten. Die erste war: Auf die Gesundheit der kaiserlichen Familie; die zweite: Auf die des Königs von Preußen; die dritte: Auf die Dauer des glücklich geschlossenen Friedens. Als die Kaiserin die Gesundheit der kaiserlichen Familie ausgebracht hatte, schickte Peter seinen Generaladjutanten

Gudowitsch zu ihr hinüber und ließ sie fragen, warum sie bei diesem Toast nicht aufgestanden sei. Die Kaiserin antwortete: da die kaiserliche Familie nur aus ihrem Gemahl, ihrem Sohn und ihr selbst bestände, hätte sie geglaubt, ihr Aufstehen sei unnötig. Nachdem Gudowitsch die Antwort überbracht, wurde er aufs neue zu ihr geschickt, um ihr zu sagen, sie sei eine Närrin und hätte wissen müssen, daß des Kaisers Oheime, die Herzöge von Holstein, ebenfalls zur kaiserlichen Familie gehören. Da Peter aber fürchtete, der Adjutant werde den Ausdruck mildern, schrie er ihn selbst laut über den Tisch, so daß ihn die ganze Gesellschaft hören konnte. Ihre Majestät war verwirrt und überwältigt von der beleidigenden Unschicklichkeit eines solchen Angriffs und brach in Tränen aus. Bald aber suchte sie sich zu fassen, und um der allgemeinen Bestürzung ein Ende zu machen, wandte sie sich zu meinem Vetter, dem Grafen Stroganoff, ihrem diensttuenden Kammerherrn, den sie bat, irgend einen Scherz zu erzählen, um ihre Gedanken von dem Vorgefallenen abzuziehen. Der Graf, ein sehr geistreicher Mann mit viel Humor, unterdrückte seine eigene Indignation und sprach so unbefangen als möglich über irgend einen Gegenstand, der geeignet war, die Kaiserin aufzuheitern. Aber er dachte dabei nicht an seine Feinde, die er selbst in der Umgebung des Kaisers hatte, und worunter sogar seine eigene Frau sich befand, die alle nicht verfehlen würden, diesen der Kaiserin geleisteten Dienst als eine Beleidigung Seiner Majestät anzusehen. Sobald denn auch das Fest vorüber war, erhielt Stroganoff den Befehl, sich auf sein Gut bei Kamennoi Ostroff zu begeben und es nicht früher zu verlassen, bis ihm die Erlaubnis dazu erteilt werden würde.

Die Begebenheiten jenes Tages machten großes Aufsehen in ganz Petersburg; und während die Kaiserin ein Gegenstand wachsender Teilnahme und Zuneigung für das Volk wurde, und, wie es nicht anders sein konnte, durch den Kontrast an Ansehen wuchs, sank der Kaiser immer tiefer in der allgemeinen Achtung. –

Seit mein Gemahl nach Konstantinopel abgereist war, scheute ich nichts, um die Prinzipien und Meinungen, welche der Sache, der ich mich gewidmet hatte, dienlich waren, zu verbreiten, anzufeuern und zu bekräftigen. Meine nächsten Vertrauten waren einige Freunde und Kameraden des Fürsten Daschkoff, namens Passik und Bredichin, beides Hauptleute im Regiment Preobraschenski, und der Major Rasloffleff, sowie dessen Bruder, ein Hauptmann vom Regiment Ismailoff. Die zwei letzteren sah ich nur selten bis zum Monat April, wo ich es für nötig fand, mich der Ansichten der Soldaten zu vergewissern. Um indes jeden Verdacht von mir zu entfernen, setzte ich mein gewohntes Leben fort, besuchte gelegentlich meine Verwandten und Freunde und war dem Anschein nach so sehr mit für mein Alter und Geschlecht passenden Ideen beschäftigt, daß niemand erraten konnte, wie vollkommen ich in Pläne versunken war, bei denen es sich um das Geschick des Kaiserreichs handelte.

Sobald meine Ansichten über die Mittel einer wohlorganisierten Verschwörung einigermaßen abgeschlossen waren, richtete ich mein Augenmerk darauf, einige

Personen, deren Ansehen und Einfluß wenigstens unserm Unternehmen eine Art Weihe geben konnte, für unsere Interessen zu gewinnen und womöglich in unsere Pläne zu verwickeln. Da war in erster Linie der Marschall Razumowski, der Befehlshaber der Ismailoffskischen Garde, ein Offizier, der von seinem ganzen Korps sehr geliebt wurde, und der, obgleich sehr bevorzugt am Hofe, doch vollkommen imstande war, die Unfähigkeit des Monarchen zum Regieren und die daraus entstehende Gefahr zu begreifen. Aber wie sollte er bewogen werden, sich unserm Plane anzuschließen – er, der zwar sein Vaterland nur so viel liebte, als eine natürliche Antipathie ihm überhaupt erlaubte, irgend etwas auf der Welt zu lieben, der jedoch, unermeßlich reich, überhäuft mit allen Ehren, die je Regenten verleihen konnten, in Trägheit versunken, vor jedem Unternehmen von zweifelhaftem oder gefährlichem Ausgang zurückschreckte? Doch wie schwer auch mein Unternehmen sein mochte, ich ließ mich nicht durch Rücksichten auf Schwierigkeiten abschrecken. Eines Tages, als ich wie gewöhnlich einen Besuch beim englischen Gesandten machte, hörte ich, daß die Garden einen Versuch zum Aufstand unternommen hätten, bloß aus Veranlassung des dänischen Kriegs. Ich fragte Mr. Keith, ob sie wohl von einem höheren Offizier dazu angetrieben worden wären, er aber antwortete mir, er glaube es nicht, da es sehr unwahrscheinlich sei, daß die Offiziere gegen einen Krieg etwas einzuwenden hätten, in welchem sie sich doch so leicht auszeichnen könnten. »Jene unvorsichtigen Gerüchte,« fügte er hinzu, »werden die Veranlassung zu einigen militärischen Bestrafungen und Verbannungen nach Sibirien sein, und dabei wird die Geschichte ihr Bewenden haben.«

Ich indes fühlte mich durch jenen Vorfall veranlaßt, mich mit denjenigen Offizieren des Razumowskischen Regiments zu besprechen, die ich schon ins Vertrauen gezogen hatte, nämlich mit den zwei Rasloffleffs und Herrn Lassunski, die alle drei mit dem Marschall Razumowski sehr befreundet waren. Besonders Lassunski sollte großen Einfluß auf ihn haben. Obgleich sie mir gerade keine Hoffnung über seine Teilnahme machten, empfahl ich ihnen dennoch, in ihren vertrauten Gesprächen mit dem Marschall bei den Umständen des letzten Aufstandes zu verweilen und den Gedanken an einen bevorstehenden Wechsel des Thrones in ihm zu erwecken. Sie sollten erst unbestimmt, nach und nach aber immer positiver von der bestehenden Verschwörung mit ihm sprechen, und wenn der Plan reif sei und der Augenblick der Tat nahe, endlich alle Verstellung abwerfen und unsere Ansichten offen darlegen, so daß er sich dann zu sehr in unser Geheimnis verwickelt sähe, um Angeber zu werden. Um sein Zurückziehen von der Sache zu verhindern, sollten sie ihn daran erinnern, daß Mitwisser auch Mitschuldiger heiße, und da er die Gefahr einmal teile, so würde es wohl in seinem eigenen ebensowohl als in unserm Interesse liegen, sich, wenn nötig, an die Spitze seines Regiments zu stellen. Das alles wurde genau nach meiner Angabe erfüllt und die List mit dem vollständigsten Erfolg gekrönt.

Eine andere für unsere Pläne äußerst wichtige Person war Panin, der Erzieher des Großfürsten Paul, der allen Einfluß besaß, den gewöhnlich eine bedeutende Stellung begleitet. Im Frühjahr sah ich ihn oft in meinem Heim, wo er mich so oft besuchte, als es ihm nur seine Hofpflichten gestatteten. Bei solchen Besuchen wagte ich es denn, ihm von der Möglichkeit und den Folgen einer Revolution zu sprechen, die uns einen besseren Herrscher geben würde, und versuchte wie zufällig, seine Meinung über diesen Punkt zu erfahren. Er ging immer mit großem Interesse auf derartige Gegenstände ein und versenkte sich zuweilen in eine von ihm längst gehegte Idee, seinen jungen Zögling auf den Thron zu erheben und eine Regierung in der Art der schwedischen Monarchie einzuführen.

Allerdings konnte ein junger weiblicher Verschwörer nicht leicht und mit einem Male das Vertrauen eines vorsichtigen, berechnenden Politikers, wie Panin war, gewinnen, aber trotz meines Geschlechtes und meiner Jugend (ich war damals achtzehn Jahre alt), hob mich das Ansehen, das ich bei andern genoß, auch in seinen Augen. Fürst Repnin, sein Lieblingsneffe, den ich oft bei der Prinzessin Kurakin traf, kannte mich sehr gut und pflegte mich unserm gemeinschaftlichen Onkel als einen Charakter darzustellen, der auf die strengsten Prinzipien der Tugend gestützt sei; mein Enthusiasmus und die

Vaterlandsliebe, von denen ich erfüllt sei, habe nicht den leisesten Gedanken an persönlichen oder Familienvorteil. –

Immer näher rückte der günstige Augenblick, und doch gab es noch viel zu tun, um Panin vollkommen in der Schlinge zu haben. Ich beschloß daher, bei der nächsten Zusammenkunft mit ihm alle Vorsicht wegzuwerfen und ein vollständiges Bekenntnis über die Natur und Verbreitung unserer Verschwörung abzulegen. Sobald sich also die Gelegenheit darbot, sprach ich zuerst von einem ernsten Plan, eine Revolution zustande zu bringen. Er hörte aufmerksam zu und legte in seiner Antwort besonderen Nachdruck auf die Formen, in denen solche Dinge vollbracht würden, sowie auf die Mitwirkung des Senats. Daß die Mitwirkung dieser Behörde von großem Vorteil wäre, leugnete ich nicht; konnte man aber ohne große Gefahr den Versuch machen, ihre Hilfe zu gewinnen? Auch seiner Meinung, daß die Kaiserin nicht selbst auf den Thron, sondern nur als Regentin während der Minderjährigkeit ihres Sohnes eingesetzt werden könnte, pflichtete ich bei und suchte seine Skrupel über die weiteren Absichten einer Revolution zu bekämpfen. »Lassen Sie nur erst die Tat geschehen sein,« sagte ich, »und Sie werden sehen, daß kein Mensch einen andern Grund dafür suchen wird, als die unmittelbare, drückende Not, welche nur durch einen Wechsel der regierenden Gewalt behoben werden konnte.« Darauf nannte ich ihm die hauptsächlichsten Personen, die mit mir zur Herbeiführung dieses Wechsels verbunden waren: die zwei Rasloffleffs, Lassunski, Passik, Bredichin, Baskakoff, Hetroff, Fürst Bariatinski und die Orloffs. Er war äußerst bestürzt, als er sah, wie weit ich mich bereits kompromittiert hatte, und noch dazu ohne alle Mitteilung oder vorhergehendes Einverständnis mit der Kaiserin. Ich hingegen rechtfertigte meine Zurückhaltung als einen Akt der Vorsicht, da Ihre Majestät nicht Mitwisserin unserer noch unreifen und zweifelhaften Pläne sein konnte, ohne in eine gewisse Verlegenheit zu geraten und sich vielleicht unnötig einer Gefahr auszusetzen. Ehe wir schieden, empfahl ich ihm, Teploff für uns zu gewinnen, der gerade aus der Festung, wohin ihn Peter III. hatte bringen lassen, entlassen worden war.

Unsere Partei wuchs täglich an Zahl, aber es war kein gleichmäßiger Fortschritt in der Organisation unserer Pläne. Während dieser Zeit zog ich mich in die Einsamkeit meines Landhauses in der Nähe von Petersburg zurück, anscheinend um die Verbesserungen auf meinem Gute zu überwachen, in Wirklichkeit aber suchte ich meine Gedanken zu ordnen und einen praktischen und haltbaren Aktionsplan zu finden, der dem Gegenstand und der Natur unserer Verschwörung angemessen wäre.

Viertes Kapitel

Umzug des Hofes nach Peterhof. – Ungeduld der Garden. – Der denkwürdige 27. Juni. – Unvorhergesehene Folgen einer Verhaftung. – Beschleunigung der Katastrophe. – Besuch des jungen Orloff bei der Fürstin. – Erfolg des Unternehmens. – Katharina wird zur Herrscherin proklamiert. – Ich eile zu ihr. – Die Kaiserin und Fürstin Daschkoff in Uniform. – Rückkehr der Kaiserin nach Peterhof.

Der Umzug des Hofes nach Peterhof und Oranienbaum, welcher ungefähr Anfang des Sommers stattfand, gab mir so viel Muße, als ich nur wünschen konnte. Auf diese Weise von des Kaisers Abendgesellschaften erlöst, war es mir nicht unlieb, in der Stadt zu bleiben. Zu dieser Zeit zeigten sich unter den Garden, die merkten, daß sie plötzlich nach Dänemark eingeschifft werden sollten, bedeutende Symptome der Unzufriedenheit und Ungeduld. Dazu begannen Gerüchte zu zirkulieren, daß das Leben der Kaiserin in Gefahr sei, Gerüchte, welche dazu dienen sollten, den Augenblick zu beschleunigen, wo man die Dienste der Garden zu Hause brauchen werde. Ich beauftragte daher einige mitverschworene Offiziere, den Soldaten, die kaum noch zurückgehalten werden konnten, zu sagen, daß ich täglich mit der Kaiserin in Verbindung stehe und mich verbürge, sie den geeigneten Augenblick zur Tat, sobald derselbe gekommen sei, wissen zu lassen.

Sonst blieb alles in bedenklicher Stille bis zum 27. Juni, ein Tag, der für immer in den Annalen meines

Landes denkwürdig bleiben wird, ein Tag, an dem Furcht und Hoffnung, Angst und Entzücken abwechselnd die Herzen aller Verschwörer durchzitterte. Was mich betrifft, so gestehe ich ehrlich, daß mir, obgleich ich die erste war, die an die Möglichkeit unseres Unternehmens, an die Entthronung eines zum Herrschen unfähigen Monarchen geglaubt, weder die Geschichten, die ich gelesen, noch die glühende Einbildungskraft eines achtzehnjährigen Wesens diese Ereignisse so haben malen können, wie sie die Wirklichkeit in wenig Stunden uns vorführte.

Am Nachmittag des 27. Juni war es, als Gregor Orloff kam, um mir die Verhaftung des Hauptmanns Passik zu melden. Letzterer und Bredichin waren am Abend zuvor mit mir zusammen gewesen, um mich vor der Gefahr zu warnen, in die uns die Ungeduld der Soldaten versetzen konnte, die, den Gerüchten über die Gefahr der Kaiserin Glauben schenkend, offen über Peter III. murrten und verlangten, gegen die holsteinschen Truppen in Oranienbaum geführt zu werden. Um die Befürchtung dieser beiden Herren, die sehr in Angst zu sein schienen, zu mildern und um zu zeigen, daß ich persönlich nicht vor der Gefahr zurückschreckte, bat ich sie, den Soldaten in meinem Namen zu versichern, daß ich täglich von der Kaiserin Nachricht habe, die in voller Sicherheit in Peterhof lebe. Es sei durchaus nötig, sich ruhig zu verhalten und gehorsam auf die Befehle zu warten, sonst würde der günstige Augenblick zur Tat vielleicht nie kommen. Passik und Bredichin beeilten sich, den Soldaten diese Botschaft zu überbringen, aber in der allgemeinen Verwirrung und dem Tumult kam unser Geheimnis zu den Ohren Voisikoffs, eines Majors der Preobraschenskischen Garde, der Passik augenblicklich festnehmen ließ und so die Entdeckung, aber auch die Katastrophe unserer Verschwörung beschleunigte.

Als Orloff mir die Nachricht von dieser Verhaftung überbrachte, deren Ursache und nähere Umstände er nicht kannte, war gerade Panin bei mir. Sei es infolge seines natürlichen Phlegmas und der Schlaffheit seines Charakters, sei es, weil er wünschte, mir die drohende Gefahr zu verbergen – kurz, er schien das Ereignis in einem weniger ernsten Licht anzusehen als ich es tat, und sprach mit großer Ruhe darüber, wie von der natürlichen Folge irgend eines militärischen Vergehens. Ich aber sah es im Gegenteil als ein Zeichen an, einen entscheidenden Schritt zu tun, und obgleich ich ihm nicht dieselbe Idee beibringen konnte, so baten wir ihn doch, sofort nach der Kaserne des Regiments zu eilen und die besonderen Umstände von Passiks Verhaftung zu erforschen, um sich zu versichern, ob er als Staatsgefangener behandelt werde, oder nur wegen eines militärischen Vergehens festgenommen worden wäre.

Als Orloff fort war, bat ich meinen Onkel Panin, mich zu verlassen, unter dem Vorwand, der Ruhe bedürftig zu sein. Aber sobald er sich entfernt hatte, nahm ich einen großen Herrenmantel um und ging in dieser Verkleidung zu Fuß nach der Wohnung Rasloffleffs.

Ich war noch nicht weit gegangen, als ich einen Mann zu Pferde in vollem Galopp auf mich zukommen sah. Ich weiß nicht, weshalb ich auf die Idee kam, daß es einer der Orloffs sein müsse, von denen mir nur Gregor bekannt war. Aber die Überzeugung, daß es so sein müsse, war so stark in mir, daß ich den Mut hatte, seinem ungestümen Lauf Einhalt zu tun, indem ich ihn beim Namen rief. Der Reiter hielt an, und als er hörte, wer ihn gerufen, sagte er: »Ich war auf dem Wege zu Ihnen, Fürstin, um Ihnen zu sagen, daß Passik Staatsgefangener ist, von vier Schildwachen an der Tür und zwei an jedem Fenster bewacht. Mein Bruder Gregor ist mit der Nachricht zu Panin, und ich habe es eben Rasloffleff mitgeteilt.« – »Und ist dieser sehr bestürzt darüber?« – »Einigermaßen,« erwiderte er; »aber warum sind Sie auf der Straße, gnädige Frau? Erlauben Sie mir, Sie nach Hause zu begleiten.« – »Wir sind hier weniger beobachtet, als wir es in meinem eigenen Hause, umgeben von der Dienerschaft, sein würden,« antwortete ich. »Aber in diesem Augenblick genügen wenige Worte. Gehen Sie, sagen Sie Rasloffleff, Lassunski, Tschertkoff und Bredichin, daß sie ohne Verzug zu ihrem Regimente, den Ismailoffskischen Garden, eilen und auf ihrem Posten bleiben sollen, um die Kaiserin am Weichbilde der Stadt zu empfangen. Dann reiten Sie oder einer Ihrer Brüder wie der Blitz nach Peterhof und flehen Sie die Kaiserin in meinem Namen an, augenblicklich eine Postkutsche zu nehmen, die sie bereit finden wird, und nach dem Stadtviertel der Ismailoffskischen Garden zu fahren, die nur darauf warten, sie als Herrscherin zu proklamieren und in die Hauptstadt im Triumphe einzuführen. Sagen Sie ihr, dieser Schritt sei von solcher Wichtigkeit, daß ich nicht die wenigen Augenblicke verlieren möchte, die ich brauchen würde, um nach Hause zurückzukehren und ihr zu schreiben, sondern daß ich Sie auf der Straße beschworen habe, es ihr zu sagen und ihre Ankunft zu beschleunigen; vielleicht komme ich ihr selbst entgegen.«

Was die Postkutsche betrifft, von der ich sprach, so muß ich bemerken, daß ich am Abend vorher nach dem Besuch Passiks und Bredichins an Madame Skurin, die Frau des Kammerdieners der Kaiserin, schrieb, und sie bat, ihren Wagen mit vier Postpferden nach Peterhof zu schicken. Dort solle man denselben für die Kaiserin in Bereitschaft halten, falls ihre Anwesenheit in Petersburg nötig wäre. Ich wußte wohl, wie schwer, ja unmöglich es sonst gewesen wäre, einen Wagen zu bekommen, ohne daß Ismailoff, der kaiserliche Hausintendant, etwas davon erfahren hätte – ein Mann, der am wenigsten geneigt war, die Flucht der Kaiserin zu begünstigen, Panin, der die Katastrophe einer Thronrevolution noch für ebenso fern als unsicher hielt, lachte über meine Vorsicht als über einen voreiligen Schritt. Aber so wie die Ereignisse kamen – wer weiß, ob wir ohne den Wagen zum Ziele gelangt wären.

Nachdem ich Orloff verlassen hatte, kehrte ich nach Hause zurück, aber in einer solchen Aufregung, daß ich wenig Neigung verspürte, alles ruhig abzuwarten. Ich hatte mir einen vollständigen Herrenanzug bestellt, der an diesem Abend fertig sein sollte, aber der Schneider hatte ihn noch nicht geschickt. Dies war eine große Enttäuschung für mich, da das weibliche Kostüm mir Zwang und Zurückhaltung auferlegte. Um dem Verdacht oder der Neugier meiner Dienstboten zu entgehen, legte ich mich zu Bett. Aber schon eine Stunde darauf wurde ich durch ein heftiges Pochen an der vorderen Haustür aufgeschreckt. Ich sprang sofort aus dem Bett und eilte in das anstoßende Zimmer und befahl, jeden, wer es auch sei, vorzulassen. Ein mir unbekannter junger Mann trat ein, der sich selbst als den jüngsten Orloff vorstellte. Er kam, wie er sagte, um zu fragen, ob es nicht zu früh sei, nach der Kaiserin zu schicken, die durch eine voreilige Abfahrt nach Petersburg nur unnötig aufgeregt würde. Weiter konnte ich nichts hören. Mein Unwille hatte den höchsten Grad erreicht, und ich versuchte durchaus nicht, meinen Zorn zurückzuhalten, den ich in diesem Augenblick gegen alle drei Brüder fühlte, weil sie – wie ich mich sehr unartig ausdrückte – gezögert hatten, meine Alexis Orloff gegebenen Befehle auszuführen. »Sie haben schon viel kostbare Zeit verloren!« rief ich, »und was Ihre Angst betrifft, die Kaiserin zu erschrecken, so lassen Sie sie lieber ohnmächtig hierher bringen, anstatt sie der Gefahr auszusetzen, ihr Leben in einem Gefängnis zu fristen oder es mit uns auf dem Blutgerüst zu endigen. Sagen Sie daher Ihrem Bruder, er solle eiligst nach Peterhof reiten und die Kaiserin, ohne einen Augenblick zu verlieren, nach Petersburg bringen, ehe Peter III. Nachricht erhält, vor ihr ankommt und einen Plan vereitelt, den der Himmel selbst zur Rettung unseres Vaterlandes und der Kaiserin darbietet.«

Er schien von meinem Ernst ergriffen und verließ mich mit der Versicherung, daß sein Bruder sogleich meine Befehle vollziehen solle.

Nachdem er fort war, verfiel ich in düstere Betrachtungen. Einmal in diese Gedanken versunken, stiegen mir kaum andere Bilder als solche der fürchterlichsten Art auf. Ich sehnte mich, der Kaiserin entgegenzugehen, aber die erwähnte Enttäuschung mit den Männerkleidern war ein böser Zauber, der mich an die Einsamkeit und Untätigkeit meines Zimmers bannte. Das geringste Geräusch erschreckte mich, und ich stellte mir Katharina, das Ideal meiner Seele, blaß, entstellt, sterbend als das Opfer unserer Unvorsichtigkeit vor. Diese furchtbare Nacht, die mir als ein ganzes Leben voller Leiden erschien, ging endlich vorüber, und wie soll ich das Entzücken beschreiben, mit welchem ich den ereignisvollen Morgen begrüßte, als mir die Nachricht gebracht wurde, die Kaiserin sei in die Hauptstadt eingeführt und von der Ismailoffskischen Garde als Herrscherin proklamiert worden; sie geleiteten sie jetzt zur Kasanerkirche, begleitet von dem übrigen Militär und den Bürgern – alle begierig, den Eid der Treue zu leisten.

Es war sechs Uhr morgens. Ich befahl meinem Kammermädchen, mir ein Galakleid zu bringen, und fuhr nach dem Winterpalast, wo, wie ich vermutete, Ihre Majestät wohnen würde. Aber es ist schwer zu beschreiben, wie ich daselbst ankam. Das ganze Schloß war so umringt und jeder Eingang derartig mit Soldaten versperrt, die aus allen Teilen der Stadt herbeigeströmt waren, um sich mit den Garden zu vereinigen, daß ich aus meinem Wagen steigen und meinen Weg zu Fuß durch das Gedränge suchen mußte. Aber bald ward ich von den Offizieren und Garden erkannt; ich fühlte mich plötzlich aufgehoben und rasch über die Köpfe der Menschen vor mir hinweggetragen, die mich mit lebhaften Rufen der Zustimmung als ihre Freundin begrüßten und mit tausend Segenswünschen überhäuften. Als ich endlich glücklich in einem Vorzimmer niedergesetzt ward, mein Kopf schwindelnd, mein Haar zerzaust, mein Kleid zerrissen und mein ganzer Anzug in Unordnung – Zeugen meines triumphierenden Einzugs in den Palast – eilte ich zur Kaiserin. Bald lagen wir uns in den Armen. – »Der Himmel sei gelobt!« war alles, was wir in den ersten Augenblicken hervorbringen konnten.

Darauf beschrieb sie mir ihre Flucht von Peterhof und ihre Befürchtungen und Hoffnungen während dieser Krisis. Ich hörte ihr mit klopfendem Herzen zu und erzählte dann meinerseits von den angstvollen Stunden, die ich verlebt, die noch schmerzlicher geworden wären durch die Unmöglichkeit, ihr entgegen zu gehen, mit ihr die Entscheidung ihres Schicksals und des guten oder schlechten Loses des Reiches zu erleben. Wir umarmten uns wieder aufs herzlichste. Als ich nachher bemerkte, daß Ihre Majestät das Band des St. Katharinenordens trug und noch nicht das des St. Andreas, des höchsten Ordens im Staat, den keine Frau erhalten konnte, dessen Großmeisterin sie aber jetzt als regierende Herrscherin geworden war, lief ich schnell zu Panin, um dessen blaues Band zu holen, das ich ihr über die Schulter warf. Darauf nahm ich auf Wunsch Ihrer Majestät ihren Katharinenorden an und steckte ihn in die Tasche.

Nach einer kurzen Mahlzeit schlug die Kaiserin vor, an der Spitze der Truppen nach Peterhof zu ziehen. Sie wünschte, daß ich sie begleitete. Da sie es vorzog, in der Uniform der Garden zu erscheinen, lieh sie sich eine solche vom Hauptmann Talitschin, während ich, ihrem Beispiele folgend, mir eine vom Leutnant Puschkin verschaffte. Die beiden jungen Offiziers waren ungefähr von unserer Größe. Nebenbei bemerkt war es die alte nationale Uniform der Preobraschenskischen Garden, wie sie sie seit Peter I. stets getragen hatten, bis sie von der preußischen, die Peter III. einführte, verdrängt wurde. Ein bemerkenswerter Umstand ist auch, daß unmittelbar nach dem Einzuge der Kaiserin in die Stadt die Garden wie auf Kommando ihr fremdes Kostüm ablegten und alle bis auf den letzten Mann in der alten Uniform ihres Landes dastanden.

Als die Kaiserin sich zurückzog, um sich zu dem Marsch nach Peterhof vorzubereiten, eilte ich nach Hause, die nötigen Abänderungen in meiner Kleidung zu treffen. Ins Schloß zurückgekehrt, fand ich Ihre Majestät über die zu erlassenden Manifeste Rat haltend. Sie war von den Senatoren, die in Petersburg anwesend waren, umgeben. Auch Teploff war zugegen, den man gerufen hatte, damit er als Sekretär behilflich sein sollte.

Da die Nachricht von der Flucht der Kaiserin von Peterhof und den darauf folgenden Ereignissen in der Stadt mittlerweilen in Oranienbaum eingetroffen sein mußte, fiel mir ein, es wäre wohl möglich, daß Peter III. vor Petersburg erscheine, um der Empörung der Truppen Einhalt zu tun. Dem Impulse des Augenblicks folgend, beschloß ich, der Kaiserin meine Gedanken mitzuteilen. Die beiden Offiziere, die an der Tür des Saales, wo der Rat versammelt war, Wache hielten, öffneten mir – vielleicht aus Überraschung, weil ich mich schnell und ohne Zögern näherte, vielleicht aber auch, weil sie glaubten, ich besäße eine besondere Erlaubnis, ohne die sie niemand einlassen durften – sofort die Tür und ließen mich eintreten. Sogleich eilte ich zu Ihrer Majestät und flüsterte ihr den Grund meines Kommens zu. Ich bat sie dringend, die Ankunft Peters III. zu verhüten. Teploff wurde beauftragt, einen Ukas aufzusetzen und Abschriften davon nebst weiteren Befehlen an zwei verschiedene Truppenabteilungen zu schicken, welche die beiden Eingänge der Stadt von der Wasserseite, die unbeschützt war, besetzen sollten.

Sobald die Sitzung beendet und die für die Sicherheit der Hauptstadt nötigen Befehle gegeben waren, bestiegen wir unsere Pferde und ließen auf unserm Wege nach Peterhof zwölftausend Mann Revue passieren, die Freiwilligen ungerechnet, deren Zahl sich von Minute zu Minute vermehrte.

In Krasnoi Kabak, zehn Werst von Petersburg, hielten wir einige Stunden an, um den Truppen, die zwölf Stunden ununterbrochen auf den Beinen gewesen waren, ein wenig Ruhe zu gönnen. Auch wir selbst bedurften der Ruhe. Ich hatte während der letzten zwei Wochen kaum einen Augenblick die Augen geschlossen.

Als wir unser ärmliches Quartier betraten, schlug Ihre Majestät vor, uns in unsern Kleidern auf das einzige schmale Bett niederzulegen, das trotz allen daran haftenden Schmutzes meinen müden Gliedern ein zu großer Segen schien, um es zu verschmähen. Kaum aber hatten wir uns auf dem Bett ausgestreckt, über welches ich noch vorsorglich einen vom Obersten Karr geliehenen Mantel gebreitet, als ich hinter unsern Köpfen eine kleine Tapetentür gewahrte. Da ich nicht wußte, wohin sie führte, ging ich hinaus, um zu untersuchen, ob alles sicher sei. Als ich gefunden hatte, daß diese Tür durch einen dunklen, engen Gang auf den äußersten Hof führte, stellte ich zwei Schildwachen davor, mit dem Befehl, nicht vom Flecke zu weichen. Nachdem dies geschehen, kehrte ich zur Kaiserin zurück, die damit beschäftigt war, einige Papiere durchzulesen. Da wir indes nicht schlafen konnten, las sie mir die Abschriften der Manifeste vor, die sie veröffentlichen wollte, wir hatten also genügend Muße, zu beratschlagen, was noch zu tun übrig bliebe, und waren voll froher Vorgefühle, die jetzt an die Stelle der Furcht vor Gefahr getreten waren.

Fünftes Kapitel

Verhalten des Kaisers. – Er dankt ab. – Herr Betskoi. – Tragisches Ende Peters. – Die Gefühle Katharinas und ihre Unschuld am Tode ihres Gemahls.

Inzwischen konnte sich Peter III., der sich weigerte, dem Rat des Generals Münnich zu folgen, zu nichts entschließen. Er fuhr zwischen Peterhof und Oranienbaum hin und her, bis er endlich einsah, daß dabei nichts gewonnen werde. Er folgte also dem Rate seiner Vertrauten und begab sich nach Kronstadt, um sich der Flotte zu versichern. Aber auch die Kaiserin hatte die Wichtigkeit der Seemacht nicht übersehen. Admiral Talitschin war beauftragt, sie in ihrem Namen zu befehligen. Als dieser, der Kronstadt besetzt hielt, den Kaiser sich dem Ufer nähern sah, verweigerte er ihm die Landung, und der unglückliche Peter war genötigt, nach Oranienbaum zurückzukehren. Darauf sandte er den General Ismailoff mit den demütigsten Eröffnungen und einem Anerbieten seiner Abdankung zur Kaiserin.

Der Bote dieser Vorschläge traf uns auf dem Wege nach Peterhof, wie verschieden war doch seine Sprache und sein Benehmen gegen das Verhalten meines Onkels, des Großkanzlers Woronzow, der sich der Kaiserin gerade vorgestellt hatte, ehe wir die Stadt verließen! Er kam nur, um Katharina Gegenvorstellungen zu machen. Als er sah, daß seine Einwände keine Wirkung hatten, zog er sich zurück, indem er sich weigerte, den Treueid zu leisten. – »Seien Sie versichert, Madame,« sagte er mit ruhiger Würde, »daß ich Ihrer Regierung niemals zu schaden suchen werde, weder durch Wort noch Tat, und, um Ihnen zu beweisen, wie aufrichtig dies gemeint ist, schlage ich Ihnen vor, einem Ihrer treuesten Offiziere die Bewachung meines Hauses anzuvertrauen; aber nie werde ich den Eid brechen, den ich dem Kaiser geschworen habe, so lange dieser lebt.«

Ihre Majestät sandte Ismailoff zu Peter III. wieder zurück mit der Weisung, ihn zu bewegen, sich selbst in ihre Hände zu geben, um die unberechenbaren Folgen, die aus einem entgegengesetzten Verhalten entstehen könnten, zu vermeiden. Sie fügte das feierliche Versprechen hinzu, alles tun zu wollen, um ihm das Leben in irgend einer Residenz, die er sich selbst in gewisser Entfernung von Petersburg aussuchen möge, so angenehm wie möglich zu machen.

Als wir uns dem Dreieinigkeitskloster näherten, kam der Vizekanzler Fürst Galitzin mit einem Briefe des Kaisers uns entgegen, und die Massen, die uns umringten, vermehrten sich von Minute zu Minute durch Zuzüge von seiten der Gegner.

Bald nach unserer Ankunft in Peterhof meldete man uns, daß Peter, begleitet von den Generalen Ismailoff und Gudowitsch, im Schlosse angelangt sei und sich ergeben habe. Fast von niemand gesehen, wurde er in ein entferntes Gemach geführt, wo das Diner bereitet war. Da er das Schloß Ropscha, wo er als Großfürst gelebt hatte, zu seiner zukünftigen Residenz erwählte, brachte man ihn sogleich dahin. Alexis Orloff, Kapitän Passik, Fürst Theodor Bariatinski und der Leutnant Baskakoff, denen die Kaiserin die Sorge für die Sicherheit seiner Person anvertraut hatte, begleiteten den Kaiser.

Ich selbst sah ihn bei der Katastrophe nicht, obgleich ich Gelegenheit dazu gehabt hätte. Die meisten aber, die ihn sahen, versicherten, daß er wenig von diesem Wechsel des Glückes ergriffen schien. Ehe er Peterhof verließ, schrieb er zwei oder drei kurze Briefe an die Kaiserin. In einem, den ich zu Gesicht bekam, erklärte er förmlich seine Abdankung, und nachdem er mehrere Personen genannt hatte, deren Begleitung er wünschte, sprach er davon, wie seine Tafel versorgt werden solle, wobei er nicht vergaß, sich gehörige Vorräte an Burgunder, Pfeifen und Tabak auszubitten.

Aber genug von diesem unglücklichen Prinzen, den die Natur für die niedrigsten Stufen des Lebens gebildet hatte, und den das Schicksal unglücklicherweise auf einen Thron erhob. Obgleich nicht gerade lasterhaft, hätten doch seine Schwächen, sein Mangel an Erziehung und seine angeborene Neigung zu allem Gemeinen und Niedrigen, wenn er weiter regiert hätte, in ihren Folgen für sein Volk nicht weniger verderblich sein können, als entschiedene Laster.

Am folgenden Tage nach der Proklamation Katharinas erhielt Panin den Grafentitel mit einer Pension von 5000 Rubel; Prinz Wolkonski und Graf Razumowski erhielten dieselbe Pension, die übrigen Verschwörer erster Klasse ein jeder 600 Bauern und 2000 Rubel Pension, oder, anstatt der Bauern, 24 000 Rubel. Zu meinem größten Erstaunen fand ich auch meinen Namen mit auf der Liste. Ich war fest entschlossen, von der Gabe keinen Gebrauch zu machen, doch diese Uneigennützigkeit brachte mir die Vorwürfe aller derer ein, die bei der Thronumwälzung beteiligt gewesen waren. Endlich, um dem allgemeinen Geschwätz ein Ende zu machen und die Kaiserin nicht zu beleidigen, willigte ich in einen Vergleich. Ich besaß ein Verzeichnis der Schulden meines Gemahls, die sich beinahe auf 24 000 Rubel beliefen, und stellte daher seinen Gläubigern eine Vollmacht aus, diese Summe aus dem Kabinett Ihrer Majestät zu entheben.

Am vierten Tag nach der Revolution verlangte Herr Betskoi eine Audienz, die ihm auch gewährt ward. Zufällig war ich mit Ihrer Majestät ganz allein im Zimmer, als er eintrat. Er warf sich zu unserm großen Erstaunen auf die Knie und beschwor die Kaiserin, doch zu gestehen, wessen Einfluß sie ihre Thronbesteigung verdanke. – »Dem allmächtigen Gott,« erwiderte sie, »und der Wahl meiner Untertanen.« – »Dann,« rief er verzweifelt aus, »darf ich auch nicht länger dieses Ehrenzeichen tragen,« und dabei wollte er sich das Band des St. Alexanderordens abreißen. Aber die Kaiserin hielt ihn davon ab und fragte, was er denn eigentlich meine.

»Ich bin der unglücklichste Mensch auf der Welt,« sagte er, »wenn Eure Majestät nicht in mir die einzige Person anerkennt, der Sie Ihre Krone verdanken. Habe ich nicht die Garden dazu angereizt? Habe ich nicht Geld unters Volk verteilt?«

Wir glaubten beide, er sei verrückt geworden, und fingen schon an, uns über seinen Zustand zu beunruhigen, als die Kaiserin mit ihrer gewöhnlichen Gewandtheit ein Mittel ersann, um uns seiner auf kluge Weise zu entledigen, zugleich aber auch seine Eitelkeit aufs höchste zu befriedigen. – »Ich erkenne,« unterbrach sie ihn im vollen Ernst, »die ganze Ausdehnung meiner Verpflichtungen; und da ich Ihren Bemühungen meine Krone verdanke, wem anders, als Ihnen, sollte ich die Sorge für die Verfertigung derjenigen anvertrauen, die ich zu meiner Krönung tragen werde? Ihnen also vertraue ich diesen Gegenstand und stelle alle Juweliere meines Reichs unter Ihre Oberaufsicht.«

Betskoi erhob sich überaus entzückt und eilte nach tausend Danksagungen hinaus, wahrscheinlich um sofort die Nachricht zu verbreiten, daß er eine seines Verdienstes würdige Belohnung erhalten habe. Es ist wohl unnötig, hinzuzufügen, wie herzlich wir über diesen Vorfall lachten, der ebenso charakteristisch für die Gewandtheit und Klugheit der Kaiserin war, als für Betskois Einfältigkeit. –

Aber inmitten der Betrachtungen, welche diese interessanten Begebenheiten anregten, wurden meine Gedanken plötzlich von einer furchtbaren Gewißheit in Anspruch genommen, die mich mit Bestürzung und Schrecken erfüllte: das tragische Ende Peters III. Ich war so empört über diese Nachricht, so wütend über einen solchen Ausgang dieser glorreichen Revolution, daß ich, obwohl ich den Gedanken einer Mitschuld der Kaiserin an diesem Verbrechen, das Alexis Orloff begangen, weit von mir wies, mich doch nicht entschließen konnte, den Palast früher zu betreten, als den folgenden Tag. Ich fand die Kaiserin mit sehr verstörter Miene, offenbar in großer Gemütsbewegung. Sie empfing mich mit folgenden Worten: »Mein Abscheu bei diesem Tode ist unaussprechlich; es ist ein Schlag, der mich zu Boden wirft.« – »Es ist ein zu rascher Tod für Ihren und meinen Ruhm, Madame,« erwiderte ich.

Der Gedanke an dieses Verbrechen kam mir nicht aus dem Sinn, und ich war unvorsichtig genug, im Laufe des Abends im Vorzimmer vor vielen Leuten zu sagen, ich hoffte, Alexis Orloff würde jetzt mehr als je fühlen, daß wir nicht geschaffen wären, dieselbe Luft zu atmen, und ich sei stolz genug, zu glauben, er werde mich in Zukunft nicht einmal mehr als Bekannte anreden. Von diesem Tage an wurden alle Orloffs meine unversöhnlichen Feinde. Aber ich muß Alexis die Gerechtigkeit widerfahren lassen, daß er trotz seiner angeborenen Unverschämtheit zwanzig Jahre hindurch niemals mehr ein Wort an mich zu richten wagte.

Wer aber boshaft genug sein kann, die Kaiserin der Teilnahme oder auch nur der Mitwisserschaft an der Ermordung ihres Gemahls zu beschuldigen, wird einen absoluten Beweis von der Ungerechtigkeit dieses Verdachtes in einem Briefe finden, der noch existiert. Er ist von Alexis Orloffs Hand wenige Augenblicke nach der Vollstreckung der gräßlichen Tat an sie geschrieben. Der unzusammenhängende Stil zeigt trotz seiner Trunkenheit das Entsetzen und die Wildheit seiner Befürchtungen, während er für die Tat in den demütigsten Ausdrücken um Verzeihung fleht.

Dieser wichtige Brief wurde von Katharina II. mit großer Sorgfalt unter andern wichtigen Papieren in einem Koffer aufbewahrt, den Fürst Bosborodka nach ihrem Tode auf Pauls Befehl untersuchen mußte, um die Papiere, die er enthielt, in seiner Gegenwart zu lesen. Als er die Lektüre des Briefes Alexis Orloffs beendet hatte, machte der Kaiser Paul das Zeichen des Kreuzes und rief: »Gott sei gelobt! die wenigen Zweifel, die ich in dieser Beziehung noch über meine Mutter hatte, sind gelöst.« –

Brief Katharinas II. an Poniatowski

Peter III. hatte den wenigen Geist, den er besaß, völlig verloren. Er stieß alles um, wollte die Garden abschaffen und war im Begriff, sie zu diesem Zweck aufs Land zu führen, denn er rechnete darauf, sie durch holsteinsche Truppen zu ersetzen, die in der Stadt bleiben sollten. Er wollte die Religion wechseln, sich mit Elisabeth Woronzow verheiraten, mich aber verstoßen und einkerkern.

Am Tage, an dem man den Frieden mit dem Könige von Preußen feierte, hatte er, nachdem er mich öffentlich bei Tafel beleidigt, befohlen, mich abends verhaften zu lassen. Aber mein Onkel, der Prinz Georg, ließ diesen Befehl widerrufen. Erst von jenem Tage an lieh ich den Vorschlägen, die man mir seit dem Tode der Kaiserin Elisabeth täglich machte, ein Ohr. Man beabsichtigte, ihn (Peter III.) in seinem Zimmer gefangen zu nehmen und, wie einst die Fürstin Anna und ihre Kinder, einzusperren. Wir begaben uns nach Oranienbaum, wohin uns eine große Anzahl Gardekapitäne folgte.

Der Ausgang der Verschwörung lag in den Händen der drei Brüder Orloff. Osten erinnert sich noch, daß der ältere mir überall hin folgte und tausend Torheiten für mich beging. Seine Leidenschaft für mich war bekannt und er selbst tat alles, um sie an die Oeffentlichkeit zu bringen. Es sind außeror-

dentlich entschlossene Männer, die Orloffs, und bei
den gemeinen Soldaten sehr beliebt, da sie in den
Garden gedient haben. Ich bin ihnen zum größten
Dank verpflichtet und ganz Petersburg ist Zeuge
davon.

Die Garden waren auf alles vorbereitet, und schließlich wußten mehr als dreißig Offiziere und 10 000
Mann um das Geheimnis. Unter diesen zeigte sich drei
Wochen lang nicht ein einziger Verräter. Es waren drei
vollkommen getrennte Parteien, deren Anführer zur
Ausführung vereinigt wurden. Das Hauptgeheimnis
aber lag in den Händen der drei Brüder (Orloff).

Panin wünschte, daß es (die Abdankung Peters) zugunsten meines Sohnes geschehe, aber sie wollten es
nicht zugeben. Während ich in Peterhof war, lebte und
zechte Peter III. in Oranienbaum. Man war übereingekommen, daß man im Falle eines Verrats seine Rückkehr von dort nicht abwarten wollte, sondern die Garden versammelte und mich proklamierte. Ihr Eifer für
mich tat, was der Verrat bewirkt hätte.

Am 27. verbreitete sich das Gerücht, ich sei verhaftet worden. Die Soldaten empörten sich, aber einer
unserer Offiziere beruhigte sie. Da kam ein Soldat zum
Kapitän Passik, einem der Parteianführer, und sagte
ihm, ich sei ganz sicher verloren. Doch der Offizier
versicherte ihn, er habe Nachrichten von mir. Nun ging
derselbe Soldat, der für mich fürchtete, zu einem andern Offizier, der nicht mit im Geheimnis war. Entsetzt, zu hören, daß ein Offizier diesen Mann hatte
gehen lassen, ohne ihn zu verhaften, begab er sich

zum Major. Dieser ließ Passik arretieren und schickte einen Rapport noch während der Nacht nach Oranienbaum. Sofort war das ganze Regiment in Bewegung und der Schrecken verbreitete sich unter unsern Mitverschworenen. Zuerst beschlossen sie, den zweiten der Gebrüder Orloff zu mir zu schicken, um mich nach der Stadt zu bringen, während die beiden andern überall die Nachricht von meiner Ankunft verbreiten sollten. Auch der Hetmann Wolkonski und Panin waren mit ins Vertrauen gezogen.

Ich befand mich fast ganz allein mit meinen Kammerfrauen in Peterhof, scheinbar von der Welt vergessen. Aber es waren bange Tage für mich, da ich regelmäßig von allem unterrichtet wurde, was man für oder gegen mich anzettelte. Am 28. um sechs Uhr morgens trat plötzlich Alexis Orloff in mein Zimmer, weckte mich und sagte gelassen: »Es ist Zeit, daß Sie aufstehen; alles ist zu Ihrer Proklamation bereit.« Als ich darauf nach verschiedenen Einzelheiten fragte, antwortete er: »Passik ist verhaftet.« Nun zögerte ich nicht mehr. So schnell wie möglich kleidete ich mich an, ohne große Toilette zu machen, und stieg in den Wagen, der Orloff hergebracht hatte. An dem Wagenschlag stand, als Diener verkleidet, ein anderer Offizier, während ein dritter mir einige Werst hinter Peterhof entgegenkam. Fünf Werst vor Petersburg begegnete ich dem ältesten Orloff mit dem Fürsten Bariatinski, dem jüngeren. Dieser trat mir seinen Platz in der Sänfte ab, denn meine Pferde waren erschöpft. So kamen wir in die Kasernen des Ismailoffskischen Regiments. Hier waren nur 12 Mann und ein Tambour anwesend, der sich beeilte Alarm zu schlagen. Nun kamen die übrigen Soldaten herbei, küßten mir die Füße, die Hände, mein Kleid und nannten mich ihren Retter. Zwei von ihnen schleppten einen Popen mit dem Kruzifix herbei, und alle leisteten den Eid. Als dies geschehen, hob man mich wieder in einen Wagen. Der Pope mit dem Kreuz schritt voran. Wir fuhren zum Simeonowskischen Regiment, das uns mit Vivatrufen entgegenkam.

Darauf begaben wir uns nach der Kasanerkirche, wo ich ausstieg. Das Regiment Preobraschenski kam ebenfalls herbei und rief: »Vivat!« – »Wir bitten um Verzeihung,« sagten die Soldaten dieses Regiments, »daß wir die letzten sind, aber unsere Offiziere haben uns zurückgehalten. Um indes unsern Eifer für Sie zu beweisen, haben wir vier verhaftet, denn wir wollen dasselbe, was unsere Kameraden der andern Regimenter wollen.« Dann langte die Garde zu Pferd an. Diese befand sich in einem Freudentaumel, wie ich ihn noch nie gesehen hatte. Sie schrien und weinten vor Freude über die Befreiung des Vaterlandes. Die Garde war vollzählig mit ihren Offizieren an der Spitze.

Da ich wußte, daß mein Onkel, der Prinz Georg, dem Peter III. dieses Regiment geschenkt hatte, von demselben schrecklich gehaßt wurde, schickte ich einen Gardisten zu Fuß zu ihm, um ihn zu bitten, in seinem Hause zu bleiben, aus Furcht, es könnte ihm etwas passieren. Aber schon hatte sein Regiment eine Abteilung abgeschickt, um ihn zu verhaften. Man plünderte sein Haus und mißhandelte ihn.

Ich begab mich ins neue Winterpalais, wo die Synode und der Senat versammelt waren. In Eile entwarf man das Manifest und den Eid. Dann ging ich hinunter und schritt die Reihen der Soldaten ab, von denen mehr als 14 000 – Garden und Landregimenter – versammelt waren. Sowie man meiner ansichtig wurde, ertönten Freudenrufe, die das zahlreich herbeigelaufene Volk wiederholte. Danach begab ich mich in den alten Winterpalast, um die nötigen Maßnahmen zu treffen. Hier beratschlagten und beschlossen wir, daß ich an der Spitze der Truppen nach Peterhof ziehen sollte, wo Peter III. dinierte.

Auf dem ganzen Wege hatte man Posten aufgestellt, und jeden Augenblick schickte man mir Nachrichten.

Ich sandte den Admiral Talitschin nach Kronstadt. Da kam der Kanzler Woronzow, um mich wegen meines Weggangs aus Peterhof zu schelten. Meine Antwort war, man solle ihn in die Kirche führen, um mir ebenfalls den Eid zu leisten. Darauf kamen der Fürst Trubetzkoi und der Graf Alexander Schuwaloff, gleichfalls aus Peterhof, um sich der Regimenter zu versichern und mich zu ermorden. Aber auch sie leisteten, ohne daß man Gewalt brauchen mußte, den Eid.

Nachdem unsere Kuriere abgefertigt und alle Vorsichtsmaßregeln getroffen waren, zog ich gegen 10 Uhr abends die Uniform der Garden an, und man proklamierte mich mit unbeschreiblichem Enthusiasmus zum Obersten. Ich bestieg ein Pferd und ließ nur wenige Soldaten von jedem Regiment zum Schutze für meinen Sohn zurück, der in Petersburg blieb.

So zog ich an der Spitze der Truppen nach Peterhof. Wir marschierten die ganze Nacht. Am kleinen Kloster angelangt, brachte mir der Vizekanzler Galitzin einen sehr ergebenen Brief Peters III. Aber ich vergaß zu erwähnen, daß, als ich die Stadt verließ, drei von Peterhof abgeschickte Soldaten, die im Volke ein Manifest verbreiten sollten, mir dieses gaben und sagten: »Da sieh, womit uns Peter III. beauftragt hat; wir geben es Dir und sind sehr froh, die Gelegenheit zu haben, uns unsern Brüdern anzuschließen.« Nach diesem ersten Briefe Peters III. kam ein zweiter an, den der General Michael Ismailoff brachte. Ismailoff warf sich mir zu Füßen und sagte: »Halten Sie mich für einen Ehrenmann?« – »Ja,« antwortete ich. – »Gut,« sagte er, »es ist ein Glück, mit vernünftigen Menschen zusammenzusein. Der Kaiser will verzichten! Ich werde ihn nach seiner Abdankung frei zu Ihnen führen und dadurch mein Vaterland vor dem Bürgerkriege bewahren.« – Ich beauftragte ihn ohne Mühe mit diesem Befehl, und er ging, ihn auszuführen.

Peter III. verzichtete in Oranienbaum in voller Freiheit, umgeben von 1500 Holsteinern, auf die Krone und kam mit Elisabeth Woronzow, Gudowitz und Michael Ismailoff nach Peterhof, wo ich ihm zum Schutze seiner Person fünf Offiziere und einige Soldaten gab. Es war am 29. Juni, am Peterstage mittags. Während man für alle das Mittagsmahl bereitete, bildeten sich die Soldaten mit einem Male ein, der Feldmarschall Trubetzkoi habe Peter III. hergebracht und versuchte nun zwischen uns beiden Frieden zu stiften. Sie hielten alle, die ihren

Weg kreuzten, an, unter andern auch den Hetmann, die Orloffs und viele andere, damit sie mir sagen sollten, schon drei Stunden wären vergangen, seit sie mich nicht gesehen; sie stürben vor Angst, daß der alte Schurke Trubetzkoi mich hintergehe, indem er einen Scheinfrieden zwischen meinem Gemahl und mir herbeiführe. Dann wären ich und sie alle verloren. – »Aber,« fügten sie hinzu, »wir zerreißen ihn in Stücke!« das waren ihre eigenen Ausdrücke.

Ich ging daher zu Trubetzkoi, um ihm zu sagen: »Ich bitte Sie, nehmen Sie einen Wagen, während ich zu Fuß die Truppen mustere,« worauf ich ihm erzählte, was sich zugetragen. Er begab sich in großer Angst nach der Stadt, während ich mit einstimmigen Beifallsrufen empfangen wurde. Nun schickte ich den Exkaiser in Begleitung von vier Offizieren und einer Abteilung gemäßigter, vernünftiger Leute unter dem Kommando Alexis Orloffs nach einem siebenundzwanzig Werst von Peterhof entfernt gelegenen, aber sehr angenehmen Ort, Ropscha genannt, während man für ihn in Schlüsselburg bequeme und anständige Zimmer bereitete. Hier hatte er Zeit, seine Pferde zum Wechseln vorauszuschicken. Aber Gott verfügte anders: Die Furcht hatte bei ihm einen Durchfall bewirkt, der drei Tage anhielt; erst am vierten ließ die Kolik nach. An diesem Tage trank er ungeheuer viel, denn er hatte alles was er wollte, nur keine Freiheit. Übrigens hatte er mich um seine Maitresse, seinen Hund, seinen Neger und seine Violine gebeten. Da ich aber eine Vermehrung der so schon gärenden Stimmung im Volke befürchtete, schickte ich ihm nur die drei letztgenannten Gegenstände. Die Kolik ergriff ihn von neuem und stieg ihm ins Gehirn. Dieser Zustand währte zwei Tage, worauf große Schwäche folgte. Trotz der sofortigen ärztlichen Hilfe gab er alsbald den Geist auf, nachdem er nach einem evangelischen Geistlichen verlangt hatte.

Ich befürchtete, die Offiziere hätten ihn vergiftet, so sehr haßte man ihn, und ließ ihn daher öffnen. Aber man fand nicht die geringste Spur von Gift in seinem Körper. Er hatte einen sehr gesunden Magen, allein eine Entzündung in den Därmen. Ein Schlag hatte seinem Leben ein Ende gemacht. Sein Herz war winzig klein und gebrochen. –

Nach seiner Abreise von Peterhof riet man mir, geradewegs nach Petersburg zu gehen. Da ich indes voraussah, daß sich die Truppen dagegen widersetzen würden, ließ ich das Gerücht von meiner Rückkehr nach der Stadt unter dem Vorwande verbreiten, ich wolle wissen, um welche Zeit sie bereit wären, sich auf den Weg zu machen. Und sie setzten nach einem dreitägigen ermüdenden Marsch die zehnte Stunde am Abend fest, »das heißt,« fügten sie hinzu, »nur wenn sie mit uns kommt.«

So reiste ich also mit ihnen ab, aber auf der Hälfte des Wegs ruhte ich ein wenig im Landhause Kurakins aus, wo ich mich völlig angekleidet aufs Bett warf. Ich schlief bis einhalb drei Uhr morgens, worauf es weiter nach Katharinenhof ging. Von neuem bestieg ich mein Pferd; ein Husarenregiment marschierte vor mir, dann folgte meine Eskorte, die Garde zu Pferd. Unmittelbar hinter mir kam mein ganzer Hof, die Garden, der Anciennität nach und drei Landregimenter. Unter großer Begeisterung hielt ich meinen Einzug in die Stadt und den Sommerpalast, wo mich der Hof, die Synode, mein Sohn und alle, die mir nahe standen, erwarteten. Ich ging zur Messe. Dann sang man das *Te Deum* und beglückwünschte mich, die ich seit Freitag früh sechs Uhr kaum getrunken, gegessen noch geschlafen hatte. Ich war daher sehr froh, mich am Sonntag abend niederlegen zu können.

Doch kaum war ich gegen Mitternacht eingeschlafen, als der Kapitän Passik in mein Zimmer trat und mich weckte: »Unsere Leute sind entsetzlich betrunken,« sagte er, »ein betrunkener Husar ist durch die Reihen gegangen und hat geschrien: ›Zu den Waffen! 3000 Preußen kommen und wollen uns unsere Mutter entführen!‹ Darauf haben alle zu den Waffen gegriffen und sind nun hier, um sich Ihres Wohlbefindens zu versichern. Sie sagen, sie hätten Sie seit drei Stunden nicht gesehen, würden aber ruhig nach Hause zurückkehren, wenn sie Sie in guter Gesundheit wüßten; die Soldaten gehorchen weder ihren Offizieren noch Orloff.«

So mußte ich denn abermals aufstehen. Um aber nicht meine Leibgarde in Schrecken zu jagen, ging ich zuerst zu dieser und teilte ihr den Grund meines Ausganges zu so später Stunde mit. Darauf setzte ich mich in Begleitung zweier Offiziere in meinen Wagen und begab mich zu den Truppen, um ihnen zu sagen, daß ich mich vollkommen wohl befände; sie sollten sich nur schlafen legen und auch mir ein wenig Ruhe gönnen, denn ich hätte drei Nächte nicht geschlafen. Auch wünschte ich, daß sie in Zukunft ihren Offizieren gehorchten. Sie antworteten mir, man hätte sie mit diesen verfluchten Preußen erschreckt, und sie wollten alle für mich sterben. – »Gut,« sagte ich, »ich danke euch; aber geht jetzt zur Ruhe.« – Darauf wünschten sie mir Gute Nacht und alles Gute für mein Wohlbefinden und gingen dann, zahm wie die Lämmer, in die Kasernen, immer die Blicke auf meinen Wagen gerichtet. Am nächsten Tag ließen sie sich entschuldigen und bedauerten es sehr, mich aus dem Schlafe gerissen zu haben.

Um das Verhalten eines jeden Offiziers einzeln zu beschreiben, würde man ein ganzes Buch brauchen. Die Orloffs glänzten besonders durch ihre Kunst, die Gemüter zu leiten, ferner durch kluge Kühnheit, große Geistesgegenwart und tausend große und kleine Einzelheiten, sowie durch den Respekt, den sie durch ein solches Benehmen allen einzuflößen wußten. Sie besitzen alle drei sehr viel gesunden Menschenverstand, edlen Mut, sind Patrioten bis zum Enthusiasmus und Ehrenmänner vom Scheitel bis zur Sohle. Sie sind mir leidenschaftlich ergeben und leben, wie selten Brüder, in vollkommener Eintracht miteinander. Im ganzen sind es fünf Brüder, aber nur drei haben teilgenommen.

Kapitän Passik zeichnete sich hauptsächlich dadurch aus, daß er 12 Stunden in seiner Haft ausharrte, obgleich ihm die Soldaten Türen und Fenster öffneten. Aber er wollte sein Regiment nicht vor meiner Ankunft in Verwirrung bringen, obwohl er jeden Augenblick gewärtig sein mußte, nach Oranienbaum gebracht, und dort verhört zu werden. Glücklicherweise traf ein solcher Befehl Peters III. erst ein, als ich schon meinen Einzug in die Stadt gehalten hatte.

Die Fürstin Daschkoff, obgleich sie sich gern alle Ehren und Verdienste um diese Thronrevolution aneignen möchte, stand in sehr schlechtem Geruch wegen ihrer Verwandtschaft, und ihre neunzehn Jahre imponierten keinem Menschen. Sie behauptet, alles wäre durch ihre Hand gegangen, um zu mir zu gelangen, während ich doch schon seit einem halben Jahre mit allen Anführern in Briefwechsel stand, ehe sie nur einen einzigen ihrer Namen kannte. Gewiß, sie besitzt viel Geist, aber er ist durch ihre unglaubliche Prahlerei und ihr angeborenes zänkisches Wesen verdorben. Sie ist von allen Chefs gehaßt und die Freundin aller derjenigen, die sie von dem, was sie wissen, bis ins kleinste unterrichten. Iwan Schuwaloff, der niedrigste und verworfenste aller Menschen, hat allerdings, wie man sagt, an Voltaire geschrieben, daß ein neunzehnjähriges Weib die Regierung des russischen Reichs gestürzt hätte: reißen Sie doch diesen großen Dichter aus seinem Irrtum! Fünf Monate bevor sie nur das geringste wußte, war man gezwungen, vor der Fürstin Daschkoff die Namen der Vermittler, deren ich mich bediente, zu verschweigen, und erst in den letzten vier Wochen sagte man ihr so wenig wie möglich.

Die Charakterfestigkeit des Fürsten Bariatinski, der einem geliebten Bruder, der Adjutant beim ehemaligen

Kaiser war, das Geheimnis verschwieg, nicht weil er zu fürchten hatte, sein Vertrauen werde mißbraucht, sondern weil er es für unnütz fand, verdient großes Lob.

In der Garde zu Pferd haben ein zweiundzwanzigjähriger Offizier, namens Chitron, und ein siebzehnjähriger Unteroffizier, namens Potemkin, alles mit Mut und Geschick geleitet.

Da haben sie also ungefähr die ganze Geschichte. Alles geschah, ich gestehe es Ihnen, unter meiner persönlichen Leitung. Zuletzt aber dämpfte ich das Ganze ein wenig, weil der Aufbruch aufs Land die Ausführung verhinderte und alles seit mehr als vierzehn Tagen reif war.

Als der einstige Kaiser den Tumult in der Stadt vernahm, wurde er durch seine Damen verhindert, dem Rate des alten Feldmarschalls Münnich zu folgen, der ihm riet, nach Kronstadt zu gehen, oder sich mit einer geringen Anzahl seines Gefolges zur Armee zu begeben. Und als er endlich doch auf einer Galeere nach Kronstadt ging, gehörte die Stadt, dank des guten Benehmens des Admirals Talitschin, uns. Er ließ den General Sievers, der für den Kaiser war, entwaffnen. Als Peter anlangte, drohte ihm ein Hafenoffizier aus eigenem Antriebe, auf seine Galeere mit Kanonen schießen zu wollen. Schließlich aber hat Gott alles nach seinem Willen zu Ende geführt. Alles grenzt schon mehr ans Wunderbare, denn so viele glückliche Zufälle können nur durch den Willen des Allmächtigen stattfinden.

Grossfürst Peter

von Rotari (um 1758).

(Original im Herzogl. Anhalt. Schloss Zerbst.)

Einige Briefe des Großfürsten Peter

Anmerkung: Diese Briefe, die 1858 in Moskau aufgefunden wurden, sind in sehr mangelhafter französischer Sprache von Peter geschrieben. Leider ist es unmöglich, die Orthographie im Deutschen wiederzugeben, aber Stil und Interpunktion sind beibehalten worden.

I.

An die Großfürstin Katharina.

Madame.

Ich bitte Sie sich diese Nacht nicht zu inkomodieren mit mir zu schlafen, denn die Zeit ist vorbei wo Sie mich betrügen; das Bett ist nach einer Trennung von 14 tagen von Ihnen, heute Nachmittag zu schmal gewesen.

Ihr

sehr unglücklicher Mann, den Sie niemals mit diesem Namen zu benennen geruhen.

Peter.

Den .... X. 1746.

II.

An Iwan Schuwaloff.

Mein Herr,

ich habe Sie durch Lef Alexandrowitsch bitten lassen, daß ich mich nach Oranienbaum begeben kann, aber wie ich sehe, ist meine Bitte ohne Erfolg geblieben. Ich bin im höchsten Grade krank und niedergeschlagen und bitte Sie nun um des Himmels willen bei Ihrer Majestät ein Wort einzulegen, damit ich bald nach Oranienbaum abreisen kann, wenn ich nicht bald aus diesem schönen Hofleben herauskomme um ein wenig freier zu sein und die Landluft zu genießen, komme ich sicher vor Langerweile und Mißvergnügen um, Sie schenken mir das Leben wieder wenn Sie dies tun machen Sie sich den verbindlich, der sich sein ganzes Leben nennen wird

Ihren wohlgeneigten

Peter.

III.

An denselben.

Mein Herr,

da ich gewiß bin daß Sie nichts mehr zu tun suchen, als mir Freude zu machen, bin ich überzeugt Sie werden es auch in der Affaire Alexander Iwanowitsch Narischkin tun um Ihre Majestät zu bitten mir die Gnade zu erweisen ihn zu meinen Kammerherrn zu Ostern zu machen, es ist ein vollkommener Ehrenmann, den ich nicht empfehlen würde wenn ich ihn nicht als einen solchen kennte, beschleunigen Sie die Geschichte ich werde Ihnen sehr dankbar dafür sein und bin im übrigen

Ihr wohlgeneigter

Peter.

IV.

An denselben.

Mein lieber Freund,

Sie haben mir wieder einmal Ihre Freundschaft dadurch bewiesen, daß Sie Ihre Kaiserliche Majestät überredeten, mir 10 000 Dukaten zu geben damit ich meine Spielschulden bezahlen kann, ich bitte Sie Ihrer Majestät in meinem Namen für die neue Gnade die sie mir angedeihen ließ, zu danken und sie zu versichern, daß

ich mein ganzes Leben versuchen werde mich immer
mehr aller ihrer Gnaden mit denen sie mich überhäuft
würdig zu zeigen. Mein Herr, empfangen Sie den auf-
richtigsten Dank eines Freundes, der in der Lage sein
möchte Ihnen zu beweisen wie sehr er wünschte Ihnen
Gleiches mit Gleichem zu vergelten. Im übrigen ver-
bleibe ich, indem ich Sie bitte wie immer zu meinen
Freunden zu gehören,

Ihr wohlgeneigter Freund
Peter.

V.

An denselben.

Mein Herr,

ich habe sie so oft gebeten Ihre Kaiserliche Majestät in
meinem Namen zu beschwören, mich auf zwei Jahre ins
Ausland reisen zu lassen, ich wiederhole es Ihnen noch
einmal, indem ich Sie inständig bitte ein Wort für mich
einzulegen, damit man es mir erlaubt, meine Gesundheit
wird von Tag zu Tag schwächer, leisten Sie mir um
Gottes willen diesen einzigen Freundschaftsdienst und
lassen Sie mich nicht vor Kummer sterben, denn mein
Gesundheitszustand erlaubt es mir nicht mehr meinen
Kummer zu tragen und meine Melancholie wird täglich
schlimmer, wenn Sie glauben daß es nötig ist es Ihrer
Majestät zu beweisen, so machen Sie mir damit das
größte Vergnügen von der Welt und um so mehr bitte
ich sie darum. Im übrigen bin ich

Ihr wohlgeneigter
Peter.

An denselben.

Mein Herr,

da ich weiß, das Sie zu meinen Freunden gehören bitte ich sie mir das Vergnügen zu bereiten dem Vater des Überbringers dieses Briefes, dem Leutnant Gudowitz von meinem Regiment zu helfen, sein Glück hängt davon ab und er wird Sie selbst mündlich von der Sache unterrichten, alles was ich davon weiß ist, daß es Intrigen des Herrn Teploff sind, der damit nicht die erste angesponnen hat, der Hetmann läßt sich von diesen Menschen an der Nase herum führen und ich kann Ihnen nicht mehr sagen als daß es nicht die erste noch letzte Affaire ist, um die ich den Hetmann gebeten habe, der sich aber geweigert hat; ich hoffe daß Sie diese Geschichte bewerkstelligen, Sie tun mir damit einen großen Gefallen, weil ich diesen Offizier sehr liebe, nochmals bitte ich Sie meine Interessen nicht zu vergessen und ich werde immer Ihnen zu beweisen suchen, daß ich zu Ihren Freunden gehöre.

Ihr wohlgeneigter

Peter.

VII.

An denselben.

Mein Herr,

Ich war überaus erstaunt daß Ihre Majestät sich über den Maskenball und die Oper geärgert hat, die ich veranstaltete ich habe um so mehr geglaubt es tun zu können als es Herr Locatelli in Petersburg jede Woche zwei Mal ebenfalls tut auch erinnere ich mich sehr genau daß, als wir am Hofe Trauer wegen meiner Großmutter hatten, man bei uns einen Ball veranstaltete und drei Tage nach Beginn der Trauer sind wir im kleinen Theater im Lustspiel gewesen, ich bitte Sie daher mein Herr die Güte zu haben Ihre Majestät zu bitten mir zu erlauben mich wie es mir beliebt zu zerstreuen und ohne daß ich im Sommer daran verhindert werde Sie wissen ja daß man sich schon genügend im Winter langweilt außerdem habe ich schon so viele Ausgaben für die neue Oper gehabt und ich glaube nicht daß Ihre Majestät es wünscht wenn ich unnütze Ausgaben mache im übrigen bin ich

Ihr wohlgeneigter

Peter.

VIII.

An Baron von Stakelberg in Oranienbaum.

Mein lieber Freund und Bruder,

Ich bitte Sie heute ja nicht den Auftrag zu vergessen den ich Ihnen für die in Frage kommende Dame gab, und sie zu versichern, daß ich bereit bin ihr meine echte Liebe zu beweisen und was ich in der Kirche getan habe, wenn ich nicht selbst mit ihr gesprochen habe so geschah es weil ich es nicht zu oft vor den Leuten tun will und versichern Sie sie ebenfalls, daß, wenn sie nur ein einziges Mal zu mir kommen würde, ich ihr beweisen werde, wie sehr ich Sie liebe, wenn Sie mein teurer und aufrichtiger Freund ihr diesen Brief zeigen wollen.Indem ich glaube daß ich nicht

besser bedient werde als von einem Freunde wie Sie,
bin ich

Ihr treuer und Ihnen verbundener Freund
Peter.

www.ingramcontent.com/pod-product-compliance
Lightning Source LLC
Chambersburg PA
CBHW030331120726
47901CB00007B/1756